日本型現代資本主義の史的構造

村上和光 著

御茶の水書房

はしがき

本書は、少々くだけて言えば、二年前に出した前著『現代日本経済の景気変動』のいわば「応用編バージョン」に当たる。端的に位置づけすると、現代日本資本主義に関して、前著が、その景気変動過程に力点を集めつつ、現代日本経済の展開構造をもっぱら経済運動過程に即して考察を試みたのに対し、本書では、それを前提にして、微力ながら、それに政治過程分析・社会運動分析を加えた――からに他ならない。すなわち、素っ気なく言い換えれば、日本型現代資本主義に対して、前著においてはいわば「資本蓄積運動分析」に終始していたのに比較して、本書では、それに重層させてさらに「階級関係分析」をも盛り込んだ点が、そのキャッチフレーズになるであろうか。しかし、このようないわば「他人事風な言い訳」では、本書に対する著者の「思い」は、隔靴掻痒の感をどうしてもなお拭えない。というのも、「応用編バージョン」というこのやや「茶化した言い回し」には、著者の「捩れた感覚」が否応無く染み込んでいるからであって、そのニュアンスを、もう少し言葉を費やして説明しなければなるまい。その場合、その含意はおおよそ以下の二面からなる。

つまり、まず一つは、「些細な言葉使い」という身近なレベルからいえば、こういうことである。それは前著の「はしがき」にまで遡るが、そこで私は、「おそらくこの著作が私の最後の本になると思われる」(vi頁)と記した。しかし他方、全く無意識のうちに、別の箇所で「不用意に」も、前著で一応はその見通しを付けたつもりの「『日本型現代資本主義』の『体制変革戦略』」と関わって、それを解明するためには「新たに別の著作を準備しなければならない」(六八二頁）と書いてしまった。もっとも、「不用意に」そう書いてしまったその時点では、「別の著作を準備する」のは必ずしも私自身だと意識したわけではなく、一般的にいって、話の自然な筋としては、そうなる他はない——というつもりであった。そして、そういう様に、いわば「矛盾した書き方」をしたことすら本人は失念していたが、幾人かの方から、「キミの真意はどちらなのだ」と質されるに及んで、実は、いささか戸惑うことにもなる。したがって、深く考え抜いた結論ではなく、あくまでも軽率性から発した一種の齟齬だと放免していただきたいが、しかしそうだとはしても、このような私自身の「不用意さ」が、かえって、前著における「決着の不完全性」を改めて私に直視させることとなり、その結果、それが私を「苛む」ことになったといってよい。これがまず「ヨリ身近な含意」ということになろう。

そのうえでもう一つは、もう少し「考え抜いた感覚」に関わる。言い換えれば、もう一歩「学問的なレベル」からの含意ということになろうが、まず何よりも、私が、現代日本資本主義の分析を通して解明したいのは、いうまでもなく、「日本型・現代資本主義の現時点的構造」以外ではない。換言すれば、「現代日本資本主義の経済的構造」に止まるのではなく、それを土台にしつつ、それに「政治過程および社会運動」をも組み込んだ、まさしく「現代日本資本主義の総合的構造」そのものだ——というべきではないか。こうして、前著における「決着の不完全性」にその「落とし前をつけたい」という「身近な発想」は、その到達点としては、「現代日本資本主義の総合的構造」への接近という、もう一段「考え抜かれた感覚」へと帰着する以外になかった。そうなってしまえば、そこには、この「総合的構造」を少しでも私自身の力によって解明することを目指して、「新たに別の著作を準備しなければならない」ことに、自らを追い込む選択しかあり得まい。こうして、前著で一応その土台を体系化した、「現代日本資本主義の経済構造」に立脚しながら、それに、さらに「政治過程」と「社会運動」とを内在化させることによって「現代日本資本主義の総合的構造」に迫ってみたい――という構想が追求されることに行き着く。これこそが、本書への「考え抜いた感覚」に他ならない。

以上、二つの「含意」に乗せて、本書が前著の「応用編バージョン」であるニュアンスを私なりに確認してみたが、それにしても、そんな「捩れた感覚」を大げさに染み込ませながら、私は、本書によって一体何を探り出したいというのか。その場合、その点を自分自身に最も説得的に納得させ得る焦点は、いうまでもなく、いま強調した、本書の分析射程距離が、著者の意図としては、「現代日本資本主義の『総合的』構造」にまで接近して欲しい――という願いそのものにこそある。というのも、もし、この「総合的構造」にまで近づくことができれば、そこから、「日本型現代資本主義」という「全体像」に対して、単に「資本蓄積過程」という「経済構造」だけからではなく、「政治過程・社会運動・社会保障」などをも織り込みつつ、さらにその「政治・社会構造」というベクトルからも切り込んでいける――からに他ならない。そしてそうであれば、そこを起点として、政治的変革主体をも視野に入れながら、何よりも「日本型現代資本主義の体制変革」に対する、その戦略提供可能性も仄かに検出できるのではないか。まさしく、このような構想に立脚した、「日本型現代資本主義の体制的変革」に繋がるその理論的作業の構築――という点にこそ、本書によって私が「探り出したい」、何よりもの究極目標があるといってもよい。すでにここまで何度かしてきた、回りくどく拙い言い換えを、もう一度だけ繰り返せば、結局、前著だけでは、私が、研究者の道を志してから絶えず希求してきた、「日本型現代資本主義の体制変革」への理論的戦略提供はなお不可能だという自覚にこそ、「捩れた感覚」に突き動かされながら、私が、本書にあえて取り組んだその真意があると、今は迷いなく確信している。そう考えると、最終的には、「新たに別の著作を準備しなければならない」、その必然性はやはりあったのだ――と思わない訳にはいかない。

やや言葉を費やし過ぎたようだ。今度こそ、「この著作が私の最後の本になると思われる」ので、それに弁じて、最後に、一つだけやや願望的な見通しを付け加えるのをお許し願いたい。すなわち、余りにも明白なように、現在、資本主義の体制変革を試行すべき社会運動は、いわばその沈滞の極にこそある。したがって、たとえ、「日本型現代資本主義の体制変革」に関する、その理論的戦略提供が試みられたとしても、「変革主体の強力な組織化と政治的変革戦略の体系化」とが構築されなければ、資本主義変革運動はまさしく一歩も前進を実現することはできない。そしてそれは、主に「政治過程分析・社会運動分析」の深化にこそ期待すべき課題だが、我々が担う、「現代資本主義分析体系化」へのヨリ一層の努力と合い携えながら、「日本型現代資本主義」に対する、その「政治過程・社会運動分析」の理論的進展を強く激しく望みたい。決して絶望はしたくないのだから。

本書が出来上がるについては、この度も、以下の三人の方に深い感謝を禁じ得ない。まずお一人は、東北大学名誉教授・大内秀明先生であり、私は、経済学の全てを先生から学んだ。ありがとうございました。次は、御茶の水書房・社長の橋本盛作氏である。私の最後の本を、今回も橋本さんのお世話で出せることを本当に嬉しく思う。そしてそのうえで、ボクの奥さんの悠子さん。慌しい人生行路をいつも共に走ってもらっていることを、心から感謝していますからね。

大好きなモーツアルトのピアノ協奏曲第二七番が第二楽章に差し掛かっている——

二〇一二年四月三日　　村上和光

日本型現代資本主義の史的構造　目次

目　次

日本型現代資本主義の史的構造

第一章　日本型現代資本主義の成立

はじめに

最初に、戦後における日本型現代資本主義展開の基礎基盤をなす、戦前期・日本資本主義の「現代的転換＝現代資本主義への構造転換」を、全体の基本前提として、何よりもまず確定しておかねばならない。その場合、一九三〇年代世界資本主義における、現代資本主義への体制的移行のその不可避的一環として、日本資本主義も現代資本主義への推転を余儀なくされた――のはいわば当然であり、そして、その立ち入った推転過程は、拙著『日本における現代資本主義の成立』[1]においてすでに考察した通りであった。したがって、戦後期に本格的に展開をみせる「日本型現代資本主義」の、その「出発点＝源流」が、この三〇年代「高橋財政局面」にこそ設定可能な点についてはほぼ誤りはないが、しかし、そこには、さらに考察を深めるべき、以下のような「構造的難問」がなお軽視はできまい。

すなわち、その「難問」とは、周知のように、日本資本主義が、三七年日華事変を一つの契機として、戦時統制経済へとのめり込んでいく点に関わる。なぜなら、そうであれば、一方で、以上のような「高橋財政期における日本型現代資本主義の成立」という基本命題がまず確定できたとしても、他方で、その後三〇年代後半において「統制経済」が全面化せざるを得ないかぎり、そこからは、以下のような「相互矛盾」が表面化する以外にはない――からに他ならない。つまり、すでに様々な機会に繰り返し指摘してきたように、「現代資本主義」が、「階級宥和策―資本蓄積促進策」の二方面からする、「資本主義の体制的危機」へのいわば「妥協的＝柔構造的処理体制」であったのに対して、もう一つの「統制経済」とは、それとは異なって、同じ「体制的危機」に対して、むしろ「強権的＝剛構造的体制」に立脚してこそその封じ込めを指向するシステムだ――という齟齬が明らかに目に付く。そして、もしこの「齟齬」を過剰に強調してその「相互矛盾」を一面的に重視すれば、高橋財政期に「一旦は」成立した「日本型現代資本主義」は、その後の「統制経済」過程で「解消」へ向かったという理解も可能になってきてしまう。まさに「難問」といってよい。

したがってこう考えてくると、本章の課題が以下のように設定されざるを得ないのは自明であろう。すなわち、まず第一に、①戦前期・日本資本主義の展開過程からその「構造的特質」を摘出することを通して、「日本型現代資本主義の前提」を「歴史的・理論的」に明確化したうえで、次に第二に、②その到達点として、高橋財政期における「日本型現代資本主義の成立」に対していわばその「構造的・体系的」な実証を試みる。そしてそれをふまえて第三として、③「日本版戦時統制経済」の「展開・特質」を実態的に解析しつつ、その成果を前提にすることによって、最後に、「日本版・統制経済」と「日本型・現代資本主義」との間の、その「内的相互関係」の基本像をこそ探り出してみたい。要するにその点で、何よりも、「日本型現代資本主義」に関わる、「高橋財政期―戦時統制期」両者の「統一的・体系的接合作業」にこそ本章の課題が置かれてよいが、まさにこのような三段階型考察を媒介として始めて、「日本型現代資本主義の歴史的展開分析」のための、その「歴史的出発点」が画されていこう。本章を「日本型現代資本主義の『成立』」と銘打った所以である。

I　日本型現代資本主義の前提

【1】戦前期日本資本主義の到達点　そこで最初に、日本型現代資本主義の成立画期をなす三〇年代高橋財政期を焦点としつつ、そこへ至る、(一)「戦前期日本資本主義の到達点」をあらかじめ確認しておく必要があろう。そうであればまず第一に、日本資本主義の「出発点」をなした①「明治維新の歴史的意義」が直ちに問題となるが、その本質がその「ブルジョア革命」という点にあるのは自明である。その場合、この論点は周知の「日本資本主義論争」[2]に関わっているが、その中で、まず一方の「講座派」型理論構造は、おおまかにみて、(a)「半封建的土地所有」の温存＝ブルジョア的土地革命の欠落(b)「変革主体」の非ブルジョア性(c)明治政権の統治・権力機構におけるその「専制的性格」、としてこそ集約されてよい。しかし、――すでに他の機会に立入って検討した通り――、「明治維新＝封建制の再編」というこのような「講座派」理解は、例えば以下の点で、その致命的な認識錯誤を免れ得まい。

すなわち、最初に一つ目に、(a)「半封建的土地所有」という「講座派」の中心規定に決定的難点がある。そもそも、彼らがその論拠とする、「高率現物小作料・強制的土地取上げ」などを「経済外的強制」として性格づけることが何よりも誤りであって、それはあくまでも、小作地収得競争を巡る経済的メカニズムと、小作料未納に関わる財産権的自由権とに立脚した、いわば「ブルジョア的『経済的強制』」の発動以外ではない。その点で、「半封建制」のキイ・ポイントとされる「経済外強制」の存在に疑問符が付くが、しかしそれだけではない。さらに、そのような論理構成の基盤にある、その「近代的土地所有」概念にこそヨリ根本的な誤解があろう。というのも、この概念については、「土地が一つの私的な財産所有物として自由な売買・賃貸が許される」という点に「のみ」その基軸があるのであって、それを越えて、その経済行為に付随する「小作料の水準・形態」などには決して関わらない――からに他ならない。したがってそうであれば、地租改正によって土地の私有財産化が基本的に確立した明治以降の土地所有の本質は、そこに高率現物小作料を伴う寄生地主制がたとえ存在したとはしても、もはや「半封建的土地所有」などと規定し得ないことは自明である。まさにそれは、日本型「近代的土地所有」のその一形態以外ではない。

ついで二つ目に、（b）「変革主体」に関しても「講座派」の把握間違いは大きい。つまり、彼らは、日本の場合について、「変革主体」が下級武士であってブルジョアジーでなかった点を以って明治維新のブルジョア革命性を否定するが、しかしそうであろうか。なぜなら、このような論理構成には、ブルジョア革命をその「主体」に即して定義しようとする点に決定的な誤りがあるからであって、そのような基礎的な誤解の上にこそ、「明治維新＝絶対主義の再編」というアナクロニズムが派生したといってよい。そうではなく、ブルジョア革命においては——プロレタリア革命とは異なって——その「主体」が何であるかが直接問題なのではなく、むしろ、封建制の末期までにすでにある程度まで伸張してきたブルジョア的関係への阻害要因が撤廃されればそれでよいわけである。しかもそのうえ、この点は、「講座派」がその比較モデルとして過度に重視するイギリス名誉革命・フランス革命などに関しても、歴史過程上、同様ではないか。こう考えてよければ、明治維新の場合、下級武士という封建権力の末端がその「変革担い手」であったことが事実だとしても、それが、明治維新の「ブルジョア的性格」を決して否定しないことは極めて当然であろう。

そのうえで最後に三つ目として、（c）「明治政権の専制的性格」はどうか。いうまでもなく、「講座派」的思考によれば、明治憲法・帝国議会・天皇制などに象徴される、明治政権の「専制性」を以って明治維新のその「絶対主義的再編」が指摘されるが、このような推論は、国家権力に関わる、その「機構的」側面と「機能的」側面との明らかな転倒以外ではあるまい。つまり、「機構」と「機能」とが外見上齟齬をきたす場合には、権力とは本来、それが立脚する基礎構造の運営維持をこそ課題としている以上、その齟齬は、その権力がどんな「機構」を有しているかではなく、あくまでも、それを通してどんな「機能」を果たしているか——に即してこそ「埋められる」必要があろう（その点では「講座派」の思考ベクトルはまさに「逆転」そのものではないか）。したがってそうであれば、明治政権がその「機構」上どんなに「専制的」であったにしろ、それが現実的に発動した「機能」としては、——明治期以降の日本資本主義の急速な発展がその否定のしようがない確かさで実証しているように——資本利害の全面的な実現以外ではなかった以上、明治天皇制権力の「権力的本質」は、明らかに「ブルジョア的」なものであったと規定されざるを得ない。

このようにして、「講座派」の明治維新理解が基本的に錯誤以外ではないことが明白になれば、それをふまえて、「明治維新の歴史的意義」は結局以下のように整理可能ではないか。その場合、最初に、明治維新の本質を確定するに際してその基本的認識土台をなすのは、いうまでもなく、「日本における資本の原始的蓄積」のその到達水準だといってよい。すなわち、天保以来かなりの程度いわゆる原蓄過程が進行していたにしろ、そこから自生的な形でブルジョア革命を発現させる程にはその展開は深くなかった点がまず重要であって、このような「原蓄の不十分性」は、結局以下のような二つの現象を必然化させる他はなかった。最初に一つ目はその「変革主体形成の未成熟性」であって、そのために、それは封建権力の末端である下級武士に委ねられる以外にはなかったし、ついで二つ目としては、この不十分な原蓄を強制的に完遂させることを課題として、明治政権は、強大かつ中央集権的な「専制的権力」として機能する不可避性をもったといってよい。こうして、「原蓄の不十分性＝後発性」に起因して、明治維新と明治政権には一種独特な特徴が刻印されざるを得なかったのであり、その点で「古典的形態」とは落差がある不徹底なものではあったが、まさにそのような個性的形態を通してこそ「日本におけるブルジョア革命」が貫徹したこと——こそが何よりも重要であろう。つまり、以上のような特殊性をもった明治維新を媒介にしてこそ、日本において、「ブルジョア的関係進行に対する障害物の除去」と「資本主義成立・発展への促進作用」とをその任務とする「ブルジョア革命」が現実化したわけであり、まさにその任務遂行という枢要点からして、明治維新は紛れもなくブルジョア革命そのものであった。

要するに、「変革主体・権力形態・土地制度」などにおける「古典的形態からのズレ」こそは、――「講座派」が誤って主張するような「半封建的ウクラード」などではあり得なく――「日本型・後進性」[3]から帰結する、「ブルジョア革命におけるまさに『日本的特殊形態』」以外ではない点がくれぐれも重要であろう。しかしそうだとすれば、他方の「労農派」型不十分性もまた同時に明らかであって、このような「ズレ」は、それが日本型資本主義成立の歴史段階性に構造的に規定されている以上、「労農派」のいうように、日本資本主義の発展とともに消失していくものでは決してない――事情もいわば一見して明白なのである。

ついで第二に、一八九〇年代における②「日本資本主義の確立」[4]が問題となろう。その場合、考察の焦点は、日本における「資本主義の確立」に関する、その「特質・根拠・時期」の確定にこそあるが、一つ目として、この論点を巡って展開された、周知の（a）「日本・産業革命論争」に最初にふれておきたい。よく知られている通り、その論点は大きくいって二つに区分できるが、まず一つは「産業革命の段階把握」に関わる。すなわち、例えばその代表例は、「第一次産業革命＝日清戦争後の軽工業確立」→「第二次産業革命＝日露戦争後の重工業確立」という、野呂栄太郎の「二段階説」だが、このような、通説型のいわば「技術論的二段階説」は疑問だといってよい。なぜなら、産業革命の本質的意義が、資本制生産の基軸たる「労働力商品化の体制的確立」にこそあり、そしてそれをもたらしたのが、農村家内工業の機械制による解体＝「綿工業の確立」以外ではなかった以上、産業革命の体制的画期が「日清戦争後綿工業の確立」にあったのは当然だから――に他ならない。したがって、産業革命は、労働力商品化を単独指標として何よりも一段階的に把握されるべきであろう。

そのうえでもう一つは、産業革命における、「生産手段生産部門」と「消費手段生産部門」との相互関係ではないか。この点について例えば山田盛太郎[5]は、第Ⅱ部門だけではなく第Ⅰ部門確立もが産業革命のためには不可欠だとし、それを根拠に、日本産業革命の時期を、「その素材たる鉄の確保とその製造技術の成立」を通した「労働手段生産の見透しの確立」の点から、「明治三〇年乃至四〇年の頃と推断」されるとする。しかしこの説明は疑問であって、すでに検討した「産業革命の本質」からして「第Ⅱ部門確立」で十分である他、それに加えて、「見透しの確立」定義の曖昧性、原理的な「表式論」の日本資本主義分析への無媒介的適用の錯誤性、などが直ちに指摘できよう。その点で、「第Ⅱ部門」確立の意義が改めて確認されてよい。

ついでそのうえで二つ目に、（b）「産業資本確立の指標」としては、以下の諸点が取り分け重要なように思われる。すなわち、（A）「綿工業の発展」――日清戦争後における綿糸輸出の輸入超過を土台とした、綿工業における「国内市場制覇と生産・輸出伸張」、（B）「資本制企業の急成長」――綿工業発展に主導された、資本制企業における「会社数・払込資本金額の急増」、（C）「日本初の資本主義的恐慌の勃発」――企業熱・投機熱の進行→公定歩合上昇→金銀の流失→企業破綻というプロセスに立脚した、「資本の過剰生産」型一八九〇年恐慌[6]の発生、（D）「ブルジョア国家体制枠組の形成」――帝国憲法公布（八九年）・帝国議会開設（九〇年）・綿糸輸出税撤廃（九四年）などに代表される、「制度的」には地主勢力的色彩を残存させつつも「内容的」にはブルジョア利害を貫徹させた「国家体制機構の成立」、（E）「近代的銀行システムの定着」――商業銀行制度の確立・特殊銀行の設立（九〇年）による資本主義的信用機構の整備と、その展開を支える体制的基盤としての「金本位制の形成」（九七年）、これである。こうして、日本資本主義は何よりも「一八九七年前後に産業資本の確立をなしとげた」。

以上のことから、三つ目に、（c）「日本資本主義の確立規定」は結局こう結論されてよい。すなわち、「産業革命が産業革命として歴史上ひとつの画期をなすゆえんは、それが……商品経済を全社会的におしひろげるような生産力を資本家的企業に与えるとともに、労働力を商品として支配することを可能にするような基礎を与えた点にある」[7]という「産業革命の本質」に照らして、衣料生産を中心にして機械化を完成させた日清戦争後を以って、「日本における産業資本の確立」を定置してよいように思われる。もう一歩立ち入っていえば、日本資本主義は一八八一年以降に深刻な不況を迎えつつその中で資本の原始的蓄積が強力に進展したが、まさにそれをふまえてこそ、八七年あたりを境として、特に綿糸紡績業を基軸にしつつ近代的諸産業が資本主義的に急成長を遂げた。そしてその帰結こそが、初の資本主義的恐慌としての「一八九〇年恐慌」以外ではなかった以上、まさにこの九〇年代を以って、「日本における産業資本の確立」はその到達点に達した――と結論可能だというべきであろう。

続いて第三として、③「独占体の形成＝帝国主義段階への移行」が注目されてよい。そこでまず一つ目に、この「帝国主義的移行」を扱う際の（a）「方法的視角」が問題になるが、その場合の焦点は、何よりも「日本型金融資本」の実体規定にこそあろう。なぜなら、後進資本主義国として国家の強い介入を受けつつしかも対外依存性が強く、さらには財閥という特殊な企業集団を中心とする「日本型金融資本」は、ドイツを典型国として構成された「金融資本の一般的概念」[8]とは乖離が大きく、したがって、それら二者の相互関係把握に関しては固有の困難性が無視し得ない――からに他ならない。まさにかかる事情を背景にしてこそいわゆる「日本型金融資本論争」[9]が表面化するが、それに関しては、周知のように、「国家独占主導説」・「財閥主導説」・「綿業帝国主義説」・「『財閥―綿工業』二類型説」・「(電力を加えた)三独占並存説」などが主張されてきた。もちろんここで詳述は不可能だが、基本的にみて、この中でその指針として差し当たり重要なのは一応「二類型説」なように思われる。すなわち、この見解は、日本型金融資本の内実を「財閥―綿工業独占」の二本立てで把握しようというものだが、その場合の分析有効性は、綿工業独占を、金融構造のその自己金融的性格や資本輸出におけるその特殊形態たる「在華紡」などの面から、財閥からは相対的な独自性をもつ何よりも一つの金融資本として設定する点――にこそあろう。換言すれば、財閥とこの綿工業独占との、相互独自性および補完性の中に日本帝国主義の特質をみようとしているわけであり、したがってこの「二類型説」においては、「財閥―綿工業独占」の両者を、「日本帝国主義＝日本型金融資本」総体の中にまさに総合的に位置づけ可能になったといってよい。要するに、後進国日本型・金融資本分析の、その基軸が確認されるべきであろう。

このような方法的視角に立脚すると、ついで二つ目に、(b)「帝国主義移行の指標」としては以下のポイントが直ちに摘出可能ではないか。すなわち、(A)「資本集中・集積＝独占体の形成」――主要な近代的産業部門（製糖業・人造肥料業・石油業・製紙業・紡績業など）における、カルテル形成運動に主導された、「資本・生産の集中・集積」とその帰結としての「独占体の形成」、(B)「財閥の独占体的再編」――同族支配・内部金融という閉鎖性の一定の変容を基礎とする、財閥の近代的独占体への組織再編（例えば関係事業の独立株式会社としての分離と持株会社の設定など）、(C)「景気循環の形態変化」――日露戦争後における、恐慌後景気回復の遅滞・不明瞭化と不況の慢性的持続化という、独占化に立脚した「景気循環のパターン変容化」、(D)「資本輸出の活発化」――国内における過剰資本形成成熟化に先立った、興銀・横浜正金銀行を担い手とする、国際関係からいわば強制された「早期的資本輸出」の進行と、その帰結たる、朝鮮・中国・満州への政治的・軍事的な対外進出、(E)「帝国主義型財政構造の明確化」――「経費膨張傾向の明瞭化」・「累進制所得税を基幹とする租税負担の増大」・「公債発行の累積化」を三本柱とした、経費・租税・公債の全面に亘る「財政の帝国主義的構造変化」、(F)「農業問題の本格的発生」――〇七年恐慌とその後の長期不況を契機にした「農業恐慌＝農業問題」[10]の本格的発現と、それにともなう、過剰人口の慢性的形成を条件とする、農民層分解パターンにおけるいわゆる「中農標準化傾向」の明瞭化、これである。もちろん、以上のような「帝国主義化の証明」には、「国家主義」的性格・「金融的外部依存」性・「貿易・生産基盤の脆弱性」・「寄生地主制のはらむ困難性」・「政治権力機構の強大化」・「支配構造緊張度の高さ」、などが無視できないが、まさにこのような「特異性」を媒介にしてこそ、この局面において、日本型帝国主義はその成立をみた。

こう考えてよければ、最後に三つ目として、（c）「日本型帝国主義段階への移行」は最終的に以下のように集約されてよい。すなわち、日清戦争後に確立をみた日本資本主義は、その後、早くも日露戦争後には独占体の形成に乗り出すのであり、まさしくこの日露戦争勝利をテコとして、一九一〇年代には帝国主義段階への推転を開始していく。その場合、この一〇年代における「帝国主義的移行」過程は、何よりも「財閥資本と綿工業独占」とを「二つの焦点」にして進行したが、それを基軸としつつ、むしろ、「生産・企業・景気循環・財政・金融・農業」という日本資本主義の全戦線に亘ってその帝国主義化が進行した側面にこそ、「後進国型・日本帝国主義」の、その体制的特質が検出されてよいように思われる。こうして、この後、戦間期において現代資本主義的変貌を遂げるその歴史的前提がここで形成をみたといってよく、まさにその意味で、戦前期日本資本主義はいわばその到達点に至ったわけである。

［2］世界資本主義の現代的変質　以上のような「戦前期日本資本主義の到達点」が「日本型現代資本主義の前提」におけるその「タテ構造」であるとすれば、その「同時代的なヨコ構造」をなすものこそ（二）「一九三〇年代世界資本主義の構造的変容」[11]以外ではない。そこでまず第一に、その構造的変容の基本契機をなした①「世界恐慌の勃発」が押さえられねばなるまい。最初に一つ目として、その「前提」を形成した（a）「第一次大戦」[12]から出発すると、周知の通り、史上初の「総力戦」となったこの大戦は、以下のような政治経済的帰結を生み出す他なかった。すなわち、（A）「経済的帰結」――英・仏・独資本主義の退潮・破壊と、自己完結的性格をもつアメリカ資本主義の決定的台頭とによる「世界資本主義の構造的脆弱化」、（B）「政治的帰結」――「ロシア革命―社会主義成立」にともなう、資本主義体制における、対外・対内両面での「対社会主義への対抗枠組構築」の不可避性、（C）「制度的帰結」――「城内平和政策」たる労資

協調政策や農業自給政策の展開および戦時統制経済の経験と再建金本位制の弱体化、これである。その意味で、世界資本主義におけるまさに「政治経済的不均衡化」の発現といってよく、大戦後、何よりもその脆弱性が表面化していく。

そして、このような危機の集約点こそ、二つ目に（b）「二九年世界恐慌の勃発」[13]以外ではあるまい。そこでまず（A）その「背景」から追うと、戦後二四年頃から進行した「相対的安定期」には以下のような不安定性が孕まれていた。すなわち、（イ）世界資本主義のこの復興は、「国際的資金循環のメリーゴーラウンド」と呼称された、極めて不安定なアメリカからの資本輸出に依存していたこと、（ロ）アメリカ資本主義の自己完結的性格による、「アメリカ国際収支の恒常的黒字化＝金・外貨のアメリカへの一方的集中」が世界資本主義の不均衡化をさなきだに強めたこと、（ハ）再生産過程および金からの規制度合いを薄めた、「金地金本位制・金為替本位制」などの「再建金本位制」が、世界資本主義に対する「自動的な不均衡調節作用」を極度に低下させたこと、などの構造的不安定化に他ならず、それらが総合化されて「世界恐慌」となって勃発していく。その場合、この恐慌は、アメリカにおける、「株式ブームの形成と崩壊」・「耐久消費財部門の基軸化」・「連邦準備制度の特質」などに起因して、差し当たりまず（B）「アメリカの大恐慌」として発現したが、アメリカ資本主義は、この打撃を初期条件としつつ、再生産過程のさらなる「螺旋的な縮小」に追い込まれる。事実、アメリカは、「恐慌→倒産・失業増大→購買力低下→企業収益減→投資削減→雇用縮小→購買力一層下落→不況深化」という「デフレスパイラル」を余儀なくされたのであって、その結果、二九～三五年間での生産レベルはほぼ半減に見舞われたと考えてよい。

しかしそれだけではない。というのも、このアメリカ大恐慌は、以下の二大ルートを経由して、ついで（C）「世界恐慌への波及」を現実化させたからに他ならない。つまり、まず「第一ルート」は「ヨーロッパ・ルート」であって、そこでは、「アメリカ恐慌→アメリカ資本輸出途絶→ドイツ破綻→対英・仏賠償支払困難→英・仏破綻→ヨーロッパ恐慌」という「国際的資金循環の逆回転」が描かれよう。それに加えて「第二ルート」は「後進国ルート」以外ではなく、「第一ルート」と並行して、「アメリカ恐慌→資本輸出途絶→後進農業国・輸出貿易金融破綻→農業恐慌勃発→後進国恐慌」という恐慌波及メカニズムが驀進を遂げた。こうして、震源地の「アメリカ恐慌」は、「ヨーロッパ恐慌」と「後進国恐慌」とを帰結的に惹起させながら、最終的にはまさしく「世界恐慌」として全面化したわけである。

そうであれば、この世界恐慌の「帰結」として、三つ目に、以下のような（c）「危機の構造」が発現してくることになろう。つまり、以上のような事態推移に規定されて、この危機は次のような構造をもたざるを得ないのであって、まず一つは（A）「経済的側面」では、世界資本主義が世界恐慌に見舞われる中で、国民総生産・所得の激落、物価・収益の低落、倒産・失業者の急増などを余儀なくされたから、資本主義による経済原則そのものの維持運営が困難に陥った。その点で、まさに資本主義的経済システム自体がその存立を危うくするという「経済的危機」の進行に直面したといってよい。しかもそれに加えて、次に二つとして（B）「政治的側面」においては、この経済的ピンチが、他方での「ロシア革命—社会主義の成立」とも相まって、「政治的危機」をも醸成することになる。すなわち、これらの二要素が、国内階級闘争の激化に拍車を掛けつつ社会主義運動の活発化を喚起した以上、世界資本主義は、その社会主義的変革につながる「政治的危機」に迫られる他はなかったわけである。こうして、世界恐慌は、世界資本主義に対して政治的および経済的インパクトを極度に強めた。

したがってそうであれば、このような結果、三つには、世界資本主義は、一九三〇年代にまさに（C）「体制的危機」を迎えたとみてよいことになろう。なぜなら、世界資本主義は、まず一面で、資本主義的再生産の実行が困難になるという「経済的危機」に際会すると「同時に」、次に他面では、資本主義の変革を指向する反体制運動に囲繞されるという「政治的危機」にも対処せざるを得なくなった——からに他ならない。その点で、まさにこの「危機」は、「資本主義体制そのものの存亡を問われる」性格の「危機」であるという意味で、「資本主義の『体制的危機』」と規定する以外にはあり得ない、そのような「危機」ではないか。そして、以上のような「危機の構造」を前提にしてこそ、この三〇年代以降、次のような、「二正面作戦」型の「体制的危機克服策」が追求されていくことになるとみてよく、「経済的危機」克服策としての、「資本蓄積促進策」たる景気調整策と、「政治的危機」回避策としての、政治・労働・社会政策たる「階級宥和策」とが、まさにその「両輪」として発現していく。

そこで、以上のような「世界恐慌→体制的危機」の渦中で、世界資本主義が危機克服策として試みたその代表例として、第二に②「アメリカ・ニューディール政策」[14]の展開を簡単にフォローしておこう。すなわち、まず一つ目は（a）第一期＝「個別的救済政策期」（一九二九―三五年）だが、この局面では、全体として、健全財政と国家の不介入を前提とした、応急処置的な非体系的な個別対策が採られたに過ぎなかったから、その効果は小さかった。つまり、「全国産業復興法」（NIRA、一九三三年）や「農業調整法」（AAA、三三年）を通して賃金上昇・価格支持・利潤確保が実施され、それを土台として景気回復が追求されたものの、その意義としては、政策間の相互関連が弱いだけではなく、経済の自動回復力に依存するいわば古典的な範囲に止まった――という限界が明瞭だといってよい。それに比べてむしろ特筆されるべきはこのNIRAの労働政策的側面であって、周知のように「NIRA第七条（a）項」において、労働者の「団結権・交渉権」がアメリカ労資関係史上初めて明示されるに至った。その点で、この「第一期」の中でこそ労資同権化への道が拓かれたともいえる。そのうえでついで二つ目に、（b）第二期＝「ポンプの呼び水政策期」（Pump Priming Policy　三五―三七年）がくる。つまり、赤字財政展開に立脚した、政府による資金撒布＝財政スペンディングが開始されるが、それを通した、政府による初発的な有効需要の人為的創出を「呼び水」として、一方での、過剰資本の処理・稼動化＝利潤・投資の誘発と、他方での、雇用促進・消費需要の拡大とが試みられた。換言すれば、政府による景気回復の最初の刺激が、いわゆる「乗数効果」(Multiplier Effect)を媒介にして社会全体の景気回復・上昇へと波及連鎖していく――効果が期待されたとみてよいが、この局面では景気回復の自律性がすでに喪失していたから、政府によるこのような「初発的」な刺激効果の発現にはなお大きな限界があった。以上のような経済的有効性に比較して、むしろ評価されてよいのは、この第二期における労資関係面での進捗だというべきであろう。というのも、この局面では、一つには、NIRA第七条(a)項をさらに拡充させて、「団結権・交渉権・争議権」を「法制化」するとともに、「不当労働行為」(unfair labor practice)規定およびその監視機関としての「全国労働関係委員会」(NLRB)の設立を盛り込んだ「ワグナー法」(全国労働関係法、三五年)が成立したし、もう一つとして、「失業保険・老齢年金・公的扶助・社会福祉」を規定した「社会保障法」(Social Security Act、三五年)の成立と、「政府の責任の下での完全雇用の追求」を基本理念とした「雇用促進庁の設立」(Works Progress Administration、三五年)とが実現をみた――からに他なるまい。まさしく、「NIRA第七条(a)項」のその着実な進展である。

続いて、ニューディール政策は三つ目として(c)第三期=「補整的財政政策期」(Compensatory Fiscal Policy、三七―三九年)を迎える。すなわち、政府がその人為的な有効需要発給作用を弱めた結果として勃発した三七年恐慌に直面して、政府は、もはや単なる景気回復の初発的インパクト付与だけには止まり得なくなり、むしろ、資本の再生産過程にいわば不断に組み込まれつつ、景気政策の恒常化を余儀なくされていく。いい換えれば、失業対策費・公共事業費・農業費・社会保障費などの支出を通して、政府が、民間では不足する有効需要を継続的に補完していこうとする体制以外ではないが、ここにおいてこそ、政府の、資本制再生産メカニズムへの持続的・本格的な介入が定着するに至ろう。まさにこの点にこそ「補整的」の意義が求められてよいが、しかし、そこから「軍事化」へはもう一歩の距離であった。そこで、この「補整的財政政策」は、最終的には(d)第四期=「軍事財政政策期」(三九年以降)として帰結したといってよい。なぜなら、直面する不況の構造的原因が「需給ギャップに起因した資本過剰」にこそあるかぎり、非生産的な軍事への、財政資金の集中的投入という軍事財政こそが、過剰資本の解消→景気回復にとって最も「効果的」である点が事実として明らかになってきた――からに他ならず、事態はいわば終幕に到達する。こうして、ニューディール政策は、この「軍事財政政策」に至って始めて、不況脱出というその目的をある程度実現したと整理されざるを得まい。しかし、そこには第二次大戦が待っていたのは周知のことであろう。

この「ニューディール政策」展開を前提にして、第三に③「現代資本主義の本質」[15]が集約されなければならない。そこで一つ目にその「条件」として、（a）「管理通貨制の機能」が何よりも重要であろう。まず（イ）「背景」を追うと、大戦後に定着した「再建金本位制」という「緩んだ枠組み」の金本位制にあっても、そこでは、銀行券発行には金属・金為替の裏付けが残るとともにまた対外関係においては兌換もなお維持されたから、政府による、赤字公債の中央銀行引き受けに立脚するスペンディング政策発動には、依然として基本的な限界が無視できなかった。まさにこの限界を突破することによって、世界恐慌後の不況脱出策展開を可能にしたものこそこの管理通貨制以外ではない――という連関こそが、三〇年代世界経済におけるその歴史的枢要点をなす。事実、世界恐慌に呻吟する主要各国は、ほぼそのダメージのヨリ大きな国から順に、「金本位制停止―管理通貨制移行」へと歩を進めざるを得なかったといってよい（独＝三一年七月→英＝同九月→米＝三三年四月→仏＝三六年一〇月）。

そのうえで（ロ）その「作用」が重要だが、その基本的エッセンスは一応以下のように整理可能であろう。すなわち、（A）まず金輸出入禁止と兌換停止とにより、一国の再生産機構を対外関係から遮断しながら、（B）次にその中で、通貨発行におけるその量・時期・方向性などを政策的・裁量的に調整することを通して、（C）最終的には、国内での金利・信用供与量・物価水準・雇用量などを政治的配慮の下に変動させることが可能になる――のだと。まさしく、

「対内外遮断」に基づいた「国内均衡優先」的性格にこそ、その基軸が求められてよい。

そうであれば、最後に(ハ)その「意義」は結局こう総括可能ではないか。要するに、「管理通貨制」は、一国の再生産規模をコントロールしながら景気回復―不況脱出への体制的条件を担い得るという、そのような「効果・役割」を有した点――これである。まさにそれが故にこそ、ニューディール政策に代表される、スペンディング政策の新しい本格的な展開は、このような機能をもつ管理通貨制を条件としてのみ始めてなし遂げられたのだといえよう。

ではこのような管理通貨制を条件にして、次に二つ目に、現代資本主義はどのような(b)「体制的課題」を果たそうとするのか。しかし、この点は、すでに確認したニューディール政策の具体的点からして最早明白であって、その基軸は、大まかにいって以下のような二側面展開に即してこそ位置づけられてよい。すなわち、そのうちのまず一面は(イ)「階級宥和策」であって、具体的には、ロシア革命→社会主義→階級闘争激化という「政治的危機」への対応として、完全雇用政策・政治的労資同権化政策・社会保障政策への着手が不可避となる。まさにこのような政治面での「階級宥和策」を通して、まず資本主義体制の「政治的安定化」が追求されたと考えてよい。しかしそれだけではない。ついでそれと同時に他面で、「世界恐慌→経済停滞→資本蓄積縮小」という「経済的危機」に対しては、(ロ)「資本蓄積促進策」の発動こそが余儀なくされる。すなわち、公共事業政策・有効需要促進政策・価格支持政策などの展開に他ならないが、この方向からは、経済的な「資本蓄積促進策」を媒介にした、資本主義体制の「経済的安定化」こそが目指されたわけであろう。

そうであれば、以上の二面をふまえると、(ハ)「現代資本主義の総合的課題」は結局こう整理可能ではないか。つまりその「総合的課題」は、資本主義の体制的危機を、「階級宥和策」および「資本蓄積促進策」という二正面作戦を駆使しながら、何よりも、国家の「体制組織化」作用によって体制的に克服しようとする点にこそ集約されてよいのだ――と。

こうして最後に三つ目として、(c)「現代資本主義の本質」に辿り着く。というのも、現代資本主義の課題が、以上のように「国家による資本主義体制の組織化＝体制的危機克服システム」以外ではないとすれば、その「本質」が、「資本主義の体制的危機を、国家の組織化作用によって抑止しようとする『反革命』体制」という側面にこそ還元されてよい――のはもはや自明だからである。まさしくその「反革命」性にこそそのエッセンスが凝縮されているのであるが、かかる「現代的システム」として、「現代資本主義」は、世界資本主義レベルにおいて「一九三〇年代」に、いわば「帝国主義の一つの『小段階 sub stage』」として成立をみた。

[3] 現代国家の特質　以上で確認したように、現代資本主義は「国家による現代的統合化」をその重要基軸としているが、この点を明瞭にするために、「日本型現代資本主義の前提」に関するもう一つのポイントとして、(三)「現代国家の特質」(16)をも簡単に押さえておきたい。そこで最初に第一に、①「現代国家重要化の背景」が問題となろう。しかし、この点に関する歴史的過程はすでにフォローした通りであって、その焦点は、第一次大戦→世界恐慌のプロセスにおいて発現してきた「資本主義の体制的危機」の、その「マグニチュードの絶大性」にこそ求められてよい。すなわち、この危機がいわば空前絶後レベルの深刻さであったが故に、帝国主義段階における支配的資本である金融資本は、資本主義体制組織化のその主体たる「能力と資格」を喪失して、資本自らではもはや体制を維持していけないことを暴露するに至った。そうであれば、金融資本に代わって体制組織化の主体になり得るのはもはや「国家」以外にはないわけであり、まさにこのような圧倒的レベルの危機局面においては、「資本」による、「体制組織化機能」の「国家」への「移譲」が明らかに生じていく。

こうして、この「第一次大戦→世界恐慌」という、特有な「資本主義の体制的危機」過程においてこそ、「国家」が、「資本主義体制の『組織化主体』」として前面化するに至るわけある。

ついで第二に②その「機能」はどうか。そこでまず一つ目に（a）その「基盤」から入ると、すでにみたように、現代国家は、「階級宥和策」および「資本蓄積促進策」を展開することを通じて現代資本主義における体制組織化の主体たる地位を占めるが、その場合、現代国家がかかる役割を遂行し得るその基盤的前提として重要なのは、国家による、政治社会的次元での「労資同権化」機能に他ならない。というのも、国家による体制統合作用がその実質を確保するためには、労働者階級と資本家階級との間の、本来和解し得ない基本的対立関係を、階級闘争の激化とその帰結たる体制の実力的変革へと導いてはならないから——であって、そのためには、何よりも、労働者階級の「体制内包摂化」が不可欠となろう。そしてこの「包摂化」の基本ルートこそ「労資同権化」だと考えてよく、その際、そのエッセンスとしては、例えば以下のような点が特に重要だと思われる。すなわち、労働者階級に対して基本的に資本家階級と同じ権利を法的に付与する——というものであり、具体的には、「自由権・平等権」はもちろん、「平等参政権・労働基本権（団結・交渉・争議権）・労資協議制・労働基準規定・不当労働行為規定」などの、いわゆる社会権がその軸点をなす。

そのうえでもう一歩進めて、では二つ目として、この「労資同権化」が発揮する（b）その「作用」はどうか。さて、この「労資同権化」浸透の結果として、労働者階級の「体制内包摂」が実現すると、労働者階級は、体制と敵対する「革命主体」ではなくむしろ「体制内における、圧力団体＝多元的利害の一つ」に還元されざるを得ない以上、そこから、階級闘争は以下のような特有な政治関係へと融解していく。つまり、「階級闘争」が、議会レベルにおける、「政策樹立・変更および政権獲得レース」という「政治過程ルート」へ組み込まれてしまう——ということに他ならず、「階級闘争」

は「体制内・利害調整闘争」へと転換をとげる。いうまでもなく、「労資同権化」作用の絶大なる政治的効果ではないか。

このように追ってくれば、結局三つ目に、現代国家の「機能」は（c）このように「総括」されてよい。すなわち、現代国家は、その現代的作用を通して、労働者と資本家という、同一の基準には本来解消し得ない対立要因を、政治的主体・「市民」として同一のものとみなし、そのうえで、その利害対立を、議会という同一基準平面における数量的把握にもとづいて処理しようとするのだ——と。まさに「現代型・利害調整過程」だという以外にはない。

以上を前提にすると、最後に第三に、③「現代国家の体系的意義」は最終的に以下のように集約されてよいのではないか。すなわち、まず一つ目に、（a）現代国家は、国家権力という「高権」を根拠にして、労資の同権化を図りつつ、まず、資本主義の対立矛盾を、「階級闘争—体制変革」という形ではなく、議会における、同一の権利をもつ「市民」同士の利害対立・調整というシステムにおける処理へと溶解させる。そしてそれを通して、ついで二つ目として、（b）「資本主義の体制的危機」の緩和を追求するわけであるが、まさにそれによってこそ、究極的には、何よりも「資本主義の安定化・延命化」が目指されていくのはいうまでもない。したがってこう考えてよければ、三つ目に、（c）まさしくこの意味で、現代資本主義においては、国家こそが体制組織化の主体なのであり、そしてかかる機能を内蔵化させたものとして、国家こそが、「現代資本主義＝反革命体制」におけるその主体になっている——と考えられる。

Ⅱ　高橋財政と日本型現代資本主義の成立

［1］資本蓄積促進策　以上のような諸前提をふまえつつ、早速、日本型現代資本主義の「成立過程」をなした「高橋財政」へと考察を進めなければならない。そこで最初に、この高橋財政の構造を（一）「資本蓄積促進策」の側面から

解析していこう。その場合、まず第一に、①「金融政策」[17]が何よりもの出発点を形成していくが、その一つ目は（a）「管理通貨制の成立＝金輸出再禁止」に他ならない。そしてその前提には（イ）「金輸出解禁」があり、周知のように、この金解禁への動きは、主に物価抑制＝輸出促進との関係で第一次大戦後一九二三年ころから出てきていた。しかし、外貨不足や内外経済環境の不安定などに起因してその気運は大きくは盛り上がらず、しかも二七年金融恐慌の嵐の中で一旦は下火となった。そのような経過を経て、むしろ不況後の過剰資本処理策との関連で、ようやく三〇年一月に金解禁の実施へ至るが、その場合、その背景には以下のようなロジックが検出されてよい。

すなわち、この「金解禁＝金本位制回復」によって、まず一つには、（A）「国際収支―為替相場―通貨水準」という連動関係に基づいて日本経済と世界経済とを連結させ、それを通して、国内物価と国際的基準との鞘寄せ（下落）を図る。ついで、それを前提として二つとして、（B）そのデフレインパクトを条件にしつつ、企業合理化＝資本過剰整理を強制することを通して、国際競争力強化→輸出伸張→不況克服が目指された。したがって要するに三つとしては、（C）「金解禁→金本位制復帰→デフレ化→不況脱出」という見通しが政策的に採用されたわけであり、まさにここにこそ「金解禁政策の意義」が確認されてよい。

しかし、この金解禁はいうまでもなく全くの裏目に出て、わずか二年足らずで「金輸出再禁止」へと暗転する。そこで（ロ）その「打撃」だが、それはいうまでもなく、巨額の正貨流出に起因していよう。というのも、三〇年には周知の世界恐慌がこの金解禁と同時に勃発したため、金解禁は巨額の正貨流出をむしろ促進する作用を果たしてしまった――からに他ならない。すなわち、入超決済などの他、世界恐慌に伴う為替思惑資金の引上げ、外貨買入れによる資本逃避などが重なって、正貨流出は政府予想を大幅に上回って進み、その結果、この正貨流出額は実に三〇年＝二八八百万円→三一年＝四四三百万円にも上った。まさにこの意味で、金解禁は、その意図とは全く逆に、むしろ不況を一層深化させる他なかった。

こうして、（ハ）「金輸出再禁止」へと辿り着く。そこでまず（A）その「契機」をみると、この再禁止への方向を加速したのは、三一年九月一八日の満州事変勃発と同二一日のイギリス金本位制停止とであったが、しかしその「決定的な契機」は、むしろ、日本の金本位制停止＝円相場下落を見越した「ドルの思惑買い」であった。事実、イギリス金本位制停止後の一週間の間に正金銀行は約二億円以上ものドルを売ったとされている。まさにこの事態に直面してこそ、（B）「金輸出再禁止」に到達する以外になかった。すなわち、この局面の渦中で、日銀は多量の正貨現送を余儀なくされたためその正貨準備は大きく割り込み、その結果、金本位制を維持する余力はすでに尽きていた。そうであればその結末はもはや明瞭であって、こうした状況に追い込まれつつ、犬養首相（高橋是清蔵相）は内閣成立とともに三一年一二月一三日に金輸出再禁止に踏み切っていくわけである。まさに壮大な一大ドラマではないか。

では、このような「金輸出再禁止」の（C）「体系的帰結」はどう整理可能であろうか。そう焦点を絞ると、その枢要軸としては、この金輸出再禁止を帰結させたその決定的作用点が、世界恐慌といういわば単なる「外圧」では決してなく、むしろ何よりも大戦後日本資本主義のその「脆弱性」にこそあった――という次元が重要になってくる。もう一歩立ち入っていえば、大戦後の脆弱な日本資本主義はこの「金本位制＝デフレ政策」に耐え得る自律性をすでに喪失していたということに他ならず、国家の救済政策に支えられて辛うじて存立してきた日本資本主義にとって、「金本位制による自律的な経済調節」という負担は余りにも過酷過ぎた。その意味で、「金解禁→再禁止」は、すでに金本位制には不適合になっていた戦間期日本資本主義にとって、管理通貨制の本格的定着のための、いわばその一つの「回り道」に過ぎなかった――と位置づけられても決して誤りではないのではないか。

そのうえで、この金本位制停止に立脚して進行していく、「日本型・管理通貨制の定着過程」へとメスを入れていくが、それは具体的に二つ目として、(b)「日銀制度の改編」[18]という形で現実化していく。そこで最初に(イ)その「背景」から入ると、先にみた三一年一二月一三日の金輸出再禁止措置を受けつつ、続く一七日には国内金兌換の停止が直ちに実施されて、この時点で内外ともに金本位制の停止＝管理通貨制への移行が実現をみた。こうして管理通貨制がスタートを切るがそれだけではない。さらにそれと並んで、このような国内的措置を対外的な国際収支動向に直結させないための方策も不可欠であって、そのために、対内関係と対外関係との切断を目指して、まず三二年六月には「資本逃避防止法」が、ついで三三年三月には「外国為替管理法」がそれぞれ制定をみる。こうして、これら三つの措置の総合的整備を通じてこそ、「日本における管理通貨制」はその体制を整えたといってよい。

そのうえで、「日本型・管理通貨制」の(ロ)「展開内容」をなした「日銀の制度改正」へと入っていこう。さて、いまチェックした、管理通貨制移行に伴う金融制度の大枠的改編を前提としつつ、その現実的実施運用面においては、三二年六月から日銀制度の改正に着手されていく。その場合、この改正の主眼は、「兌換銀行券条例」の改正、「日銀納付金法」および「日銀参与法」の制定を柱とする、新局面に対応した、日銀における制度・機能の再編成――にこそあったが、その基本的内容は、以下の三点に整理可能なように思われる。

すなわち、(A)日銀券保証準備発行限度の、一億二千万円から一〇億円への大幅拡張、(B)限外発行税率における、「五％以上」から「三％以上」への引下げ、(C)日銀営業収益の、日銀納付金制度を通した政府への取り入れ、の三点に他ならない。まさにこのような日銀制度改正によって、通貨供給量における量的制限範囲の積極的な拡張が意図されたのは一目瞭然であって、この点こそが、管理通貨制機能におけるその独自性をなすのはいうまでもない。

では、このような「管理通貨制への移行＝日銀制度の改正」が果たした、(ハ)その「作用」はどうか。それはまず何よりも「低金利政策」の現実化となって発現したといってよいが、その土台には、「日銀券発行限度の弾力化」にもとづいた、(A)「公定歩合の相次ぐ引下げ実施」があった。そこでざっとその経過を追うと、この公定歩合は、三二年に、三月(二厘下げ、一銭六厘)→六月(二厘下げ、一銭四厘)→八月(二厘下げ、一銭二厘)と相次いで三度も引下げられ、その結果三三年七月にはついに日歩一銭にまで至るのであり、まさに画期的な低金利局面に入ったといってよい。こうして、まず日銀一般貸出の方向から「通貨量拡大→有効需要創出」が図られていくが、この低金利政策がついで(B)「発券量増加」を引き起こすのはいわば当然であろう。すなわち、「日銀券発行高」(百万円、増加率%)は、昭和恐慌の中でまず一旦は三〇年＝一四三六(△一一・五)→三一年＝一三三〇(△七・四)と減少したが、その後は、公定歩合の連続引下げに立脚して、三二年＝一四二六(七・二)→三三年＝一五四四(八・三)→三四年＝一六二七(五・四)→三五年＝一七六六(八・五)と顕著な拡張路線に乗る(**第1表**)。まさに明瞭な基調変化ではないか。

しかしそれだけには止まらない。というのも、以上のような「公定歩合低落傾向＝発券量拡張傾向」が最終的には(C)「市中金利の低下」を誘導するのは自明だからであって、例えば「全国銀行実効金利」(年利、%)は以下のような軌跡を描いた。すなわち、三一年＝九・二七%は三二年にかけてまず八・九六%へと低下するが、その後も、三三年＝八・四二→三四年＝七・八三→三五年＝七・六五→三六年＝六・九四へと見事な継続的下落ラインを辿る。したがって、日銀の低金利政策が「市中金利の低下」＝景気回復の促進へと着実に連動していった点――がよく分かる。

ここまでを前提としつつ、そのうえで三つ目として、(c)「金融政策メカニズム」の現実的機構へともう一段深く入り込んでいこう。いうまでもなく、管理通貨制を根底とした、「赤字公債の日銀引受に立脚した、スペンディング政策の展開機構」[19]に他ならないが、まず(イ)その「公債引受けの新方式」が問題となろう。さてこの方式は、例えば第一次大戦の戦費調達に関して英・独においてすでに試みられた経験があるが、概略として以下のような図式を描く。すなわち、赤字公債の日銀引受＝日銀による追加資金の創造→政府による市場への資金撒布＝政府スペンディングの

第１表　日銀信用の膨張と全国銀行預貸金

（百万円）

	日本銀行					全国銀行			
	日銀券発行高		日銀資金運用		貸出金	預金		貸出	
1914	385	−	198	−	142	2,328	−	2,826	−
15	430	(11.7)	166	(−16.2)	122	2,811	(20.7)	2,996	(6.0)
16	601	(39.8)	302	(81.9)	265	3,833	(36.4)	3,840	(28.2)
17	831	(38.3)	370	(22.5)	335	5,739	(49.7)	5,132	(33.6)
18	1,144	(37.7)	675	(82.4)	643	8,225	(43.3)	7,463	(45.4)
19	1,555	(35.9)	866	(28.3)	789	9,917	(20.6)	9,952	(33.4)
20	1,439	(−7.4)	494	(−43.0)	302	9,869	(0.0)	9,825	(−1.3)
21	1,546	(7.9)	619	(25.3)	428	10,455	(5.9)	10,668	(8.6)
22	1,558	(0.8)	937	(51.4)	634	10,296	(−1.5)	11,127	(4.3)
23	1,703	(9.3)	1,246	(33.0)	1,001	10,616	(3.1)	12,215	(9.8)
24	1,662	(−2.4)	1,161	(−6.8)	920	11,066	(4.2)	12,489	(2.2)
25	1,631	(−1.9)	1,043	(−10.2)	769	11,485	(3.8)	12,985	(4.0)
26	1,569	(−3.8)	921	(−11.7)	646	11,852	(3.2)	13,353	(2.8)
27	1,682	(7.2)	1,183	(28,4)	964	11,911	(5.0)	12,771	(−4.4)
28	1,739	(3.4)	1,128	(−4.6)	907	12,172	(2.2)	12,059	(−5.6)
29	1,641	(−5.6)	960	(−14.9)	738	12,523	(2.9)	11,802	(−2.1)
30	1,436	(−12.5)	988	(2.9)	812	12,015	(−4.0)	11,662	(−1.2)
31	1,330	(−7.4)	1,278	(29.4)	1,019	11,474	(−4.5)	11,770	(0.9)
32	1,426	(7.2)	1,411	(10.4)	846	11,841	(3.2)	11,439	(−2.8)
33	1,544	(8.3)	1,590	(12.7)	907	12,433	(5.0)	11,019	(−3.7)
34	1,627	(5.4)	1,620	(1.9)	973	13,112	(5.5)	10,948	(−0.1)
35	1,766	(8.5)	1,723	(6.4)	994	14,031	(7.0)	11,096	(1.4)

（出典）大蔵省理財局『金融事項参考書』（昭和十二年調）。

展開→市中への資金流入→有効需要の人為的拡大＝景気回復→日銀による「売オペ」実施＝公債の民間「消化」→市中からの資金吸収＝市中資金過剰の解消――というルートの形成、これである。みられる通り、「公債の日銀引受」と「日銀の売オペ」とを結合させた「新方式」に他ならないが、この中で、管理通貨制を土台にした、フィスカル・ポリシーの新図式が本格的に定着をみたといってよい。

　こうして、市中に過剰資金を累積させることなしに、政府の「有効需要創出機能＝スペンディング機能＝景気回復機能」を可能にする新基軸が試行されていくが、このシステム経路において、日銀は、初発の「公債引受」と帰結の「売オペ」との両面で、極めて重要な役割を担うことになった。そうであれば、日銀・

金融政策はいまや政府の資金調達機関として包摂されるに至ったわけであり、したがって、それが「資本蓄積促進策」の枢軸たる位置を占めるという意味で、「現代資本主義型・金融政策」の、その定着がみて取れよう。

では、このような方式で進行したこの時期の公債日銀引受は、どのくらい大きかったのであろうか。そこで（ロ）「日銀公債引受の定量分析」を試みるが、まずその前提としては（A）「公債発行総額」（億円）がいうまでもなく重要であって、それについては以下のような数字が拾える。すなわち、三二年＝二→三三年＝一二（うち新規一一・六）→三五年＝一〇（七・八）→三六年＝三一（八）（第２表）と動いたから、その点で顕著な膨張を遂げた点が明白であって、その結果、三二―三六年の合計は実に六四億円の巨額にも達していよう。したがって、この期間における公債発行の大規模性がまず否定し得ないが、そのうえで（B）「発行形式」にまで立ち入ると、何よりも「日銀引受」ウエイト（％、億円）の大きさこそが直ちに目に付く。というのも、その比率は、三二年＝一〇〇を出発点として、その後も、三三年＝九一・八（一一）→三四年＝七六・六（七）→三五年＝七一・六（七・五）→三六年＝五三・七（一六・四）→三七年＝七六・四（一一・三）（第２表）と凄まじい数値を残すから――に他ならず、ほぼ毎年例外なく七〇％をも上回っていよう。それに対して、「一般引受」はせいぜい三六年＝四二・四（一三）→三七年＝一六・八（一〇）に過ぎないし、また「預金部引受」にしても三三年＝八・二％→三五年＝一八・二％→三六年＝三・九％に止まる（第２表）以上、これらが「日銀引受」に代わり得るものでなかった点はいうまでもない。そうであれば、巨額の公債発行は、あくまでも「日銀引受方式＝日銀による資金創出システム」に立脚してのみ可能であった点が、いまや明瞭ではないか。まさにこの方向からしても、日銀機能の絶大性が改めて確認されるべきであろう。

以上を受けて最後に、日銀売オペに関わる、（C）「民間消化」状況が注視されねばならない。そのために、最初に（Ⅰ）「日銀引受に対する『民間消化率』」の推移を押さえておけば、まず総体的には三二―三六年平均でみると六九・七％と

第2表　国債発行状況と引受先

（千円）

	発行総額	内訳		発行形式			
		新　規	借　換	一般公募	日銀引受	預金部引受	その他
1932	200,000	200,000 (100)	–	–	200,000 (100)	–	–
33	1,215,000	1,162,046 (95.6)	52,954 (4.4)	–	1,115,000 (91.8)	100,000 (8.2)	–
34	915,815	660,000 (72.1)	255,815 (27.9)	–	701,358 (76.6)	214,457 (23.4)	
35	1,047,773	780,000 (74.4)	267,773 (25.6)	–	750,657 (71.6)	191,025 (18.2)	106,091 (10.2)
36	3,059,429	811,000 (26.5)	2,248,426 (73.5)	1,296,257 (42.4)	1,643,169 (53.7)	120,000 (3.9)	–
37	1,485,000	1,485,000 (100)	–	100,000 (16.8)	1,135,000 (76.4)	250,000 (6.8)	–

（出典）志村嘉一「国債の日銀引受発行の意義」（『金融経済』73号所収）５頁。典拠は日銀調査局『財政金融資料要録』，「その他」は教育改善及農村振興基金特別会計である。

いう数値が手に入る。したがって、表面的に判断すると、その「消化程度」は一見順調そうにみえるが実態は決してそうではない。なぜなら、問題はその消化率の低下傾向にこそあるからであって、それはむしろ以下のような軌跡を辿る以外にはなかった。すなわち、「消化率」（%）は、三二年＝八一・五→三三年＝七二・〇→三四年＝一二八・一という経過を踏んでまずピークに達するものの、その後は、三五年＝八七・九→三六年＝四一・三となって一転した低下へと転じている――からに他ならない。こうして、三五年を分水嶺として、消化率の顕著な低落化が一目瞭然であるから、まさにその点で、三〇年代半ばからは、「公債の市中消化」が次第に困難になりつつある状況が見事に窺えよう。

そうであれば、「消化率」動向に関する、このような基調変化の（Ⅱ）「原因」が直ちに焦点になってくるが、その土台に、三〇年代景気動向の構造変化があるのはいうまでもない。つまり、まず一方の三二―三四年段階では、恐慌―不況の影響で市中になお過剰資金の堆積が目立ったから、それが、過剰資金処理の捌け口として、銀行資本による公債引受をまだ円滑にしていた。まさにこのような事態こそが、三〇年代前半における「消化率」

の高さを帰結させた背景だといってよいが、しかし、その後の景気動向変化に対応して局面はその転換を免れない。なぜなら、三五年を迎えると、生産拡大↓景気回復↓投資活発化に規定されて、今度はむしろ、資金過剰の解消↓資金逼迫こそが逆に発現したからであって、それに起因して、銀行資本による公債応募＝民間「消化」はその分だけ目立った減少へと転じていった。まさにこのような過程こそ、次に他方の三五―三六年段階においては、一転して「消化率」の低下傾向が生じてくるその原因だと整理されてよい。何よりも景気転調がその土台をなす。

念のために、この点を（Ⅲ）「シンジケート普通銀行の『引受け率』」からも傍証しておくと、次のような図式が浮上してくる。その場合、この「シンジケート銀行」こそ民間金融市場の資金需給動向を最も敏感に反映している点がそのポイントをなすが、その「引受け率」（％）は次のような数字を刻む。すなわち、三二年＝三〇・七↓三三年＝四一・九↓三四年＝三〇・七↓三五年＝二六・七↓三六年＝五・五と動いたから、ここからは、三三年を頂点とした、明瞭な「上昇↓急落」傾向が手に取るように分かる。その点で、「民間消化率低下」という基本基調の根因がこのシンジケート銀行動向にこそある点が明瞭だが、いずれにしても、三〇年代半ばには、それは実に五％台にまで墜落している事実が否定し得まい。こうして、民間における資本蓄積の活発化転換とはまさに逆相関的に、公債の「民間消化」が大きく落ち込んでいく――姿が一目瞭然だというべきであろう。「スペンディング新方式」の破綻に他ならない。

そうであれば、このような「新型・スペンディング政策」の「綻び」は、その必然的な結果として、（ハ）「インフレ進行」という独特な帰結へと帰着せざるを得ない。なぜなら、まず（A）その「ロジック」面から確認していくと、この「新方式」の目玉は、あくまでも、「公債の日銀引受け＝日銀による資金創出↓政府支出」という経路でまず全体に先駆けて実行された、「政府による資金撒布」にもとづく「民間市場における『資金純増』」を、事後的な「日銀による公債の民間への売出し＝民間消化」によって「回収する」――という「総体的機構」にあり、したがって、その「方式有効性」

の鍵は、何よりも、その「最終環」たる「日銀『売オペ』＝民間市場からの過剰資金回収」にこそあるのは自明だからに他ならない。まさにこの「最終環」にこそいま「ヒビが入り」始めたわけであり、したがってその結果、「市場における過剰資金の残留→インフレ開始」がその鎌首を擡げてくる。

そこで、この「公債消化悪化→過剰資金累積化」を（B）「物価上昇」に即して点検を試みると、以下のような推移で物価の持続的な上昇基調が発現して来ざるを得ない。すなわち、例えば「東京卸売物価指数」でみると、その「総平均」（三一年＝一〇〇）は三二年＝一一一→三四年＝一三〇→三七年＝一六八という軌跡を描くから、急テンポでのその上昇基調が見事に確認可能になってくる。事実、この期間に実に一・七倍にも騰貴したわけであって、他方の、「景気回復→資金需給タイト化」という一般的要因も決して無視はできないとはしても、「民間経済回復→公債消化悪化→過剰資金残留→インフレ」という連関の基本的貫徹こそが、やはり決定的に重要だと考えられる。大きな局面転換の進行こそが注視されるべきであろう。

したがって、「インフレ進行」の（C）「結果的作用」は結局こう総括可能なように思われる。すなわち、「意図せざる結果」であるにしても、以上のような過程を通して、「公債消化悪化→過剰資金累積→インフレ発現」が進行したが、この「物価上昇」現象が、昭和恐慌後のデフレ基調をようやく緩和させ、それが、「企業採算回復→収益上昇→投資再開」を条件付けたのはいうまでもない。そしてその結果、「危機に瀕した日本資本主義」はようやくそこから「資本蓄積軌道への本格的復帰」を実現していくわけであるから、そうであれば、まさにこの「物価上昇」を――「意図せざる帰結」としてではあれ――もたらした点にこそ、高橋財政期・金融政策の、その「現代的意義」が検出されてよいと結論できよう。

そのうえで、「資本蓄積促進策」の第二は②「財政政策」[20]に他ならない。そこで、まず一つ目として（a）「経費支出＝財政スペンディング」の「基本動向」が前提をなすが、最初にその大枠として（イ）「政府支出動向」を全体的に把握しておくと、例えば「総需要に対する政府支出の割合」は以下のようであった。つまり、三〇年＝一五・四％（二六〇二百万円）はまず三一年＝一八・五％（二八四七百万円）へと目立って増加した後、ついで三二年には二一・四％（三四七二百万円）に達して二〇％を超えるに至る（**第3表**）。こうして、不況脱出を課題としてこの時期に財政の比重が高まったことがみて取れ、したがってこの点からも、日本における不況からの早期的回復が何よりも財政主導でこそ実現したことが明白であろう。それに対して、三三年からは政府支出は逆に低下気味に移る（三三年＝二〇・五％→三五年＝一八・二％）（**第3表**）が、このような明瞭な基調変化が、財政主導の景気上昇がある程度達成されたことを基盤にしてその後は民間設備投資中心へと力点が移動したことの別表現に他ならないこと――もはや自明だといってよい。

第３表　総需要にたいする政府支出の割合（1930 ～ 37年）

（単位：百万円，％）

年次	(A)総需要	(B)政府支出	B／A
1930	16,919	2,602	15.4
1931	15,370	2,847	18.5
1932	16,243	3,472	21.4
1933	18,515	3,796	20.5
1934	20,493	3,750	18.3
1935	22,297	4,067	18.2
1936	23,497	4,213	17.9
1937	29,512	7,675	26.0

「政府支出」は政府固定資本形成と政府支出経常購入を含む。
（出典）前掲，中村，付表による。

このような大枠を前提にして、次に(ロ)「経費額推移」を具体的に追うと、「中央財政一般会計歳出合計」(百万円、対前年伸び率%)は以下のような数値を刻む。すなわち、まず昭和恐慌に直面して一旦は三〇年＝一五五八(△一〇・三)→三一年＝一四七七(△五・二)と縮小に見舞われるものの、ついで高橋財政期に入ると、それ以降は、三二年＝一九五〇(三二・一)→三三年＝二二五五(一五・六)→三四年＝二一六三(△四・一)→三五年＝二二〇六(二・〇)と極めて高い水準で経過していく(**第4表**)。もちろん、先の「政府支出」動向と同形で、民間設備投資の盛り上がりとともにその拡大テンポが落ち着き化を示す点も否定はできないが、しかし総体的にいって、高橋財政期における、経費支出のその顕著な拡張については何

第4表　中央財政一般会計歳出の機能別分類（1930 ～ 37年度）

（単位：百万円，％）

年度	行政費		軍事費		国債費		年金および恩給		皇室費		合計	
	（割合）金額	対前年伸び率	（割合）金額	対前年伸び率	（割合）金額	対前年伸び率	（割合）金額	対前年伸び率	（割合）金額	対前年伸び率	（割合）金額	対前年伸び率
1930	（44）689	△15.1	（28）443	△10.5	（18）273	△2.8	（10）149	2.6	（0）4.5	0.0	（100）1,558	△10.3
1931	（44）650	△5.7	（31）455	2.7	（15）214	△21.5	（10）154	3.2	（0）4.5	0.0	（100）1,477	△5.2
1932	（44）858	32.0	（35）688	51.0	（12）241	12.9	（8）160	4.0	（0）4.5	0.0	（100）1,950	32.1
1933	（39）879	2.5	（39）873	27.1	（15）335	38.6	（7）164	2.1	（0）4.5	0.0	（100）2,255	15.6
1934	（32）685	△22.1	（44）942	7.9	（17）361	7.9	（8）170	4.0	（0）4.5	0.0	（100）2,163	△4.1
1935	（28）623	△9.1	（47）1,033	9.7	（17）372	2.9	（8）174	2.4	（0）4.5	0.0	（100）2,206	2.0
1936	（29）656	5.3	（47）1,078	4.4	（16）363	△2.3	（8）180	3.3	（0）4.5	0.0	（100）2,282	3.4
1937	（33）889	35.4	（46）1,237	14.7	（15）400	10.0	（7）180	△0.1	（0）4.5	0.0	（100）2,709	18.7

（出典）前掲，江見・塩野谷，前掲書，211頁による。

らの疑いもあり得まい。そしてこの経費拡大が、「有効需要創出→民間投資の補完→不況脱出」を支えたことは当然であるが、この作用連関を、(ハ)「国内粗固定資本形成」動向に即しても傍証しておきたい。そこでいま、「政府―民間」をその「構成比・伸び率」(%)に焦点を合わせて対比を試みると、次のような極めて興味深い図式が浮上してくる。すなわち、三〇年＝「政府」構成比四七―伸び率△一六・五、「民間」五三―一七・四→三一年＝五一―△一〇・七、四九―△二一・六→三二年＝五五―二一・二、四五―〇・二→三三年＝四八―九・三、五二―四四・二→三四年＝四二―三・五、五八―三二・六（**第5表**）、と経過するから、ここからは、以下の基本構図が見事に把握されてよい。というのも、「昭和恐慌→高橋財政→景気回復」という三〇年代前半局面においては、その「構成比・伸び率」の両面に亘って、まず一方の「政府固定資本形成」が「激減→膨張→急落」と推移したのに比較して、他方の「民間固定資本形成」は、それとは丁度対

第５表　国内粗固定資本形成（1930～37年）

（単位：百万円，％）

年度	政府		うち軍事		民間		総計	
	（構成比）金額	対前年度伸び率	（構成比）金額	対前年度伸び率	（構成比）金額	対前年度伸び率	（構成比）金額	対前年度伸び率
1930	(47) 1,010	△16.5	(8) 173	△7.5	(53) 1,123	17.4	(100) 2,133	△17.0
1931	(51) 902	△10.7	(10) 176	1.7	(49) 880	△21.6	(100) 1,782	△16.5
1932	(55) 1,093	21.2	(16) 309	75.6	(45) 882	0.2	(100) 1,974	10.8
1933	(48) 1,195	9.3	(14) 355	14.9	(52) 1,272	44.2	(100) 2,467	25.0
1934	(42) 1,237	3.5	(15) 427	20.3	(58) 1,687	32.6	(100) 2,924	18.5
1935	(39) 1,354	9.5	(13) 467	9.4	(61) 2,125	26.0	(100) 3,479	19.0
1936	(38) 1,427	5.4	(14) 518	10.9	(62) 2,350	10.6	(100) 3,777	8.6
1937	(39) 2,482	73.9	(25) 1,606	210.0	(61) 3,850	63.8	(100) 6,333	67.7

政府資本形成は中央・地方の純計。
（出典）前掲『帝国主義の研究』299頁。

照的に、「増加→急減→激増」という経過をこそ辿った——からに他ならない。その点で、まさに財政が、現実的には「政府固定資本形成」という面から、「不況脱出＝景気回復」を政策的に補完した図式が一目瞭然ではないか。「財政スペンディング」のその効果だといってよい。

このような枠組みをふまえて、次に二つ目として、(b)「経費内訳」にまで具体的に立ち入っていこう。そこで何といっても注目されるのはまず(イ)「軍事費」以外ではあるまい。つまり、三一年＝四五五百万円(構成比三一%)は最初に三二年には五一%増を示して六八八百万円(三五%)となるが、その後も、三三年＝八七三百万円(三九%、増加率二七・一%)→三五年＝一〇三三百万円(四七%、九・七%)→三七年＝一二三七百万円(四六%、一四・七%)という顕著な膨張を続ける(**第4表**)。いうまでもなく、満州事変を出発点として日華事変に至る、日本の中国侵略を目指した軍備増強にもとづいているが、他面、このような軍事支出拡大が、同時に、重化学工業への軍需発動となって「財政スペンディング作用＝景気回復」へと連結したのもいうまでもない。

ついで、この軍事費と並んで高橋財政のもう一つの柱をなしたものこそ、「行政費」の中に含まれる(ロ)「時局匡救費」であろう。その場合、この経費は、不況にともなう農村恐慌と失業増大に対処することを通して体制の安定化を指向する社会政策的経費に他ならず、取り分け、五・一五事件となって爆発した社会不安への処理がその直接の契機をなしていた。すなわち、三二年六月の「時局匡救決議」に立脚して、斉藤内閣は三二年から三ヵ年の「時局匡救計画」を策定し、それを通して、農村への所得付与と低金利融資とを柱にして合計八億円の支出が実施された。したがって、高橋財政はこのような農業恐慌対策＝「時局匡救費」をもう一つの軸にしていたとみてよいが、この経費が、社会的安定化作用とともに、農村購買力の創出という「財政スペンディング機能」をも発揮したのは当然であろう。

そしてもう一つ、この時期の経費膨張において大きなウエイトを占めたのは何よりも(ハ)「国債費」であった。次に詳述するように、高橋財政における、軍備拡張と「財政スペンディング」拡大とは、その財源確保のために赤字公債の本格的膨張を不可避にするが、そのような公債累積はいうまでもなく国債費を押し上げていく。ざっとその推移をみると、三一年には二一四百万円(一五％)となって一旦は二一・五％減を呈したあと、満州事変を契機として再膨張へと転じ、その後は、三二年＝二四一百万円(一二％、一二・九％増)→三三年＝三三五百万円(一五％、三八・六％増)(**第4表**)という激増過程が持続するといってよい。こうして、国債費は、軍事費とスペンディング財源のための公債累積を背景として拡張を遂げたのであり、まさにその点で、高橋財政が、「公債累積に依存した積極財政」であった事実が明瞭に論証可能ではないか。

このようにフォローしてくれば、高橋財政における「財政スペンディング機能」のその立脚点はまさしく「公債動向」

にこそ還元される――と判断しても決して過言ではないことが分かろう。したがって三つ目に（c）「公債動向」にも立ち入ったメスを加えておく必要があるが、その「発行システム・引受方式・消化状況」などに関してはすでに日銀との関係で指摘し終えたので、ここでは、主に「公債発行規模」にこそ強い焦点を当てておこう。そこで、まず最初に（イ）「国債発行総額」（百万円）推移から追っていくと、周知の「井上財政」の非募債主義によって三〇―三一年に縮小をみた後、特に満州事変費の調達を中心として三二年から国債発行の膨張が始まる。すなわち、国債発行総額は三二年＝二〇〇から三三年＝一二一五へとまず六倍増を遂げるが、その後も、三四年＝九一五→三五年＝一〇四七→三六年＝三〇五九（**第2表**）というプロセスを踏んでまさに増大の一途を辿った。しかもそれに加えて、他方で特別会計でも公債発行が実施されたから、その結果、それらを含めた国債発行総額は、この三二―三六年間に実に六四億円にも達したこととなる。まさに凄まじい国債発行の膨張というべきであろう。

そのうえで次に、このように巨額化した国債発行の（ロ）「内訳」（百万円、％）にまで立ち入ると、いうまでもなく「新規発行―借換え」の相互比率こそが問題をなす。というのも、「借換え」が既に発行されてしまった国債のいわば「後始末」に関わるのに対して、「新規発行」こそが国債発行の膨張性を示すまさにその主導的側面に他ならない――からである。そこで、この点を念頭に置いて両者の相互関係を追っていくと、例えば以下のような図式が手に入る。すなわち、三二年＝「新規」二〇〇（構成比一〇〇）―「借換え」（〇）→三三年＝一一六二（九五・六）―五三（四・四）→三四年＝六六〇（七二・一）―二五五（二七・九）→三五年＝七八〇（七四・四）―二六七（二五・六）→三六年＝八一一（二六・五）→二二四八（七三・五）（**第2表**）という推移であるが、ここからは、以下の二側面を直ちに検出可能なように思われる。最初にまず一つは、（A）三〇年代前半期では「新規」の圧倒的なウエイトの高さが目立ち、したがってそこからは、高橋財政局面における「国債発行エネルギー」の高度性がいうまでもなく確認されてよい。そして裏側からいえば「借

第６表　一般会計歳入内訳（1930～37年度）

（単位：百万円，％）

年度	租税および印紙	専売益金	官業・官有財産収入	公債・借入金	前年度繰入金	その他	計
1930	(57) 905	(12) 198	(18) 290	(2) 38	(6) 90	(5) 76	(100) 1,597
1931	(52) 801	(12) 190	(18) 282	(8) 120	(3) 39	(6) 98	(100) 1,531
1932	(37) 762	(9) 178	(14) 289	(32) 660	(3) 54	(5) 102	(100) 2,045
1933	(35) 822	(8) 179	(14) 316	(32) 753	(4) 95	(7) 166	(100) 2,332
1934	(41) 921	(9) 193	(3) 73	(33) 743	(3) 77	(11) 241	(100) 2,247
1935	(44) 1,004	(9) 198	(4) 84	(30) 678	(4) 84	(9) 211	(100) 2,259
1936	(48) 1,146	(9) 215	(4) 92	(26) 610	(2) 53	(11) 256	(100) 2,372
1937	(52) 1,525	(9) 258	(4) 110	(21) 605	(3) 90	(11) 327	(100) 2,914

（出典）日銀，『明治以降本邦主要経済統計』132～133頁。

換え」比重の消極性を意味するが、それが、「民間消化の順調性＝国債の非累積化」の端的な表象の証明である点にも異論はあり得まい。それに比較すると、（B）三六年を画期として、今度は「借換え」比率の急上昇こそが特徴的になってこよう。いうまでもなく、繰り返し指摘した、景気回復に起因した、「民間消化の停滞＝国債累積化」の証左以外ではあり得なく、景気回復とともに国債新規発行の必要性が低下する反面で、既発行国債の累積傾向が表面化してきたわけである。こうして（C）「景気動向―国債発行内訳」の連動性がまさに見事にみて取れよう。

続いて、国債発行に関する以上のような動向を、（ハ）「国債依存度」（％）の方向からも点検しておきたい。そこで、「歳入総計」における「公債・借入金」の比率フォローを試みると、それは以下のような軌跡を描く。すなわち、井上財政期には三〇年＝二％→三一年＝八％という極めて低いレベルに止まってきた「依存度」は、高橋財政局面に入ると、国債発行の巨額化に対応して、直ちに、三二年＝三二％→三三年＝三二％→三四年＝三三％→三五年＝三〇％（第６

表）という、三割を超過する高水準レベルに張り付く。そして、その後も、国債発行がピークを越える三六年になってもまだ二六％をも維持しているから、この「依存度」の長期高原状況には驚きを禁じ得ない。改めて、高橋財政の、その「国債依存性の高さ」こそが強調されるべきであって、高橋財政における、「資本蓄積促進策」発動のその緊急性が取り分け印象的ではないか。

最後に、「資本蓄積促進策」の第三ルートとしては、③「産業政策」も無視できない。そこで一つ目としては（a）「貿易政策」[21]が重要であるが、最初に（イ）「為替政策」はどうか。その前提としてまず（A）「背景」をざっと概観しておくと、いうまでもなくそのポイントは、三一年一二月「金輸出再禁止」を契機とした為替相場の崩落にある。具体的には、再禁止直前には四九・三七五ドルとほぼ平価に近かった対米ドル相場は、再禁止後のわずか二週間余りの間に大幅に下落して実に三四ドル水準にまで至ったから、これが様々な波紋を呼んだのは当然といってよい。そして、その意図せざる結果として、この為替低落は「輸出拡大→景気回復」への刺激剤となっていくが、その場合、この為替暴落の原因として重要なのは、一つには「満州事変を契機とした財政膨張＝インフレ進行」であり、またもう一つは「投機筋による思惑的な円売り・資本逃避」に他ならなかった。その点で、為替暴落のまず直接的要因がかかる内外諸条件の重奏化にあった点は否定できないとはしても、これが数年間持続して「低位安定化」をみた裏側には、むしろ政府による一定の政策的意図もまた濃厚だったというべきであろう。つまり、この為替低落過程に対して政府がとった根本的な姿勢は「放任」という以外にはなく、まさにそれを通して、この低落を支持したと判断せざるを得まい。

そのうえで、（B）「為替低落のプロセス」を追うと、例えば次のような経過を辿った。すなわち、先に指摘した如く三一年末に三四ドル台に急落するが、その後三二年に入っても下落は停止するところを知らず、年末にはとうとう市中相場は二〇ドルの大台をも割り込むに至る。事実、三二年一一月末には最低相場が発現して一九⁷⁄₈ドルが記録されたが、まさにこの水準は再禁止直前の四九三/八ドルと比べて二九一/二ドルの惨落に相当するから、この期間に実に六〇％もの下落を経験したことになろう。そして、この「低位傾向」は三三年三月のアメリカ金本位制停止の時点まで続いた以上、その意味で、この過程は総体的にみて「低位安定化」というしかなかった。

周知のように、「政府の為替政策について……全く人為的にどうするのでなく為替相場の成行に任せたいと思っている」という高橋是清蔵相の有名な言葉が残っているが、しかし政府が何の手も打たなかったわけではない。そこで(C)「政府の対応」にも目を向けておくと、例えば、(Ⅰ)「産金の時価買上げ」(三二年三月)――国内金産業奨励を通して為替相場の安定化を目指すもの、(Ⅱ)「資本逃避防止法」(三二年六月)――金の現送とともに為替の激動防止を目的とするもの、(Ⅲ)「外国為替管理法」(三三年三月)――外国為替取引に対する取締り強化を通して為替低落防止を意図したもの、などが目立つ。しかしトータルには「放任」基調がなお強く、むしろその弊害を緩和しようという性格に止まるかぎり、全体としては、「為替低落↓輸出促進↓景気回復」を目指す「産業政策」的指向がやはり強い。

続いて「貿易政策」の第二パターンとしては(ロ)「対外通商政策」[22]が指摘されてよい。つまり、以上まででフォローしてきた「低為替放任↓輸出拡張」はいうまでもなく他国からの強烈な反撃を呼び起こしたが、かかる為替ダンピングに伴う貿易障害への対処策として表面化したのが「通商政策」の発動であった。そこで最初は(A)「新通商条約」(三四年七月)だが、周知の通りこれは対インド通商交渉の結果であり、その背景としては、インドによる日本製品への強力な防圧手段行使が重要だといってよい。すなわち、インドはオタワ協定成立直後に綿布輸入関税の差別的引上げを実施し、日本製品に対しては英国品の倍額に当たる従価五〇％をすでに課していたが、日本の為替ダンピング進行に直面して一層の硬化が進む。具体的には、三三年四月に日印通商条約が破棄されただけではなく、さらに六月には、綿布関税従価七五％という禁止的レベルへの引上げさえもが着手された。これに対して、日本はインド綿の不買という対抗措置を採るとともに、交渉を経て結局三四年七月に、この「新通商条約」締結（日本の対印綿布輸出量の割当制化と輸出最高限度の四億ヤードへの規制化）に漕ぎ着けたわけである。いわば、これが対外通商条約締結の嚆矢をなしたといってよい。

そのうえで、次に注目されてよいのが（B）「通商擁護法」（三五年七月）ではないか。よく知られているようにこれはカナダとの通商協定だが、その背後には、オタワ協定直後の輸入関税税率引上げの他、カナダによる、「為替ダンピング税・国内産業保護税」などの対日輸入防圧措置があった。このようなカナダの対抗手段に対してその圧迫の緩和を要求したが合意には至らず、そのため日本は、三五年七月にこの「通商擁護法」の発動に踏み切っていく。その場合これは、カナダから輸入される「八品目」に関して、向こう一年間に亘り現行税率に付加して従価五〇％を増課する――という強硬なものだが（貿易協定の成立のため三五年一二月に発動停止）、ここには、対日貿易障害に対するヨリ踏み込んだ対応への転換がみて取れよう。

そして最後に（C）「新通商協定」（三六年一二月）も興味深い。すなわち、いまみた「通商擁護法」は三六年六月にはオーストラリアに対しても発動されたが、これによって、日豪両国の貿易関係は対立状態のまま頓挫状態を余儀なくされる。まさにその打開を目指して成立したものこそこの協定であって、それは、通商擁護法の発動を停止したうえで、「羊毛と綿布・人絹布とをリンクさせるバーター・システム」を採用する点――にこそその主内容があった。

こうして、貿易摩擦に対応したいくつかの「対外通商政策」が発動をみたが、それを通して、「為替下落→為替ダンピング→輸出激増→景気回復」という、高橋財政期の景気回復対策が補完されていったのは自明であろう。まさに「産業政策」の一類型に他なるまい。

以上を前提にしたうえで、貿易政策の第三ルートとして（ハ）「関税政策」にも触れておきたい。もっとも、いま概観した通商政策にもすでに「関税政策」の一環が含まれているのはもちろんだが、ヨリ直接的な関税政策としては以下の点が無視できない。すなわち、三二年以降、国内産業保護のためにいくつかの関税改定が進捗をみるが、その中軸には、「二四品目の輸入関税率引上げ」と、「その他従量税品目の税率一律三五%引上げ」とがあった。そして、その中でも特に重要なのは「銑鉄関税引上げ」であって、それは、「帝国防衛」の思惑から国内製鉄業保護を主眼にしており、その結果、――次にみていく――八幡製鉄を中心とした官民の製鉄合同および日本製鉄設立への基礎固めたる役割を果たしていくことになろう。

まさにその意味で、「低為替=貿易政策の土台」と「通商政策=貿易政策の外枠」とに対して、この「関税政策」こそは「貿易政策のその『運営手段』」をなしたと総括可能なように思われる。したがって、これらの三つからなる「貿易政策」が産業政策におけるそのまず第一領域だといってよい。

続いて取り急ぎ、「産業政策」の第二エリアとして、二つ目に(b)「重要産業統制法」(三一年八月)という基本法的枠組みへ移ろう。そこで最初に(イ)その「主要内容」から入ると、端的にいえばこれは産業統制を旨とするが、もちろん政府の直接的統制ではあり得なく、特に大企業を対象として、民間の自主的統制に対して政府がその法制的規制を加える――点にこそその基本的主眼があった。やや具体的に図式化すれば、まず(A)主務大臣の指定する産業に関して、生産者または販売者がカルテル協定(生産制限・操短・価格・販路・数量協定など)を実施した際に、それが同業者の半分以上を包括した場合には、主務大臣への届出を義務付ける。そのうえで、(B)この協定参加者の三分の二以上の申請があり、しかも主務大臣が「当該産業ノ公正ナル利益ヲ保護シ国民経済ノ健全ナル発達ヲ図ル為特ニ必要アリト認ムルトキ」(第二条)には、アウトサイダーにも、協定条件の全部または一部の遵守を命じ得る――とされた。したがって、(C)これは、政府がカルテルの形成そのものを強制するわけでも、またカルテル協定の内容を決定しようというのでもなく、ただ一定条件の下で、政府が、カルテルの規制をアウトサイダーにも強制し得るとした点に、その「権力作用」が確認できるのだと考えてよい。しかしそうだとしても、この「重要産業統制法」が、日本資本主義の危機下にあって、景気回復を目指した「国家の組織化」のその象徴的体制としてもった意味は著しく大きかった。

そのうえで次に(ロ)その「実態」にまで目を移すと、何よりもその適用範囲の拡大推移が目に付く。その点で、不況深化に対応した、この「重要産業統制法」に関するその利用必要性の進展が窺えるが、その適用拡大はおおまかにいって以下の三ステップを踏んだ。まず最初は(A)「スタート時点」であって、制定当初は、綿糸・絹糸紡績・人絹・洋紙・板紙・カーバイト・晒粉・硫酸・塩素・硬化油・セメント・小麦粉・銑鉄・合金銑・棒鋼・山形鋼・鋼板・線材・銅または真鍮の圧延板など一九部門に亘った。まさに「重要産業」がほぼ網羅されているが、次は(B)「三二年段階」であって、それらに硫化炭素・精糖・揮発油の三業種がさらに加えられてその進行が進む。しかしそれだけではない。そのうえで(C)「三四年段階」でも一層の拡大が実現し、そこでは麦酒・石炭の二部門が入ったから、これら全てで実に二四部門にまで及んだ。こうして「重要産業」がもれなくその網の目に捉えられた。

そうであれば、最後に(ハ)その「意義」はこう整理されても大過あるまい。以上の帰結として、三四年時点までで、日本の重要産業部門にはカルテル形成促進の法制的枠組みがほぼ出来上がったのであるが、それに向けた政府の体制的意図が以下の点にこそあった点はいうまでもなく明瞭であろう。すなわち、金解禁政策に加えて恐慌の打撃を受けた日本の重要産業に対して、独占体制の形成促進を通してこれをサポートしつつ国際競争力を強化せしめること――これである。まさにその意味で、この「重要産業統制法」が、高橋財政における「産業政策」の一環となることによってその景気回復機能を果たしたことは明白なわけである。

それと並んで「産業政策」の第三経路として無視できないのは、三つ目にいわば(c)「個別的産業立法」に他ならない。その場合、この方向からして最も重要なのは、いうまでもなく(イ)「日本製鉄の成立」(三四年一月)であろう。やや具体的に追うと、まず(A)その「背景」だが、その焦点には、進行しつつある戦時経済における「鉄鋼業の重要性」と、昭和恐慌における「鉄鋼業危機の激烈性」とがあった。まず前者については、「投資規模の巨大性」および「原料確保の困難性」という点からして贅言を要しないから、後者についてのみいえば、第一次大戦を契機として、国家の奨励によるカルテル組織化を通して不況に対応するという方策が、いうまでもなくこれまでにもすでに講じられてきた。しかし、世界恐慌に直面して発生した日本鉄鋼業の危機が、カルテルや関税による保護政策ではもはや解消不可能である点が明白になるにつれて、最終的には「大トラストの成立」要請が浮上してこざるを得なくなる。まさにかかる「鉄鋼業危機の深刻性」こそが、景気回復をも睨んで、日本製鉄株式会社(日鉄)成立の背景をなしていく。

そこで次に(B)その「経過」だが、まず三〇年には、「官営製鉄所および民間製鉄所を打って一丸とせる大合同会社を設立(する)……外適当なる方策あるを見ず」という「臨時産業審議会」答申が出されたが、ついで直ちに翌三一年には、この答申を受けて、企業合同案が臨時産業合理局に早速提案されていくことになる。こうして、製鉄国策の確立が急務とされるに至るのであり、まさにこれを受けて、三三年の第六四議会に「日本製鉄株式会社法案」が提出をみたわけである。その後、議会審議—成立を経て三四年一月に日鉄は成立する。

そのうえで(C)その「内容」が注目されるが、結論的には、その成果は当初の構想を大幅に下回る以外になかった。というのも、最初のプランでは、官営八幡製鉄所を中心として銑鉄五社・製鋼六社を合同する構想であったが、時あたかも軍需インフレによる好況に浴していた製鉄各社はその分だけ合同への意欲をなくしていたため、当初の合同計画は容易には進捗しなかった——からに他ならない。結局、各社の評価額を著しく水増しせしめつつ、辛うじて、八幡製鉄所・輪西製鉄・釜石鉱山・富士製鉄・三菱製鉄・九州製鋼の「一所五社」の合同へと辿り着き、ようやく「日本製鉄株式会社」はその成立を実現していく。

その点では、日本最大の「鉄鋼トラスト」として成立したこの日鉄も、「製鉄事業と製鋼事業を有機的体制のもとに結合し、鉄鋼生産費の低減を図る」という、その第一義的目標からすれば、いわば程遠い成果といわざるを得なかった。しかしそれでも、三四年段階でこの日鉄は、全国生産高の、銑鉄九五・五％、鋼塊五二・五％、鋼材四三・九％をも占めた以上、それが、鉄鋼業界において圧倒的な優位性を発揮したことは当然であり、かかる意味で、その意義は極めて大きい。

そのうえで、第二の「個別的産業立法」としては(ロ)「工業組合法」(三一年)が指摘されてよいが、これは、二五年に制定された「重要輸出品工業組合法」を源流にしている。すなわち、これは元来、輸出向けの中小工業につき、品質・規格などに統一を与える——点にその主眼があったが、この新法への切り替えによって、国内向けの中小工業に関してもその立法趣旨の拡張が目指された。まさにそれを通して、国内向けの中小企業も、政府の指定を受けた場合には、工業組合を設立したうえで、品質・規格・経営の制限におけるその特殊権限の保有が承認されていったわけである。したがって、その側面からいえば、中小企業保護への新政策発動だといってもよい。

最後にもう一つ(ハ)「輸出組合法」(三一年)にも一瞥を与えておこう。これも、先の「重要輸出品工業組合法」と並んで二五年に制定されているが、三一年にその一部が改正に至ったことが背景をなす。そしてこの改正によって、主務大臣の指定する重要輸出品に関しては、品目別あるいは仕向国別に輸出組合（一種の輸出カルテル）を作らせ、それを媒介にして輸出のカルテル統制を実施させる——ことが目指されたと考えてよい。その点で、まさしく、本質的には、中小企業を対象とした、輸出面における一つの「産業政策」だと判断する以外にはあるまい。

第7表　推定失業者数および失業率の推移

（千人）

	失業者数	失業率
1931	413	5.92%
32	489	6.88
33	413	5.66
34	374	5.01
35	356	4.66
36	340	4.35
37	299	3.76

（出典）内務省社会局『失業状況推定月報』による。

［2］階級宥和策　取り急ぎ、「高橋財政」の第二側面を構成する（二）「階級宥和策」へと視角を転じるが、まず第一は何よりも①「対労働者立法」こそが重要であろう。そこで最初に一つ目として、全体の前提をなす（a）「労資関係」[23]展開を押さえておくが、（イ）その「入り口」には「失業動向」がくる。そこで失業者（千人）の推移に目を凝らすと、例えば三一年＝四一三（失業率五・九％）→三二年＝四八九（六・七％）→三三年＝四一三（五・七％）→三四年＝三七四（五・〇％）→三五年＝三五六（五・七％）（**第7表**）という数字が刻まれていく。したがって、恐慌の打撃による失業の激増は三〇年代前半からの景気回復によって表面的には減少に向かうものの、それにしても、継続してなお五％を超過する失業率に呻吟を余儀なくされる以上、高橋財政が直面した失業のダメージは極度に大きかったといわざるを得まい。こうして、日本資本主義にとって、この大量の失業問題はその一つの体制的課題になっていくわけであり、その点でそれが、高橋財政期・階級宥和策の基軸的底流を形成するのはいわば自明だといえよう。そのうえで「労資関係」を規定する次の要因は、いうまでもなく（ロ）「労働組合運動」に他ならない。そこで組合の組織状況から追うと、二九年＝組合数六三〇（三三一千人、組織率六・八％）→三一年＝七一二（三五四千人、七・九％）とまず急増をみるが、ついでその後も、三二年＝九三二（三七八千人、七・八％）→三四年＝九六五（三八八千人、六・七％）→三六年＝九七三（四二一千人、六・九％）という顕著な増加を記録し続ける（**第8表**）。その点で、労働組合組織の持続的な広がりが一目瞭然だといってよいが、しかしそれだけではない。しかも、その組織拡大を土台にして労働争議も急テンポで拡大を実現したのであり、例えば、三〇年＝二二八九件（参加人員一九一千人）

第８表　労働組合組合員数

（1931 ～ 37年）

	労働組合数	労働組合員数	労働者総数	組織率
1931	818	368,975	4,670,270	7.9
32	932	377,625	4,860,276	7.8
33	942	384,613	5,126,719	7.5
34	965	387,964	5,764,277	6.7
35	993	408,662	5,906,589	6.9
36	973	420,589	6,090,116	6.9
37	837	395,290	6,432,333	6.2

（出典）社会局調査。

第９表　労働争議件数および参加人員

	労　働　争　議			同盟罷怠業工場閉鎖		
	件　数	参加人員	１件当り参加人員	件　数	参加人員	１件当り参加人員
1931	2,456	154,528	63	998	64,536	65
32	2,217	123,313	56	893	54,783	61
33	1,897	116,733	62	610	49,423	81
34	1,915	120,307	63	626	49,536	79
35	1,872	103,962	56	590	37,734	64
36	1,975	92,724	47	547	30,900	56
37	2,126	213,622	100	628	123,730	197

（出典）同上。

↓三一年＝二四五六（一五五一千人）とまず高い水準に乗った後、その後も、三二年＝二二一七（一二三千人）↓三四年＝一九一五（一二〇千人）↓三六年＝一九七五（九三千人）（**第９表**）という高原状態が続く。したがって、二〇年代をはるかに越える争議が発生し続けていくのであるが、まさにその点で、二〇年代末↓三〇年代前半にかけて、恐慌とその回復を巡って争議発生の一大ピークが形成されたこと――が明瞭であろう。こうして、「組合増加↓争議拡大」という「生産点状況」こそが階級宥和策進行の基礎条件を作っていく。

さらに以上のような生産点の実体構造は、続いて（ハ）「企業内労資関係」へと反射せざるを得ない。すなわち、この側面は以下の二面から指摘可能であって、まず一面では、特に大企業を中心にして「終身雇用制―年功序列型雇用」の定着が進む。いうまでもなく、重化学工業部門における熟練工不足に起因して、労働者の企業内確保が不可避となるからであるが、これが、賃金体系の有利性や企業内福利制度の拡充を促しつつ、他方の、「臨時工・下請層」における劣悪な労働条件との間に、明確な「二重構造」を惹起させたのはいわば当然であった。そのうえで他面では、このような大企業の封鎖的労働市場の中で、「協調的労資関係」のまさに「骨抜き」が進行する以外になかった。すなわち工場委員会制度の掘り崩し化が加速されるのであって、具体的には、例えば、会議様式における「議事制から懇談制への後退」・「議題件数の減少」の他、協議内容面での「労働条件問題の協議・懇談テーマからの排除」などの改悪が明らかに目立つ。こうして、工場委員会制度が、労資協議の一応の舞台としての役割さえをも喪失していくのであり、協調的労資関係がその「空洞化」に見舞われるといってよい。まさに「階級宥和策」進展の、その初期的条件が構築されていく。

このような前提を受けて、二つ目に（b）「労働立法」の個別的展開へ移ろう。つまり、恐慌と景気回復の中で社会政策型施策の進展がみられる点であって、高橋財政にもとづくスペンディング政策と連動した、「法令面での労働者対策」＝「労働立法」が実施をみる。そこで最初は（イ）「救護法」（三二年）であるが、恐慌による国民生活状況悪化への処置として、遅まきながらいわゆる貧困者対策が出てくる。その内容が先進国の救貧法制と比較して著しく見劣りするのはいうまでもないが、それでも以下のような内容が一応は盛り込まれていく。すなわち、六五歳以上の老衰者、一三歳以下の幼者、妊産婦、不具廃疾・疾病者・傷痍者、など労働に従事できずかつ扶養義務者が扶養能力を欠く貧困者に対して、生活扶助・医療費扶助などの公的扶助を拡大適用すること——が可能になった。こうして、不十分ながらも、失業対策が救貧対策という側面でいわば裏側から補足・拡張されたと考えてよい。そして次は（ロ）「労働者災害扶助法」（三二年）に他ならず、同じ救貧対策がいわば生産現場視点から立法化されていく。すなわちこれは、従来は工場法や鉱業法から除外されていた土木・建築・荷役労働者を対象として、事業者を扶助責任者としながら業務上の傷病・死亡に対してその保障を義務付ける――ものであった。したがってその意味で、この法制も現場労働者に対するいわば社会政策的国家組織化の一環である点は明白である以上、これが、高橋財政期・階級宥和策発動の一構成部分であったことも当然だというべきであろう。

それに加えて、このような系列に位置づけられる国家労働政策として、他に（ハ）「労働災害保険法」（三一年）および「退職積立金及退職手当法」（三六年）の制定なども指摘されてよいが、これらが階級宥和策の周辺整備を意味するのは明白ではないか。したがって、この三〇年代の労資関係としては、協調主義的方向が全面的に解体に向かったわけでは決してなく、――二〇年代の延長線上に――むしろそれを基本前提にしてこそ進行した点がみて取れる。

しかしそれを認識したうえで、高橋財政期に当たるこの三〇年代において、三つ目として、（c）「国家主義的労働政策」[24]勃興が並進した点も決して否定し得ない。そこで、まず（イ）その「背景」が注目されてよいが、それは、三五年段階から進行した概ね以下の三点に集約可能なように思われる。すなわち、（A）英米などとの国際緊張の激化が国内階級対立の封じ込めと国民統合化とを一層強く要請したこと、（B）公債民間引受＝消化の困難化→インフレによる賃上げ要求を抑え込むために、国家主義的統合による労資関係の再編が求められたこと、（C）天皇機関説排撃＝国体明徴運動の発生とも対応しつつ、国務大臣への新官僚の登用が実現して社会理念が変化したこと、これである。まさにそれは過渡期状況であった。

そしてこのような三五年段階以降の条件変化は、（ロ）「労働運動潮流の変質」を直ちに呼び起こさざるを得ない。すなわち、労働運動およびそれにつながる左翼運動に対する弾圧が取り分け強化された時期こそこの三〇年代だったことも否定できないのであり、一方での協調主義路線の進行と同時に、他方では左翼労働運動への弾圧もが顕著になっていく。そして、このような対左翼弾圧強化の帰結たる、左翼労働運動の影響力減退のまさに間隙を縫って伸張した

第10表　小作争議の概況

	小作人組合		小作争議			
	組合数	組合員数（１組合平均）	件　数	関係小作人（１件平均）	関係地主（１件平均）	関係面積（１件平均）
		千人		千人	千人	千町
1931	4,414	306 (69.4)	3,419	81 (23.7)	24 (7.0)	60 (17.6)
32	4,650	297 (64.0)	3,414	61 (17.9)	17 (5.0)	39 (11.4)
33	4,810	303 (63.0)	4,000	48 (12.0)	14 (3.5)	31 (7.8)
34	4,390	276 (61.5)	5,828	121 (20.8)	34 (5.8)	86 (14.8)
35	4,011	242 (60.4)	6,824	113 (16.6)	29 (4.2)	71 (10.4)
36	3,915	229 (58.5)	6,804	77 (11.3)	23 (3.4)	46 (6.8)
37	3,879	227 (58.6)	6,170	63 (10.2)	20 (3.2)	40 (6.5)

（出典）『昭和14年小作年報』による。

ものこそ右翼組合勢力であって、この三〇年代にその一定の基盤を固める。例えば、三二年九月の「日本労働組合会議」（二八万人）をまず嚆矢としてその組織化をスタートさせた後、さらに三六年四月には「愛国労働組合全国懇話会」（八万人）の結成へと結実していった。こうして、国家主義的・日本主義的労働運動戦線の形成と展開が活発化する。

そうであれば、（ハ）その「帰結」はこう整理可能であろう。すなわち、高橋財政期の対労働者政策は、一面では「階級宥和策」としての機能を端的に発現していったが、しかし、その性格だけによる事態の単色化は不可能だというしかない。なぜなら、この三〇年代労働政策のもう一つの顔として、左翼労働組合の弾圧と国家主義的・日本主義的労働運動の助長という性格をも持った――からに他ならず、まさにこのような「複合的性格」にこそ、三〇年代・対労働者政策におけるその本質が求められよう。換言すれば、三〇年代には、協調主義的路線の後退と国家主義的・日本主義的路線支配化とがまさに重奏化して進行したというべきなのであるが、それが、やがてファシズム型労働政策へと帰結するのはいわば自明のことであろう。そしてこの側面にこそ、「日本型・階級宥和策」のその基軸がある。

　引き続き第二に、階級宥和策のもう一つの側面を構成する②「対農民政策」[25]へと視角を転換していこう。そこでまず一つ目として、農民政策全体の基本前提をなす（a）「小作争議」動向から入っていくと、最初に（イ）その「件数」は以下のような軌跡を描いた。すなわち、三一年＝三四一九→三三年＝四〇〇〇→三五年＝六八二四→三七年＝六一七〇（**第10表**）と動くから、ピークの三四・三五年には三一年の実に二倍にも達している。その点で、昭和恐慌→農村窮乏の深化が小作争議の激増を惹起している連関が一目瞭然だが、しかしそれが、農民運動における運動強化の直接的反映とはいえない点にも注意を要する。なぜなら、この小作争議の件数は以下のように「小作人組合」および「組合員」の拡大には必ずしも繋がっていない——からであって、それらは以下のように動いた。つまり、まず「組合数」が、三三年＝四八一〇を頂点にしてそれ以降は三五年＝四〇一一→三七年＝三八七九（**第10表**）と目立った減少へ転じているのに加えて、ついでそれと連動する形で、「組合員数」（千人）も三〇三→二四二→二二七（**第10表**）という顕著な縮小傾向へと移っている。こうして、小作争議の最盛期はまさに三一—三三年という高橋財政期にある点が検出可能であり、それを越えると、農民運動としての内実は、むしろ弱体化へ向かうことが明瞭であろう。

　そしてこのような図式は、次に（ロ）「争議規模」の点からも同様に確認されてよい。事実、いま「一件関係小作人—一件平均関係地主」（人）を追っていくと、例えば以下のような数字が拾える。つまり、三一年＝二三・七—七・〇→三三年＝一二・〇—三・五→三五年＝一六・六—四・二→三七年＝一〇・二—三・二と収縮を続ける以上（**第10表**）、特に三三年を分水嶺として、小作争議のダイナミックさが大きく減殺され始めていったことがよく分かろう。その場合、このような農民運動エネルギー低下の背景については、地主経営悪化による地主攻勢の高まりや農民運動組織の分裂・弱体化の比重がもちろん大きいが、それに加えて、三〇年代・農村救済政策のある程度の浸透とそれに立脚した農家

第11表　小作争議の原因と結果

		1931	32	33	34	35	36	37
原因	小作料値上反対	114 (3.3)	60 (1.8)	89 (2.2)	125 (2.1)	126 (1.8)	147 (2.9)	196 (3.1)
	小作料一時減	1,609 (47.0)	1,267 (37.1)	1,013 (25.4)	2,168 (37.2)	2,616 (38.4)	1,621 (23.8)	1,318 (21.4)
	小作料永久減	166 (4.9)	121 (3.5)	127 (3.2)	109 (1.9)	105 (1.5)	213 (3.1)	230 (3.7)
	産米検査込米反対	27 (0.8)	16 (0.5)	56 (1.4)	77 (1.3)	30 (0.4)	86 (1.3)	51 (0.8)
	小作の継続・賠償	1,363 (39.9)	1,468 (43.0)	2,305 (57.5)	2,668 (45.8)	3,055 (44.8)	3,674 (54.0)	3,509 (57.0)
	その他	140 (4.1)	482 (14.1)	410 (10.3)	681 (11.7)	892 (13.1)	1,013 (14.9)	866 (14.0)
結果	妥協	2,078 (60.7)	2,101 (61.6)	2,568 (64.2)	3,764 (64.6)	5,131 (75.2)	5,162 (76.0)	4,824 (78.2)
	要求貫徹	417 (12.2)	481 (14.1)	523 (13.1)	922 (15.8)	381 (5.6)	294 (4.3)	277 (4.5)
	要求撤回	83 (2.4)	61 (1.8)	92 (2.3)	157 (2.7)	160 (2.3)	167 (2.5)	107 (1.7)
	自然消滅	26 (0.8)	53 (1.5)	56 (1.4)	76 (1.3)	82 (1.2)	72 (1.1)	76 (1.2)
	未解決	815 (23.9)	718 (21.0)	761 (19.0)	909 (15.6)	1,070 (15.7)	1,109 (16.1)	886 (14.4)
総件数		3,419 (100.0)	3,414 (100.0)	4,000 (100.0)	5,828 (100.0)	6,824 (100.0)	6,804 (100.0)	6,170 (100.0)

（出典）前表と同じ。

経済の一定の立ち直りというファクターも決して無視はできまい。

そのうえで、この小作争議エネルギーの低下は、さらに（八）争議に関する「原因と結果」の現状にも端的に反射していく（**第11表**）。すなわち、まずその「原因」に関しては、三四―三五年不作時での一時的な「小作料減免」を別にすると、最も比率が高いのは、「土地取り上げ」に起因する「小作の継続・賠償」であって、三一年＝三九・九％↓三三年＝五七・五％↓三五年＝四四・八％↓三七年＝五七・〇％と五割を超えるに至る。その意味で、むしろ「地主側のイニシアティヴ上昇」と「小作側の受け身化＝インパクト低下」という争議構図が明白なのに対して、小作側からの攻勢を示す「小作料・一時減・永久減」の比率は五一・九％↓二八・六％

↓三九・九％↓二五・一％となって明らかに低落していく。しかも、その点は「結果」の点からも同様に指摘可能であって、「要求貫徹」の持続的な減少（一二・二％↓一三・一％↓五・六％↓四・五％）と――それとは裏腹な――「妥協」の顕著な増加（六〇・七％↓六四・二％↓七五・二％↓七八・二％）とになって鮮やかに表面化していよう。こうして、この「結果」の方向からしても、三〇年代小作争議がまさに高橋財政期にこそその頂点を経験したこと――が明瞭であって、それこそが次に農業政策へと連結する。

したがって、二つ目として（b）「農村不況対策」の展開が重要だが、まず（イ）その「背景」を押さえておく必要があろう。その場合に基礎認識をなすのは「農地政策」の位置づけに他ならず、結論的にいえば、農地政策はこの三〇年代には目立った動きを示さない。というのも、すでに確認したような、小作争議の社会的インパクト低下などの作用もあって、小作問題を土地政策として処理するという農政のスタンスは大きく後退を余儀なくされた――からに他ならず、農政の方向性に一定の変容が進行する。したがってその意味で、まさにこのような農地政策の性格変化こそが、それとは逆相関的に、「農村不況対策」の重視に連結したのは当然であった。こうして、「農業―農村問題」を、土地政策ではなく、高橋財政の一環として、むしろ直接的な財政・金融的処置を媒介にしてその問題処理を目指す方向――こそが焦点になってこよう。それこそがまさに「農村不況対策」に他ならない。

そこで早速、「農村不況対策」の（ロ）「展開」へと立ち入ると、それは大別して以下の三パターンに整理し得る。つまり、まず一つは（A）「救農土木事業」であるが、これはこの時期に新しく出現したもので、次のような二側面の狙いをもちながら、三一年から三四年までの四年間においていわば限定的に実施された。まず一面では、土地改良・道路整備・水利改善などを通して農業生産力を高めつつ、それによって、農村経済力を全体として強化する点が意図された。その点で、農村を基盤としたまさに古典的な「生産政策」以外ではないが、しかし、それと並んだヨリ現実的意図としては、むしろ農村土木事業の実行を通して可能になる、農民への現金収入確保こそが主要に指向されたと考えてよい。したがって、あくまでも彌縫策に止まったとはいえ、この「救農土木事業」が、機能的には、財政スペンディングに媒介された一種の「現代的景気政策」における、その「農業版」たる性格をもった点——は決して否定できないのではないか。まさしく高橋財政のその一環なのである。

そのうえで、二つとしては（B）「負債整理事業」が注目を引こう。これは三三年三月の「農村負債整理組合法」に立脚しているが、具体的には、部落単位に負債整理組合を設置したうえで、そこを対象にしつつ、政府が預金部から低金利資金を融資することによって高利負債借換を促進しようとするものであった（三一年＝四二百万円→三三年＝四七百万円→三六年＝四五百万円）。もっとも、その貸出には難しい条件が付けられたりしたため、本当に救済が必要な農民層にまでは浸透しなかったともいわれるが、恐慌のダメージを直接的に蒙ってその解体の危機に瀕している農村共同体に対して、その一定の「カンフル剤」的作用を果たした効果だけは軽視されてはなるまい。まさに「階級宥和策」の一表現だと思われる。

さらに、「農村不況対策」の最後として（C）「農村経済更生運動」が指摘されてよい。これは三二年から実施をみるが、政府が各年一定の指定村を決めてそこに経営改善・生活の自給化・貯蓄奨励・負債整理・産組の拡大などを課題とする更生計画を立てさせつつ、その計画に対して政府が援助する——ことがその骨子をなしていた。その場合、この運動の特質は、従来個別的に実施されてきた救済方策を中央から地方までを含めて統一的に立案・実施するための機構を整備しようとする点にあるといってよいが、それは結局、財政的負担を最小限にまで切り詰めながら、旧来の伝統的な共同体秩序を再構成して利用しようとするものになっていよう。その意味で、「階級宥和策」のいわば「精神型」ではないか。

こう考えてくると、この「農村不況対策」の（ハ）「意義」は最終的にこう集約することが可能であろう。すなわち、「農政」展開としては、三〇年代に入ると、二〇年代に積極的な展開をみた「農地政策」に代わって「農村不況対策」こそがまさに前面に登場してくると整理されてよく、その意味で、三一年の「小作法の挫折」以降における、高橋財政期・「対農民政策＝階級宥和策」の主流は、明確に「農村不況対策」へとその舵が切られたのだ——と。

最後に、「対農民政策」の三つ目として（c）「農産物価格政策」の拡大が指摘されてよい。そこでまず（イ）その「背景」だが、この三〇年代における農産物価格支持政策の一般的土台には周知の米輸入・移入制限があった。すなわち、これまでも、特に台湾・朝鮮などの植民地における米増産の制限およびその日本への輸入・移入の規制強化が進められ、それが二〇年代までの農産物価格政策の主流を形成してきたが、この三〇年代における農村窮乏の激化に直面して、それだけでは限界が免れない点がにわかに表面化してくる。したがって、この「米輸入および移入政策の限界」にこそ、三〇年代・農産物価格支持政策に関するその新展開発現の根拠があった。

ついで、その三〇年代新展開の（ロ）「内容」にまで立ち入ると、その焦点は、いうまでもなく、三三年から「米穀法」が「米穀統制法」へと移行した点にこそ求められてよい。つまり、これによって、政府による価格支持操作の範囲と内容とが強化され、まず政府は、一定の価格帯の制限範囲に米価を引き止める義務をもつことになった。そしてその義務の履行を大義名分としてこそ、最終的には無制限の米の買入れと販売が実行可能になった——のはいうまでもない。まさにこの「米買入れ・販売の『無制限性』」という点にこの「米穀統制法」の基軸が還元されてよいが、しかしそれだけではない。それに加えて、さらに外地・植民地米の国内流入—価格低下を回避するために、三四年五月からは植民地・朝鮮での産米増殖計画自体の中止が断行されたし、国内農業団体との関係では、産業組合を補助して米の売買経路の組織化もが促進された。その意味では、この「米穀統制法」にもとづく、「農産物価格コントロールに関する政府介入の全面化」こそが注視されるべきであって、これが、戦時統制期における「食糧統制過程」のいわば出発点をなしたことは当然であろう。

そこで最後に(ハ)その「意義」はどうか。そう考えると、この「米穀統制法」体制が、その後における「農産物価格政策」進展の土台を形成した関係が重要であって、具体的には、三六年の「米穀自治管理法」制定こそがその画期をなした。つまり、この法律によって、産業組合による米の保蔵を認める方策発動が可能となっただけでなく、このような管理がさらに繭や青果物にまで拡大適用されたことも極めて特徴的な事態だと判断されてよい。こうして、階級宥和策型の、政府による農産物価格支持体制は、この三〇年代に、その対象品目およびそのメカニズムに関して、極めて大きな拡充・強化を進展させていったわけである。

以上、「労働者政策」および「農民政策」という二つのベクトルから、高橋財政期における「階級宥和策」展開をフォローしてきたが、その総括をも兼ねて、第三に③「日本型・階級宥和策の特質」について一定の整理を与えておきたい。その場合、議論の焦点は、三〇年代労資関係が無視し得ない基調転換を遂げている中で、その相互関係をどう把握すべきか――という点にこそあるが、最初に一つ目として(a)その「前提」をまず確認しておくと、高橋財政局面を中心として、二〇年代後半から三〇年代前半にあっては、「階級宥和策」は以下のような基調でこそ展開をみた。すなわち、「労資ノ意思ノ疎通ヲ図リ融和協調ノ途ヲ構ズルハ産業平和ノ基調ナル」という認識の下に、国家が、労資の協調的関係を育てつつ労資関係の改善に向けて積極的に介入することによって争議の未然防止を図る――という、まさしく「協調主義的方向」がその主流を担う。これこそ、社会局を中心として追求された階級宥和策の基本像であり、その帰着点には、労働組合を資本主義における一つの社会制度として「実質的には」容認しつつそれを資本主義体制内に包摂しようとする――指向性が孕まれていたといってよい。まさに「体制包摂型階級宥和策」の発現ではないか。

したがってそうであれば、まず三〇年代前半期には、以下のような特質を有した階級宥和策の進行こそがいわば一目瞭然だと思われる。すなわちそれは、――その程度と質はかなり落ちるとはいえ――ドイツ・ワイマル体制[26]やアメリカ・ニューディール体制において展開をみた、まさに「現代型労働政策」とその本質を共通にすると意義付け可能なのだと。

しかしついで二つ目に、それは、三〇年代後半を分水嶺にして明確に（b）「変質」へと転じていく。すなわち、「国際緊張の激化＝国民統合要請強化」・「インフレ＝賃上げ要求の台頭」・「新官僚登用化＝社会局理念変化」などを要因として、労働政策における、「協調主義的路線の後退」と「国家主義的・日本主義的路線の支配化」とが現実化してくる。その意味で、三〇年代前半に進行した「協調型・階級宥和策」の「変質」化が進行すると考えてよいが、その場合に注意すべきは、「国家政策―企業内関係」相互のその有機的関連に他なるまい。というのも、このような国家労働政策の、協調型から統合型への再編が、一面では、すでにみた企業内部における協調的労資関係の「空洞化」に立脚し基礎付けられているとともに、他面では、その「空洞化」自体を確定しまさに完成させるもの以外ではなかった――からであって、まさにそこにこそ、階級宥和策体系のその構造的特質がみて取れよう。

そこで最後に三つ目として、「日本型・階級宥和策の特質」としては以下のような（c）「総合化」が浮上してくる。要するに図式的には、三〇年代国家労働政策は、「協調主義的方向」から「国家主義的方向」への再編化としてこそ集約可能だが、しかしその際にくれぐれも重要なのは、何よりも以下のような枢軸点ではないか。具体的にいえば、三〇年代後半以降の、このような「変質型・再編型」にあっても、その根底レベルでは、一定の社会政策的施策をも展開することを通して「団体的・集団的労資関係」が維持された――という側面であって、この基軸を重視すれば、そこから次のような結論的命題が導出可能なのも当然であろう。すなわち、それは、いわば「歪められた」＝「萎縮した」、

「現代型労働政策」の「日本的な一変種」であったのであり、まさにその意味で、日本的特殊条件の下で、戦争遂行へ向けてその形成が目指された、一つの「現代型労働政策」＝「階級宥和策」以外ではなかったのだと。

[3] 高橋財政期・現代資本主義の構造的特質　以上までで、高橋財政期の「資本蓄積促進策―階級宥和策」展開をそれぞれ個別的にフォローしてきたが、次にそれを前提にして、(三)「高橋財政期・現代資本主義の構造的特質」[27]という視角からそれへの総括化を試みよう。そこで最初に第一は①その「背景」が問題となるが、その決定的「契機」をなすのはいうまでもなく「昭和恐慌」がもたらした体制的危機以外ではあるまい。そこで、まず一つ目の契機は（a）「経済的危機」に他ならないが、世界恐慌は日本資本主義においては何よりも「昭和恐慌」として波及・発現し、輸出激減を引き金にして、一方の資本蓄積面では、価格低下→企業収益悪化→倒産増加→株価暴落が進んで資本過剰が明白になったし、他面の労働市場面では、失業増大→賃金低下→労働者生活困難化がスパイラル的に深刻化した。まさに「産業恐慌」の勃発であるが、しかしそれだけには止まらない。さらにそれに加重して、農業面でも、生糸輸出崩落→生糸価格暴落→米価暴落→農家経済悪化という形で「農業恐慌」としての色彩を強くもった。したがって、「産業恐慌」と「農業恐慌」との結合を通して、この昭和恐慌期に、極めて大きな「経済的危機」が進行したことは明白であろう。

それを前提して、「契機」の二つ目こそ（b）「政治的危機」以外ではない。その場合、日本のケースでは、「政治的危機」の表出はやや屈折した形態が採られた。もちろん、昭和恐慌下で労働争議・小作争議が盛り上がり、それが支配層によって「政治的危機」として認識されたのは否定できないが、それが本格的な体制変革運動へと連動したとはやはりいえまい。そうではなくむしろ、労働者・農民の反体制的エネルギーは、農本主義・青年将校などの危機意識を媒介として、例えば五・一五事件などとなって噴出していくわけであり、まさにそのような形で「迂回」しつつ、結果的には、普通選挙法によってそれなりに確立した「日本型議会政治」が軍部の直接的暴力によって脅かされていく。その意味では、日本にあっては、直接的経路ではなく、「農村の窮乏化→軍部への反映→直接的暴力→体制への挑戦」といういわば「間接的経路」を通ってこそ、体制的危機につながる「政治的危機」が生み出されたのだ――と考えてよい。したがって、それはいわば「反体制的エネルギーの屈折した表出」だというべきであろう。

そうであれば三つ目として、この「背景」は結局は以下のように（c）「総括」可能だと思われる。すなわち、以上のように、日本資本主義は――日本的独自性に潤色されてではあるが――この昭和恐慌期に一つの「体制的危機のピーク」を迎えることになった。具体的にいえば、「昭和恐慌」によって直接的に惹起された「経済的危機」と五・一五事件に媒介されて間接的に発現した「政治的危機」とが、この三〇年代初頭に合成されて出現したわけであり、その点でそれは、「体制自体の存亡を問われる危機」という意味で、まさしく、「日本資本主義の体制的危機」と定義せざるを得ない性格のものだった――というべきではないか。

それをふまえて、次に第二として②その「機能」はどう整理可能であろうか。そこで、最初に一つ目に（a）その「条件」としては何よりも「管理通貨制の成立」こそが重要であるが、まず前提として、（イ）その「基本」を押さえておきたい。いうまでもなく「管理通貨制の特質」は、まず国内と国外を遮断し、中央銀行の発券量と金・外貨との内在的関連を断ち切ることによって、通貨量・信用量をある程度裁量的に運用しつつ、そこから金利・信用量を弾力的に動かし得る――点にこそ求められるが、すでに具体的にフォローした如く、この管理通貨制の進行は、日本においては高橋財政開始時の金輸出再禁止を画期としていた。すなわち、高橋は蔵相就任と同時に三一年一二月一三日に金輸出再禁止に踏み切り、直ちに同一七日にはまず国内金兌換の停止に着手したといってよい。しかも続いて、三二年五月には日銀制度の改正もが実施されて日銀発券限度の拡張が目指され、その結果、日銀券の保証準備発行限度が従来の一億二千万円から一挙に一〇億円へと推し進められるとともに、同時にその限外発行税率も五%以上から三%以上に引下げられた。こうして、金輸出再禁止→兌換停止→金本位制停止→日銀発券量の膨張という形で、管理通貨制成立が三一～三二年期に実現されていく。

それを前提として、ついで(ロ)その「内容」が問題となるが、いうまでもなくそれは、「管理通貨制に立脚した財政・金融スペンディング」をこそその基軸にしている。つまり、まず(A)「財政スペンディング」では、金本位制停止にもとづいて積極的な財政拡大政策が展開されたといってよく、特に満州事変費=軍事費と時局匡救費とを中軸にした財政の顕著な膨張が進んだ。そして、まさにこの過程においてこそ政府によるスペンディング政策が発動可能になったから、その結果、財政を媒介とした有効需要の人為的創出を通して、「過剰資本の整理=不況脱出」が意図されたのは当然であった。しかしその場合、このような財政面からのスペンディング政策が、他面で(B)日銀による「金融スペンディング」によって支えられていたのも自明であろう。それは、一つには公定歩合引下げによる低金利政策と、そしてもう一つには周知の――日銀の売オペ操作と接合した――「公債の日銀引受けシステム」とを何よりもその裏付けとしていたが、その両者ともが、管理通貨制に立脚して始めて可能な、高橋財政期・日銀政策に条件付けられていたことは一目瞭然ではないか。

そうであれば最終的に、以下のような(C)「総合化」が可能だといってよい。要するに、「財政スペンディング」は、日銀による「金融スペンディング」に補完されてこそ実現可能だったわけであり、その点で、「財政政策」と「金融政策」とが、「管理通貨制」を共通土台にしながらまさに一体化して機能したこと――が明確であろう。こうして、三〇年代・高橋財政期に成立した管理通貨制は何よりも「財政・金融スペンディング」としてこそ現実化をみる。

したがって最後に、(ハ)その「意義」がこう浮かび上がってこよう。すなわち、「金輸出再禁止→金本位制停止→

管理通貨制成立→財政・金融スペンディング展開→有効需要の人為的創出」という論理が形成をみたのであり、まさにそれを通じて、「生産・利潤・物価・雇用・賃金・信用・利子などの経済量コントロール」が可能になった――のだと。

そのうえで二つ目として、その条件の下で進行可能になる(b)「資本蓄積促進策」はどうか。そこでまず(イ)「背景」だが、それが何よりも「経済的危機」にこそあるのはいうまでもない。すなわち、資本主義の体制的危機が「政治的危機」と「経済的危機」との合成からなるとした場合、この「資本蓄積促進策」が、そのうちの「経済的危機」に対処するものとして進行したことは当然であろう。その点をもう一歩(ロ)「内容」的にいうと、この「経済的危機」への対処策は、一般的に図式化すると、「大型不況脱却→景気回復→資本過剰整理」を可能にするための有効需要創出がその基軸をなす。こう考えると、日本における（ハ）「現実過程」として、以上のような内容がかなり明白な形を取って現出したのはすでに明瞭だといってよい。それは繰り返し指摘してきた通りだが、いうまでもなく、金輸出再禁止に立脚した高橋財政下の財政・金融スペンディングによる景気上昇策は、この「資本蓄積促進策」における、極めて典型に近いその代表例だと構図化できた。その点で、この「資本蓄積促進策」が、三〇年代・日本資本主義の重要課題を形成していたことは余りにも自明ではないか。

ついで三つ目は(c)「階級宥和策」であろう。最初に(イ)その「背景」から入ると、この「階級宥和策」が「政治的危機」から必然化されているのは見易いことであり、したがって、「体制的危機」を構成する要因のうち「政治的危機」をこそ、それはその背後にもっていよう。すなわちヨリ立ち入っていえば、(ロ)「内容」面では、――図式的にみて――国内反体制運動への抑止作用が進められつつ、主要には、社会主義運動の体制内化を目的にした様々な階級対立宥和政策が採用されていく。そこで、この内容の日本における(ハ)「現実過程」を追うと、先の「資本蓄積促進策」と比べて、この「階級宥和策」の展開水準は明らかに低い。その点は、「労資同権化・社会保障政策」を一応は実現させたニューディール政策と比較すれば一目瞭然だが、しかしそれにしても、高橋財政期には、失業救済政策や農村の負債整理・時局匡救対策が財政・金融スペンディングの一環としてある程度まで進められた点も決して軽視はできまい。さらにそれに加えて、二九年「社会政策審議会」設立、三一年「労組法案・小作法案衆議院通過」(不成立)、三三年「米穀統制法」成立、なども が進行した以上、「階級宥和策」展開が、——その成果は大きくないとはいえ——日本においても一定程度は確認されてよかろう。こうして最終的には、三〇年代・日本資本主義が「階級宥和策」をもその一つの焦点にしていたことが検証し得る。

以上のような検討を前提として、最後に第三として③その「本質」が総括されねばならない。そこでまず一つ目に(a)その「比較」を試みると、具体的には、例えば「アメリカ型=ニューディール」および「ドイツ型=ナチス」[28]と比較した場合、「日本型=高橋財政」の位置関係は次のように整理可能ではないか。すなわち、日本型は他の二類型のまさに「中間型」をなすのであり、まず一面で「資本蓄積促進策」では、その組織体系性と効果性の点から、ヨリ徹底していたナチスとやや不徹底なニューディールとの「中間」に入るだろうし、次に他面で「階級宥和策」についても、労働者権利の編成タイプという点で、労資同権化型のニューディールと労働基本権解体型のナチスとの、これまたその「中間」的性格をもつと意味付けできよう。まさに、米・独と比較した、日本における、「資本主義の体制的危機」におけるその「中間性」の、「日本国家による体制組織化」へのその明確な反射関係ではないか。

ついで二つ目に、日本型現代資本主義の(b)「成立時期」が焦点をなすが、それは、ここまでフォローしてきた「背景・条件・機能」をふまえれば、すでに余りにも明白だといってよい。つまり、昭和恐慌を巡る「体制的危機」をその直接的「背景」とし、さらに高橋財政による、「金輸出再禁止=管理通貨制成立」に立脚した財政・金融スペンディングをその「条件・機能」としている以上、「日本における現代資本主義」の「成立時期」が、何よりも、高橋財政期としての「一九三一—三二年」期に設定されなければならない——のは当然である。その成立諸要因の実証性からして、日本型現代資本主義の「成立時期」に関して疑問は一切あり得ない。

まさにこの到達点としてこそ、最終的に三つ目に（c）こう「結論」されてよい。すなわち、日本資本主義は、一九三一—三二年＝高橋財政期に現代資本主義としてのシステムを整え、まさにその中でこそ、その現代的再編を遂げたのだ——と。いうまでもなく「日本型現代資本主義の成立」[29]に他なるまい。

Ⅲ　戦時統制経済と日本型現代資本主義の空洞化

［1］資本蓄積促進策　以上、日本型現代資本主義の「成立」を確認したが、日本資本主義はその形態がそのまま第二次大戦後まで持ち越されたわけではない。そうではなく、周知の通り、日本資本主義は、この三一—三二年段階の後、三七年日華事変→四一年太平洋戦争といういくつかの画期を経て準戦時経済→戦時経済へと進行していくからであって、最終的には戦時統制経済へと帰着する以外にはなかった。したがって、このような転換に直面して、この三一—三二年段階で成立をみた日本型現代資本主義も、さらにもう一段の変質を余儀なくされるのはいわば当然のことであろう。まさにここから、次の課題が浮上せざるを得まい。

こうして次の課題は、三一—三二年段階で体制的に成立したこの日本型現代資本主義が、ついで戦時統制過程でどのような変質・修正を受けつつどのように再編されたか——を解明する点に絞られてくるが、その論点をまず（一）「資本蓄積促進策」[30]の方向から検討していこう。そこで、基本的前提として第一に①「資本蓄積動向」から入っていく

第12表　戦時経済の動向指標

	実質国民総生産（億円）（1934－36年価格）	実質個人消費支出（億円）（同左）	国内民間総資本形成（億円）（同左）	政府の財貨サービス購入（億円）（同左）	製造工業生産指数（1960年：100）計	鉄鋼	機械	繊維	日銀卸売物価指数（1934－36年：100）	ヤミを考慮した小売物価指数（1934－36年：100）	実質賃金（1934－36年：100）
1930	135	109	10	22	21.3	9.4	9.5	45.6	88.5		105.9
36	172	110	29	31	31.5	21.9	11.4	74.9	103.6		97.6
37	212	115	40	48	37.2	25.3	15.3	85.3	125.8		99.0
38	219	114	41	62	38.2	29.0	16.8	70.4	132.7		105.0
39	221	108	52	55	42.4	31.1	20.6	70.4	146.6	139	93.4
40	208	97	51	57	44.3	32.4	25.0	63.7	164.1	180	81.9
41	211	94	53	70	45.8	33.4	28.8	51.5	175.8	210	79.1
42	214	90	57	73	44.5	35.3	29.9	40.7	191.2	273	65.9
43	214	85	49	84	45.0	39.5	32.8	26.7	204.6	321	65.8
44	206	70	54	84	46.2	36.9	38.6	14.2	231.9	401	60.0
45					19.6	13.1	16.4	5.5	350.3	703	41.2
										森田優三推計*	山田準三推計**

（出典）中村隆英『戦前期日本経済成長の分析』258頁。

と、最初に一つ目として何よりも（a）「生産水準」が問題となろう。いま例えば（イ）「実質国民総生産」（億円）という最も大枠的指標に即してこの点の検出を試みると、三九年＝二二一→四〇年＝二〇八を「踊り場」としながらもかなり持続的・安定的な動きが確認されてよい。つまり、具体的には三七年＝二一二→三八年＝二一九→四一年＝二一一→四二・四三年＝二一四→四四年＝二〇六（**第12表**）という軌跡を描くからであって、この国民総生産というマクロ・レベルから判断する限り、総体的な生産動向としてはむしろその着実性こそが目立とう。ついで、この点をさらに（ロ）「国内民間総資本形成」という企業視点からもチェックすると、やはり三七年以降でのかなり大幅な拡大がうかがえる。例えば、三六年から三七年にかけてまず二九億円→四〇億円と急膨張を遂げるが、その後も、三九年＝五二→四一年＝五三→四二年＝五七→四四年＝五四（**第12表**）という高水準を続ける。したがって民間レベルでの設備投資はかなり活発な伸張をみたといってよく、この点からも、戦時統制経済期における民間投資面での拡張と、それにともなう景気拡大基調とが否定し得まい。そのうえで、戦時統制経済期・生産拡大傾向を、念のため最後に（ハ）「製造工業生産指数」（一九六〇年＝一〇〇）サイドからも傍証しておきたい。そうすると、ここからも同形の構図が表出してくるのであり、事実、三七年＝三七・二→四〇年＝四四・三→四三年＝四五・〇→四五年＝一九・六（**第12表**）という数値が拾えるから、いうまでもなく終戦の四五年を例外として、製造工業の生産状況は明らかに拡大・上昇傾向にあった――という以外にはなかろう。まさしく全般的な資本蓄積の拡大基調ではないか。

そのうえで二つ目に（b）「企業動向」へと進もう。そこで、以上のようなマクロ・レベルでの景気動向を企業次元のミクロ面から裏付けるために、例えば「十大紡」を対象にしてその企業活動の輪郭を確認したい。最初にまず（イ）「繰越および当期利益金」（百万円）状況が注目されてよいが、それは以下のような数字を刻んだ。すなわち、太平洋戦争期に入った四〇年代にあっても、四一年下期＝「繰越利益金」一〇九、「当期利益金」八六→四二年＝一一三、八六→四三年＝一二九、八六→四四年＝一一〇、一〇三という経過を辿ったから、戦時統制経済過程における利潤蓄積の進行はいずれにしても否定はできない。もっとも、その対象が「十大紡」という大企業であるということからくるバイアスもなくはないが、統制経済の中にあっても、企業利潤が決して減少していない点に関しては重大な注意が必要だと思われる。まさにこの企業利潤という要因からしても景気動向の拡張性が指摘でき、その意味で「資本蓄積促進策」の明瞭な貫徹こそが確認されてよいが、このことはついで（ロ）「企業留保」（億円）の方向からも同様に実証されよう。事実、「産業資金供給状況」に即したこの「社内留保」は、四二年＝二一→四三年＝二五→四四年＝二九と動いて堅調な増加基調を示す以上、戦時統制経済プロセスが、企業会計における「内部留保」へと連結した関連がそれこそ一目瞭然だと整理されてよい。その場合、一方では、統制の進行が企業投資範囲を狭め、それが内部蓄積分をそれだけ嵩上げした――という要因も無視はできないが、他方において、企業利潤の拡大が「社内留保」の上昇を帰結させたのもいうまでもなく自明であった。したがって、ここからも、景気基調の上昇運動とそれを可能にした資本蓄積促進策の展開とが一応よく分かる。

こうフォローしてくると、戦時統制経済過程の「企業動向」としては、概略的にいって、以下のように（ハ）「集約」可能ではないか。すなわち、この戦時統制経済期は、基本的な景気動向視点からするかぎり、いわば景気拡大局面にあったのであり、まさにその中で、「資本蓄積促進策」に立脚して「企業動向」は外形標準的には投資拡張を実現していった——のだと。

それを前提にしたうえで三つ目に、このような「企業動向」の基盤をなした（c）「資金調達・運用構造」はどのように動いたのだろうか。そこで最初は（イ）「資金運用」だが、統制経済のピークをなす四三・四四年段階に特に焦点を合わせると、例えば以下のようなその構成変化が目に飛び込んでくる。すなわち、一方での「固定資産」比率の低下（三九年＝四六・四％↓四一年＝三九・二％↓四三年＝三〇・四％）と、他方での、それに代わる「手持品」比率の上昇（一五・〇％↓一九・〇％↓二二・八％）とであって、この相反傾向こそが、戦時統制経済における「企業・資金運用」の特質を顕著に反映していよう。なぜなら、軍事統制の進行とともに、企業の積極的な固定資本投資が制限を強めるのに対して、むしろその反面において、「軍需会社からの製品発注の拡大」とそれにもとづく「軍需仕掛品の増加」とが「手持品」ウエイトの上昇となって反映している——からに他なるまい。こうして、「資金運用」の側面において、軍需生産を媒介項とした、政府の、企業資本蓄積に対する強い政策的関与がまず否定できないが、それこそが、「資本蓄積促進策」におけるその典型パターンをなした点にも注意を要する。

続いて（ロ）「資金調達」面に目を転じるが、この「資金調達」面では、「株主資本」＝自己資本減少（三七年＝五〇・九％↓三九年＝五七・一％↓四〇年＝五四・五％↓四一年＝五二・〇％）の裏面で「その他長期負債」の増加が注目されてよい。つまり、その構成比は三九年＝五〇％→四一年＝七三％→四三年＝七九％という顕著な上昇経路を辿るが、その場合、この「その他長期債務」は、政府に対するいわば「未決済勘定＝軍需生産に関わる政府からの『前渡金』」がその中心をなす点――に特段の注意が必要である。というのも、この項目の比率上昇においてこそ、統制経済の強化過程が、一方で企業資本蓄積の自律性を喪失させつつ、他方で資本蓄積構造の軍需への依存化を促進していること、が一目瞭然だからに他ならない。こうして、「資金調達」サイドからは、政府からの軍需品代金の前渡金によって軍需生産を拡大し、まさにそのような方式による投資拡大を通してこそ企業活動膨張を実現した実態――が濃厚に浮かび上がってこよう。要するに、「資本蓄積促進策」の、その「統制経済型」進行ではないか。

したがって、戦時期企業の「資金調達・運用構造」は、結局以下のように（ハ）「総括」可能なように思われる。すなわち、まず一面では、政府系特殊金融機関による民間貸出・社債引受という土台に支えられつつ、しかも次に他面では、「日銀貸出→大銀行貸出→企業借入金」というルートにも補完されながら、最も現実的過程としては、「臨時軍事費特別会計→軍需品発注→企業・前受金」という資金流通ルートこそが明瞭に形成をみたのだ――と。

続いて第二に、「資本蓄積促進策」を②「金融政策」[31]のベクトルから立ち入っていこう。そこで、まず何よりも一つ目として（a）「銀行信用」動向を追ってみなければならないが、例えば「全国銀行貸出金」（百万円）推移は以下のようであった。つまり、準戦時期をなす三七年以降から持続的な増加傾向に移るといってよく、三七年＝一二→三九年＝一七と上昇を示した後、太平洋戦争期にはさらに激しい膨張に転じる。具体的には、四一年＝二四→四三年＝三二→四五年＝九七となるのであり、したがって、戦時経済の深化とともに、民間銀行の企業貸出がまさに凄まじい拡張をとげた点が明瞭であろう。その意味で、先に確認した、経済統制期の生産・投資・利潤の増大基調がこのような信用拡張に支えられているのは明らかであって、「資本蓄積促進策」発動の主要要因が、まずこの銀行信用面にあるのは

第13表　歳出決算（中央財政）

（100万円）

	一般会計	うち軍事費	特別会計	臨時軍事費特別会計	一般特別単純合計	一般特別純計	うち軍事費合計	軍事費比率（%）
1934－36	2,217	1,138	6,041	0	8,258	6,653	1,138	17.5
1937	2,709	1,406	8,402	2,034	11,111	9,195	3,441	34.4
1938	3,288	1,419	11,729	4,794	15,017	13,124	6,214	47.3
1939	4,493	1,924	14,390	4,844	18,883	12,273	6,769	55.2
1940	5,860	2,525	17,408	5,723	23,268	15,704	8,247	52.5
1941	8,133	3,367	27,717	9,487	35,851	22,891	12,854	56.2
1942	12,551	537	35,554	18,753	43,830	31,965	19,290	60.3
1943	19,871	510	50,621	29,818	63,173	47,458	30,328	63.9
1944	19,871	262	64,913	73,494	84,785		73,756	85.6
1945	21,496	316	78,355	16,465	99,851		16,781	44.2

（出典）『昭和国勢総覧』第２巻，222，247頁。

当然であろう。

しかしそれだけではない。このような民間銀行レベルでの信用拡張の背後に、その基盤として、二つ目に（b）「日銀信用」の膨張操作が存在したのはいうまでもない。そこで、いま「日銀民間貸出増加」（百万円）推移に目を凝らせば、三七年＝六六→三九年＝五四二→四二年＝一〇六一→四四年＝五三〇一→四五年＝二一四〇七という激増過程を驀進する。まさに日銀信用の膨張には驚く以外にないが、そうであれば、先にチェックした銀行信用の膨張を背後で支えつつ、統制経済期の景気上昇＝投資拡大を金融面で補完したその根本的な要因は結局は日銀の信用機能だった――といわねばならない。そして、それを可能にした決定的な根拠が、四二年における「日銀法の戦争遂行型改正」にこそ求められるのももはや自明であるかぎり、統制経済期・金融政策は、まさしく「資本蓄積促進策」のその一環として作用したわけである。

最後に三つ目に、この作用を（c）「公定歩合」の点からも念のために傍証しておくと、例えば次のような数字が具体的に手に入る。すなわち、三六年四月七日に年利三・二九％に変更をみたが、その後は、「東京割引日歩」で三七年＝一・三五銭→三八年＝一・三二銭→三九年＝一・二七銭→四〇年＝一・二五銭という経過を辿った。みられる通り、見事に着実な単調減少過程が記録されていくから、「日銀信用↓民間信用↓企業」というプロセスを媒介にして、低金利基調が資本蓄積過程へと見事に浸透した実態が手に取るように分かろう。「資本蓄積促進策」の進行である。

さらにそのうえで第三に、「資本蓄積促進策」のもう一つのパターンこそ③「財政政策」に他ならない。そこでまず何よりも一つ目に（a）「経費動向」が大前提となるが、いま「歳出決算」（億円）に焦点を当てて財政支出の推移を追うと以下のような軌跡が描かれる。すなわち、三七年＝一一一（うち「軍事費合計」＝三四）↓三九年＝一八八（六七）↓四一年＝三五八（一二八）↓四三年＝六三一（三〇三）↓四五年＝九九八（一六七）（第13表）という経過が踏まれるから、その急膨張の異常さには驚きを禁じ得まい。そして、まさしくこのような国家財政を通じた巨大な資金撒布こそが、先にみた日銀信用拡張とも相まって、有効需要を人為的に創出しながらそこから企業資本投資を可能にしていったわけであろう。要するに「資本蓄積促進策」の全面展開に他なるまい。

しかしそれだけには止まらない。というのも、このような財政支出激増の中核には軍事費の破壊的増加が位置しているからであって、――その金額的増加はすでに示した通りだが――さらにそれを二つ目として（b）「軍事費比率」（％）としても検出を試みると、以下のような数値が刻まれよう。つまり、三七年＝三四・四↓三九年＝五五・二↓四一年＝五六・二↓四三年＝六三・九↓四四年＝四四・二（第13表）という経路である以上、統制経済期における「軍事費比率」上昇の凄まじさに改めて瞠目すべきではないか。そうであれば結論的にいって、この戦時統制期において、民間資本投資を支えつつ生産拡大と企業利潤を可能にしそれを通して景気上昇を実現した財政面での要因として、最終的には、この異常な軍事費膨張が指摘できるのはもはや当然のことであろう。要するに、「軍事費膨張」こそ、「戦時統制経済期・資本蓄積促進策」における、まさにその枢軸に他ならない――という「特殊命題」が導出可能なように思われる。

以上を受けて最後に、ここまでフォローしてきた、「金融・財政」両方向から機能した「資本蓄積促進策」展開

第14表　通貨発行額

（100万円）

	現金通貨 M	＋当座性預金 M_1	＋定期性預金 M_2	1934－36＝100 M	M_1	M_2
1934－36平均	2,116	6,630	13,998	100.0	100.0	100.0
1937. 6	2,235	7,610	15,992	105.6	114.8	114.2
.12	3,155	9,009	17,706	149.1	135.9	126.5
1938. 6	2,703	9,242	18,746	127.7	139.4	133.9
.12	3,478	10,770	21,240	164.4	162.4	151.7
1939. 6	3,316	11,743	23,308	156.7	177.1	166.5
.12	4,654	15,139	27,984	219.9	228.3	199.9
1940. 6	4,653	16,218	30,627	219.9	224.6	218.8
.12	6,000	19,158	35,124	283.6	289.0	250.9
1941. 6	5,681	19,951	37,494	268.5	300.9	267.9
.12	7,826	23,799	42,774	369.8	359.0	305.6
1942. 6	7,292	25,411	46,546	344.6	383.3	332.5
.12	9,274	29,528	52,489	438.3	445.4	375.0
1943. 6	9,391	32,403	57,687	443.8	488.7	412.1
.12	13,099	36,817	65,136	619.0	555.3	465.3
1944. 6	15,655	42,588	76,139	739.8	642.4	543.9
.12	22,856	54,677	93,842	1,080.2	824.7	670.4
1945. 6	32,957	72,940	122,911	1,557.5	1,100.2	878.1
.12	56,658	102,838	166,440	2,677.6	1,551.1	1,189.0

（出典）朝倉孝吉・西山千明『日本経済の貨幣的分析』。

を、三つ目に（c）「通貨発行・流通量」という側面からも集約しておきたい。そこで最初に（イ）その「推移」が前提をなすが、いま「現金通貨M」・「M_1」・「M_2」はそれぞれ以下のように動いた。つまり、出発点としての三七年にはそれぞれ三一億円・九〇億円・一七七億円であったものが、その後は、指数（三四―三六年＝一〇〇）でみて、それぞれ三九年＝二一九―二二八―一九九→四一年＝三六九―三五九―三〇五→四三年＝六一九―五五五―四六五→四五年＝二六七七―一五五一―一一八九という経過を辿る（**第14表**）。一見して、通貨急膨張の激烈性が目に飛び込んでくるといってよく、その意味で、まさにこのような通貨膨張の進行こそ、財政・金融両面からする有効需要の人為的拡大を通して投資・生産・利潤の高位性を補完しつつ景気拡張を実現させた――その基本条件だった点がよく分かる。要するに、それこそ「資本蓄積促進策」の基盤条件だというべきであろう。

そのうえで、もう一歩立ち入って(ロ)「M・M_1・M_2の内部構成」にまで進むとどうか。そうすると先に指摘した数値からして、この三種類の通貨量のうちでは、M_1およびM_2に比較してMそのものの増大テンポが一層大きいことが直ちに目立つ。その場合、いうまでもなく、このハイパワード・マネーとしての「M」を根拠にしてこそ預金通貨である「M_1」と「M_2」が創出＝「信用創造」される――という関係にあるかぎり、この動向の中に、戦時統制経済期・資本蓄積促進策における、政府・日銀のその決定的役割重要性がまさに如実に反映している。なぜなら、全体としての通貨量拡張を基礎付けているこの「M」自体の増加規模が顕著に大きい以上、この時期での通貨量拡張の何よりもの主要基盤が、この政府・日銀信用の膨張にこそあった点はいわば当然だからに他ならない。その意味で、まさにこの通貨量動向に即して考えても、「資本蓄積促進策」の明確な貫徹にその疑問の余地はあり得まい。

こうフォローしてくれば、最後に、この「通貨量動向」の(ハ)「意義」は次の二側面からこそ整理可能であろう。すなわち、まず一つには、統制経済期における資本投資を補完した中心要因として、財政・金融ルートを経由した通貨量拡張が無視できないこと、しかもついで二つには、この財政・金融を通じた通貨量増大の基軸経路としては、民間銀行レベルでの「預金通貨創造」よりは政府・日銀レベルでの「銀行券創造」としての「本源的信用創造」のウエイトの方がむしろ大きいこと――これである。約めていえば、国家の財政・金融ルートに裏付けされた通貨膨張にもとづく有効需要の人為的創出以外ではないが、さらに、ここで特殊歴史的規定性として取り分け強調されるべきは、戦時統制経済というヨリ緊迫した局面に直面した、国家機能の、ヨリ「直接化＝前面化」という新動向であって、ここにこそ、「戦時統制経済期・資本蓄積促進策」が有する、その何よりもの枢軸があるというべきであろう。

[2] 階級宥和策　以上のような「資本蓄積促進策」をふまえつつ、取り急ぎ、現代資本主義のもう一面を構成する(二)

「戦時統制経済期・階級宥和策」へと視角を転じていこう。その際、すでに高橋財政期にあってさえも、「日本型・階級宥和策」がもつその「特殊性」が否定できなかったが、当面の戦時統制経済期においては、その「特殊性」はさらに一段とその色を濃くせざるを得ない。換言すれば、国家の戦時統制体制に規制されつつそれに立脚してのみ形成をみる「労資関係」[32]が進行する——わけであり、まずこの点にこそ予め強い強調点を置いておく必要があるが、それを前提としていえば、「戦時統制期・階級宥和策」の展開が、何よりも「産業報国会体制」としてこそ発現していくのは周知のことであろう。

そこで最初に第一として、「産業報国会体制」(産報体制)の①「形成過程」から入っていくことにしよう。まず一つ目に、その第一局面は(a)「国民精神総動員」(「精動」)計画および「時局対策委員会」段階だといってよい。要するに「産報体制」形成のいわば準備ステージであるが、まず前段の(イ)「精動」計画が全体の出発点をなし、具体的には、日華事変勃発にともなって三七年九月に「精動計画実施要領」・「精動中央連盟」の発足をみる。その場合、この計画の目的が「国民の国家政策への協力確保」にあったのは当然だが、取り分け労資関係への影響という点では、この「精動」計画に沿って、特に右翼政党および労働組合における戦争・産業協力体制への進展が開始されたこと——が目立った。例えば、社会大衆党は綱領を改正して「資本主義を改革し以って産業の計画化と国民生活の安定化を期す」ことを唱ったし、また総同盟に至っては、「労働国策として労働者団結権の法認並に産業及び労働の統制の即時実施を期す」とともに「労資紛争を挙げて平和と道義の手段に訴えて解決し、進んで全産業に亙り同盟罷業の絶滅を期す」という決議をさえ発表した。

それに対して、後段の(ロ)「時局対策委員会」は、「精動」計画の「上意下達性=官製性」的欠陥を補完しつつ労働者・大衆の運動への動員をこそ目指すものであった。具体的には、三八年二月に協調会主導で「時局対策委員会」が設置され、まさにそこを舞台として三九年三月には、以下のような内容をもつ周知の「労資関係調整方策要綱」が決定をみる。

すなわち、まず第一に(A)「理念」としては、何よりも「産業＝事業者・従業員を一体とする事業一家」という根本観念の設定こそが目立つ。そして、まさにこの「観念」を基本的立脚点にしてこそ、まず一方では、事業者の社会的使命として「産業報国精神」が強調されるとともに、ついで他方では、従業員の社会的使命としては「勤労報国精神」が主張される──という論理構成が採られた。その点で、「労資協調型指導精神」の鼓吹が明瞭に盛り込まれているのは明らかであろう。次にそれを受けて第二として、このような体制構築のための(B)「具体的方策」が以下のように示されていく。つまり、各事業所に、この指導精神普及のための、事業者・従業員を包含した共同機関を設置するとともに、さらに、この「指導精神を宣揚し労資関係を調整」するための「中央機関」の設置もが目指された。したがって、「理念」だけでなく、指導精神実現のためのその方法論も明確だと判断されてよい。

そのうえで第三は、指導精神実現に関する(C)その「保障条件」の明記が目に付こう。例えば、「この機関を通じて産業の発展、従業員の福祉をもたらすべき各種の施策を行うこと(具体的には待遇改善、能率増進、保健衛生、福利共済、教育修養、慰安娯楽など)」が意図されたから、その意味で、労働者に対する「一種の階級宥和策」的本質は一目瞭然だといってよい。そう考えると、まさにこの方向を、第一次大戦後に普及してきた「工場委員会制度」を産業報国・勤労報国という国家理念の下に「再編・強化」しようとするものだと位置付け可能なこと──はいまや明白ではないか。何よりもこの枢軸点こそが注意されてよい。

続いて二つ目に、その第二局面をなす(b)「産業報国連盟」段階へと目を転じよう。そこでまず(イ)その「契機」だが、その出発点をなしたのは、三八年七月における「産業報国連盟」の成立であった。周知の如くこれは、産報運動の推進母体たる目的の下に設立をみた全国中央組織に他ならないが、まさにこれを土台にしてこそ、従来の産報運動が限界として抱えていた、その官製的性格の打破が目指されたわけである。したがって、この「連盟」設置による、産報体制の「国民運動」として運動化こそが試みられていこう。それを前提として、次に（ロ）その「展開」にまで進むと、これ以降、政府は何よりも産業報国会の具体的組織化に着手していく。すなわち、まず八月には各地方長官に対して「労資調整方策実施ニ関スル通牒」を発し、従業員一〇〇人以上の事業所について、「事業主・従業員双方を包含した産業報国会の個別的な設置」を奨励した。そしてその際、政府は「本団体ヲ設置シタルコトヲ理由トシテ労働組合ノ解散ヲ強フル」ことを強く警戒しつつ、むしろ、この産報運動に対する労働組合支持の尊重を確保しようとしていく。まさにこの点が重要であって、――少なくともこの段階においては――労働組合の弱体化を狙うというよりは、労働組合を維持しながらそれを産報運動へ「取り込み」つつその支持基盤にしようという方向性こそが明瞭なのであり、それを通して、産報運動の「国民運動的性格」の強化が試行されたといってよい。その結果、地方行政機構の強力な支援と指導とを受けながら産報運動は急速に推進されるに至り、同年四月までに、早くも三八四七事業所に産業報国会が設置されるとともに一四〇万人がその組織に入ることになった。まさに顕著な飛躍ステップが踏まれた。

このような経過を通じて、産業報国会運動はともかくも「国民運動」的形態をとって進行することになったが、しかしそこには、以下のような（ハ）「特質」が明白だといわざるを得ない。すなわち、産業報国会組織の形成過程において政府の極めて強力な行政的援助と指導が作用していったこと――以外ではなく、逆からいえば、この運動はその本質的な点で「自主的国民運動としての性格」を欠落させていたことが一目瞭然なのだ――と。

以上のプロセスの帰着点としてこそ、三つ目として、第三局面の（c）「大日本産業報国会」段階へと至る。そこで最初に（イ）その「経過」を押さえておく必要があるが、その時期的画期をなしたのは三九年段階であった。つまり、戦争体制の本格化にともないこの三九年フェーズから国家規制にもとづく労務動員・統制が不可避となるが、そのような状況の中で、政府は、産報運動をこの労働力統制の一環として再編成することに着手せざるを得なくなる。具体的には、三九年四月に政府は、産報運動を直接的に政府のコントロール下に置くことを意図して「産業報国連合会ノ設置ニ関スル件」を発令し、各産業報国会を、地方長官を長とする「道府県産業報国連合会」の指導下に位置づけることとした。まさにこのような変更によって、産報運動の中央組織としての産業報国連盟はその性格を変化させたのであり、結局は、政府の指導に従属・協力する機関に過ぎなくなったといってよい。こうしてこの過程を通して、「国民運動的性格の欠落」という、従来からの産報運動の特質はなお一層明瞭に浮かび上がってくる以外にはなかった。まさしく大きな転換期に差し掛かっていく。

しかし同時にそれと対応して、(ロ)その「機能」面でも事態の変化が進行をみる。つまり、さらに四〇年後半になると、戦争体制の一層の進展に対応して労働力に対する戦時統制が全産業部門にまで拡大されたが、それにともなって、労働統制機構におけるこの産報運動の役割は一段と深化されるに至る。やや具体的に追えば、産報運動を戦時統制メカニズムへさらに深く包摂することを目的として、四〇年一一月に政府は、従来の道府県レベルの産業報国連盟を統合するものとして「大日本産業報国会」を新たに設立するとともに、道府県連合会の下部組織として、警察署長を長とする「支部」(警察署単位)を新規に設けた。以上のようなプロセスを経て最終的には、産業報国会は、「支配力を有した中央機関」＝「大日本産業報国会」の下へ完全に組織化されたといってよく、それを通じて、これまで調整的作用を果たしてきた従来の産業報国連盟はその使命を終えて解散することとなった。

こうして、この四〇年「大日本産業報国会」の結成を以って、産報体制は、「制度面」および「機能面」において、一応その「完成」に到達した――と整理可能なように思われる。

そのうえで、この「第二局面」の（C）「意義」はどう集約できるであろうか。その場合、何よりも注視すべきは、事この局面にまで至ると、産報運動の「完成」が「労働組合の存立否定」と結合してくるという点に他ならない。なぜなら、産業報国運動に——たとえ表面的にではあれ——国民運動的粉飾を与えるために一旦は必要とした、「労働組合の存立維持」と（その「代償」としての）「運動への強制的参加」といういわば「譲歩」は、労働力統制メカニズムへの産報運動の直接的包摂とそれによる労働力統制の国家的一元化が完成してしまえば、もはや明らかに不必要になる——のは自明だからである。こうして事態は転換した。

要するに、産報運動の「完成」という新局面に直面して、労働組合はむしろ国家統制に対する障害物としてその存在自体が否定されていくのである。まさに、産報運動形成過程におけるその終着点であろう。

このような展開過程を前提としつつ、次に第二に産報体制の②「構造」へと視角を転じたい。そこで最初に構造的論点の一つ目は（a）「労働統制展開との一体化」であろう。すなわち、日華事変→太平洋戦争という戦争体制深化の過程で不可避となる、賃金統制・労働力移動統制などの労働統制が円滑に進むためには、「全産業人の積極的自発的協力を得、有機的連関性を保持して、事業場に浸透反映するに足る産業労働組織が必要である」が、そのような固有の役割を、何よりもこの産報運動が現実的に果たすことになったのである。その点で、産報運動は、単に産業報国を目的とした一種の理念的・精神的運動であったのみならず、国家労務政策の一端に位置付けられることによって、労働統制という現実的体制組織化機構の一部分としても機能したこと——が重要であって、この意味においてこそ、「産報運動＝階級宥和策の一環」という枢軸関係がヨリ明瞭に理解し得るように思われる。

さらに構造的論点の二つ目として（b）「労働者・労働運動の対応」が興味深い。例えば、当時にあって最大の組合員数を組織し労働運動における主流的位置にあった「総同盟」に代表させて、産報運動へのスタンス変化を追えば以下のようであった。まず（イ）「前半段階」だが、ここでは、前述の「労資関係調整方策」に対して批判的態度が取られる。つまり、「労働組合の存続およびその独自性維持への懸念」＝「労働組合の存在意義否定に対する反発」を理由にして、「この案が積極的に労働組合の発展を期するものでないことは明瞭なことである」と主張された。まさに極めて妥当な反対理由だが、しかしその反対姿勢はすぐに一頓挫をみる。すなわち、ついで（ロ）「後半段階」へと転じるのであって、産報運動が具体化してくると総同盟の対応は微妙に変化していく。すなわち、「労資関係の調整は自主的労働組合による労資の自主的協力関係の確立が原則である」というセオリーを一応は掲げながらも、にもかかわらず、「自主的労働組合の未発達なる現状が今日非常時応急対策として、産報案を生ましめている」という「いい訳」を付けて、結局は妥協モードへと落ち込む。まさにこのような主張に立脚しつつ、いくつかの「留保点」を辛うじて指摘しながらも、最終的には産報運動への参加を決定したといってよい。いわば、「見事な」その末路である。

こうして、（ハ）その「結果」は、総同盟による、一定の要求を条件にした産報運動への参加であった。しかしヨリ本質的には、総同盟のこのようなスタンス変化はむしろ必然的だったともいってよい。なぜなら、そもそも総同盟は、「挙国一致強化のためには、労働組合の自主的組織によって上からの労働統制を下から強化する必要はますます過重せられる」として、挙国一致体制下における、労働統制に果たす労働組合役割の重要性と労資協調関係強化の必要性とを認めていた――からに他ならず、したがってその点では、産報運動に対する、総同盟と政府とのその認識の差は決して大きくはなかったというべきであろう。

そのうえで三つ目の構造的論点としては、産報運動に対する（c）「資本側の対応」が指摘されてよい。最初に（イ）その「ポイント」を絞っておくと、統制経済進展にともなう、「産報運動への対応パターンの変遷」こそがその焦点をなす。というのも、すでにフォローした労働側の産報運動への対応関係が、労働組合の自主的解体過程としてほぼ一元的に把握可能なのに対して、資本側の対応に関してはそのような単色化は困難だからである。そうではなく、事態の推移とともにその対応関係が変化していくのであって、その変遷に特段の注意が必要だと思われる。そこで、(ロ) その「転換過程」を簡単に追えば、概略的にみて以下の四局面に区分可能ではないか。すなわち、まず(A)「第一ステージ」は「労資関係調整方策」にかかわる段階であり、ここでは、資本家団体は産報運動形成に対してむしろ「能動的役割」をこそ果たす。立ち入っていえば、このような労資関係の精神によって、当面の争議防止だけでなく戦後の混乱期をも克服可能な労資関係の構築を目指すという立場から、資本側の利害は、産報運動のまさにバック・ボーンをなしていたというべきであり、その意味で、産報運動は、資本側の労働者対策と表裏一体をなしていた。しかしついで(B)「第二ステージ」は、産報運動における「政府の指導権掌握」の段階であるが、この局面では、資本側の産報運動への反対姿勢が一転して強硬になる。つまり、資本側にとって、このような「産報組織と行政機構の一体化」構想は断じて容認不可能なものとされ、そこから、この構想に抵抗を示しつつ政府介入を拒否して厚生省との対立関係に入るといってよい。

さらに太平洋戦争が現実化する四一年に入ると、局面は再度の転換をみせて(C)「第三ステージ」を迎える。すなわち、この局面で非内務官僚によって進められた機構改革によって、「中央本部の役割の限定化」と「中央本部内における官僚支配の後退化」とが進展したため、一方で、産報運動における資本側の自主的活動余地がそれだけ温存されたとともに、他方では、産報運動を資本自身の運動へと切り替えていく方向性がヨリ明確となった。まさにこのような環境変化に対応してこそ、この段階では、産業界の意向に沿った産報運動への転換が進行したと整理できる。そしてこの延長線上に(D)「第四ステージ」が位置づくが、その決定的な契機をなしたのは四三年の「中央勤労協議会」の設置であろう。これは、戦争経済の行き詰まり露呈化に直面して、全産業人の意思を中央本部に結集しようとする必要性に立脚して結成をみたが、それは最終的には、産報運動を産業人自身の運動として再編することによって資本側の意向に即応した体制を構築すること——の促進にこそ連結していった。要するに、産報組織が企業別に編成されるとともに、その運営は——産報運動という名目の下に——まさに経営者中心に展開されていくものとして再編されざるを得なかったわけである。こうして、資本側の産報運動への対応関係もその結末に到達した。

そうであれば、以上を受けて最後にその（ハ）「意義」はこう集約されてよい。すなわち、いまや産報体制は企業の労務管理体制の中に完全に包括されるに至ったのであり、まさにそれを通して、それは、資本の指揮権強化＝「事業一家主義」の徹底化に寄与していく一つの補完体制としてこそ確立をみた——というべきだと。この「産報体制」が「戦時統制経済型・階級宥和策」の一環に他ならないことの「一根拠」が、ここにも明瞭にその顔を覗かせている。

そのうえで、取り急ぎ第三として産報運動の③「本質」へと進もう。最初にまず（a）「視点」を絞っておくと、何よりもその「本質」は、その初期段階における「労資関係調整方策」の中にこそ最も鮮明に表現されている——点に注意が必要である。もっとも、具体的にフォローした通り、この「方策」で示された理念がそのまま最後まで貫徹されたわけではなく、その展開過程の中で、産報運動が国家労働統制の一環に包摂されつつ一旦はその理念上の変更を余儀なくされたのは確かだが、それにもかかわらず、最終的には、特に資本主導による「勤労協議会」の設置を通して、この「方策」で明示された全体的理念が、産報運動の「本質」として貫かれていったのもまた事実であった。まさしく「方策」型理念の貫徹である。

そこで二つ目として、この「方策」型理念の（b）「内実」は結局以下のようなものとして解析可能であろう。すなわち、（イ）産業は、「事業者」および「従業者」各自の「職分」によって結ばれた「有機的組織体」であることをまず基本前提としたうえで、（ロ）この産業の「使命」が、産業の発展により「国民の厚生を図り、国家の隆盛、人類の文化」に貢献する点に設定される。そしてそれを踏まえつつ、(ハ)この使命達成のためにこそ、「事業者」・「従業者」両者は「一体」となる必要があるとされ、最後に、(ニ)まさにそれを通じて、「事業一家・家族親和」の精神を以って自己の「職分」を全うしなければならない——と図式化可能だと。要するに、この理念は、労資間の階級対立＝利害対立を否定しつつ労資関係をむしろ「職分」＝「使命」の相違として規定し、そのうえでそれを立脚点にして、産業上の国家目的に基づいた労資の「一体的」統合を主張するもの——となっているわけであろう。

したがってその意味で、「国家的使命に対して、事業一家的精神にもとづき、一体化された労資が、その自己の職分を尽くすこと」、という論理構造として解析できるのであり、まさにこのような「論理構造」にこそ、産報運動の、その体系的「内実」が存在すると総括されてよいように思われる。しかもこう理解してよければ、その延長線上に、(c)その「本質」が、最終的に次のように浮かび上がってくるのもいわば一目瞭然ではないか。すなわち、このような「事業一家型職分」論が、労資の利害対立を認めたうえでその統合・宥和を説く、いわゆる「労資協調主義」をさらに一段超えているのは明白であり、したがって、まさにそれこそは、日本における戦時統制経済の危機的展開が一般的な「労資協調型体制統合」によってはもはや処理不可能だという状況にあって、その「危機型統制経済体制」に対応して緊急に構築された、何よりも「特殊危機対応型・労資関係システム」以外ではなかったのだ——と。要するに「産報体制＝戦時統制型『階級宥和策』」という基本図式がここで改めて承認されてよい。

[3] 統制経済期・現代資本主義の構造的特質　以上ここまでで、戦時統制経済期における「資本蓄積促進策・階級宥和策」の展開を個別的にフォローしてきたが、その個別的分析を前提にして、最後に、その両者の総合化を(三)「統制経済期・現代資本主義の構造的特質」という視点から総括したい。その場合、問題考察の焦点をなすのは、いうまでもな

く、日本型・現代資本主義の規定性という基準点からする、「高橋財政期―戦時統制経済期」の相互関係に他ならない。すでに本章で立ち入って検討してきた通り、日本においては、資本主義の体制的危機の下で、「階級宥和策」と「資本蓄積促進策」とを手段としながら国家による体制組織化をその課題とする現代資本主義は、高橋財政期を画期とする三〇年代にその成立をみた。その意味で、この三〇年代こそ日本資本主義の現代的出発点だとしてよいが、そう考えた場合、以下のような無視し得ない論点の浮上が直ちに禁じ得まい。すなわち、「産報体制」を中軸とする戦時統制経済期は、現代資本主義成立期としてのこの三〇年代期とはどのような位置関係に立つのか――という論点、これである。このように課題を設定すれば、それに対しては、以下のような「二重性」的論理構成を通して解答可能ではないか。

すなわちまず第一に、それら両体制を貫く①「継承面」が何よりも十分に強調されねばならない。立ち入っていえば、金輸出再禁止＝管理通貨制への移行を条件とした財政・金融政策を通して「階級宥和策」と「資本蓄積促進策」とを展開し、それによって体制の安定化を追求するという、三〇年代に成立した一方での「現代資本主義の『基本的課題』」[33]が、他方の戦時統制経済期においても、例えば以下のような関係を媒介にして、基本的には貫徹をみたこと――が重要ではないか。つまり、最初に一つ目として（a）「資本蓄積促進策」サイドでは、（イ）財政ルートを通した「軍事費支出」膨張による有効需要拡大、（ロ）金融ルートを通じた発券量拡張に立脚した有効需要拡大、（ハ）「軍需生産」取引に媒介された企業投資活動の補完、などが顕著であり、その点で、まさに「戦時統制経済システム」そのものを土台にした、対企業向け国家サポート機能の、その拡張展開こそが進行をみた。したがって、三〇年代期に「定着」した「資本蓄積促進策」は、統制経済期には、戦争経済と接合することによって、その原型を一層越えていわば「全面展開」にまで至ったとさえいえる。

ついで二つ目に(b)「階級宥和策」サイドへ目を転ずると、例えば以下のような関連が注目に値するといってよい。すなわち、「産報体制」にともなう、(イ)「従業者―事業者」という「職分関係」によって結ばれた「企業＝有機的組織体」把握、(ロ)「事業一家・家族親和」精神に立脚した「労資一体化」理解、(ハ)「労資協調主義」をもう一段超えた、「労資間階級対立の否定」という新型・労資関係の構築、に他ならず、ここには、労働者階級の全面的「体制内包摂化」を通した、「反革命体制」のいわば「完成体」が出現していよう。まさにその意味で、三〇年代期に成立した「階級宥和策」における、その「到達点タイプ」が、何よりもこの戦時統制経済期の中で、いわば「グロテスクな形」を取ってヨリ明瞭に現出したとも考えられる。

したがってこのように追跡してみると、結局三つ目に、その「継承面」としては(c)こう「集約」できよう。すなわち、三〇年代期に成立した、現代資本主義の両輪をなす「資本蓄積促進策―階級宥和策」という両機能は、その基本構造としては、戦時統制経済期においても前提となっているのであり、まさしくその点で、原則的に「継承」されていること――はまず一面で否定し得まい。何よりも、この基本的・機能的「継承面」にこそ注意を払っておこう。

しかしいうまでもなく、このような「課題」の基本的な貫徹を指摘するだけでは事態の半面にしか過ぎない。すなわち次に第二として、両体制間における、②その「異質面」こそが重要であるが、その場合のキー・ポイントが、この「課題」は「戦時統制経済システム」以外によっては遂行され得なかった――という点にこそあるのは当然である。立ち入っていえば、戦時統制経済体制にあっては、この「現代資本主義の課題」は、まず一方では、単なる労資協調という次元を超えた――もはや個別労働組合の存立自体をも否定する――「事業一家的職分論」に立脚した「産報体制」、また他方では、――企業の自発性をそれなりに維持しつつも――国家目的を基本前提としつつ個別企業の自律的利潤原理を弱めた「官民統合体制」(「統制会体制」)、という二つの固有な統制システムに則ってこそ実行された以上、そこには無視できない重大な特異性が厳存するといわざるを得まい。というのは、現代資本主義の基本パターンとしては、その「課題」は、――財政・金融政策および労働政策という現代的国家政策をもちろん前提にはしつつも――あくまでも個別企業の自主的資本活動に立脚してこそ遂行されるのがセオリーだからであって、それに比較すると、労働組合の存立や企業活動自由の否定にまで至る、極めて強い国家統制を伴った「戦時統制経済」下での、このような「現代資本主義的『課題遂行』」については、その決定的に大きな特殊性が一目瞭然だというべきであろう。まさにその点で、この「課題貫徹方式の『特殊性』」こそが「異質性」におけるその焦点だといってよく、ここにこそ、事態のもう半面が表出している。

このように考えてみると、最後に第三に結論的にいって、この「継承面―異質面」＝「二重性」に関しては、結局以下のように③「総合化」が図られよう。すなわち、「戦時統制経済体制」＝「産報・統制会体制」は、まず一面では、「三〇年代高橋財政体制」＝「現代資本主義の基本構造成立期」のその「基本的貫徹」形態であるとともに、他面では、その「基本課題」を強力な「国家統制方式」においてのみ現実化し得た、極めて「特殊なヴァリエーション」[34]だったのだ――と。要するに約めていえば、「戦時統制経済体制」は、その「課題」を基本的には維持しつつもあくまでもそれを「特異な方式」でのみ実現した――という意味で、まさしく「日本型現代資本主義の『空洞化』」類型だとこそ定式化可能なように思われる。

おわりに

以上、本章では、三〇年代高橋財政期における「現代資本主義の成立」を立脚基準にしつつ、そのうえで、戦時統制経済期を「日本型現代資本主義の『空洞化』」としてこそ体系化を図ったが、周知の通り、この後、日本資本主義は太平洋戦争への突入を画期として本格的な戦争経済へとのめり込んでいく。そして、それがもたらした敗戦を経て、日本資本主義は、「戦後改革―再建過程」を経過しつつそこから戦後・日本資本主義としての運動過程を再スタートさせる。

そこで次の課題はこう設定されていかざるを得まい。すなわち、戦前期においてここまでで、「基本構造成立→空洞化」として経過してきたこの「日本型現代資本主義」は、ついで「戦後改革―再建期」に直面して、「どのような歴史的規定性」をさらに受け取ることになるのか――が解明されねばならないと。まさにこの「再建過程分析」こそが次章の課題であろう。

(1) 拙著『日本における現代資本主義の成立』(世界書院、一九九九年)。
(2) 日本資本主義論争について詳しい文献が多いが、取りあえず大内力『日本経済論』上(東大出版会、一九六二年)、佐伯・柴垣編『日本経済研究入門』(東大出版会、一九七二年)、をみよ。
(3) 日本型「後進性」については、宇野弘蔵『農業問題序論』(青木書店、一九六五年)を参照せよ。
(4) この「確立」論争に関しては、楫西・加藤・大島・大内『日本資本主義の発展』I(東大出版会、一九五七年)、大石嘉一郎編『日本産業革命の研究』上・下(東大出版会、一九七五年)、をみよ。
(5) 例えば山田盛太郎『日本資本主義分析』(岩波文庫、一九七七年)などで主張されている。
(6) 日本初の「過剰生産恐慌」としてのこの「九〇年恐慌」について詳しくは、大島清『日本恐慌史論』上(東大出版会、一九五二年)及び長岡新吉『明治恐慌史序説』(東大出版会、一九七一年)を参照せよ。
(7) 前掲、楫西他『日本資本主義の発展』I、五七頁。
(8) 金融資本の概念規定に関しては、宇野弘蔵『経済政策論』(弘文堂、一九五四年)を参照のこと。
(9) この論争については、例えば柴垣和夫『日本金融資本分析』(東大出版会、一九六五年)をみよ。

(10)農業恐慌＝農業問題に関しては、大内力『農業恐慌』(有斐閣、一九五四年)が優れている。
(11)三〇年代構造の詳細は、拙著『現代資本主義の史的構造』(御茶の水書房、二〇〇八年)をみよ。
(12)第一次大戦の帰結に関しては、楊井克巳編『世界経済論』(東大出版会、一九六一年)をみよ。
(13)世界恐慌について詳しくは、玉野井芳郎編『大恐慌の研究』(東大出版会、一九六四年)、吉富勝『アメリカの大恐慌』(日本評論社、一九六五年)、宇野監修『帝国主義の研究』三(青木書店、一九七三年)、侘美・杉浦編『世界恐慌と国際金融』(有斐閣、一九八二年)、が代表作品であろう。
(14)ニューディール政策の展開体系について詳しくは、前掲、拙著『現代資本主義の史的構造』第七章をみよ。
(15)現代資本主義の「本質」については、「体制的危機・管理通貨制」をも含めて、何よりも大内力『国家独占資本主義』(東大出版会、一九七〇年)及び加藤栄一『ワイマル体制の経済構造』(東大出版会、一九七三年)が基準にされてよい。また前掲、拙著『現代資本主義の史的構造』第九章をもみよ。
(16)現代国家の詳細は、拙著『資本主義国家の理論』(御茶の水書房、二〇〇七年)をみられたい。
(17)金融政策を含めた、高橋財政期・金融構造の基本動向に関して詳しくは、拙稿「戦間期日本資本主義の金融構造」(『金沢大学教育学部紀要』第三七号、一九八八年)などを参照のこと。
(18)日銀の制度改革については、吉野俊彦『日本銀行制度改革史』(東大出版会、一九六二年)が詳しいが、伊藤正直『日本の対外金融と金融政策』(名古屋大出版会、一九八九年)も参考になる。
(19)この機構展開の詳細については、前掲、宇野監修『帝国主義の研究』六、三〇八―一〇頁をみよ。
(20)拙稿「戦間期日本資本主義の財政構造」(『教育学部紀要』第三六号、一九八七年)を参照せよ。
(21)拙稿「戦間期日本資本主義の対外関係」(『教育学部紀要』第三八号、一九八九年)をみよ。
(22)対外通商政策の展開については、前掲、楫西他『日本資本主義の没落』Ⅲ、七七六―八一頁をみよ。
(23)労資関係の基本構造に関しては、西成田豊『近代日本労資関係史の研究』(東大出版会、一九八八年)、拙稿「戦間期日本資本主義の労資関係」(『教育学部紀要』第四一号、一九九二年)、をみよ。
(24)拙稿「戦間期日本資本主義と日本型ファシズム」(『紀要』第四六号、一九九七年)を参照せよ。
(25)農業問題・農民運動の詳細は、暉峻衆三『日本農業問題の展開』下(東大出版会、一九八四年)をみよ。また拙稿「戦間期日本資本主義の農業構造」(『紀要』第三九号、一九九〇年)をもみよ。
(26)ワイマル体制の歴史的位置については、前掲、加藤『ワイマル体制の経済構造』序章が重要である。
(27)「日本型現代資本主義における高橋財政期の体系的位置」については、何よりも、前掲、大内『日本経済論』上及び前掲、拙著『日本における現代資本主義の成立』を参照されたい。
(28)「ニューディール―ナチス」関係に関して詳しくは、東大社研編『ナチス経済とニューディール』(東大出版会、一九七九年)が詳しい。さらに、前掲、拙著『現代資本主義の史的構造』をもみられたい。
(29)前掲、拙著『日本における現代資本主義の成立』「終章」ですでに立ち入って論証した。
(30)統制経済期・資本蓄積に関しては、拙稿「日本における戦時統制経済の展開」中(『紀要』第四四号、一九九五年)をみよ。また原朗編『日本の戦時経済』(東大出版会、一九九五年)もみよ。
(31)戦時期・金融政策に関しては、拙稿「日本における戦時統制経済の展開」上(『紀要』第四三号、一九九四年)、大石嘉一郎編『日本帝国主義史』三(東大出版会、一九九五年)、を参照のこと。
(32)戦時統制期・労資関係の概略は、「産報体制」も含めて、拙稿「日本における戦時統制経済の展開」下(『紀要』第四六号、一九九六年)をみよ。さらに産報体制については、佐口和郎『日本における産業民主主義の前提』(東大出版会、一九九一年)が興味深い分析を提供してくれる。
(33)「現代資本主義の基本課題」については、前掲、拙著『現代資本主義の史的構造』第九章を改めて参照のこと。まさにこれを歴史的基準としてこそ「日本型特質」も図式化し得る。
(34)しかしここで注意すべきは、この「特殊性」が決して「日本にのみ」固有だとはいえない点であって、現代資本主義の――ニューディールと並ぶ――もう一つの典型であるナチス経済もこの「日本型タイプ」との共通性をもつ。例えば前掲、拙著『現代資本主義の史的構造』第八章をみよ。

第二章　戦後再建と日本型現代資本主義の再編

はじめに

前章における戦前期・日本型現代資本主義分析を前提として、ついでこの章からは、戦後期・日本型現代資本主義の展開考察へと移ろう。その場合、筆者は、すでに前著『現代日本経済の景気変動』において、戦後日本資本主義の運動過程を、戦後再建期からバブル崩壊期に亘って、主に「景気変動パターン」に集約する形で分析し終えた。そしてその展開過程解明は、別の表現を使えば、「戦後型・現代資本主義」における「日本タイプ」の現実的機構解析に相当しているといってよいが、しかし本質的検討課題は、単にこの「現実的機構」分析自体にあるわけではない。そうではなく、明確化すべき最終テーマは、むしろ、この「現実的機構」考察を前提にしつつそれを土台にして可能となる、「戦後・日本型現代資本主義」の構造的・総合的な体系化作業——、にこそ設定されねばならない。こうして視角は新展開をみせる。

その際、このような分析課題の体系的位置付けは、さらに論点別に整理して提示すれば、差し当たり、以下の三点にこそ集約可能だと思われる。すなわち、まず第一に、①筆者は以前に『日本における現代資本主義の成立』[1]において、一九三〇年代「高橋財政」局面での日本型「現代資本主義」の「成立」を「実証」したが、そこで明らかとなった、「一九三〇年代期＝日本・『現代資本主義』の『成立』」という命題と、前著において示した、「戦後期＝日本・『資本主義』

の『再建』」というイメージとは、如何なる関連にあるのか――の明確化、さらに第二に、②筆者はまた別著『現代資本主義の史的構造』(2)において、一九三〇年代世界資本主義、取り分け「アメリカ・ニューディール政策」および「ドイツ・ナチス経済」を対象にしつつ「現代資本主義の基本構造」分析を展開したが、この欧米型「現代資本主義」の「本質」を形作った、「階級宥和策―資本蓄積促進策」は、戦後型・日本現代資本主義とは、どのような「位相差」にあるのか――の明瞭化、そして最後に第三として、③戦後期・日本資本主義の「現実的機構」を「戦後型・日本現代資本主義」と規定可能だとした場合、「戦後再建期→高度成長期→低成長期→バブル形成・崩壊期」という、日本経済における「現実的機構」の展開過程は、「現代資本主義のどのような局面展開」を表出しているのか――の体系化、まさにこれら三論点に他ならない。いわば「考察の三大視点」ともいうべきポイントである。

したがって、要約的に図式化すれば、本章の課題は以下のような構図として整理可能であろう。すなわち、戦後日本資本主義の「景気変動パターン」という「現実的機構」分析を「前提」にしつつ、それを、「一九三〇年代における『日本・現代資本主義の成立』」との「連続性」および「『ニューディール・ナチス型』現代資本主義の『基本』構造」からの「参照軸性」、という方向性からさらに「具体化」することによって、最終的には、「戦後日本型・現代資本主義」の「現実的メカニズム」とその「歴史的位相」とを体系化すること――これである。そこで、まずこの第二章では差しあたり「戦後再建」から入っていこう。

I　基礎構造――戦後日本資本主義の再建過程

[1] 戦後改革　まず考察全体の基本的な枠組みとして、(一)戦後再建期の「基礎構造」たるその「現実的機構」分析

が不可欠だが、最初に、この局面展開の構造的前提を形成した①「戦後改革」[3]から入ろう。そこで最初に第一は、この戦後改革における（a）「非軍事化」側面が重要だが、この中には、以下の三施策が含まれるといってよい。すなわち、まず一つ目は（イ）「戦時型統治機構の解体」であって、——ここでは深入りは避けるが——、この政策の代表例としては、例えば、（A）「日本陸海空軍の武装解除および全ての軍事機構の廃止」（B）「戦争犯罪容疑者の逮捕指令」（四五年九月）（C）「極東軍事法廷設置指令」と「戦犯の追及」（四六年一月）、などが指摘可能であろう。まさにこれらの施策こそ、一連の「非軍事化」側面の、まず最も前提的土台であった点は自明だと思われる。

ついで二つ目は、いうまでもなく（ロ）「財閥解体」に他ならない。その場合、この「財閥解体」の「背景・展開内容」に関しては、前著で詳述を終えたので、ここでは考察をその「体制的意義」に限定すると、そのエッセンスは以下の論点にこそ集約可能ではないか。すなわち、その分析焦点は以下の三論点に還元できるといってよいが、まず一つは、（A）「占領軍の現状認識」であって、この「財閥解体」実施における占領軍の基礎的前提には、財閥を、「日本軍国主義の『軍事的基盤』としての、『半封建的』本質をもつ『家族主義的封鎖体制』」という点で理解するという——占領軍の「特異な認識」が存在したことは無視し得ない。まさに、「半封建的」本質をもつ「家族的封鎖体制」として占領軍自らが「理解」した財閥を、何よりも「『非軍事化』の視角」から「解体」に追い込んだという側面にこそ、「財閥解体」の内実があったと整理されるべきであろう。したがってその方向から、財閥が内包する「家族主義的封鎖体制」の払拭に成功した事実が、一応は評価されてよい。

次に二つとして、しかし、（B）この「占領軍の財閥理解」には決定的な錯誤が否定できない。というのも、占領軍がこの「財閥解体」に関してその認識の基本的前提としたのは「財閥＝半封建的」という歴史理解であったが、それは、周知の「講座派」型分析から帰結した、いわば根本的な「誤解」に過ぎないからである。すなわち、「家族主義的封鎖体制」

という性格を発現させた財閥とは、「半封建的」なものでは決してなく、むしろ、世界的にはすでに帝国主義段階に入っていた時期に資本主義化をスタートさせた「後進国型・日本資本主義」が、何よりも一定の必然性の下に形成した、いわば「日本型・金融独占資本組織」そのものに他ならない。その点で、「財閥解体」は一面では「占領軍の大きな『誤解』」に立脚していたと把握される以外にはなく、それ故、「財閥解体」を「半封建制解消→近代化実現」とする理解ほど、ヨリ大きな「錯誤」は存在し得ないというべきであろう。

そうであれば三つとして、（C）「財閥解体の意義」は以下のように整理可能だといってよい。すなわち、戦前の独占体制が、決して「半封建的」なものではあり得なく、むしろ、独占組織におけるその「日本型類型」以外ではなかったとすれば、この「財閥解体」こそ、日本独占資本を、「資本結合・資本動員・資本流動化」などの点で、「重化学工業化・資本集中集積・資本蓄積高度化」などの、戦後型・経済構造にヨリよく対応可能なシステムへと再編成させるという、まさに体制的な役割を果たしたのだ――と総括できる。

そのうえで「非軍事化」の三つ目としては、（ハ）「集中排除政策」がその焦点をなす。つまり、まず最初に一つには（A）その「背景」から入ると、ここで注目されるのは、「独占禁止法」と「過度経済力集中排除法」とからなるこの集排政策が、いずれも、財閥解体と同じく占領軍の意図から現実化した点であろう。具体的にいえば、「半封建的」な財閥を日本軍国主義の「経済的基盤」と把握し、そのうえで、その「解体」によって「非軍事化」を遂行しようという占領軍の基本的狙い――の、まさにその別表現こそ、この「集中排除政策」に他ならなかったとみてよい。換言すれば、「財閥解体」を「経済力の過度集中排除」という側面から補完する点にこそ、この「集排政策」の眼目があったわけである。

続いて二つとしては、（B）特に「集排法」に焦点を合わせてその「展開」を追うと、そこからは、「出発→転換→結果」に関する、見事な「竜頭蛇尾」的進行が浮かび上がってくる。すなわち、まず（I）「出発局面」では、合計＝三二五社、資本金合計＝（公称）一二三七億円、払込金＝二一〇〇億円に及ぶ企業が分割対象に挙げられ、それは、四七年現在における全国株式会社払込資本金の実に六五・九％に相当したといわれている。したがって、この集中排除法は、その出発時点では、各部門の大企業のほぼ全部に対して絶大な決定権を確保したと判断されてよい。しかし、ついで(Ⅱ)「転換局面」になると、アメリカ側における対集排政策のスタンス変化が顕著となり、「日本を『全体主義』の防波堤にするためには日本経済の弱体化は避けねばならない」という「お馴染みの論理」が浮上してくる。そしてその結果として、「当該会社が独自に重要企業を営み、他の企業の活動を阻害し、あるいは競争を阻害することが歴然たる場合以外は、集中排除法にもとづく命令は出さないこと」という基本方針が確定されていく。要するに、集排法の運用基準をできるだけ厳格にすることによって、解体企業を最小限にしようとする――ものに他ならない。

こうして、解体を一旦指定された企業が次々にその解体指定を取り消されることを通して、最終的な(Ⅲ)「結果局面」に至る。まさにその結果、結局、最後まで残って分割指令を実際に受けたのはわずか一八社に止まったし、その内訳としても、うち九社は「財閥持株会社として指定を受けたもの」、また四社は「保有株式の処分で足りるもの」、さらに三社は「一部の工場の処分で済むもの」であった以上、解体の「実質的」な効果は極めて小さかったといわざるを得なかった。まさに「竜頭蛇尾」という以外にあるまい。

そこで最後に三つとして、(C)「集排政策」の「体制的意義」は、以下のような二面から、こう総括可能であろう。まず第一側面としては、独禁法・集排法によって「公然たる独占」に一定の制限を課すことは、社会主義からの体制的圧力を受けつつ労働者・中間層・農民を体制内部に包摂することを試行する「現代資本主義」にとっては、いうまでもなく大きな重要性をもつ。その意味で、この「集排法」は、戦後日本資本主義がまさしく「現代資本主義」として復興・再建していくための、まさにその不可避的な政策だったわけである。したがって、どんなに「竜頭蛇尾」なものであっても、この「集排法」が、その体制上、基本的な「成立必然性」を有している点はまさに当然だといってよい。しかしそのうえで第二側面として、そこには、明瞭な「限度要請」も否定し得ない。なぜなら、「現代資本主義」が、重化学工業に立脚した「巨大企業体制」下においてのみ展開可能であるかぎり、集排政策が余りにも徹底的に実施されてその展開基盤を破壊することになれば、戦後日本資本主義の「現代資本主義」としての再建が不可能になる点もまさに自明だから——である。こう考えると、まさにこのような「中途半端」な「竜頭蛇尾」型「集排政策」こそ、その「必然性」と「限度」とを兼備した、何よりも「日本型」だったのだと統一的に整理できよう。まさに、以上のような「二面性」にこそ注意しておきたい。

ついで第二に、戦後改革の（b）「民主化政策」へと進もう。そこで、まず一つ目は（イ）「憲法体制の構築」だといってよい。といっても、この「新憲法」の成立背景・内容に関してはここで触れる余地はなく、ただ一つだけ、「新憲法体制の体制的意義」にのみ目を向けておくと、その「体制的意義」としては例えば以下の三点が重要だと思われる。すなわち、まず一つとしては、（A）その「概括的位置づけ」が興味深く、このポイントに対しては、「新憲法＝『現代資本主義』的憲法」という定式化が可能だといってよい。やや具体的にいえば、この新憲法こそ、日本資本主義を「現代資本主義」として再編成するための、まさにその最も適合的な「最高法的規範」に他ならない——という論点が重要であり、そこにこそ、この定式化の焦点があろう。そのうえで、次に二つとして、（B）この焦点の「構造的内実」にまで切り込むと、何よりも「憲法体制の『二元性』」こそがその枢軸をなす。というのも、この新憲法は、一面では、私的所有権を明確に規定した「『資本主義』憲法」以外ではもちろんないが、しかし他面では、例えば「労働基本権・社会権・生存権・公共福祉規定」などを——たとえプログラム規定としてではあれ——多面的に貫徹させている以上、その明らかな「『現代』憲法」としての側面も決して否定はできないから、に他ならない。その点で、この新憲法が、「歴史規定性」からすれば、例えば「イタリア憲法」・「ワイマル憲法」・「ニューディール体制」などとも、歴史・本質的に通底しているのは自明なのである。

そうであれば最後に三つには、（C）「本質的」に体系化すると、結局こう整理可能であろう。すなわち、この「新憲法」に関しては、それがもつ、単なる「近代資本主義憲法＝帝国主義型憲法」を超えた、「現代資本主義憲法」としての「本質」を否定することは不可能であり、むしろ、戦後日本資本主義を「日本型・現代資本主義」として展開可能にしていく、まさにその「体制的枠組」こそが、この「新憲法体制」として構築された――のだと。

ついで、「民主化政策」の二つ目としては（ロ）「労働政策」がくる。そこで最初に一つとして（A）その「背景」から入ると、その契機は何よりも占領軍からの指令にあった。すなわち、占領軍は、社会主義的政治活動や労働運動を弾圧する諸法制を撤廃して労働運動の展開にまず門戸を開いたが、このような占領軍による指令の下で、労働組合法の制定が不可避だと判断した政府は、重い腰を上げつつ占領軍と接触しながら、ようやく四五年一二月にその制定化に辿り着く。こうして、戦前期に何度も挫折した「労組法」がようやく成立をみた。

この結果、日本の労働組合は法律によって権利を保障された存在となったが、この労組法を基礎的枠組としつつ、その土台の上にさらに、「労働争議調整法制＝『労働関係調整法』」と「労働保護法制＝『労働基準法』」とが制定されて、「労働改革」の全体像が発現をみる。要するに、「民主化政策」の一環としてこそ、「労働改革」が位置づけられるといってよい。

そこで、二つとして（B）その「内容展開」へ進むが、上記三法の骨組みだけをざっとなぞれば、以下のように整理できよう。つまり、（Ⅰ）「労組法」――①「労働組合の法認」②「団結権・団体交渉権の保障」③「労働行政の警察行政からの分離」④「不当労働行為の禁止」⑤「労働委員会の設置」、（Ⅱ）「労働関係調整法」――①「争議調整の手続規定」

②「調整方法の『斡旋・調停・仲裁』への三段階区分化」③「調整事務の、行政官庁専決から労働委員会への移管」④「公益事業の争議制限禁止」、(Ⅲ)「労働基準法」──①その適用の「統一的・普遍的・包括的性格」②「労働者権利法認に立脚した『労働基準』の要求体系化」③「広範かつ緻密な『労働者保護内容の拡充』」④「使用者の『無過失責任制』の導入」⑤「監督機構の拡大・強化」、これである。まさに多面的な展開がみて取れよう。

以上を前提としつつ最後に三つには、(C)「労働改革の体制的意義」が集約されねばならない。その場合、その「体制的意義」は大掴みにいって以下の二方向から把握可能である。すなわち、まず第一方向として、労働改革によって「労働三権」が基本的に法認されたことは、「現代資本主義」が、「労資同権化」を中軸とした「階級宥和策」をその一方の本質要件としているかぎり、この「労働改革」が、「戦後日本資本主義」を「現代資本主義」として運動させていく、まさにその労資関係的「基本枠組」であること──は当然であろう。したがって、「労働改革＝現代資本主義化条件」という命題はまず否定のしようがない。しかしそれだけではない。次に第二方向も無視できず、この側面は、特に「労調法」において、「公共の福祉」維持を名目とした「労働運動規制」側面において発現してくる。なぜなら、「現代資本主義国家」がその基本課題とする「体制組織化」作用は、「資本主義再建過程における労働運動激化」というこの日本型・特殊局面においては、──むしろ逆転した形態で──労働基本権の「一定レベルへの封じ込め」という形でこそ現実化する以外になかったからである。したがって、このような「逆転現象」は、占領体制に規定された「戦後日本型・現代資本主義」としては、なお不可避的な制約だったと判断する他ないというべきであろう。要するに、「労働改革」に内在化する、顕著なこの「二側面」に注目しておきたい。

続いて「民主化政策」における三つ目の軸こそ、(ハ)「農地改革」に他ならない。そこで、最初に一つとして(A)その「背景」に目を凝らすと、まず何よりも、他の戦後改革とは違って、少なくともその出発が日本側からの発議にこそあった点が目立つ。つまり、四五年一二月に日本側のイニシアティブの下で、「農地調整法改正案」がまず「第一次農地改革」として成立をみるが、これは占領軍の承認を得られなかったから、ここから、むしろ占領軍の主導性こそが表面化してくる。その場合、占領軍内部には多様な方針上の対立が存在し、それを巡って熾烈な議論が展開されたが、占領軍は、最終的には「イギリス案」に立脚した「勧告」を政府に提示した。そして、政府は、これに基づいてこそ「自作農創設特別措置法案」および「農地調整法案」として議会へ提出したといってよく、まさにそれが、第九〇臨時議会においていわゆる「第二次農地改革」として実現したわけである（四六年一〇月）。

こうして、この農地改革によって「自作農創設」と「小作関係の調整」とが進行していくが、占領軍が、これを通して、日本軍国主義の農業基盤である「『半封建的』日本農業」の根底的解体——この認識は錯誤以外ではないが——を意図した点は明瞭であろう。その意味で、農地改革が「民主化政策」の一環である根拠はまさにこの点にこそ集約できる。

ついで二つに（B）その「展開内容」の基本は何か。ここでは、その詳細な内容分析は必要ないので、その骨格だけを確認すれば、例えば以下のようであろう。すなわち、それは「自作農創設」と「小作関係の調整」とに区分可能だが、まず（Ⅰ）「自作農創設」側面では、①解放対象——「不在地主所有の全貸付地」および「一定面積以上の在村地主所有の貸付地」、②「実行方式」——国が地主から強制的に土地を買収しそれを小作人に売渡すといういわゆる「直接創定方式」、③「買収価格」——水田＝賃貸価格の四〇倍、畑＝四八倍という「無償に近い」低価格、がポイントであって、極めて強固な徹底性が目に付く。そのうえで、次に（Ⅱ）「小作関係の調整」へ移ると、①物納小作料の「金納化・公定化」、②小作料率の水田二五％、畑一五％の超過禁止、③小作地取り上げの制限強化、④小作契約の文書化と農地委員会への届出制、が指摘でき、ここでも、改革水準の徹底性が特に印象的だといってよい。

このように把握できれば、三つには、（C）農地改革の「体制的意義」は以下のように総括されてよかろう。すなわち、差し当たり三側面から集約可能だと思われるが、まず第一に総体的にいって、(Ⅰ)国家による「農民組織化」の「直接化」が何よりも重要といってよい。周知の通り「現代資本主義」とは、「資本主義の体制的危機」に直面して、国家が「体制組織化」の主体にならざるを得ない「資本主義の現代的局面」以外ではないのに対して、戦前期には、国家と農民との間に、一定の質的規定性を有した「寄生地主」が介在したため、国家による、農民・農村・農業への「組織化作用浸透度」にはなお制約が大きかった。したがって、それが『「戦前期」』現代資本主義」の限界をなした点は明瞭だが、それを克服したものこそ農地改革による寄生地主制の解体であって、その結果、「国家による農民の直接的把握」=「組織化の浸透」を通す「現代資本主義的再編成」が明らかに促進されたとみてよい。

ついで第二は(Ⅱ)政治面からいうと、農地改革による農民の「体制的包摂」深化が指摘可能であろう。すなわち、自作農創設によって農民の土地所有化が進展したが、それは、一面で、農民のプチ・ブル観念を刺激して「社会主義への防波堤」作用を強めただけでなく、他面で、対地主闘争として発現してくる農民運動をも解体へと追い込んだ。その場合、「現代資本主義」が、反体制運動を体制内に封じ込めて「反革命体制」を構築するという「階級宥和策」型課題をもっている以上、その点に注意すれば、この農地改革が、「現代資本主義」的再編におけるその「政治的意義」を発揮したこと——はまず明白であろう。

最後に第三は(Ⅲ)経済面からの「意義」も軽視できない。つまり、農地改革の「資本蓄積促進策」への効果に他ならないが、具体的には、農地改革によって可能となった「農家所得の増大」を起点としつつ、以下の二経路に立脚した、その波及効果の発生を意味している。そこでまず一つ目のルートは、農業用機械・肥料・農薬などの投下を条件とした「農業生産性の上昇」であって、それが、何よりも「農業生産の拡大・高度化」をもたらした。そのうえで、二つ目のルートこそ、農業が他産業へ効果的な波及作用を及ぼした連関——だとみてよく、農業所得の拡大が、耐久消費財を中心とした国内市場の拡大へと連動しつつ、日本資本主義全体の拡張へ帰結したのは当然であった。要するに、農地改革は、「資本蓄積促進策」の側面においても、その「現代資本主義」化機能を強力に発揮していった。

以上のような「戦後改革」の個別的考察をふまえて、最後に第三に、「現代資本主義的再編」という視角から、(c)その「全体的総括」を試みておきたい。そうであれば、ふまえられるべきまず一つ目の論点は、先に前章で確認した通り、(イ)日本資本主義はすでに一九三〇年代に「現代資本主義」への転換を果たしていた――という「歴史規定性」に関わる点であろう。つまり、日本資本主義は、「昭和恐慌―満州事変―高橋財政」という新動向の中で、「管理通貨制成立➝赤字公債膨張➝現代的財政金融政策発動➝国家による体制組織化」というロジックに立脚して「資本主義の現代化」を実現したといってよく、その意味で、「反革命体制」構築を目的として国家が「体制組織化の主体」となるという「現代資本主義」へと、すでに三〇年代に到達している。(4)

しかしそのうえで、二つ目として、(ロ)この「戦前日本型・現代資本主義」の「特殊性」も決して無視はできない。すなわち、「現代資本主義の二本柱」たる、「階級宥和策・資本蓄積促進策」のうち「前者」の側面が著しく弱いのであって、「労働組合法・小作立法・労働基本権」などに関する極端な「遅れ」は周知のことであろう。しかもそれだけではない。この点に加えて、「日華事変➝太平洋戦争」の過程で日本経済は「統制経済化」を余儀なくされるから、高橋財政期に一応成立したこの「日本型・現代資本主義」も、その内実を一旦は変質させてしまう。したがってその点に、「戦前日本型・現代資本主義」の「特殊性」がある。

まさにこのようなプロセスの延長線上にこそ「戦後改革」が位置づくと整理されてよい以上、最後に三つ目に、(ハ)この「戦後改革」が日本型・現代資本主義の「『再編』促進過程」として機能した点はいまや明白であろう。なぜなら、この「戦後改革」こそ、三〇年代に「成立」した「日本型・現代資本主義」を、――戦時期「統制経済」としての「逸脱」

第１表　主要経済指標

（1970年＝100）

	実質国民総生産		１人当たり実質国民総生産		鉱工業生産指数		製造業実質賃金	
	（1970年価格）	対前年度上昇率	（1970年価格）	対前年度上昇率	（付加価値ウェイト）	対前年上昇率	（規模30人以上）	対前年増加率
1934－36平均	17.7	－	27.0	－	8.6	－	38.7	－
1946	10.9	－	14.9	－	2.4	－	－	－
47	11.4	5.0	15.2	1.0	3.0	25.0	11.7	－
48	13.4	17.5	17.4	15.2	3.9	30.0	18.8	60.7
49	14.4	7.0	18.2	5.0	5.1	30.8	25.7	36.7
50	15.6	8.7	19.4	6.3	6.3	23.5	33.1	28.8
51	17.5	12.0	21.4	10.4	8.6	36.5	35.7	7.9
52	19.5	11.7	23.6	10.1	9.3	8.1	38.7	8.4
53	21.0	7.7	25.0	6.1	11.3	21.5	41.6	7.5
54	21.6	2.8	25.4	1.7	12.3	8.8	41.8	0.5
55	23.9	10.8	27.9	9.6	13.2	7.3	44.3	6.0

（出典）経済企画庁編『現代日本経済の展開　経済企画庁30年史』1976年。

を解消させつつ――特に（労働改革による）「階級宥和策の確立」を決定的な跳躍台にして、その「本格的確立体系」へと誘導した、まさに画期的な「変革体系」であったからに他ならない。要するに、この点にこそ、「戦前↓戦後期」を接続する、この「戦後改革」の、ヨリ歴史体制的な「総体的意義」が存在するように結論可能だと思われる。

〔2〕生産・貿易・雇用　では次に、以上のような「戦後改革」型「枠組構造」の下で、どのような②「生産（投資）・貿易・雇用」[5]が展開したのだろうか。そこで最初に第一に（a）「生産・投資動向」からみていくと、まず一つ目は（イ）「実質国民総生産」（一九七〇年価格＝一〇〇、三四―三六年平均＝一七・七、一人当たり二七・〇）が焦点をなすが、それは以下のように動く。すなわち、戦争終了―四〇年代中においては、戦争の直接的打撃に影響されて、一九四六年＝一〇・六（一人当たり一四・九）↓四七年＝一一・四（一五・二）↓四八年＝一三・四（一七・四）↓四九年＝一四・四（一八・二）という沈滞プロセスを辿るが、周知の朝鮮戦争特需を契機として、それ以降は、五〇年＝一五・六（一九・四）

第2表　産業資金供給

（単位：1934－36年平均100万円，1945年以降10億円，％）

	外部資金合計（A）	内部資金合計（B）			B／（A＋B）
			減価償却	社内留保	
1934－36平均	1,243	1,287	73.3	26.7	50.9
1945	50	－	－	－	－
46	59	19	105.6	△5.6	24.2
47	133	43	110.3	△10.3	24.4
48	438	89	97.4	2.6	17.0
49	492	161	76.7	23.3	24.7
50	513	342	43.8	56.2	40.0
51	858	442	37.5	62.5	34.0
52	1,021	462	66.9	33.1	31.2
53	1,063	617	65.3	34.7	36.7
54	612	839	64.3	35.7	57.8

（注）株式は1945－49年は会計年度。
（出典）日本銀行統計局『経済統計年報』より作成。

↓五一年＝一七・五（二二・四）↓五二年＝一九・五（二三・六）と回復・上昇に転じる（**第1表**）。その点で、物理的・社会的被害に直撃を受けた戦後直後での「生産停滞」と、朝鮮戦争を画期とした五〇年代以降での「生産拡大」とがいうまでもなく確認できるが、この基本型が、続いて二つ目に、（ロ）「鉱工業生産指数」（七〇年＝一〇〇・〇）においても同様にみて取れるのはいうまでもない。というのも、二・四↓三・〇（対前年上昇率二五・〇％）↓三・九（三〇・〇）↓五・一（三〇・八）↓六・三（二三・五）↓八・六（三六・五）↓九・三（八・一）（**第1表**）という軌跡が描かれるからであって、この「鉱工業生産指数」に注目すれば、「戦後直後↓朝鮮戦争」を分水嶺とする「停滞↓拡大」という転換は、ヨリ一層鮮明となろう。

そのうえで、三つ目として、この「GNP―生産」動向を（ハ）「投資資金」状況からも集約しておこう。そこで、「企業投資資金」（一〇億円）推移を「外部資金―内部資金」区別にも配慮して追うと、例えば以下のような数値が拾える。すなわち、四五年＝総額五〇（外部資金五〇―内部資金〇）↓四七年＝一七六（一三三―四三）↓四九年＝六五三（四九二―一六一）↓五一年＝一三〇〇（八五八―四四二）↓五二年＝一四八三（一〇二一―四六二）となるから（**第**

第３表　国際収支動向

（単位：100万ドル）

	経常収支						
		貿易収支			貿易外収支		
			輸出	輸入		受取	支払
1946	△78	△236	67	303	△36	2	37
47	46	△266	183	449	△93	1	94
48	75	△282	265	547	△105	22	127
49	207	△192	536	728	△115	65	181
50	476	38	924	886	9	130	121
51	329	△287	1,358	1,645	446	781	336
52	225	△407	1,294	1,701	597	898	300
53	△205	△790	1,260	2,050	563	932	369
54	△51	△427	1,614	2,041	347	758	412
55	227	△53	2,008	2,061	258	712	454
56	△34	△131	2,482	2,613	72	822	750

経常収支			長期資本収支			短期資本収支	総合収支
移転収支							
	受取	支払		資産（本邦資本）	負債（外国資本）		
195	195	−	22	−	22	−	△58
405	405	−	6	−	6	−	66
462	462	−	4	−	4	−	105
514	532	18	△18	−	△18	−	179
429	441	11	△93	△100	7	1	434
171	181	11	22	△0	22	10	370
34	50	16	△61	△114	53	22	186
21	23	2	△141	△192	52	△33	△379
29	32	3	26	△25	53	14	2
22	46	24	△24	△32	7	102	285
25	47	21	25	△79	103	△2	1

（注）1959年までは試算である。
（出典）『財政金融統計月報』第244号。

2表）、この投資量の面でも、五〇年の朝鮮戦争を境とした急拡大への変質状況が手に取るように分かるといってよい。むしろ逆からいえば、五〇年代期における投資資金のこのような「決定的な飛躍」こそが、すでに確認した五〇年代以降の「生産拡大」を準備したわけであり、いずれにしても、日本資本主義は、この朝鮮戦争を跳躍台にして戦後再建を完了し、まさにその結果、成長路線に乗り出していくわけである。

続いて第二に（b）「貿

易動向」（一〇〇万ドル）へと進もう。そこで、最初に一つ目は（イ）「貿易収支」（**第3表**）が前提となるが、その推移を追えば以下のような図式が描かれる。すなわち、四六年＝△二三六（輸出六七―輸入三〇三）→四八年＝△二八二（二六五―五四七）→五〇年＝三八（九二四―八八六）→五二年＝△四〇七（一二九四―一七〇一）という内容であって、「貿易収支赤字」が見事に続く。もっとも朝鮮戦争・特需によって五〇年には一時的な黒字を実現するものの、しかし特需が消失する五二年には再びすぐに赤字に戻り、結局、この赤字傾向は五〇年代の後半まで持続していくことになる。

しかしその場合に注意が必要なのは、このような赤字基調の中でも、輸出そのものは着実に増大していることに他ならない。周知の如く、日本型貿易構造においては「輸出増」は「輸入増」を不可避的に随伴するから、「貿易収支・黒字」が全体として表面化するためには輸出量の「かなりの拡大」が必要であるが、実際には、「貿易収支・赤字」が継続する（具体的には五七年段階まで）この局面においても、他面で、輸出が継続的に増大傾向にあった点――は決して軽視できないであろう。まさに経済復興が着実に進展したわけである。

しかし他方、この再建期・国際収支において二つ目に特徴的なのは（ロ）「移転収支」の動きであろう。いうまでもなくその「巨額の入超」構造であるが、それは例えば一九五（受取一九五―支払〇）→四六二（四六二―〇）→四二九（四四一―一二）→三四（五〇―一六）（**第3表**）と変動する以上、この時期における日本経済の対外依存状況が手に取るように分かる。というのも、この「移転収支」は援助・軍事支出などがその大宗を占めるかぎり、「移転収支・受取」のこのような大きさが、日本経済における、その「対外依存度の圧倒性」を端的に表現しているのは当然だからである。そのうえでやはり注意しておくべきは、この「移転収支」が五〇年代初めからは確実に減少に転じている点であって、朝鮮戦争・特需の縮小・停止に対応して、それ以後はむしろ「支払超過」へと向かっていく。ここにも、日本経済に

第４表　主要労働統計

	労働力人口（万人）	就業者数（万人）				完全失業者数（万人）	有効求人倍率（除学卒）	新規学卒求人倍率	
			第１次産業	第２次産業	第３次産業			中学校	高校
1940	－	3,223	44.0	26.1	29.9	－	－	－	－
1947	3,358	3,333	53.4	22.3	24.3	25	－	－	－
48	3,484	3,460	49.0	23.8	27.2	24	－	－	－
49	3,644	3,606	52.0	22.3	25.7	38	0.40	－	－
50	3,616	3,572	48.4	21.4	30.2	44	0.29	－	－
51	3,660	3,622	46.1	22.6	31.3	39	0.32	0.81	0.48
52	3,775	3,729	45.3	23.1	31.6	47	0.32	0.93	0.58
53	3,989	3,913	42.4	23.0	34.6	75	0.35	1.06	0.69
54	4,055	3,963	40.6	23.5	35.9	92	0.30	1.21	0.74
55	4,194	4,090	40.2	24.0	35.8	105	0.28	1.10	0.73
56	4,268	4,171	38.5	24.5	37.0	98	0.38	0.99	0.79

（注）就業者数産業別内訳は百分率。
（出典）前掲『現代日本経済の展開　経済企画庁30年史』などにより作成。

おける再建過程のその特質が如実に反映していよう。

以上を前提にして、最後に三つ目として（ハ）全体を「総合収支」の点から集約しておきたい。そこで総合収支推移を辿ると、△五八→一〇五→四三四→一八六（**第3表**）となって順調な黒字基調が続く。しかし、これが日本経済の「強さ」の表れであり得ないのはすでに当然であって、これまでに確認してきた通り、その構造的骨格は「貿易収支・大幅赤字―移転収支・大幅黒字」にこそあった。したがって、この再建期・国際収支の特質は、何よりも、「貿易の赤字体質」を「外国からの援助」によって補完する――という「対外依存構造」にこそ帰着するわけであり、まさにそこに、日本資本主義の再建過程進行が検出可能だといってよい。

そのうえで、第三に（c）「雇用動向」はどうか。最初に一つ目に（イ）「雇用者状況」に注目すれば、「就業者数」（万人、一九四〇年＝三二二三）は次のような軌跡を描く。すなわち、四七年＝三三三三（第二次産業構成比二二・三％）→四九年＝三六〇六（二二・三％）→五一年＝三六二二（二二・六％）→五三年＝三九一三（二三・〇％）という変化に他ならないから（**第4表**）、ここからは以下の三傾向が導出されてよい。まず一つには、（A）総体的にいって雇用の伸びがなお極めて小さいことであろう。その点で、四〇年代全般における戦後再建の足取りの重さが、この雇用動向からもいわば明瞭に確認できる。それをふまえて二つとして、もう一歩細かく観察すると、全体的に雇用拡大程度が大きくない中で、（B）朝鮮戦争を挟む「四九—五一年」局面における一定の伸び率上昇だけはやはり否定できない。いうまでもなく、「朝鮮戦争—特需拡大」の「雇用拡大・刺激」がそこに反映しているのは当然のことであるが、したがって、この雇用面からも、「朝鮮戦争」が果たした、日本の再建過程に対する、その促進的役割の決定性が一目瞭然だと思われる。

最後に三つに、（C）「第二次産業・構成比」（**第4表**）にも着目すると、この局面では、第二次産業のウエイト上昇はなお検出できないに等しい。一般的にいえば、経済の再建・確立は第二次部門構成比の拡大となって表現されると判断してよいが、この時期には、少なくとも「従業者構成比」ではこの兆候はいぜんとして現れてはいない。もっとも、厳密には五二年の二三・〇％は拡大化の始めだとも予測可能だが、ちなみに戦前四〇年でさえ二六・一％だった点に配慮すれば、この段階での第二次産業・構成比の低水準性はやはり際立っていよう。

まさにこの点にこそ、朝鮮戦争以前での生産収縮の断面図がみて取れるが、その状況を二つ目に（ロ）「完全失業者」（万人）の側面からもフォローしておきたい。そこで、その数値を拾っていくと二五→三八→三九→七五（**第4表**）と推移するから、朝鮮戦争を経過した後でさえ、この完全失業者は一方的に増加を続ける。その点で、戦後再建過程において、この「失業問題」がいかに大きな体制的課題となっていたかが忖度し得るが、この完全失業者数は、他の指標とは違って、一九六〇年代後半に至るまでは高い水準において経過していくのである。こうして、「雇用関係」は生産の回復からは遅れ、困難な状況を長期的に持続させたといってよい。

そのうえで三つ目として（ハ）「賃金動向」はどうか。いま例えば「製造業実質賃金」（指数、一九七〇＝一〇〇、規模三〇人以上）を使ってその動きを捉えると、四七年＝一一・七↓四九年＝二五・七（対前年増加率三六・七％）↓五一年＝三五・七（七・九％）↓五三年＝四一・六（七・五％）という数字が刻まれる**（第1表）**。したがって、着実な上昇傾向はもちろん否定はできないものの、例えば戦前三四―三六年平均が三八・七だった点を前提にすると、この局面は基本的には「戦前レベル以下」なのであり、ようやく、「朝鮮戦争ブーム」を経た五三年になってその水準に追い付いた――という図式には注意が必要だといってよい。同時に、戦前レベルへのキャッチアップの期間ではかなり高い増加率を記録はするものの、そのレベルへの接近が果たされた後には一挙に低水準の増加率へと収束していった経過にも、日本型・再建過程のその特徴の一つが垣間みられるように思われる。

［3］景気変動　最後に、この「基礎構造」を③「景気変動」[6]の運動過程から総合化を試みよう。そこで第一は（a）「安定恐慌期」だが、まず一つ目として四五―四七年の（イ）「混乱期」からフォローすれば、概括的にいって以下の三側面が進行していく。すなわち、最初に一つとして何よりも（A）「生産動向の停滞」であるが、戦前期のおよそ半分水準にまで落ち込むという、この局面での「生産の決定的枯渇」についてはすでに確認し終えた。そこで次に二つに（B）「通貨膨張」傾向へ目を向けると、周知の通り凄まじい増発状況が進行し**（第5表）**、日銀券増加（億円）は例えば以下のような経過を辿る。すなわち、まず四六年度では第Ⅰ四半期＝二四〇↓第Ⅱ四半期＝二一七↓第Ⅲ四半期＝二九〇↓第Ⅳ四半期二二三（四六年度計九六九）という激しい通貨膨張が記録されるし、その膨張テンポはさらに翌四七年度に入っても持続し、二〇六↓二〇一↓六二四↓△四（一〇三〇）というペースで動く。したがって、いま直前に確認した「生産枯渇」とはまさに逆相関の関連で、「通貨膨張」の加速化が進捗したという以外にはない。

そうであれば、三つには（C）「インフレ高騰」が帰結するのは当然であろう。すなわち、このような「生産縮小―

通貨膨張」に規定されて、「卸売物価・対前年上昇率（％）」は四六年＝三六四・六→四七年＝一九二・七（消費者物価一一五・六）という推移をみせる**（第6表）**以上、この局面でのインフレ昂進については疑問の余地はあり得まい。しかも、これがまた生産停滞へと逆作用したのも自明であったから、その結果、「生産停滞―インフレ加速」は相互に悪循環図式を描きながら、まさにこの「混乱期・景気変動」の主軸を構成した――と性格付け可能であろう。

ついで、四八年を分岐点にして二つ目に（ロ）「インフレ収束―生産再開期」に入る。いうまでもなく「傾斜生産方式＝経済安定九原則」を起点とする安定化への移行局面だとみてよいが、まず一つとして（A）「生産の再開・拡大」が当然目に付く**（第1表）**。例えば、四八―四九年の過程で、最初に「鉱工業生産指数」が三・九（対前年上昇率三〇・三％）→五・一（三〇・八％）という顕著な上昇を遂げるが、まさにこの上方転換を土台にしてさらに、「実質国民総生産」＝一三・四（一七・五％）→一四・四（七・〇％）と「一人当たり実質国民総生産」＝一七・四（一五・二％）→一八・二（五・〇％）との拡張も可能になった。こうしてここで、「生産拡大→所得上昇」という連鎖形成が一応

第5表　日本銀行券発行高

（億円）

		発行高	指数	
1945	Ⅶ	284	100	
	Ⅷ	423	149	
	Ⅹ	431	152	
	Ⅻ	554	195	100
46	Ⅰ	585		106
	Ⅲ	233		42
	Ⅵ	427		77
	Ⅸ	644		117
	Ⅻ	933	100	168
47	Ⅲ	1,157	124	
	Ⅵ	1,363	146	
	Ⅸ	1,676	180	
	Ⅻ	2,191	234	100
48	Ⅲ	2,187		99
	Ⅵ	2,305		105
	Ⅸ	2,795		128
	Ⅻ	3,552	100	162
49	Ⅲ	3,125	88	
	Ⅵ	3,006	85	
	Ⅸ	2,982	84	
	Ⅻ	3,553	100	100
50	Ⅲ	3,113		88
	Ⅵ	3,111		88
	Ⅸ	3,287		93
	Ⅻ	4,220		118

（出典）日本銀行『本邦経済統計』による。

第６表　物価動向

（%）

	卸売物価	消費者物価
	対前年 上昇率	対前年 上昇率
1934－36平均	－	－
1946	364.6	－
47	192.7	115.6
48	166.7	74.5
49	63.1	25.4
50	18.2	△6.9
51	40.2	15.9
52	2.0	4.2
53	0.7	6.5
54	△0.7	6.5
55	△1.8	△1.1

（出典）前掲，鈴木他『資本主義と不況』146－7頁。

は検出できよう。

それに較べて二つとして（B）「通貨量動向」(**第５表**)に目を向けると、この局面でも、日銀券増発傾向は決して縮小には転じていない。なぜなら、「銀行券増」(億円)は、四八年度に入っても、第Ⅰ四半期＝一一八↓第Ⅱ四半期＝三一五↓第Ⅲ四半期＝九三二↓第Ⅳ四半期＝△四二七という軌跡上を動く以上、トータルにはその増勢が衰えたとはとてもいえない――からである。しかし、そのうえでやや細かく観察すると、第Ⅳ四半期からは、「ドッジ・ライン」の洗礼を明らかに受けて大幅減少に向かっているし、合計値で計測しても四七年＝一〇三〇億円は四八年＝九三八億円へと縮小をみている。したがって、この局面では、新たな傾向も発現し始めているのであり、その点で、「通貨量」増加の一服傾向だけは否定できないように思われる。

そうであれば、この「生産拡大基調―通貨膨張鈍化」傾向は、三つには(C)「インフレ収束」へと帰結していこう。事実、「卸売物価」・「消費者物価」上昇率はそれぞれ四八年＝一六六・七↓四九年＝六三・一および七四・五↓二五・四(**第６表**)と経過するから、極めて著しい「物価の安定化」が検出されてよい。そして、取り分け「卸売物価」の沈静化が目立つ以上、「生産―通貨量」の不均衡是正進行に対応した、実体的基盤に関わる、卸売物価の安定化基調がまず確認可能だとともに、さらにそれだけではなく、企業生産活動を規定するこの卸売物価面でのインフレ収束が、生産拡大をなお一層誘導していったのも当然であった。その意味で、――四五―四七年での「悪循環連関」とは逆に――この四八―四九年局面には、「インフレ―生産」の間の、むしろ「好循環連関」こそが発現し始めたと集約できよう。まさに「景気変動」パターンの転換である。

もちろん、このような全体的なトレンド改善は、次のドッジ・ラインを契機として一時的には暗転する。すなわち三つ目の（ハ）「安定恐慌」局面に他ならないが、「日本経済へのデフレ圧力強制」を実施した、この四九年ドッジ・ラインによって、日本経済は五〇年春から「安定恐慌」に直面した。そこで、まず一つとして（A）安定恐慌への「突入背景」から追求すると、以下の三点が直ちに浮上してくる。つまり、①「基本的デフレ要因」――例えば「超均衡財政・復金融資停止・対外援助削減・単一為替レート設定・統制撤廃」などの、主要には財政金融ルートからの「デフレ圧力」、②「企業経営へのミクロ的作用」――統制撤廃→買取機関による製品引取り消失→企業滞貨増大→売掛金・未払金膨張→企業採算の悪化というロジックで進行した、「企業収益への低落作用」、③「ディス・インフレ政策の転換」――「貸出・買オペ」を通した資金撒布の停止と、「工業手形の再割引措置・国債買オペの抑制化・日銀融資斡旋の消極化」からなる「金融政策の『緊縮化』転化」、であり、まさにこのような「転換」を契機にしてこそ、「安定恐慌」はその現実的深化を不可避にされる。

そのうえで二つに、（B）安定恐慌の「実態」はどうか。そこで安定恐慌の具体的指標にまで立ち入ると、以下の三側面が取り分け目立つといってよい。すなわち、①「生産水準の維持」――「鉱工業生産指数」（対前年度上昇率）が四八年＝三・九（三〇・三％）→四九年＝五・一（三〇・八％）→五〇年＝六・三（二三・五％）と推移するから（**第1表**）、この安定恐慌過程においても生産減退は確認できず、安定恐慌を挟んでもむしろ「生産回復」型トレンドが貫徹し続けたこと、②「物価上昇の持続性」――例えば「卸売物価対前年上昇率」（％）が四八年＝一六六・七→四九年＝六三・一→五〇年＝一八・二→五一年＝四〇・二（**第6表**）と動く点から判断して、「物価上昇の継続性」は決して消失しておらず、

第７表　特需契約高

（百万ドル）

	総　　額	物　　資	サーヴィス	累　計　額
1950	191.4	127.3	64.0	191.4
51	353.6	254.5	79.1	545.0
52	306.6	185.9	120.7	851.6
53	451.6	261.5	190.1	1,295.5
54	255.5	122.9	132.6	1,534.1
55	177.9	66.8	111.1	1,706.6

（出典）総理府統計局『日本統計年鑑』1955，56年版，266頁。

したがって安定恐慌が物価下落を帰結させたという兆候はないこと、③「失業の増大」――これに比較して、「失業者数」（千人）は四八年七月＝二六〇→四九年六月＝三六〇→同七月＝三四〇→五〇年六月＝四三〇という軌跡を描くかぎり、持続的な失業者増大が明白であり（**第４表**）、その点で、安定恐慌の影響は「労働者負担」においてこそヨリ強く発現したこと、これであろう。まさしく、「生産・価格の維持」と「雇用・失業の悪化」とが同時進行していくのである。

最後に以上を前提として、三つとして（C）安定恐慌の「帰結」を総括しておくと、以下の三点が特に重要なように思われる。すなわち、①「歴史的総括性」――「インフレと援助」によって支えられてきた戦後・日本資本主義のその「矛盾」が、「インフレ収束―援助停止」という、ドッジ・ラインの「外的・強制的」作用によって暴露・清算されるに至ったという「歴史的本質性」、②「大企業基盤の確立」――生産・物価維持の下で「過剰雇用」整理＝失業増大が進行したことによる、「企業の淘汰・集中」実現と「資本投資条件の整備・再編・好転」の促進化、③「産業合理化への接続化」――「過剰雇用整理」とともに、「労働時間延長・労働強化・労災増加」などという「産業合理化」が強制された結果としての、「労働生産性」の上昇（五〇年六月＝戦前基準［三七―四一年］の約七〇％への回復）、これである。

したがって、もちろんそこには「設備の近代化」がなお欠落していたとはしても、それでも、この「安定恐慌」が「産業合理化」の出発点たる意義をもった点だけは

――決して軽視されてはならない。

そのうえで第二に（b）「朝鮮戦争ブーム期」へ進むが、まず一つ目は（イ）「戦争勃発＝ブーム開始過程」である。そこで一つとしては（A）「輸出動向」が当然前提となるが、その基本枠組みはすでに概観した。そこでここでは、輸出激増の原因をなす「特需」に焦点を当てていくと、例えば「特需契約高」（百万ドル）は五〇年＝一九一→五一年＝三五四→五二年＝三〇七→五三年＝四四四→五四年＝二三九（**第7表**）と動く。したがって巨額の特需収入の進行が明瞭だが、まさにこの特需効果こそが、四九年＝一六八九→五〇年＝二九八〇→五一年＝四八八八→五二年＝四五八二→五三年＝四五八九という輸出急増（億円）をもたらしたのは自明だといってよい（**第3表**）。もちろん、先にも指摘した通り他方で輸入増加も顕著だから、貿易収支はいぜんとして赤字基調を継続させる以外になかったが、この局面で、「戦争勃発→特需増大→輸出拡大」という連関だけは一応みて取れよう。

このような「特需―輸出」に牽引されて、日本経済は五〇年秋以降から一種の「ブーム」状況を呈するが、それは二つには（B）「生産拡張」に結果した。その場合、「鉱工業生産指数」がこの戦争中に約二・七倍にもなった点はすでに示した通りなので、ここでは繰り返しは避けて、この「生産拡張」をもう一歩具体的レベルで追跡すると、例えば以下の三点は特に注目に値しよう。すなわち、①「操業率」（%、各業種平均）上昇――四九年の五六・五から五〇年の七二・三への顕著な向上、②「国民所得」（一〇億円）増加――四九年＝二七三七→五三年＝五七四七という二倍を超過する大幅拡張、③「国内市場」（一九三四―三六年＝一〇〇）拡大――四九年＝六七・二→五三年＝一六〇・八に至る「国内市場の実質規模」の広がり、という経済内実の確実な充実に他ならない。その点で、「生産拡張ブーム」に随伴した「新基軸の進行」もが明瞭にみて取れよう。

そうであれば、結局三つとして、（C）「朝鮮戦争ブーム」の「性格」は以下のように整理されてよい。つまり、その焦点は、何よりも、この「ブーム」期における「操業率上昇のパターン」にあるが、この局面での操業度の向上が主として「現存設備のフル回転」によってこそ実現された点が特に目立つ。換言すれば、この時期の固定資本拡張が、短期間で可能な能力増加を目指した「継ぎ足し」型の更新に止まったこと――が特徴的だったのであり、その点で、「旧来設備のフル動員」による「操業拡大」というタイプにこそ、この「戦争ブーム」におけるその顕著な「性格」があった。まさしくその点で、まだ「近代化投資」の開始とは規定できないわけであろう。

ついで二つ目に、局面は(ロ)「ブーム後退期」へと転換していく。すなわち、五一年春以降、各国の日本からの戦略物資買い付けは「一巡化」状況に陥ったから、それに影響されて、国際製品価格は明らかな弱含みへと転じる。まさにこの価格軟化傾向を契機としてブームは後退の様相を呈し始めるが、それは、いうまでもなくまず一つとして(A)「輸出動向」において表面化してこよう。すなわち、この「ブーム↓後退」という基調変化は、①「特需の減少」(百万ドル)――その契約高における五一年＝三五三・六から五二年＝三〇六・六への初めての大幅縮小(**第7表**)、②「輸出の低下」(億円)――五一年＝四八八八↓五二年＝四五八二への減少(**第3表**)と、他方での大量契約分入荷による「輸入在庫の積み上がり」、③「鉱工業生産の停滞」――この「特需減↓輸出減」を反映した、「鉱工業生産指数」における五一年＝六五・五↓五二年＝七〇・二という微増テンポへの移行、を進行させて、「生産拡張ブーム」は明らかに一頓挫を来す。こうして「輸出―生産」停滞の連鎖がまず否定できず、「ブーム後退期」型諸指標が出現する。

にもかかわらず二つには、他方で(B)「投資・企業収益」は活発化を持続させていく。その点でやや矛盾した動向が検出できるが、この「企業活動の好調性」は例えば以下の三側面からしても明瞭といってよい。すなわち、まず①「国民所得」(一〇億円)が五一年＝四五二五・一↓五二年＝五〇八四・九へと大きく拡張したが、それを基盤として、次に②「国内市場規模」も五一年＝一一八・六から五二年＝一三八・六への顕著な伸張を実現していった。この結果、一面

第８表　設備投資の推移

（億円）

	国民総生産	設備投資		
		総額	対GNP比率	対前年比
年度			%	%
1950	39,467	3,899	9.9	135.1
51	54,442	6,099	11.2	156.4
52	61,180	7,126	11.6	116.8
53	70,848	8,007	11.3	112.6
54	74,657	7,601	10.2	86.3

（出典）国民所得統計による。『日本開発銀行十年史』61頁より。

で、民間企業の収益状況が引き続き好調性を維持したことに加えて、他面で、「石炭不足・電力不足・運輸難」などが生産拡大のボトル・ネックとなったから、その打開策として、企業投資意欲の旺盛さも差し当たりは維持され続けた。そこからこそ、③「設備投資」の上昇基調も理解し得るのであって、例えばその「設備投資総額」（億円、対前年増加率）は、五〇年＝三八九九（三五・一％）→五一年＝六〇九九（五六・四％）→五二年＝七一二六（一六・八％）と上昇軌道上を動く（**第８表**）。要するに、「輸出―生産停滞」の反面で「投資好調」が進行したわけであり、そこでは、何よりも政策展開の特有性が推察可能であろう。その意味で、「投資好調性」を支える「政策発動の現代型」こそが興味深い。

以上を前提として、三つとして（C）その「対策―帰結」を集約しておくと、差し当たり以下の三点が特に重要であろう。つまり、①「インフレ対策」――「国際収支好調―外為会計散超」や「外為貸付制度」（五〇年九月）などの通貨膨張機能に起因するインフレへの対応策としての、「公定歩合引上げ・高率適用制度強化・外為貸廃止」（五一年）という金融引締め策と、「外為特別会計へのインベントリー・ファイナンス増額・法人税徴収額の増加」などの緊縮型財政政策との展開、②「デフレ基調の進行」――五二年春・緊縮型補正予算成立を画期とした、「鉱工業生産指数の停滞化（対前年比七％増）」・「在庫急増と過剰生産傾向の濃厚化」・「雇用動向悪化＝完全失業者増加（五三万人）」という「デフレ局面への移行」、

③「積極的財政金融政策の発動」——財政政策面での、「五二年度当初予算規模の拡大」・「補正予算の積極化」・「ドッジ型均衡財政システムの転換」という「拡張化」と、金融政策面での、「滞貨融資や救済融資の継続化」・「別口外為貸付制度の創設」(五二年二月)・「低金利政策の継続化」・「政府指定預金の市中金融機関への放出」(五三年三月)などの「緩和化」、とに他ならないとみてよい。そしてこのような「対策」の出動によってこそ、「ブーム↓インフレ化↓対策↓デフレ転換」というロジックで発現した「デフレ」基調が、一応は、それ以上の深刻化を免れたのだと考えられる。まさに「現代型・景気調整策」におけるその端緒的な進行だというべきであろう。

以上のような帰結としてこそ、三つ目に(ハ)「ブーム継続期」が出現していく。つまり、このような積極的財政金融政策に支えられて五二年から景気が浮上した後、五三年にかけても好況は持続するが、この点をまず一つとして(A)その「再上昇過程」に即して確認しておこう。そこでまず①「景気諸指標」を追うと、五二—五三年の過程で、「国民所得」(一〇億円)=五〇八四↓五七四七、「国内市場規模指数」=一三八・六↓一六〇・八、「鉱工業生産指数」=七〇・二↓八五・七、「設備投資」(億円)=七一二六↓八〇〇七、という拡大状況が示される。したがってその点で、取り分け五二—五三年局面における、「再増加=ブーム継続」図式の定着はまず一目瞭然といってよい。そうであれば次に、②このような論理系において、「国民所得増大↓消費水準上昇↓国内市場拡大」という連鎖の進行も検出可能であるから、その側面からは、「国民消費水準向上」の決定的役割が特に目立とう。したがって、景気継続を牽引した有効需要拡大要因の中心には、繊維消費需要拡張を起点にした、まさに「国民消費水準の著増」が存在したのであって、そのような連関構成こそが何よりも軽視されてはなるまい。このように把握してよければ、③この五二—五三年局面における「景気上昇—継続過程」が、例えば「消費景気」と称されていくのもいわば当然のことであろう。こうして、消費の重要性が明らかに表面化してくるのである。

そのうえで、さらに顕著なポイントは二つ目に(B)「設備投資の動向」**(第8表)**だといってよい。ややその内容にまで立ち入った場合、取り分け注意が必要なのは、五一年局面での「いわゆる四大重点産業」中心から、五三年局面になると、その他一般産業部門設備投資もそれと並行して拡大基調に乗った——点であろう。換言すれば、従来からの基礎産業への投資拡大が他部門へも波及するという、一定の「連動性」が明らかに検出可能なのであるが、ここからは、さらに以下のような意義さえもが導出されてくる。すなわち、この段階で、「戦後初めて」しかも「産業全体にわたって」、「旧来型老朽設備の更新」と「新規需要開発指向的な投資拡大」とが明瞭に現実化してきた——のだと。まさにその点で、いわば「近代化投資の開始」だともいえた。

最後に、三つとして、以上のような「朝鮮戦争ブーム期」は、(C)総体的にみてどのように「総括」可能であろうか。しかし、この点についてはほとんど異論はあり得なく、この局面での景気拡大を支えたその根底的条件が、膨大な「特需収入」以外でなかった点は余りにも明白であろう。したがって、この「ブーム」が「特需ブーム」と規定されるべきことは当然だが、その場合に注目すべきは、この特需が単に「ブーム」の「開始契機」となっただけでなく、さらにそれは、「巨額特需の継続→国際収支の制約緩和」という連関の下で、「五二—五三年での景気持続」をも可能にしていった——という、むしろその総合的効果だと思われる。まさに、このような全体的な波及作用にこそ、「朝鮮戦争ブーム」のその「特需依存性」が確認されてよい。

最後に、取り急ぎ第三として(c)「一九五四年不況期」へ入ろう。最初に一つ目に(イ)その「契機」が問題となるが、まず一つには(A)「国際収支の悪化」**(第3表)**こそが表面化してくる。つまり、以下の三点に注意する必要があるのであって、①「貿易赤字の激化」——「貿易出入超額」(億円)における、五一年＝△二四八四→五二年＝△二七二一→五三年＝△四〇八五という赤字幅激増化、②「国際収支悪化への反映」——「国際収支」(百万ドル)の、三二九→二二五→△

二〇五というプロセスでの「赤字転化」、③「発生論理」——「積極政策拡張→価格割高化→輸出後退→国際収支悪化」というロジックで進行した、世界的景気後退の中での「国際収支困難」の拡大、という動向が発現したと整理されてよい。まさに「五四年不況」への移行に他ならない。

そうであれば、そこから二つとして(B)「金融引締め」が帰結するのは当然であった。事実、五三年秋以降になると、この国際収支悪化を原因として金融引締めが強化されるといってよく、例えば以下のような手が打たれていく。つまり、①「高率適用強化」・「輸入金融の抑制」(一〇月)、②「高率適用制度基準の改正」・「金利引上げ」(五四年一月)、③「別口外為貸付制度の廃止」・「輸入決済手形の貸付期間短縮」・「スタンプ手形の原則的廃止」・「工業手形全廃の決定」(三月)、という一連の強化プロセスに他ならず、それを通じて、まさに金融引締め効果の浸透が目指された。一見して極めて広範な緊縮化であって、その効果は大きかった。

他方三つとしては、(C)「財政緊縮化」ももちろん無視できない。つまり具体的には、五四年度に入ると、①「五四年度予算の圧縮」(九九九五億円)②「財投当初予算の減額」(対前年度実績比一六・四%減)③「外貨予算の削減」(一五億円→一一億円)、という構図が描かれるから、「金融引締め」に加重して、さらに「財政緊縮化」も深化していったわけである。

こうした緊縮政策強化によって、五四年初頭には景気後退が明確になる。つまり「五四年不況」であるが、では二つ目に(ロ)その「実態」はどうか。そこでまず一つとして、(A)「五三—五四年」に関するいくつかの「指標」(**第1・6表**)をざっと拾い出せば、例えば、「実質国民総生産」一二・〇→一二・六、「鉱工業生産指数」一一・三(対前年上昇率二二・五%)→一二・三(八・八%)、「卸売物価上昇率」〇・七→△〇・七、「製造業実質賃金」四一・六(七・五%)→四一・八(〇・五%)、などとなる。したがって、二つには(B)その「性格」が、「生産低迷・物価下落・賃金停滞」という「不況基調」という側面で一目瞭然だといってよいが、それは、最終的には雇用動向の悪化として反映していこう。すなわち、三つとしては（C）「完全失業者」が前年度の七五万人が九二万人へと激増し、結果的に五五年三月には実に一二三万人にまで達した。まさに「五四年不況」の進行に他ならない。

最後に、三つ目に（ハ）この「五四年不況の性格」[7]を全体的に総括しておきたい。そこで、最初に一つに（A）その「特質」を大きく集約すれば、それが、「朝鮮戦争に立脚した『特需ブーム』の『整理＝沈静化』過程」として位置付け可能なこと――は明瞭であろう。もう一歩具体的にいえば、この「五四年不況」は、五四年以降特需収入が減少に転じる中で、ブーム過程での貿易収支悪化に起因した「引締め政策」強化を契機にして発生したのだと図式化可能であって、そこには、いわば「正常な景気循環形態」の発現が検出されてよい。

したがってそうであれば、二つとして（B）その「根拠」が以下の点に求められるのも自明であろう。すなわち、この不況は、それまで「特需ブーム」に支えられてきた「外部依存的要因」が解消されることによって惹起された不況であり、まさにその意味で、「朝鮮戦争の『戦争要因』消滅」をこそ根拠とした不況であった――のだと。そして、まさにこの「外部依存条件」の解消こそが「景気循環の自律性回復」を準備していったという論理系列が重要だと思われ、ここにこそ、「景気循環パターンの正常化」を検出するその意義があろう。

そのうえで、以上の状況を前提とすれば、最後に三つには、（C）「五四年不況の歴史的位置」が次のように総括可能になっていく。つまり、この「五四年不況」こそは、その脱却の先に、高度成長期にまで連結した、日本資本主義の「新たな段階」を準備する、まさに「過渡的な不況過程」に他ならなかったのだ――と。こうして、再建期・景気変動はここに一つの「像」を結ぶ。

Ⅱ　階級宥和策――現代的階級関係の再構築

［1］労資関係　次に、以上のような「基礎構造」を土台として展開された、国家による「体制組織化作用」の現実的展開に入っていこう。その場合、この「体制組織化」機能のまず第一は(二)「階級宥和策」に他ならないが、最初にその一番目の側面としては、いうまでもなく①「労資関係」[8]が重要といってよい。このような視角から「再建期・労資関係の形成過程」をフォローしていくが、まず第一に、(a)その「基本展開」こそが全体の基礎をなす。そこで一つ目として(イ)「労働組合法」(四五年一二月公布)をチェックすると、よく知られている通り、以下の点がポイントを構成しよう。すなわち、(A)「労働組合の法認」(B)「団結権・団体交渉権の保障」(C)「労働行政の警察行政からの分離」(D)「不当労働行為の禁止」(E)「労働委員会の設置」、などであり、それを通じた、労働組合形成の基本的な合法化が明瞭だといってよい。つまり、この労組法では、まず何よりも、「団結権・交渉権・争議権」という「労働基本権」保障がその土台を構成しており、そして、まさにそれを確保するためにこそ、一方では、その侵害予防という点から「警察行政による介入の排除」と「不当労働行為」とが明確にされるとともに、他方では、その権利規定の遵守・履行という点から「労働行政＝労働委員会」制度の確立が強調される――という論理構成が採用されていよう。その意味で、「労働組合の法認」に関わる、その総合的な実体法化が確認可能なわけである。

そうであれば、――二・一スト以降、特に公務員スト権剥奪などを中心にその改悪化が進むものの――少なくとも「原型・労組法」の次元では、占領軍による「縛り」もあって、この労組法がかなり高いレベルの「労働基本権」規定性を発揮したことはまず否定できまい。

続いて二つ目に(ロ)「労働関係調整法」(四六年九月公布)へ進もう。さて、先にも指摘した通り、この労調法は、構造的には「争議の調停・仲裁などの手続規定」と「公益企業の争議制限」という毛色の異なる二種類の規定から構成されているが、まず前者については以下の点が注目に値する。すなわち、（A）「適用範囲」――調停実施範囲の、公益事業からすべての労働争議への原則的拡大、（B）「方法」――調停方法の、「斡旋・調停・仲裁」という三段階への区分、（C）「事務分掌」――調停事務の、行政官庁から労働委員会への移管、（D）「措置発動」――調停措置発動における、当事者からの請求不可欠性、（E）「強制力」――「仲裁」を除いて、「斡旋・調停」には拘束の強制力はないこと、であって、調停手続きの「細分化」がみて取れよう。それに対して後者については、以下の三点が直ちに目に付くといってよい。つまり、（A）調停申請後三〇日を経過しなければ争議行為をなし得ない点（第三七条）、（B）労働委員会の職権による強制的な調停措置がある点（第一八条）、（C）警察官・消防職員・刑務所職員および現業を除く国・地方公務員の争議行為を禁止した点（第三八条）、に他ならず、その意味で、多方面からする、争議行為に対する抑止条項が無視できない。

したがってそうであれば、この労調法の理念が、労組法を基礎的な土台としつつも、その規定の無制限な発現を許すのではなく、それに一定の「体制的枠組み」フレームを設定する――という次元にこそあるのは自明であろう。言い換えれば、それは、労働争議を「体制的枠組み」内部へと導入することによって、階級闘争が「体制の範囲」を超え出ないことを目指す、まさに「労働争議調整法制」以外ではない点は自明であり、そこにこそ、この「労調法」の本質があった。そのような意味でこそ、労組法とはいわば「対」をなすのである。

そのうえで最後に三つ目こそ（ハ）「労働基準法」（四七年四月公布）であろう。周知の通り、戦前期にあっても、例えば「工場法」（一九一六年施行）においてある程度の労働者保護立法が実施されてきたが、この労基法が、以下のようなポイントにおいて、そのレベルを圧倒的に超えているのはいうまでもない。すなわち、（A）ほとんど全種類の労働領域および全ての労働案件に適用可能な、その「統一的・普遍的・包括的性格」、（B）労働者への「取締り法」的性格から脱却した、労働者権利の法認に基づく「労働基準」の要求体系化、（C）「労働時間・休憩・休暇・有給休暇・賃金・労働契約・衛生」などに関する、広範かつ緻密な「労働者保護内容の拡充」、（D）使用者の「無過失責任制」の導入、（E）「労働者—労働基準監督署—監督官」から構成される「監督機構の拡大・強化」など、これである。

こうして、主要には「使用者側の『無過失責任性』」に立脚しつつ、あくまでも「労働者権利の法認」にこそ根拠付けられて、かなり「包括的・普遍的・無差別的」方向性から「労働者保護内容」の提示が進められた点にこそ、この労基法の特質が検出可能だといってよい。まさにこの側面にこそ、戦前期・「工場法」段階を決定的に凌駕する、「戦後段階」型進展があろう。その意味で、この労基法が、労組法のいわば一系論であることは当然なのである。

以上、「労資関係」の「基本展開」を、労組法・労調法・労基法という三つの労働基本法体系に即してフォローしてきた。そこで次に問題となるのは、これらの基本体系が「資本主義の現代的変貌」とどのような内的連関にあるのか——という点の確定に他ならないが、そのためには第二に、（b）いくつかの「現代型・基本体系」[9]との「比較考察」が必要であろう。そう考えると、その「比較対象」のまず一つ目として、何よりも（イ）「ワイマル体制」[10]が挙げられることに異論はないが、他の機会に詳細に検討したように、「ワイマル型労資関係の特質」は以下のような点にあった。すなわち、ワイマル労資関係の基軸はいうまでもなく「ワイマル憲法体系」に表現されているが、まず一つとして、その出発点を画した（A）「中央労働共同体協定」（一九一八年一一月）からみていこう。さてこの「協定」は、ドイツ一一月革命という緊急事態の下で、有力資本家と労組代表との合意によって妥結をみたものだが、その骨子は以下のように整理可能だといってよい。つまり、①「労働組合の承認と男女労働者の団結権の保障」②「労働諸条件の団体協約による決定」③「労使双方の同数からなる調停委員会もしくは調整機関の設置」④「八時間労働制の実施」⑤「協定の実施……に関する協議機関として労使同数からなる中央委員会の設置」、などであるが、この「協定」をこのようにざっとみただけでも、それが、「団結権保障・団体協約制・協議制・調停制度・労働条件」などの点で、日本の労働改革と同質的位置にあるのは一目瞭然であろう。

ついで二つには（B）「ワイマル憲法」（一九年八月）自体が注目されてよい。周知の通り、このワイマル憲法は、大きくは、「議会制民主主義の確立・集団的労資関係の容認・労働保護の拡充」などの「ブルジョア民主主義の確立」と、資本主義的労資関係の枠組みを一定程度は超える、いわゆる「現代的労資関係規定」とを両輪としていた。そこでここでは、特に後者に立ち入ってみていくと、もちろんこの憲法が「資本主義憲法」であるかぎり「私的所有の制度的保障」（第一五一―一五四条）が明確であるのは当然だが、しかし他方では、「労働力はライヒの特別の保護を受ける」という宣言の下に、統一的な労働法制の法定が義務づけられた（第一五七条）。やや具体的にいえば、「労働者および職員は賃金・労働条件の規制ならびに生産諸力の全経済的発展に企業者と共同して同権的に関与することを資格づけられる」（第一六五条第一項）と明記されるのであるから、その点で、憲法規範における「所有権と労働権との並存」が明瞭であろう。まさに「労資『同権』」的特質が否定できない。そして、この「同権化」規定を担保するものとしてこそ、その制度的保障システムも導入されたといってよく、――労働者がその利益を擁護するために――まず「法律上の代表者」として「労働者評議会」を結成したうえで（同二項）、次にそれを基盤として、経済的諸課題の実施調整のために企業と合同で「経済評議会」が構成される（同三項）と定められた。要するに、「ワイマル憲法」の中に「労資同権化」指向が何よりも確認可能であるが、その点で、「団結権・交渉権・争議権」の法定化が実現した「日本型・労働改革」が、まさにこのワイマル憲法型・労資関係と基本的に同じ地平に位置づくこと――はいわば自明であろう。

以上をふまえると、三つには（C）「対・ワイマル体制比較」としてはこう「総括」されるべきであろう。つまり注意が必要なのは、この「共同体協定―ワイマル憲法」が、何よりも、ドイツ革命から資本主義体制を「救う」ための大きな「譲歩」＝「階級宥和策」であり、したがってその意味で、それが、「階級宥和策」をその一つの決定的な要件とする、「ドイツ資本主義の現代化」のまさしく基本指標であった点――である。そう考えてよければ、この「共同体協定―ワイマル憲法」と明確な同質性をもつ「日本型・労働改革」もまた、――歴史的規定性は異なるとはいえ――「ワイマル型労資関係」と同様に、「現代資本主義」化の基本的な構成条件である「階級宥和策」という「本質」をもつこと、は余りにも当然であろう。

続いて、その「比較対象」の二つ目は（ロ）「ニューディール体制」[11]に他ならない。そこでまず一つとして（A）「NIRA第七条（a）項」（一九三三年）が問題になるが、周知のようにこの規定は「全国産業復興法」（NIRA）のうちいわゆる「労資関係規定」ブロックの中心をなすものであって、概略として以下のような内容をもつ。すなわち、まず「大統領承認以前の産業組合には法の利益は保障されない」という「大統領監督権限の確認」（第六条）を前提にし、そのうえで、第七条（a）項において、「団体権規定と最低賃金・最長労働時間規定」という「労働保護規定」が明記される。まさにこの規定を通して、団結権・交渉権が明示されるとともに、そこから発生する争議に対する調停機関としては「全国労働委員会」（NLB）の設置が認められた。さらにそれに加えて、「最賃制・労働時間規定」に代表される「労働基準」に関しても一定のガイドラインが敷設されていくから、この規定によって、アメリカにおける「労働基本権付与」は大きく進展したことが分かる。そういってよければ、「NIRA第七条（a）項」が、「労働基本権付与・争議調停機関設置・労働基準設定」などの点で、戦後日本で実現をみた労働改革の、いわばその源流を形成したことは当然だと整理されてよい。

ついで二つには、（B）「ワグナー法」（「全国労働関係法」三五年）との対質化が興味深い。さてこのワグナー法の枢軸点は二つあるが、まず一面では、すでにＮＩＲＡで明示された「団結権・団体交渉権」を前提にしつつその保護を法制化するとともに、さらに進んで、「組合運動や採用条件に対する資本家の干渉・抑制・強制・差別」を「不当労働行為」(unfair labor practice) として明確化する（第七・八条）。そのうえで他面で、その監視機関として「全国労働関係委員会」（ＮＬＲＢ）を設置し、独立行政委員会としての権限行使を通じながら、「不当労働行為」の阻止と団交方式・手続きなどに関する労働者権利の保護とが目指された（第三・六・九・一二条）。要するに、法的に「保護」されるべき「権利」として「労働基本権」が明確化されたといってよいが、まさにこの「不当労働行為」という側面においても、ワグナー法が、日本型・労働改革の中に、その中軸として継承されていることは明白であろう。

したがって三つとしては、（Ｃ）「対・ニューディール体制比較」の方向からは以下のように「総括」可能なように思われる。その場合、まず何よりも踏まえるべきは、この「ＮＩＲＡ—ワグナー法」こそ、アメリカ大恐慌にともなう「大型不況と階級闘争激化」という「アメリカ資本主義の体制的危機」の下で、「資本主義組織化」における一つの基本的条件として作用した「階級宥和策」の、まさにそのメーン・ルートであった——という点に他ならない。そしてそうであれば、「日本型・労働改革」も、この「ニューディール型労資関係」からの「継承関係」が本質的に明瞭であるかぎり、それが、「資本主義の『現代化』」における一つの「指標」たる「階級宥和策」の、その重要な一環として位置付けられるのももはや自明であろう。こうして「日本型・労働改革」こそは、まさに「階級宥和策」の発現だと整理されてよい。

最後に三つ目に、（ハ）「高橋財政」[12]との歴史的比較も不可欠であろう。そこでまず一つとして（Ａ）その「前史」を一瞥しておくと、日本における労資関係変容の契機は第一次大戦期にあって、大戦を巡る労働力需要の激増と労働市場の流動化とによって、まず「間接的管理体制」の解体と「直接的管理体制」への移行が開始された。ついで二〇年代に入ると、長期不況に対応して企業内養成制度と企業内福利制度の定着が進むが、その動向は三〇年代になると、封鎖的労働市場という形態の下で、「終身雇用・年功序列的パターン」を備えた新型・雇用構造に帰結していく。こうして二〇年代から三〇年代にかけて、まず企業内労資関係において協調主義的基調が形成をみるといってよく、まさにその点で、資本による労働者の「現代的企業内統合」の進展が確認されよう。ここにまずその「端緒」がみて取れる。

次に二つに（B）国家の労働政策へ目を向けると、この時期に、明らかなその「現代的転換」が現出してくる。つまり、早くも大戦期から「工場法」に代わるヨリ協調主義的な労働立法への検討が始まる他、さらに二〇年代に入ると内務省社会局を中心として、労働組合の「事実上の法認」と、集団的・団体的労資対立関係に立脚した「労働争議調停法」（二六年）の制定とが進められていく。したがって、協調主義的路線の主流化が検出可能だと判断できるのであり、要するに、やはりこの二〇―三〇年代にかけて、労働政策面においても、《主従関係》や「個人的市民関係次元」を一歩超えた、「集団的・団体的レベル」での「現代型展開」が進展した――と整理可能であろう。まさに「現代的労資関係」におけるその「始動」に他ならない。

そのうえで三つには、（C）三〇年代後半から、この協調路線の「空洞化」が進んだことも否定できない。つまり、まず土台的には、大企業経営における工場委員会制度の掘り崩しに制約されて企業内労資関係変質が余儀なくされるが、それがついで労働政策面に反映されて、協調主義的基調から「労資一体・報国主義」基調への移行＝空洞化が帰結していく。しかし、その場合に注意すべきは、この空洞化の中でも、二〇―三〇年代を通して進行してきた「集団的＝団体的労資関係としての現代的労資枠組」は決して解体されたわけではなく、むしろ、その「集団的団体化」を前提にしてこそ、国家が、「右翼的・報国的系列化」という意図に基づいて「上から統合する」というパターンを採用した――とみるべきであろう。

このように論を運んでくれば、「対・高橋財政比較」については、結局、以下のように「総括」できるのは当然であろう。すなわち、第一次大戦から三〇年代にかけて、日本においても、ワイマル体制やニューディール体制とその「本質」において同質な「現代的労資関係」の形成過程が進行したと意義づけしてよいのであり、そして、そこになお「未確立＝未成熟」な点として残存した限界（その典型こそ「労働基本権」の非法定化であろう）を、まさに体制的に打破・解体した改革こそ、戦後日本の「労働改革」以外ではなかった――のだと。

以上をうけて最後に第三として、（c）戦後再建期における「労資関係」展開の「意義」を簡単に総括しておきたいが、その場合、ここまでの検討を通して、次のような論点がすでに証明されたように思われる。そのまず第一論点は、（イ）戦後日本の労働改革によって形成された「労資関係」は、例えば「ワイマル体制」や「ニューディール体制」における労資関係と同質な、いわゆる「階級宥和策」としての「本質」をもっていた――という点である。したがってこの側面を重視すれば、日本における戦後型・労資関係は、結局、まさにこの「階級宥和策」機能を発揮するものとしてこそ実現したと整理されるべきであろう。そのうえでついで第二論点は、（ロ）この「階級宥和策」こそ、資本主義体制における反体制運動の「体制内化」というその体制的課題との関連で、何よりも、「現代資本主義」化の決定的基軸に他ならない――というポイントに関わる。つまり、この点は、「ワイマル・ニューディール体制」においてすでに歴史的に解明されている通りであって、一九三〇年代の体制的危機に直面して、資本主義は「現代資本主義」への「転換」を余儀なくされるが、その「体制的転換」のまさに根底的基軸こそ、一つは、「労資対立関係の体制内化＝安定化」を目指すこの「階級宥和策」であり、そしてもう一つは――後に考察する――「資本蓄積促進策」以外ではなかったわけである。要するに、その点で、「階級宥和策＝現代資本主義の基軸」だといってよい。

こう考えてよければ、最終的に第三論点として、（ハ）以下のような「帰結」が表出してくるのは自明であろう。すなわち、「戦後日本型・労働改革」こそは、「労資関係における『階級宥和策』」を実現したという「意義」において、何よりも「日本型・現代資本主義の『再編』」をもたらした、まず一面での、まさにその基本的な歴史過程に他ならなかったのだ――と。

[2] 社会運動　続いて、「階級宥和策」における第二番の側面として②「社会運動」が無視できまい。言い換えれば、上述した「労資関係」の下で、階級闘争を基軸とする「社会運動」が、どのような態様で展開しその結果どのような帰結に帰着したのか[13]――がやや立ち入って検討される必要があるが、それを通してこそ、「階級宥和策」展開の、まさしくその現実的機能過程が確定可能だと考えてよい。そこで、以下の三局面に区分しながらフォローしていこう。

まず第一の（a）「第一局面」は、一九四五年一〇月幣原内閣成立から四六年五月の「マッカーサー警告」までのフェーズに他ならないが、最初に一つ目として、（イ）その「背景」から押さえていくと、この局面が、何よりも、急速に高まる「労働攻勢の時期」である点が目立つ。すなわち、例えば、読売新聞の「生産管理闘争」に示されるような急激な労働争議の高まりと労働組合結成の昂進、さらには食糧メーデーにおいて顕著な労働者階級による街頭の制圧、などが進行していった。まさに「体制的危機」の発現とさえ把握されてよいが、それ故、この「体制的危機」は、マッカーサーの「大衆示威活動への警告」によって収束される以外にはなかったわけである。こうして革命勃発は辛うじて抑止されていく。

ついで二つ目に、（ロ）この「第一局面」の「現実的展開」に目を移すと、概略として、階級闘争過程における以下のような軌跡が描かれていく。すなわち、四五年一〇月「読売争議」＝「生産管理闘争」→生産管理闘争深化→四六年二月政府「違法労働行為の処断」声明→同二月「関東食糧民主協議会」による「食糧の人民管理」→同ＧＨＱ憲法原案提示→同三月マッカーサー総選挙を命令→同四月「幣原内閣打倒国民大会」→同総選挙→同五月食糧メーデー→同マッカーサー大衆示威運動警告、これである。みられる如く、「生産管理闘争」を中軸とした熾烈な「政府打倒運動＝階級闘争」の激化と、マッカーサーの「超法規的警告」による闘争収束化とが一目瞭然だが、その場合に無視されてならないポイントは、他面で、闘争収束化の基盤として、体制側からする、「総選挙・憲法制定」などという「階級宥和策」の試行もが追求されつつあったことに他なるまい。この点をも重視しておこう。

以上をうけて三つ目に、（ハ）その「特質」を集約しておけば以下のように整理できよう。すなわち、その枢軸は二つあるが、まず第一論点は、この局面での階級闘争争点が、闘争課題面では「資本主義か社会主義か」という「体制選択」に、また闘争戦術面では「生産管理と街頭制圧」による権力機構の破壊に、それぞれあった点に他ならない。まさにその意味で、もし日本資本主義の打倒が可能であったとすれば、この局面以外にはあり得なかったといえよう。次に第二論点は、「資本主義崩壊」を招きかねないこのような「危機」を克服する条件として、——マッカーサーによる弾圧と並んで——「選挙実施・憲法制定」という「階級宥和策」が絶大なる効果＝機能を発揮した点であろう。こうして、「階級宥和策」という「現代資本主義型・労資関係」が、その危機収束策として現実的に作用したわけである。

次に第二に(b)「第二局面」へ進もう。さてこの局面は、四六年五月第一次吉田内閣成立から四七年一月のマッカーサーの「ゼネスト中止命令」までのフェーズからなるが、まず一つ目として（イ）その「背景」はどうか。その際、局面的背景として重要なのは、すでに指摘した「マッカーサーの警告」を支持基盤として第一次吉田内閣の成立をみたことであって、それを政治的条件にしつつ、この「第二局面」では、支配階級が次第にその体制再建を進捗させていくことになる。換言すれば、支配者階級は、「マッカーサー警告」・「吉田内閣成立」を契機として「体制的危機」を一応乗り切ったといってよく、それを土台として、階級闘争の内実も、「資本主義の枠内」における「再建の内容」を巡る闘争へと転換せざるを得なかった。要するに、「資本主義的再建」を前提とした労資対立状況が進行していく。

そのうえで二つ目に、(ロ)この「第二局面」の「現実的展開」へ進もう。そこで、この「第二局面」における階級闘争針路をざっと追跡すれば、例えば、四六年六月政府「社会秩序維持・生産管理否認」声明発表→同読売従業員組合に対する弾圧→同八月総同盟結成大会→同産別会議結成大会→同九・一〇月国鉄・海員・東芝の首切り発表と撤回→同一〇月「一〇月闘争」と電産型賃金の獲得→同一二月生活権確保・吉田内閣打倒国民大会→同一二月傾斜生産方式閣議決定→「二・一スト」に対するＧＨＱの中止命令、という経過が辿られる。こうして、「一〇月闘争」に向けて労働者運動の攻勢が続いたが、そこをピークとしてそれ以降は、闘争目標は、例えば電産型賃金や全官庁の賃上げ要求に顕著なように、「資本主義体制枠組内部」での要求へと切り替わっていく。まさに、「第一局面」との相違は明白であろう。

そうであれば三つ目として、(ハ)この「第二局面」の「特質」は以下のように整理可能といってよい。すなわち、そのポイントは二つに区分できるが、まず第一論点は、体制側の一定の立ち直りによって、この局面での階級闘争争点が、「第一局面」での「資本主義か社会主義か」という「体制選択」闘争から、「資本主義体制内部」における「解雇反対・賃金引上げ」闘争へと転換している——点である。その点で「資本主義の体制的危機」はその深刻度を和らげ、したがって、その分だけ「体制の組織化」が進展をみたわけであろう。

そのうえで第二論点は、以上のような「体制内闘争」への傾斜強化が、それとまさに逆相関的に、「労働運動における『組織化』」の進展を実現した点に他ならない。事実、階級闘争の「体制内化」過程と同時進行的に、総同盟・産別結成という労働組合組織の整備・進展や、電産・海員・国鉄・東芝などにおける解雇反対闘争勝利が進んでいるのであって、その意味で、「雇用・賃金・組織化」面での成果獲得といわば「引き換え」に「階級闘争の体制内化」を余儀なくされた——と論理化可能だと思われる。まさに「体制組織化」の「裏面」という以外にないが、ここにも、「階級宥和策」

機能発揮のその絶大性が曇りなく現出していよう。

以上を前提として、最後に第三は（c）「第三局面」である。そこで、まず一つ目に（イ）この「第三局面」の「背景」から入るが、この局面は時期的には、一九四七年一月三一日の「二・一スト禁止」から四八年七月のマッカーサー書簡を経つつ、さらに四九年四月「ドッジ・プラン発表」を挟んで、五〇年六月の朝鮮戦争勃発およびレッド・パージまでを含む。そして内容的には、一面では、「二・一ゼネスト禁止」後マッカーサーの指示で実施された総選挙とその結果たる中道政権成立という政治過程が進行するとともに、他面では、労働運動潮流の分裂と、「マッカーサー書簡」・「政令二〇一号」（四七年七月三一日）による「公務員争議の禁止」とが発現していった。まさにその意味で、このフェーズは、全体的にみて労働運動が退潮へ向かう時期だという以外にはなく、結果的には、この過程で、日本資本主義の世界経済への復帰を目指して進められた、体制側からの「経済安定九原則」以降の「財政整理・企業整理・レッド・パージ」攻撃に対して、労働者階級は、有効に反撃し得ずに後退に次ぐ後退を余儀なくされた。

そこで二つ目として、この階級闘争過程の（ロ）「現実的展開」にまで立ち入ると、概略として以下のような軌道がみて取れる。すなわち、四九年六月東芝四六〇〇人整理案発表→同東芝労連企業整理反対スト突入→同七月国鉄整理第一次三万七千人発表→同「下山事件」→同国鉄整理第二次六万二千人発表→同「三鷹事件」→同八月「松川事件」→五〇年三月総評準備会→同四－八月日立製作所賃上げ解雇反対争議→同六月朝鮮戦争勃発→同九月レッド・パージ開始、という動向であって、まさに嵐のような階級闘争激化に息を飲む以外にはない。

こう把握できれば、三つ目に（ハ）この「第三局面」の「特質」は次のように集約可能ではないか。すなわち、以下の二ベクトルに即して整理されてよいが、まず第一論点は、主としてGHQによって「外部から」、階級闘争＝労働運動への分断作用が開始されていく点であろう。具体的には、一方では、「産別」に対抗する「民主化同盟」が育成されつついわば「労働戦線」の「分裂」が進められるとともに、他方では、「下山・三鷹・松川事件」を通すフレームアップによって、労働者階級への政治的威嚇・解体の策動が実施されていく。そして、まさにこのような体制側からの攻撃にバックアップされてこそ「大量解雇・工場閉鎖・生産管理弾圧」が現実化し、それによって始めて、日本資本主義の再建が可能になったのはいうまでもない。そのうえで次に、第二論点として、体制「内部から」の変容要因が促進されていく作用も決して軽視されてはなるまい。事実、「国際自由労連」につながる「民同派」による「体制・企業への協力」が台頭しつつ、そこから片山・中道政権とも連携して「体制内派」が構築されたから、それが、一方では日本資本主義の再建を加速させたとともに、他方で、労働運動を退潮へと追い込んでいった——のはいわば当然であった。

こうして、「第一局面→第二局面→第三局面」という局面展開を経過する中で、戦後日本の「社会運動」＝階級闘争過程は、最終的に、一九五〇年代初頭にはその一定の「収束＝安定化」を実現していくことになる。換言すれば、戦後日本資本主義の「体制的危機」が「体制内統合」に帰着したということだが、そのような「体制内統合」をもたらしたその「決定的条件」こそ、多様な形態で操作・機能した、まさしく「階級宥和策」であった点はもはや自明であろう。

［3］社会保障　最後に、「階級宥和策」における第三番目の側面こそ③「社会保障」[14]に他ならない。いうまでもなく、資本主義国家による体制的安定策としての「階級宥和策」は、一面で、すでにみた「労資関係作用」を通してとともに、他面で、「社会保障作用」を経由しても遂行されるという構造をもち、まさにその総体を通じてこそ「社会運動の体制内化」が追求されるが、ここでは、「労資関係」側面と並ぶ、もう一方の側面である「社会保障」へと目を転じよう。そこで、一九四五—五四年までの局面を戦後復興期・社会保障の展開過程としてフォローしていくが、その場合、こ

の局面は内容的にみれば、四五―四九年の「GHQ民主化政策の一環」フェーズと四九―五四年の「制度創設」フェーズとに区分可能だといってよい。

したがって最初に第一として、（a）「GHQ民主化政策の一環」フェーズから立ち入っていくと、まず一つ目に（イ）その「背景」が興味深い。すなわち、その嚆矢は何よりもGHQが発した「覚書」にこそあるとみてよく、具体的には、軍人恩給の禁止を意図したGHQ覚書「恩給および年金に関する件」（四五年一一月）を先陣としつつ、さらに一二月には「救済ならびに福祉計画に関する件」という覚書も発せられている。こうして、「国家責任・最低生活の維持・無差別平等の処遇」という「公的扶助の理念」が、まずGHQから提示されていく。

ついで二つ目として、まず公的扶助の分野において、（ロ）「生活困窮者緊急生活援助要綱」（四五年一二月）という形でその制度化が始まる。そこで、一つに（A）「実状」にふれておくと、いうまでもなく、敗戦後における日本経済の荒廃は甚大であり、生産・雇用の極端な縮小とインフレの激烈な昂進とによって国民生活の窮乏はまさに危機に瀕していた。したがってその点で、戦後日本資本主義が、「社会体制としての存続」という土台においてまさしく決定的なピンチに直面していたことはまず明白だといってよい。しかし、それに対する政治的救済策には（B）構造的な「限界」が否定できず、政府は何らの有効な手も打てなかった。というのも、戦前から継承された救済制度は、まず制度的には、「救護法」・「母子保護法」・「軍事扶助法」・「医療保護法」などに分散されていて不統一だった他、その「救護対象」もそれぞれ「限定的」だったし、さらにそれに加えて、その「救護程度・方法」も制度ごとに分断的に設定されるに止まっていた――からに他ならない。こうして、既存の体系では強力な救済措置はいわば決定的に不可能であった。

まさに以上のような状況の中でこそ、この「要綱」が発議されていく。そこで（C）その「内容」だが、政府は、GHQの指導を受けながら四五年一二月に、以下の「要綱」を閣議決定するに至る。すなわちそれは、生活困窮者に対して「宿泊・給食・救療・衣料寝具・その他の生活必需品の給与・食料品の補給」などを実施し、それを通して、緊急に最低限の「生活援護」を行うというものであった。こうして政府は何よりも緊急的な対策に着手せざるを得ない。

それを受けて三つ目に（ハ）「生活保護法」（四六年九月）が成立をみる。そこでまず一つとして（A）その「経過」から入ると、いまふれた「要綱」はあくまでも「臨時的応急的措置」に止まったから、政府はその発展的見通しを得るために、一二月になって、これまでの救済制度を抜本的に改正した「救済福祉ニ関スル計画」をGHQに提出した。これに対してGHQは、四六年二月に、「国家責任と無差別平等」を重ねて強調した覚書「社会救済」を政府に手交したのであり、これこそが、公的扶助に関する理念として政府の指針となっていった。

そこで二つに（B）その「内容」に進むと、この指針に沿って四六年九月に「生活保護法（旧法）」が成立するが、その骨子は以下の点にあるとみてよい。つまり、「公的扶助責任を確立し、貧困を社会的責任として認め……従来の救貧法的な伝統を打ち破り、国家責任による近代的な社会保障制度への前進を示したもの」（厚生省見解）という理念の下で、①「国家責任による要保護者の生活保障の原則を確立したこと」、②「保護の対象について一切の制限を排除し、いわゆる無差別平等の原則を打ち立てたこと」、③「保護の財源について、その八割を国庫において負担する措置をとったこと」、という三「構想」が提示されていった。あくまでも「政府構想」に過ぎないとはいえ、その「意図」だけは明らかに確認できよう。

しかし三つには、（C）その「限界」もまた明瞭というしかない。すなわち、①「保護基準内容」が一般生活水準に比較しても極めて貧弱である点、②厳密な意味における「最低生活費観念」が乏しい点、③社会保障体系における「公的扶助理念」が希薄＝不明確な点、などが直ちに指摘可能であって、その点で、この「生活保護法」体系の未成熟性は否定し得まい。

そのうえで次に第二は、(b)「制度創設」フェーズである。そこで、取りあえずまず一つ目に(イ)その「背景」が注目されるが、周知のように、四八年一二月「経済安定九原則」実施および四九年三月「ドッジ・ライン」を契機として、社会保障を巡る状況は四九年を境に一大転機を迎える。つまり、一連のデフレ政策の強行によって大量の失業が発生した(四八年＝一九万人から四九年＝三八万人へと倍増)からであって、ようやくスタートしたばかりの社会保険でそれに対処することはまず不可能であった。その結果、多くの失業者は最終的には生活保護に依存する以外になかったが、しかし、先にみたように「生活保護法」自体にも多くの限界があった以上、この生活保護制度による救済対策もなお有効ではなかったのである。

まさにこのような「経済状況変化」と「制度的問題性」とに迫られてこそ、四九年以降に、一定の「制度改正＝創設」が進行していくわけである。まさしく「体制的安定化」への対応といってよい。

このような方向から、二つ目として(ロ)その「制度改正」へと立ち入ると、まず一つは(A)「生活保護法改正」であって、社会保障制度審議会の勧告を受けつつ、五〇年五月には、「国民の最低生活の保障」・「保護請求権の付与」・「不服申立制度の確立」・「欠格条項の明示」を主内容とする「新・生活保護法」が成立をみた。ついで二つとしては(B)「社会保険」面での制度創設が目を引く。やや具体的に指摘すると、四七年四月の「労働者災害補償保険」と同一二月の「失業保険」とが特筆されるべきであり、この両制度の創設によって、――その内容充実はともかくその「形式」のうえでは――日本型・社会保障制度が一応の現代的な体裁を整えたといってもよい。まず前者は、従来は健康保険・厚生年金保険が代行してきた「業務上の傷害・疾病に対する補償」をこれ以降は独立の制度によって運営する点を明確化したが、同時に、同法の制定によって、労働者の業務上の災害に対する事業主の「無過失賠償責任原則」も名実ともに確立された。また後者は、戦前にはその先行制度をもたない、いわば純粋な「戦後型制度」だとみてよいが、その背景に、戦後型政治経済状況が発現させた、大量失業とそれに起因する社会運動の激化とが存在するのは当然であり、したがってその点で、まさに「階級宥和策」の、一つの顕著な典型例であることに異論はあり得まい。

そのうえで三つとして、(C)「社会福祉」分野でも「制度創設」の例が確認できる。例えば、「児童福祉法」(四七年)および「身体障害者福祉法」(四九年)がその代表例であって、それらは、生活保護法のいわば「特別立法」という性格をもつものといってもよい。その点で、混乱・復興期における、生活保護法に対する、何よりもその「緊急・補完的」措置だとみるべきであろう。

最後に三つ目として、(ハ)この「制度創設」フェーズの「特質」はこう整理可能ではないか。すなわち三点に集約可能であって、一つには(A)「政策発動主体」——GHQから相対的には自立して「日本政府」が政策発動のイニシアティヴを把握していくこと、二つとして(B)「発動背景」——デフレ政策強行に伴う「大量失業」への対処が不可欠化したこと、三つに(C)「体制的本質」——その意味で積極的な「階級宥和策」展開として本格的に定着化したこと、これであろう。まさにこれらの意味において、それは、もはや、「民主化政策」期性格を明確に超えているのである。

以上、「階級宥和策」の第三側面として「社会保障」をみてきたが、その検討に立脚して、第三に(c)その「全体的意義」を手短にまとめると以下のように総括できよう。すなわち、もちろんその「保障水準」としては不十分に止まるとはいえ、戦後日本資本主義が惹起させた「失業・低賃金・労働災害・生活困難」に対して、政府は——GHQと連携しつつ——「生活保護」・「社会保険」・「公的扶助」・「社会福祉」に関するその制度枠組形成を進めたが、まさにそれによる一定の「生活条件確保」によってこそ、「生産管理闘争・大衆的街頭闘争・内閣打倒政治闘争」の沈静化が進行し、最終的には、それを土台としてこそ、「階級闘争の体制内化」と「経済再建・復興の進捗化」とが実現をみたといってよい。そうであれば、この「社会保障」の「意義」ももはや明白であって、「社会保障の一定の展開は、社会運動を体制内に包摂することによって階級闘争を体制内化し、まさにそれを通してこそ、資本主義体制の安定化＝反革命化を実現した」――のだといえる。要するに、「現代的階級関係の再構築」が実現されたわけであり、その意味で、何よりも「階級宥和策の現実的展開」という以外にはない。

Ⅲ　資本蓄積促進策――現代的資本蓄積構造の再編成

［1］金融政策　取り急ぎ、国家による「体制組織化」の第二機能をなす(二)「資本蓄積促進策」へと移ろう。最初にその第一番目の側面こそ①「金融政策」[15]に他ならないが、まず第一に全体の前提を形成する（a）「日銀の制度的システム」の面から入ると、敗戦後の戦後改革においても、日銀制度のシステム的基本はほぼ不変のまま継続された点が注目に値する。したがって、この戦後期に再スタートした日銀制度の特質を理解するためには、戦前における日銀システムの制度的展開を一応は押さえておく必要があろう。そこで、戦後期・日銀システムの原型を形成したものとしては、一つ目に（イ）「高橋財政期・制度的再編」[16]が重要といってよい。すなわち、周知のように、一九三一年一二月の「金輸出再禁止・国内金兌換停止」によって内外ともに金本位制の停止＝「管理通貨制への移行」が実現するが、このような金融制度の大枠を改編したうえで、まさにそれを内容的に保証するためにこそ、三二年六月には、以下のような「日銀制度の改正」が法的に進められていくわけである。

いまその基本的論点のみを示せば、大きくは例えば以下の三点にまとめられ得る。つまり、（A）日銀券保証準備発行限度額の、一億二千万円から一〇億円への大膨張、（B）限外発行税率における、「五％以上」から「三％以上」への引下げ、（C）日銀営業収益の、日銀納付金制度による政府への取り入れ――であって、新局面に対応した、日銀制度・機能の再編成がみて取れる。その点で、この日銀制度改正の目的が、何よりも、「管理通貨制」に立脚して、通貨供給の量的制限範囲を積極的に拡大しようとした点にあることは明白であろう。

しかし、この「三一年再編」がそのまま戦後へ継続したわけではない。そうではなく、ついで二つ目として、戦争経済展開に対応した(ロ)「戦時体制期・制度的再編」(四二年二月二四日)が実施をみる。いうまでもなく、ナチスに範を採った「戦争経済遂行型＝ファシズム型」中央銀行システムの導入に他ならないが、その「戦争遂行型・中央銀行システム」という点では、例えば「日銀法」における以下のような条文がまさに「面目躍如」というべきであろう。つまり、全体の冒頭でまず日銀の「目的および使命」が規定されるが、最初に、「日本銀行は国家経済総力の適切なる発揮を図る為国家の政策に即し通貨の調節、金融の調整及信用制度の保持育成に任ずるを以って目的とす」(第一条)るとされて、その「目的」が、何よりも「国家の政策に即し」て「国家経済総力の発揮を図る」点に置かれていく。そしてそれをふまえてこそ、次の第二条で、その「任務」が「日本銀行は専ら国家目的の達成を使命として運営せらるべし」と明記されるわけであり、したがって全体としては、日銀の運営基準がまず「国家目的への寄与」以外にはないことが一目瞭然だとみてよい。

ついで、このような「理念」の現実化として、その「機能・対政府関係・発券」などが明示されるが、まず「対政府関係」が、「日本銀行は政府に対し担保を徴せずして貸付を為すことを得」(第二二条)るという点から、その「対政府無制限信用供与性」が明確にされる。まさに「国家目的への寄与」の現実相といってよいが、さらにそこから、その手段として、一面では、「日本銀行は国債の応募又は引受を為すことを得」る(同条)という「赤字国債の日銀引受」と、他面では、「主務大臣は……銀行券の発行限度を定むべし」(第三〇条)という「発券量の政策的調節」とが、規定されるのは当然であろう。そうであれば、この「四二年再編」が、「三一年再編」における「管理通貨制」成立を土台としつつ、それに、さらなる戦時体制型の「金融調整的性格」が付加されたものである点——はもはや自明といってよい。

以上をふまえると、最後に「日銀システム」に関しては、三つ目に（ハ）端的にこう「総括」可能だと思われる。すなわち、戦後・日本資本主義がその再建過程において所与条件として前提にした「日銀システム体系」こそは、以上のような歴史的展開過程をもった、まさに「かなり『徹底化された』管理通貨制システム」以外ではなかったのだ——と。

続いて、以上のような「日銀システム」の土台上で作用した日銀機能へと目を転じるが、この局面の日銀機能として極めて大きな比重を占めたのは、第二に（b）「復興金融公庫債の日銀引受」[17]に他ならない。そこで最初に一つ目として、（イ）その「背景」から追えば、周知のようにこの復金は、戦時補償の打ち切りによる大資本の打撃を金融面から緩和しつつ復興促進に必要な資金の供給を任務として四七年一月に設立された政府機関であって、その資本金は政府出資を基本としていた。しかし、そのうえで重要なことは、未払込資本額から債務保証額を差し引いた額だけ「復興金融債券」を発行できることになっていた点に他ならず、事実、払込資本が少なかったため、復金の活動はその大部分がこの債券発行（億円）による資金で賄われる以外にはなかったのである（四六年＝三〇→四七年＝五五九→四八年＝一〇九一）。

そうであれば、巨額なこの復金債の消化が直ちに問題となるが、民間銀行がなお再建途上に止まっていた以上、その大部分が日銀引受に依存したのはいうまでもない。そこで二つ目に（ロ）その「引受実態」に目を向けると、日銀の「復金債引受比率」は例えば以下のような軌跡を描く。すなわち、四六年度＝二八億円（九四％）→四七年＝四二五億円（七六％）→四八年＝七〇三億円（六四％）と動き、総計では一一五六億円（六九％）となるから、その構成比の圧倒性が取り分け目立とう。

したがって三つ目に、「復金債の日銀引受」の（ハ）「意義」はもはや明白であって、以下のように集約されてよい。

つまり、この「『管理通貨制』に立脚した復金債の『日銀引受』」こそ、一方でインフレを加速させながら、他方で、独占資本への潤沢な資金供給を実現することによってその資本蓄積を促進した点——これである。まさに、日銀の体系的機能展開そのものであろう。

そのうえで、以上のような「管理通貨制に立脚した日銀機能」を、最後に第三に(c)「発券量」の側面からも総括しておきたい。いま例えば「日銀券発行残高」(億円)の推移を追うと、次のような顕著な激増数値が拾える。すなわち、四五年＝五五四→四六年＝九三三→四七年＝二一九一→四八年＝三五五二→四九年＝三五五三→五〇年＝四二二〇という経過を示すから、敗戦直後に倍増を遂げつつさらに四七年には一段の増勢を強めた後、「経済安定九原則—ドッジ・ライン」が実施される四八—四九年になってようやくその発券水準増加が鈍化する——という時間的な図式が理解できよう。

要するに、「管理通貨制に立脚した日銀機能」によって通貨量の調節＝増加が可能になったわけであり、まさにそれを通してこそ、「資本蓄積過程」促進が実現をみたといってよい。したがって、最終的にやや構造的にまとめれば、「再建期・金融政策」は、「管理通貨制→日銀の債券引受→通貨量調節」という「現代的金融システムの有機的機能展開」を通して、「資本蓄積促進策」作用をまさに体制的に発揮したのだと——整理可能なように思われる。

[2]財政政策　ついで、「資本蓄積促進策」の二番目の側面を構成する②「財政政策」[18]へ視角を転じていこう。そこで、第一に最も土台的には(a)「赤字財政膨張」こそが問題となるが、まず一つ目として(イ)「経費支出」動向を押さえておきたい。最初に「経費総額」を確認すると、一般会計歳出は戦後直後数年間で極めて目覚しい膨張を遂げる。すなわち、まず四七年当初予算は一一四五億円でまだ四六年＝一一九〇億円を下回っていたが、急増する復興事業とイン

フレ昂進に直撃されて実に一五回もの補正予算編成を余儀なくされた結果、最終的には二一四二億円にまで膨らんだ。しかしその膨張基調は止むことがなく、ついで四八年度に入ると四七三一億円となって四七年度当初予算の四倍を超えていくし、さらに四九年度＝七〇四七億円は実にその七倍にまで接近しているといってよい。こうして、戦後混乱期の中で政府は、他に有効な選択手段を見出せないまま経費支出急増という形で事態に対応し、まさにそれを通して、「経費支出膨張→有効需要増加」を加速させたわけである。

そしてその場合、「歳出構成」にも注意すると、そこで大宗をなすのは、例えば四八年度では、「産業経済費」（一一・〇％）・「価格調整費」（一三・二％）・「公共事業費」（六・九％）などの、いずれも独占資本の再建を直接・間接的にサポートする経費であったから、その点で、経費膨張の性格が、「戦後処理」から何よりも「資本蓄積促進策」へとその舵を切り替えたことがよく分かろう。

この点を前提として、二つ目として「経費膨張の源泉」が直ちに問題となるが、それが（ロ）「赤字国債」以外でなかったことは当然であろう。そこで、最初に四六年度では「公債金・借入金」が四四五億円（依存度三七・四％）を占めた他、ついで四七―四八年度に入ると今度は特に特別会計での赤字が著しくなるが、まず四七年度にはその赤字額が九〇四億円となり、そのうちの六九三億円（七七％）が公債・借入金に依存した。さらに四八年度においても、その一二二四億円の赤字のうち実に八四六億円（七〇％）もが国債に依拠していたとさえいわれる。しかも、この国債の大部分には日銀引受という方式が採用された以上、まさにここから「財政ルート・有効需要創出」が進められつつ、その結果、それを媒介として、何よりも「資本蓄積促進策」が展開していった――のはいうまでもない。

したがってそうであれば、三つ目には（ハ）「インフレの昂進」が一目瞭然であろう。そこで、例えば「物価騰貴率」（％）に即してインフレ進行の概略を検出すれば、「小売物価」――四六年＝三六→四七年＝二三四→四八年上半期＝一九

第９表　1948，49年度総合予算収支表

（億円）

		1948年度	49年度
歳入	一般会計	4,731	7,049
	特別会計	11,975	25,050
	政府関係機関	…	13,140
	合計	16,707	45,240
	純計	9,273	25,362
歳出	一般会計	4,731	7,047
	特別会計	11,969	24,769
	政府関係機関	…	13,140
	合計	16,701	44,957
	純計	10,161	23,795
差引純計		△887 （△1,149）	1,567

（出典）前掲，楫西他『没落』Ⅵ　2868頁。

↓同下半期＝一三〇、「消費財ヤミ価格」――七三↓一五一↓三七↓四〇、「卸売物価」――二九八↓二八三↓一二↓一三五、という図式となる。したがってここからは、一つには、生産に直結する卸売物価の騰貴率が取り分け大きい点、そしてもう一つには、基本的には四八年段階まで大幅な物価騰貴が継続している点、が明瞭なのであって、この「インフレ昂進」が、「資本蓄積の再開＝生産回復」を辛うじて支えたという実情がどうしても無視し得まい。こうして、まさにインフレを昂進させながら、しかも「国債の日銀引受↓経費膨張↓通貨膨張」というロジックに立脚してこそ、「資本蓄積促進策」が明らかに進行したわけである。

しかし、この再建期・財政政策を「インフレ側面」で単色化してしまうのは誤りである。そうではなく、第二に、一九四九―五〇年期には（b）「財政緊縮期」に転換していく。いうまでもなく、この「緊縮化」は「ドッジ・ライン」[19]によって強制されたものだが、まず一つ目に(イ)この「緊縮構造」をみておくと、「四九年度予算」＝「ドッジ予算」は次のような内訳をもっていた。すなわち、最終的には、「歳入」＝二兆五千億円に比較して「歳出」＝二兆三千億円とされたから、こうして二千億円近くの「差引歳入超過＝黒字」に結果したといってよく、この「ドッジ予算」においては、一転して、「財政緊縮化」こそが実現をみることになった。つまり、「一般・特別両会計」を通じて完全に赤字のない予算が組まれることによって、「総合予算の真の均衡化」が成立した——と結論可能だが、要するに、再建期・財政政策には、「インフレ側面」とともにこのような「デフレ側面」もが包含されていたことに注意しておきたい（**第9表**）。むしろ、その「両面」が「使い分けられた」点こそが重要なのではないか。

そのうえで二つ目として、（ロ）この「均衡予算の構造」へもう一歩立ち入ってみよう。そこで、まず経費支出の特徴を探ると、何よりも最初に、全体的な「財政的均衡化」にもかかわらず、他面で経費総額はむしろ増大している点が目立つ。つまり、総額は四八年＝四七三一億円が四九年には七〇四九億円へと一・五倍増に伸びているのであって（**第9表**）、この「ドッジ予算」は、「均衡予算」ではあっても決して「縮小予算」ではないことに注意を要する。むしろ、「財政均衡化」を通してこそ「生産再開＝資本投資活動刺激」を促したわけであり、その意味では、「資本蓄積促進策」という側面において、「財政膨張」動向とその本質はむしろ共通だといってよい。

事実、経費内訳に目を凝らすと、例えば「価格調整費」（三・三倍）、「出資・投資」（二・二倍）、「社会労働施設費」（一・八倍）などの増加率が大きく、しかもこれらの経費は、独占的大企業が中心を占める基幹的重化学工業への補助・融資・基盤整備を指向する経費に他ならない以上、その点で、経費構造が全体として、独占資本体制の再建・再編へと向けられているのは明白であろう。

その場合、このような「均衡予算下の資本蓄積促進策」を補完した特有な対処策として、三つ目に（ハ）「見返資金特別会計」の作用が見逃せない。周知の通りこの「特会」は、アメリカ対日援助物資の販売代金を貿易特別会計からの繰入金の形で受け入れつつ、それを経済再建に必要な使途に当てる（五二年三月までにその総額は三〇四二億円に

第10表　租税負担の変化

（十億円，百万円）

		1949	50	増　　減
国民所得（十億円）		2,737.3	3,381.5	644.2
租税（百万円）	国税	636,406	570,850	△65,556
	地方税	142,441	188,281	45,840
	計	778,847 (28.5)	759,130 (22.4)	△19,717

（出典）大蔵省『財政統計』，1964年版，280頁による。国税には専売益金をふくむ。

達した）――というものだが、その具体的運用先には以下のような特徴があった。すなわち、いくつかの点でなお不十分性を免れなかったものの、その支出先は、電力・海運・石炭などの――独占資本が掌握する――基礎部門に重点化されたとみてよく、それを通じて「資本蓄積促進」が目指されたことはいうまでもない。その点で、「ドッジ予算―均衡予算」による資金供給上の制約を、アメリカ援助を原資としたこの「見返資金」システムを通して克服しようと目論見られたわけであろう。まさにここにも、「均衡財政下の資本蓄積促進策」が明白であろう。

最後に第三に、財政政策の集約点をなす（c）「シャウプ税制」が重要だが、まず一つ目に（イ）その「背景」から入ると、何よりも、「ドッジ均衡予算」と連関したその「租税版」だと位置づけられてよい。すなわち、「ドッジ予算」と連携して戦後日本資本主義の軌道敷設を税制面から目指したもの――だと整理可能であり、その点にこそ、その基本的な特質がある。そのうえで、二つ目として（ロ）その「展開内容」へ進むと、例えば以下の諸点がその特徴として目立とう。つまり、「法人擬制説」・「総合課税」・「直接税中心主義」・「地方税制の整理＝強化」・「高所得者層の負担軽減」、に他ならず、まさにそれを通して、「ドッジ均衡予算」と連動しつつ、再建型・戦後経済におけるその租税的枠組み形成が指向されていったわけである。

しかし重要なのは三つ目に、（ハ）「租税負担の低下」という「シャウプ税制」

効果に他ならない。すなわち、四九―五〇年（一〇億円）にかけて、国民所得が二七三七→三三八一へと増加する中で、国税＝六三六→五七〇（六五減）、地方税＝一四二→一八八（四五増）となって、税額総計は七七八から七五九へと縮小をみている。そしてその帰結として、「租税負担率」はこの間に二八・五％から二二・四％へと低下した（**第10表**）のであるから、この税制改革を通してこそ、「資本蓄積促進」に連結する「租税負担低下」が進行した点も決して軽視はできない。まさに、全体的な「資本蓄積促進策」におけるその一環であろう。

［3］産業政策　以上を前提にして、「資本蓄積促進策」の第三番目の側面をなす③「産業政策」へと視角を転じていこう。そこで第一に（a）「傾斜生産方式」[20]をみておく必要があるが、最初に一つ目に（イ）その「背景」はどうか。周知の通り、四五―四六年期での経済混乱の過程で、生産縮小はそのボトム水準を脱し得なかったが、この「縮小再生産」の基本要因としては、「石炭を中心とした基礎資材生産の顕著な低下」と、「軍需資材の転用・手持資材の食い潰しに立脚した消費財生産の上昇」との間の、その基礎的な「不均衡拡大」が特徴的であった。そしてその場合、このような状況にあって、各産業が共通して最大のネックとしていた生産資材こそ石炭であり、それに次ぐものが鋼材であった。しかも、この「二つの不足」は互いに連動しつつ悪循環していた点がさらに問題であったが、まさにこの基本構図上でこそ、このような「相互隘路連関」打開策として、何よりも「傾斜生産方式」が浮上してくるといってよい。

そこで、次に二つ目として（ロ）「傾斜生産方式」のメカニズムへと進むと、その概略は以下のように図式化できよう。すなわち、（A）輸入重油と石炭の鉄鋼部門への最重点配当を実施する→（B）これによって増産した鉄鋼を石炭部門へ集中的に投入する→（C）石炭部門はその鋼材によって出炭設備を整備して増産に努力する→（D）増産された石炭は鉄鋼部門への増配に充当し、これを通して再び鉄鋼の増産を促進しつつ増産分をまた石炭部門へ供給する→（E）

このような操作を繰り返すことによって鉄・石炭の「循環的増産」を実現する――という方式、これである。まさに、「相互隘路連関」脱却を目指した「循環的増産」機構に他なるまい。

そうであれば、最後に三つ目に(ハ)その「成果」はどうか。さて当初は、様々な制約に阻害されて目標よりかなり低い実績に止まったが、それでも四八年に入ると、いくつかの諸対策に補完されて、ようやく順調にその機能を開始する。まず生産指数が四八年末には戦前水準の六〇%までに接近してくるのに加えて、さらに、「生産財—消費財」の伸び率関係においても特徴的な傾向が目立ってくるといってよい。すなわち、四八年第Ⅲ四半期以降になると、生産財の回復が消費財のそれを上回るに至るのであって、生産回復に対する、その基本前提の構築がみて取れよう。こうして、「傾斜生産方式」のその産業政策的効果は明白である。

そのうえで、産業政策の第二パターンこそ(b)「経済安定一〇原則」(四八年七月)・「九原則」(同一二月)に他ならない。そこで、最初に一つ目に(イ)その「背景」に注目すると、この二つの「原則」にはもちろん若干の力点の差があるものの、その基本線はほぼ共通とみて大過なく、いずれも、総司令部から日本政府への「勧告」・「指令」という性格をもっていた。その点で、日本経済の再建・復興に対するアメリカからの強制的な「条件提示」と、それに対する日本政府の「対応策表明」との「対抗関係」の表出――という本質が否定できない。

それをふまえつつ、二つ目として(ロ)その「内容」にまで目を向けると、二つのうちでヨリ「包括的・体系的」な「九原則」の主要ポイントは以下のように列挙可能である。すなわち、(Ⅰ)総合予算の均衡(Ⅱ)徴税の強化(Ⅲ)融資の制限(Ⅳ)賃金安定計画の確立(Ⅴ)価格統制の強化(Ⅵ)貿易・為替管理の日本政府移管(Ⅶ)輸出拡大のための割当配給制度の改善(Ⅷ)生産の増強(Ⅸ)食料供出の効率化、であるが、さらに、これらの推進を通して、――九項目を支える――何よりも、「単一為替レート設定」[21]を可能にする「日本経済の自立化」こそが追求されたわけであろう。

そうであれば最後に三つ目に、(ハ)その「全体的意義」は以下のように総括可能である。つまり、「傾斜生産方式」に支えられた「再生産軌道」の一応の定置を前提にしたうえで「単一為替レート」設定の不可避性を全体の基調に置き、まさにそれを可能にするためにこそ、「九原則の実現」が強制されたのだと。つづめていえば、これら両「原則」は、始動しつつある「再生産軌道」の上で、「インフレ収束─単一為替レート設定」[22]を実現しつつ「合理化投資」を目指していく、そのような路線を、日本経済に対して強制したもの──とこそ整理可能である。その点で、資本主義経済運動過程に対して、その「制度・組織」面から「誘導」を図るという、何よりも「資本蓄積促進」を目的にした、まさしく「産業政策」型効果だったといってよい。

最後に第三に、「産業政策」の集約として(c)「ドッジ・ライン」(四九年)がいうまでもなく重要である。そこで、まず一つ目は(イ)その「背景」だが、その場合に枢要なのは、いわゆる「冷戦」が強まるにつれてアメリカの対日政策に変化が目立ってきた点であって、資本主義体制の維持を図るために、アメリカは、西欧諸国ならびに日本の資本主義的再建に対して、その援助拡大へと舵を切り替え始める。つまり、「傾斜生産方式→経済安定九原則」による生産復興を条件として、日本の、「資本主義としての自立」と「国際経済への再参加」とが日程に上がってきたといってよい。それを実現するものこそ、まさに「ドッジ・ライン」の実施以外ではなかった。

そのうえで、次に二つ目として(ロ)その「展開内容」へ進むと、その基本骨格は以下のように集約可能だと思われる。すなわち、(A)「国内総需要の抑制」──「超均衡財政」・「復金融資停止」・「価格補給金減廃」を通す国内需要抑制によって過剰購買力を削減し、それを通じてインフレ収束と輸出伸長を図ること、(B)「市場メカニズムの機能回復」──「単一為替レート設定」・「輸出入補助金廃止」・「経済統制縮小」によって市場メカニズムを回復させ、それを条件として「合理化促進」を目指すこと、(C)「投資資金供給ルートの整備」──「政府貯蓄＝財政黒字」と「見返資金制度＝対日援助」

とを民間投資資金の基本的供給ルートに設定し、それによって「生産拡大」と「合理化進展」とを促進すること、これである。要するに、「財政金融の引締め」と「合理化の促進」とが顕著だといってよい。

したがってそうであれば、三つ目に（ハ）この「ドッジ・ライン」の「全体構図」はこう「総括」できよう。つまり、まず一つに、（A）財政面では「超均衡財政実施と価格補給金廃止」、金融面では「復金の活動停止と復金債停止」、を実現し、それを通じて二つには、（B）「インフレと国家資金による資本蓄積方式」から「正常な資本自身による資本蓄積方式」への転換を図りつつ、最後にその土台のうえで三つとして、（C）各企業の合理化進展促進と「国際競争力確保＝世界経済への再編入」を目指すものだ――と体系的に整理可能である。

まさにその意味で、「日本経済の自立化」にこそ「ドッジ・ライン」の基本的な枢軸点であるとみてよく、何よりもそれこそが、「ドッジ・ライン」が再建期・産業政策の「集約点」だといわれるその所以であろう。こうして、総体的にいって、「現代的資本蓄積構造の再編成」が進展したとみる以外にはない。

おわりに

以上のような検討を下敷きとして、「日本型・現代資本主義の『再編成』」という視角から全体を総括しておきたい。まず第一論点は（I）「前提的命題」であって、「朝鮮戦争」を画期として、一九五〇年代初めに「日本資本主義の再建完了」が示された。具体的には、まず一面で（A）経済面においては、「生産・投資・蓄積」の本格的回復がポイントをなすし、また他面で（B）政治面では、戦後初期における「階級闘争激化の収束」が、それぞれ再建の指標とみなされてよい。そして、これら「政治・経済」両面からする「体制安定化の実現」によってこそ、総合的には（C）「日本経済の自立化＝景気循環機構の回復」が可能となった。

ついで第二論点として（Ⅱ）「展開的命題」が問題となり、（A）「日本資本主義は『どのような資本主義として再建されたのか』」が直ちに問われよう。しかしそれへの「解答」はもはや自明であって、以下のように定式化可能である。すなわち、「戦後日本資本主義の再建」が、まず一つに政治的には、（B）「労資関係＝階級闘争の体制内化」・「社会保障整備」などを媒介としたまさしく「階級宥和策」を前提とし、さらにその土台の上で、次に二つとして経済的には、（C）「財政政策・金融政策・産業政策」などを柱とする何よりも「資本蓄積促進策」にこそ立脚している以上、この「再建された戦後・日本資本主義」は、――この「階級宥和策」・「資本蓄積促進策」という二大基軸を条件とする――何よりも「現代資本主義」以外ではあり得まい。

したがって、第三論点は（Ⅲ）「結論的命題」に他ならない。そこでまず（A）この「現代資本主義の定義」を確認しておくと、――他の機会に繰り返し指摘したように(23)――その枢軸点が、「資本主義の体制的危機における、『階級宥和策』および『資本蓄積促進策』を手段にした、資本主義の延命を目指す『反革命体制』」という点にこそあるのは当然である。そうであれば、いま確認した「展開的命題」からして、「再建期・日本経済」が「現代資本主義」と規定し得るのはまず明瞭というべきだが、さらに注意すべきは、（B）それが、「現代資本主義の『成立』や『確立』ではない」ということであろう。というのも、第一章ですでに解明した通り、その「成立」ならば戦前期「一九三〇年代」で完了をみているし、また「確立」には――次章で詳細に考察するように――なお「高度成長期」を待たねばならないからである。

要するに最終的には、（C）こう結論されるべきであろう。すなわち、「戦後・再建期日本資本主義」は、「一九三〇年代」の「成立期」に立脚しつつ「高度成長期」に「確立期」を迎える、そのような「日本型・現代資本主義」の、まさしくその「再編過程局面」に該当している――のだと。

(1)拙著『日本における現代資本主義の成立』(世界書院、一九九九年)。
(2)拙著『現代資本主義の史的構造』(御茶の水書房、二〇〇八年)。
(3)戦後改革の詳細に関しては、東大社研編『戦後改革』一―八(東大出版会、一九七四年)を参照せよ。
(4)一九三〇年代「日本型・現代資本主義成立」の機構については、前掲、拙著『成立』をみよ。
(5)この再建期・日本資本主義の資本蓄積メカニズムに関しては、拙稿「戦後再建と景気変動過程」(『金沢大学経済学部論集』第二八巻第一号、二〇〇七年)および拙書『現代日本経済の景気変動』(御茶の水書房、二〇一〇年)第一章においてすでに検討を加えた。
(6)景気変動については、鈴木・公文・上山『資本主義と不況』(有斐閣選書、一九八二年)、武井・岡本・石垣編著『景気循環の理論』(時潮社、一九八三年)、前掲、拙稿「戦後再建」、前掲、拙書『景気変動』、などをみよ。
(7)「五四年不況の性格」の本質的意義に関しては、前掲、鈴木他『不況』一五八頁を参照のこと。
(8)労働改革について詳しくは、前掲、東大社研編『戦後改革』三が何よりも参考になる。
(9)「現代的労資関係」の詳細は、戸塚・徳永編『現代労働問題』(有斐閣、一九七七年)をみよ。
(10)この「ワイマル体制」に関しては、加藤栄一『ワイマル体制の経済構造』(東大出版会、一九七三年)を参照のこと。また拙著『資本主義国家の理論』(御茶の水書房、二〇〇七年)もみよ。
(11)ニューディールの労資関係については、前掲、拙著『資本主義国家の理論』第五章をみよ。
(12)「高橋財政」期の労資関係に関して詳しくは、前掲、拙著『成立』三一九―三二〇頁を参照のこと。
(13)「戦後危機下における階級闘争」については、川上・粕谷・佐藤『現代日本帝国主義』(現代評論社、一九七九年)九三―一一二頁および前掲、東大社研編『労働改革』三、第二章、などをみよ。
(14)戦後日本型・社会保障の展開に関しては、東大社研編『福祉国家』五(東大出版会、一九八五年)、横山・田多編著『日本社会保障の歴史』(学文社、一九九一年)、などが参考になる。
(15)この時期の金融政策について詳しくは、例えば大島・榎本『戦後日本の経済過程』(東大出版会、一九六八年)、大島清監修『総説日本経済』二(東大出版会、一九七八年)、を参照のこと。
(16)この「高橋財政期・制度的再編」は、前掲、拙著『成立』一五二頁においてすでに検討した。

(17)「復金債」の動向および「発券量」に関しては、前掲、拙稿「戦後再建」五九―六五頁をみよ。

(18)財政政策について詳しくは、鈴木武雄『現代日本財政史』第一巻(東大出版会、一九五二年)、和田八束『日本財政論』(日本評論社、一九七九年)、前掲、大島監修『総説日本経済』二、をみよ。

(19)この「ドッジ・ライン」の詳細は、すでに前掲、拙稿「戦後再建」七七―八頁で検討を加えた。

(20)傾斜生産方式については、楫西・加藤・大島・大内『日本資本主義の没落』Ⅵ(東大出版会、一九六五年)一六二一―二四頁に詳しい。さらに有沢広巳監修『昭和経済史』(日本経済新聞社)二八六―九頁をもみよ。まさにその「相互連関メカニズム」の機能展開が明確に表現されている。

(21)「ＩＭＦ・単一為替レート」問題を含めて、日本経済を外枠から規定していくことになる戦後世界の基本動向に関して詳しくは、例えば、大島清編『戦後世界の経済過程』(東大出版会、一九六八年)、楊井・石崎編『現代世界経済論』(東大出版会、一九七三年)、を参照のこと。

(22)現代資本主義の「背景・機能・本質」については、前掲、拙著『現代資本主義の史的構造』において体系的に検討した。したがって、ここではその「結論規定」を前提にしている。

(23)この論点は、前掲、拙著『成立』終章においてすでに総合的に論証を完了し終えている。

第三章　高度経済成長と日本型現代資本主義の確立

はじめに

　前章では、日本資本主義の戦後再建過程を現実的対象にして、この運動局面が、日本型現代資本主義の体系的展開においてどのように位置付けられるのか――を分析した。もう一歩立ち入って換言すれば、すでに別著で準備し終えた、戦後再建期日本の「景気変動パターン」という「現実的機構」分析を「前提」にしつつ、それを、「一九三〇年代における『日本・現代資本主義の成立』」との「連続性」、および「『ニューディール・ナチス型』現代資本主義の『基本構造』からの「参照軸性」」、というベクトルからさらに「具体化」することを通して、最終的には、「戦後再建期日本型・現代資本主義」の「現実メカニズム」とその「歴史的位相」との解明を試みたことになろう。そしてまさにその作業を通じてこそ、結局、「戦後日本資本主義の再建過程」が、まず一つに政治的には、(A)「労資関係＝階級闘争の体制内化」・「社会保障整備」などを媒介とする「階級宥和策」を前提とし、さらにその土台の上で、次に二つとして経済的には、(B)「財政政策・金融政策・産業政策」などを柱とする「資本蓄積促進策」に立脚しつつ現実化した図式――が実証的に把握可能になったといってよい。

　したがってそうであれば、その考察プロセスから、次のような結論が導出されたのも明白であった。すなわち、他の機会に繰り返し指摘したように、「現代資本主義の枢軸点」が、「資本主義の体制的危機における、『階級宥和策』および『資本蓄積促進策』を手段にした、資本主義の延命を目指す『反革命体制』」という点にこそある以上、この「再建期日本資本主義」は、まさに「日本型・現代資本主義の『再編過程』」以外ではあり得ない――のだと。

このように整理してよければ、前章でのこの結論から、本章の課題が以下のように発現してくるのもいわば自明ではないか。すなわち、日本資本主義は、この「再建期」をふまえつつ、それ以降は、「ドッジ・ライン→デフレ不況→朝鮮戦争・特需景気→高度成長準備」という経過を経て「高度経済成長」局面に乗り、しかもそれは、「第一次」および「第二次」というフェーズを展開しながら、基本的には、二度の石油危機段階に至るまでその運動を持続させたといってよい。そしてその中で、日本資本主義が「高度成長型・経済構造」へと自らを変容させたのは当然であるが、そう理解すれば、そこからは以下の「課題点」が直ちに浮上してこざるを得ない。すなわち、すでに確認した通り、「戦後再建期」が「日本型・現代資本主義の『再編期』」であったのに比較して、では、この「高度成長期」は「日本型・現代資本主義」に対して「どのような位置関係に立つのか」という論点――これである。

「高度成長―日本型・現代資本主義」の内的関連分析、これこそが本章の課題である。

I　基礎構造――高度経済成長の運動メカニズム

【1】政治過程　まず考察全体の基本的枠組みとして、(一)高度成長期の「基礎構造」を担うその「現実的機構」分析が必要だが、最初に、この局面展開の前提的条件をなす①その「政治過程」[1]から入ろう。そこで、まず第一に(a)「前提的局面」(一九四九―五二年)を押さえておく必要があり、換言すれば、「高度成長期・政治過程」のスタート条件の設定が不可欠だと思われる。さてこの局面は、内容的にはいわば「講和＝安保体制への移行準備期」に相当するが、(イ)

その「背景＝条件」はどう把握されるべきだろうか。周知の通り、五〇年の朝鮮戦争は、特需発現と対日援助の本格化とを通して日本の工業生産を戦前水準へと回復させたが、このような重化学工業化に立脚した独占資本の復活を支えるために、この時期から、日本政府による「政治過程の明確な推進」が目立ってくる。まさにその点で、経済過程の復興に対応した、「政治過程の進行」にこそこの局面の「背景＝条件」があろう。

例えばそのいくつかだけを指摘しておけば、五〇年の「国土総合開発法」を皮切りとして「政治過程展開」の総合基準がまず示された後、ついで五二年には「電源開発法」が制定されてその具体的内実が明らかにされた。それを受けて、さらに五三年には「電力五ヵ年計画」にまで拡張をみるし、他方これらと歩調を合わせつつ、五一―五二年に掛けては、「租税特別措置・固定資産再評価・鉄道などへの国庫負担」を規定した「企業合理化促進法」も準備されていく。こうして、高度成長を準備するその「政治過程の進行」が確認されてよい。

そのうえで、(ロ)この「政治過程」の現実的「展開＝特質」がフォローされねばならない。そこで第一は(A)「政治機構」面がもちろん重要であって、例えば以下のような軌跡が追跡可能である。すなわち、アメリカからの自衛権増強＝「反共の砦」化要求・警察予備隊創設などの圧力の下において、保守合同(自民党発足)→選挙法改悪(公職選挙法改正・小選挙区制答申)→内閣強化(官僚化・治安＝再軍備対策強化)→議会制空洞化、という一連の政治過程が進行していった。そしてこれを補強する措置としてこそ、他面で、戦犯裁判終了声明→戦犯減刑→追放解除→追放令改正(解除拡大)→追放令廃止も実施されたとみてよく、総合的に理解して、以上のような「体制装置の強化」を通した、一面での「再建期型システムからの離脱」と他面での「高度成長型システムの構築準備」とが明確に検出できよう。

ついで第二に(B)「占領制度の再検討＝廃止」が日程に上ってくる。つまり、あらゆる領域における占領制度の「ゆき過ぎ」に対する是正対応に他ならないが、総司令官による日本政府に対する「占領下諸法規再検討権限付与」声明を契機として、「追放・行政機構・独占禁止・団体・労働・教育・警察」など、押しなべて全分野での「ゆき過ぎ」再検討が試みられたといってよい。まさにこの方面からも「新制度構築」への準備が着手されていく。

それに加えて第三こそ、(C)「反体制運動への弾圧」作用の顕在化であろう。いうまでもなく、社会主義運動・労働運動に対する弾圧や教育反動化の強化に他ならないが、そのような体制的攻撃が、以下の三方向からの政治過程として実施された。すなわち、まず第一は「法的規定」サイドからであり、例えば、人事院規則制定・デモおよび集会の全国的禁止・政令三二五号公布・地公法公布・労働法規改正答申が進行して、運動抑圧・弾圧の法的枠組構築が試行されていく。まさにそれをふまえてこそ、第二に「弾圧実施」が表面化するといってよく、具体的には、共産党関係六団体への団体等規制令違反告発・共産党非合法化の示唆・中央委員の追放・旧特高および右翼の追放解除・破防法および公安調査庁設置要綱の発表というプロセスを通して、共産党・左翼運動への現実的弾圧が実行されていった。そのうえで第三こそ「教育反動化」に他ならない。すなわち、大学管理法制定企図・愛国心の強調と修身科復活の目論み・道徳教育案発表・教特法改正準備・国民道徳実践要綱草案配布などであって、まさしく、教育制度・思想方向からする「体制イデオロギーの強制的注入」が指向されたと整理可能であろう。要するに、社会運動に対する露骨な弾圧以外ではあるまい。

そうであれば最後に、(ハ)この「政治過程」の「性格＝意義」はどのように集約できるであろうか。このように視点を設定すれば、結局、結論的には、この局面の「政治過程」はまさに「戦後型・国内支配体制の再編完了」を準備した過程だった――とこそ意義づけ可能なように思われる。そしてその場合、この「国内支配体制の再編完了」は以下の三側面を基本的内実としている点が重要であるが、まず一つは(A)この「再編完了」が、何よりも、「経済下部構造」における「日本資本主義の再建完了」をこそその基盤としている側面であろう。まさにこの「経済過程の再建完了」を土台的条件としてのみ「国内支配体制の再編完了」が実現可能であった——という現実的規定関係が無視されては決してなるまい。

ついで二つ目は、(B)このようにして「再編された資本主義的支配体制」はいわば「現代型・支配体制」以外ではないという側面に他ならない。なぜなら、この「支配体制」は、一面では——すでに「戦後改革」を経過している以上——もはや「戦前型・旧支配体制」ではあり得ないと同時に、他面では——すでに戦後的統制システムを脱却している限り——もはや「戦後型・管理体制」ともいえない、からである。こうして、この、「資本主義的国内支配体制の再編完了」によって出現した「国家＝上部構造」は、まさに「現代資本主義国家」以外ではないのであり、したがってその意味で、日本国家をまさに「現代資本主義国家」として再編した点にこそ、この「政治過程」の、その「本質的意義」があるというべきであろう。

最後に三つとして、(C)その「帰結＝到達点」が問題となるが、このような内容をもつ「政治過程」は、最終的には、「講和＝安保体制」の成立をその指標として位置付け可能である。換言すれば、以上のような「国内支配体制の再編完了」のメルクマールこそまさに「講和＝安保締結」であるし、逆から表現すれば、この「講和＝安保」をスタート・ラインにしてこそ、「高度成長期・政治過程」はその実質的始動を開始していくのだといってもよい。

そのうえで、次に第二に(b)「展開期局面」(五二—五九年)の「政治過程」へと視角を転回させていこう。そこで最初に(イ)その「背景＝条件」が前提となるが、総括的にいえば、この局面では「政治過程の積極化」が極めて顕著になっていく。その際、その基盤として「独占体制の強化」があるのは当然であって、事実、五一年以降、「鉄鋼合理化計画」・IMF加盟・五四年恐慌・「神武景気」という経過を経て、五五年には、重化学工業が戦前水準生産額の一・六四倍化を遂げた他、その付加価値は工業全体の五五%を、また労働者数は工業全体の三八%をも占めるに至った。こうして、重化学工業化の進展を土台にしてこそ高度成長が現実的に開始される。

しかも、このような経済過程の進展と歩調を合わせて「政治過程の積極化」も目立ってくるといってよく、例えば、まず五五年一二月には「経済自立五ヵ年計画」（鳩山内閣）が策定されて、従来の「価格支持・補助金政策」から「企業集積・合理化」を促進する「構造政策」への転換が意図されたし、さらに五七年一二月には「新長期経済計画」（岸内閣）の制定をみて、「構造政策進展・社会資本整備」を促進しつつ、国土全体の「再配置政策」も新規に標榜されるに至った。やや具体的にいえば、一方で、後進地域における「開発＝生産力基盤の造成」を刺激するとともに、他方で、先進地域における「開発＝既成工業地帯周辺の臨海部への分散・拡延」もが追及されたわけである。まさにこれらの「政治過程の積極化」をバネにしてこそ、例えば、金融資本を主体とするコンツェルンの復活・強化、企業の大型合併・系列化、重化学工業化の肥大化とコンビナート拡張、カルテルの広範化・重層化、などが進展したのはいうまでもない。要するにここに、「政治過程」の「拡大・緻密化」がみて取れる。

つづめていえば、「政治過程の積極化」を通して、「講和＝安保体制」の実現・展開に照応した、「高度成長型・体制基盤」の構築＝拡張が進められたこと――が一目瞭然であろう。

以上を前提にして、ついで（ロ）その「展開＝特質」にまで立ち入っていきたい。そこで最初に（A）「行政機構」サイドが注目に値するが、例えば以下のような特徴的過程が進行していく。すなわち、国家行政組織法および各省庁設置法公布→中央省庁の整理・統合・拡充＝機構強化と権限集中→国会法改正（常任委員会整理・議員立法制度・両院法規委員会廃止・自由討議廃止）→保守合同＝自民党一党支配の成立、などであって、一見して、中央行政機構の体系的整備が図られたといってよい。しかもさらに留意しておくべきは、このような行政機構のいわば効率化・合理化と並行して、「新たな行政需要」に対応した新機構の設置もが急がれた点であって、保安庁法公布→防衛庁設置法および自衛隊法改正↓「一次防」発足↓生産性本部・経済企画庁の設置↓原子力委員会・原子力局設置↓科学技術庁の設置、などはその明瞭な証左として指摘可能であろう。こうして、「占領＝統制体制」からの脱却と高度成長型行政への適応とを睨んだ、「行政機構」の整理・整備・新設が進展していく。

ついで(B)「政治体制」の新展開へ目を移せば、まず一面では、教育への「体制統合型介入」が強化される。つまり、中教審設置↓大学管理・学生運動取締りの強化↓学校教育法改悪↓教科書検定強化・道徳教育実施↓「教育二法」公布↓教育委員公選制廃止＝権限縮小、という「政治過程」が展開し、それを通して、「教育＝イデオロギー装置」を媒介とする、「体制統合作用の強化」が目論見られた――というべきであろう。そのうえでもう一面では、社会運動への抑圧強化が指向されたのはいうまでもない。すなわち、警察法改正（中央集権＝一元化）↓破防法成立↓公安調査庁設置↓労働関係法改悪↓スト規制法公布・施行↓警職法改正企図、という一連の公安体制強化措置に他ならず、それによって、社会運動弾圧体制が何よりも「露骨に」追求されたわけである。まさに、ハード面からする「体制統合」作用そのものではないか。こうして「機構・イデオロギー・弾圧」三面からの統合が進む。

それに加えて最後に、(C)「地方制度」のシステム整備も以下のような軌跡で実施されていく。つまり、新自治庁発足↓地方自治法改悪（議会の地位および権限の圧縮と中央規制の強化・区長公選制廃止・自治体警察廃止・地方交付税制度）↓地方制度調査会の設置↓町村合併促進法公布↓地方財政再建特別措置法公布↓教委任命制化↓新町村建設促進法公布↓自治省設置答申、という経過であって、ざっと一瞥しただけでも、地方自治体権限の削減と中央統制の一層の強化とがまさに一目瞭然だ――といってよい。したがって、この「地方システム」の方向からしても、来るべき「高度成長」に対する、その地盤形成が準備された構造がよく分かろう。まさに、「地方」をも巻き込んで体制主導型「政治過程」が貫徹していった。

以上を前提として最後に、（ハ）この「政治過程」の「性格＝意義」はどのように整理されるべきであろうか。さてこのように焦点を設定すると、端的にいって、この局面の「政治過程」は、すでに考察した「前提的局面」のそれが「国内支配体制の『再編完了』」におけるその「準備過程」であったとすれば、むしろそれを条件とした、「国内支配体制の『形成展開』」過程であった――とこそ位置付け可能ではないか。換言すれば、高度経済成長の進行を可能にし支えるその体制基盤を「積極的に」形作るとともに、さらに、その体制基盤の円滑な進行を維持する点にこそ、この局面における「政治過程」のその任務があったと考えてよい。まさにその意味で、第一局面のメルクマールが「国内支配体制の『再編完了』準備」にあったのに比較して、この第二局面のそれがその「形成展開」にこそある点――が決定的に重要であろう。

そしてその場合、その把握し易い指標こそ、何よりも「講和＝安保体制」の構築以外ではなかった。しかも、この「講和＝安保体制」への適応という「政治課題」を通じて、むしろ「高度成長の体制的枠組」形成が実現した点こそが肝腎であって、その点に特に留意しておきたい。

最後に第三として、（c）「定着期局面」（六〇年以降）の「政治過程」へと入っていこう。そこで最初に（イ）「背景＝条件」からみていくと、このフェーズの政治的焦点は、いうまでもなく六〇年一月の「新安保調印」にあった。すなわち、これまでに検討してきたように、「高度成長型・政治システム」は五二―五九年の過程で一応の準備および展開を完了し終えていたが、この新安保は、それに対してさらに以下の諸論点を付加したと考えられる。その場合、それは三点に整理できるとみてよいが、まず一つは（A）その「基本的特質」であって、この新安保を立脚点として「日本帝国主義の本格的復活」が実現したと意義づけ可能であろう。換言すれば、大枠としては、もちろん「アメリカ帝国主義の世界戦略」内部に位置づけられはするが、しかしそのエリア内においては、日本帝国主義の「自立性」を大幅に拡張し得ることになった――わけであろう。まさにその点で、新安保は「対米従属」の指標などではなく、むしろ、日本型・現代資本主義がまさに自ら求めた「新体制」であることが軽視されてはならない。ついで二つ目は、この「日本帝国主義の自立化」に対応して、（B）「憲法体制の空洞化」が急速に進んだことであろう。つまり、「憲法調査会・中間報告書」の発表（六二年一〇月）→その「最終報告書」公表（六四年七月）→戦争放棄条項の再検討・再軍備の合法化の提言→「自主憲法」の提言、という策謀であって、まさにこの「新安保を」前提としてこそ、体制側から、「米帝国主義と連携する、復活型・日本帝国主義体制」構築の必要性が要望されてくるといってよい。要するに、「高度成長型・政治過程」の、何よりもその「本音」であろう。

しかし、改憲勢力の量的不足は、このような「憲法体制転換」の野望を辛くも阻止し続けた。その結果、体制側の意図は、三つとして（C）「妥協的政治行動」に止まったと考えてよく、例えば以下のような政治過程が、いわば不徹底なペースで進行したというべきであろう。つまり、自衛戦力合憲論→「自衛力」強化措置→自衛隊の治安出動実施→共同演習・海外派遣準備→「二次防」策定→極東での最強総合軍事力確保、という路線で、「事実上」の「九条改悪」がなし崩し的に深化した――と判断する以外にはない。こうして、「高度成長」展開を保障したその政治体制は、まさに「憲法体制の空洞化」にこそ立脚していた点が重要なのであり、したがってここに、「憲法―安保の二元性」が明瞭にその素顔を覗かせている。

では、この「定着期・政治過程」は現実的にどのような（ロ）「展開＝特質」を発現させたのであろうか。そこで最初に（A）「行政機構」の動向から追っていけば、まず「軍事関連」では、軍事施設・装備の増強と防衛計画を通した機能拡大→アメリカ軍事戦略の一環としての「積極防衛の展開」→首相への軍令・軍政の集中化→シビリアン・コントロールの形骸化、が試みられたし、また同様に「警察関連」でも、人事・給与の官僚的中央集権体制化と量的拡大→警備

＝公安警察・検察の強化↓最高裁総務局を中心とした特権的・官僚的司法機構の構築↓「司法反動」の深化、という、軍事関連と同型の「中央集権的体制整備」が急がれた。

次に、それらに支えられてこそ「経済行政機構」も新展開を現出させていく。具体的には例えば、経済制御機構の政府中枢機関（総理府・大蔵・通産・農林・運輸）への集中化↓経済計画・開発計画の権力的強行↓財政投融資事業主体の整備↓審議会・調査会の広範化とそこへの財界代表の選出↓執行機関の中枢部としての「総理府地位の強大化」、などが検出可能だといってよいが、このラインを通して、首相＝総理府を司令部としながら、大蔵・通産・農林・運輸各省を実動部隊として、強力な経済行政の実行が図られたと集約できよう。こうして、大蔵省を中心とした経済官庁の、その主導性強大化傾向が確認されてよい。

ついで二つ目に（B）「政治体制」はどう動いただろうか。そこで最初に「国会運営」の破綻が目立ち、財界の政局介入↓強行採決の続発↓議会軽視の横行↓議会制民主主義への攻撃激化、が無視し得ないが、それだけではない。つまり、このような土台のうえでこそ、次に「教育・思想・運動」への統合作用も強まるのであって、例えば、財界・政府・軍の教育介入の強化↓「破防法・暴力行為等処罰法」などの強行採決↓社会運動弾圧の目論見↓報道・言論統制↓司法権への介入と体制統合型再編、などはその動向の顕著な例であろう。

しかし、この局面で、体制側の統合意志がいわば最も典型的に表面化したのは、何よりも（C）「地方再編」作用に他なるまい。すなわち、広域都市建設構想↓地方自治法改正（六一年）↓自治相および知事による広域総合計画の策定化↓地方行政連絡会議法制定↓地方合併特例法制定↓行政事務再配分と市町村連合の答申↓財界による道州制強調↓広域市町村圏設置答申・指定、という軌跡が描かれ、財界・政府による「地方広域化」の意図が繰り返し発現していく。したがって、この対「地方再編」型「政治過程」の体制意図は明瞭というしかなく、その焦点が、「高度成長＝

開発体制」を可能にする地域再編の、まさにその「受け皿」として「地方自治体の広域＝連合化・中央集権化」を実現すること――以外にないことは明白であった。その意味で、安保改定・高度成長に対応した国家機構面での官僚制の強化が、この「地方再編」サイドにおいては、取り分け、地方自治体に対する中央集権的再編強化＝高度成長の「受け皿」形成として現実化したのはいわば当然だったというべきであろう。

このように整理できるとすれば、最後に（ハ）この「定着期・政治過程」の「性格＝意義」は以下のように集約可能なように思われる。すなわち、これまでフォローしてきたように、まず第一に「前提的局面」では、「旧体制および再建期統制」からの脱却を実現しつつ、戦後日本の政治・経済体制の「現代資本主義体制」への「再編」を図り、それを通して、「国内支配体制の『再編完了』」が準備されたし、ついで第二に「展開期局面」においては、その「再編」土台の上で、ヨリ積極的に、高度成長進行を可能にする体制基盤の積極的な構築とその円滑な展開維持とがその目標＝課題とされていった。約言すれば、これら二つのプロセス経過を通して、高度成長進行のための、その「条件設定＝再編」と「舞台整備＝展開」とが確保されたといってよいが、それに対して、最後に第三にこの「定着期局面」では、それらの「条件と舞台」とを踏まえつつ、高度成長の現実的展開に「対応」しながらそのさらなる円滑な「促進」を意図した、まさに「高度成長型・政治過程」そのものが直接的に発現したのだ――とこそ総括できよう。換言すれば、「高度成長固有型政治過程」以外ではあり得ない。

しかも、その場合に注意が必要なのはその「性格」に関してであって、現象的には、高度成長実現といういわば「ソフトな全体的環境」が進行したとはしても、その「政治過程＝国家支配体制」自体としては決して「ソフト＝消極的」ではあり得なかった。そうではなく、「高度成長型政治過程」においては――具体的にフォローした通り――むしろかなり「ハードな」、中央集権的・行政機構優位型・体制統合体制こそが現出したとみるべきなのであり、何よりも

第1表　主要経済指標（1970年＝100）

	実質国民総生産		1人当たり実質国民総生産		鉱工業生産指数		製造業実質賃金	
	(1970年価格)	対前年度上昇率	(1970年価格)	対前年度上昇率	(付加価値ウェイト)	対前年上昇率	(規模30人以上)	対前年増加率
1934－36平均	17.7	－	27.0	－	8.6	－	38.7	－
54	21.6	2.8	25.4	1.7	12.3	8.8	41.8	0.5
55	23.9	10.8	27.9	9.6	13.2	7.3	44.3	6.0
56	25.4	6.2	29.2	4.6	16.2	22.7	48.2	8.8
57	27.4	7.8	31.2	6.9	19.0	17.3	48.4	0.4
58	29.0	6.0	32.8	5.1	18.4	△1.6	49.7	2.7
59	32.3	11.2	36.1	10.1	22.5	20.3	52.9	6.4
60	36.3	12.5	40.2	11.6	28.1	24.9	55.1	4.2
61	41.2	13.5	45.3	12.5	33.5	19.2	58.2	5.6
62	43.8	6.4	47.7	5.4	36.3	8.4	59.7	2.6
63	49.3	12.5	53.2	11.4	40.4	11.3	60.5	1.4
64	54.5	10.6	58.2	9.5	46.8	15.8	64.4	6.4
65	57.7	5.7	60.9	4.7	48.6	3.8	65.6	1.9
66	64.1	11.1	67.1	10.1	55.0	13.2	69.7	6.3
67	72.4	13.1	75.0	11.8	65.7	19.5	75.9	8.9
68	81.6	12.7	83.6	11.5	75.8	15.4	82.9	9.2
69	90.6	11.0	91.7	9.6	87.9	16.0	91.5	10.4
70	100.0	10.4	100.0	9.1	100.0	13.8	100.0	9.3

（出典）経済企画庁編『現代日本経済の展開　経済企画庁30年史』1976年。

そのような「ハードな政治過程」に擁護されてこそ「高度成長」が実現した点が、くれぐれも重要だといってよい。

［2］生産・貿易・雇用　そのうえで次に、以上のような「高度成長型・政治過程」の下で、どのような②「生産（投資）・貿易・雇用」[2]が展開可能になったのだろうか。そこで最初に第一に（a）「生産・投資動向」から入ると、まず一つ目に（イ）「実質国民所得」（一九七〇年価格＝一〇〇）が注目されるが、高度成長に入った五五年の二三・九をスタート・ラインにして、五〇年代には五八年＝二九・〇とまだその伸長度は大きくないものの、第一次高度成長が軌道に乗る六一年には四一・二にまで拡大を遂げる（**第1表**）。その後も、「転形期―六五年不況」での短期の足踏みを挟みつつ、第二次高度成長期を迎えて、六四年＝五四・五↓六七年＝七二・四↓七〇年＝一〇〇・〇という持

続安定的な増加軌跡を描いたといってよい。まさにその点で、この高度成長期において、GNPが高水準で拡張し続けたことについては疑問の余地はないであろう。次に二つ目に、それが（ロ）「鉱工業生産指数」（七〇年＝一〇〇）に直ちに反映していくのは当然であって、例えば以下のような数値を刻む。すなわち、一三・二（対前年上昇率七・三％）↓一八・四（△一・六）↓三三・五（一九・二）↓四六・八（一五・八）↓六五・七（一九・五）↓一〇〇・〇（一三・八）（**第1表**）となるから、転形期に差し掛った五〇年代末での小規模な停滞を例外として、高度成長期の全般に亘って、生産は、それこそ著しい拡大路線を驀進したという以外にはない。それは「いざなぎ景気」＝第二次高度成長において取り分け目立つが、高度成長期が全体としてまさしく高生産局面であった点は自明であろう。

　それを前提にしつつ、さらに三つ目として、この「GNP―生産」動向を（ハ）「投資資金」状況から集約するとどうか。そこでいま、「企業投資資金」（一〇億円）推移を「外部資金―内部資金」とに区分して具体的にフォローすれば、例えば以下のような図式が浮上してくる。つまり、総額一五一二（外部資金六七六―内部資金八三六）↓二九四二（一六三一―一三一一）↓六八二〇（四一七二―二六四八）↓九〇六九（五〇九四―三九七五）↓一三六二七（七〇四一―六五八六）↓二四五八三（一二六二六―一一九五七）（**第2表**）という数値が拾えるから、最初に何よりも、この企業投資資金増加の膨張性＝莫大性にまず驚かされる。そして「外部―内部」の関連については――後に詳述する通り――「外部資金」ウエイトの高さが特徴的だが（**第2表**）、いずれにしても、このような「企業投資資金」の膨大な「調達―投資」関連こそが、いま検出した、高度成長期の「生産拡大」を可能にした点には一点の曇りもあり得まい。

　続いて第二に（b）「貿易動向」（一〇〇万ドル）へと視角を転じよう。そこで最初に一つ目は（イ）「貿易収支」が焦点をなすが、この高度成長期にそれは以下のように動いた。すなわち、△五三（輸出二〇〇八）↓三六八（二八七一）↓△五五八（四一四九）↓三七七（六七〇四）↓一一六〇（一〇二三一）↓三九六三（一八九六九）（**第3表**）という内容で経

第2表　産業資金供給（増減）状況

（単位：1934－36年平均100万円，1945年以降10億円，％）

	外部資金合計（A）	株式	事業債	貸出					内部資金合計（B）	減価償却	社内留保	B／（A＋B）
				民間金融機関	政府金融機関	融資特別会計	乙種外国為替貸付	別口外国為替貸付				
1934－36平均	1,243	80.4	0.5	17.9	－	1.2	－	－	1,287	73.3	26.7	50.9
54	612	23.2	3.0	66.2	16.3	2.7	△0.0	△11.4	839	64.3	35.7	57.8
55	676	14.1	3.9	68.9	11.1	3.3	－	△1.3	836	73.5	26.5	55.3
56	1,417	12.5	4.1	76.8	5.0	2.3	－	△0.7	1,000	72.6	27.4	41.4
57	1,798	15.9	2.9	73.4	6.1	1.9	－	△0.2	1,363	59.3	40.7	43.1
58	1,631	14.3	3.5	72.4	7.3	2.5	－	－	1,311	66.2	33.8	44.5
59	2,105	11.2	6.9	73.1	6.4	2.5	－	－	1,494	68.0	32.0	41.5
60	2,927	16.1	5.2	71.2	5.5	2.0	－	－	2,201	56.5	43.5	42.9
61	4,172	22.3	9.2	63.0	4.3	1.2	－	－	2,648	60.4	39.6	38.8
62	4,204	20.2	3.2	70.7	5.8	1.4	－	－	2,877	66.4	33.6	40.6
63	5,727	10.3	2.9	81.7	3.8	1.4	－	－	3,199	71.4	28.6	35.8
64	5,094	15.5	3.0	73.3	6.9	1.3	－	－	3,975	70.7	29.3	43.8
65	4,971	5.3	4.4	81.4	7.5	1.5	－	－	4,075	76.6	23.4	45.0
66	5,606	6.0	4.0	80.4	8.2	1.4	－	－	5,119	71.7	28.3	47.7
67	7,041	4.7	3.9	82.4	7.6	1.3	－	－	6,586	65.2	34.8	48.3
68	7,434	6.6	2.1	86.6	9.0	1.5	－	－	8,238	60.3	39.7	52.6
69	10,322	7.3	2.9	81.2	7.5	1.1	－	－	9,804	62.0	38.0	48.7
70	12,626	7.9	2.8	81.2	7.2	0.8	－	－	11,957	60.2	39.8	48.6

（注）株式は1945－49年は会計年度。
（出典）日本銀行統計局『経済統計年報』より作成。

第3表　国際収支の動向

（単位：100万ドル）

	経常収支										長期資本収支			短期資本収支	総合収支
		貿易収支			貿易外収支			移転収支				資産（本邦資本）	負債（外国資本）		
			輸出	輸入		受取	支払		受取	支払					
52	225	△407	1,294	1,701	597	898	300	34	50	16	△61	△114	53	22	186
53	△205	△790	1,260	2,050	563	932	369	21	23	2	△141	△192	52	△33	△379
54	△51	△427	1,614	2,041	347	758	412	29	32	3	26	△25	53	14	2
55	227	△53	2,008	2,061	258	712	454	22	46	24	△24	△32	7	102	285
56	△34	△131	2,482	2,613	72	822	750	25	47	21	25	△79	103	△2	1
57	△620	△401	2,855	3,256	△188	865	1,053	△30	48	78	38	△55	93	77	△503
58	264	368	2,871	2,501	90	792	702	△195	51	246	96	△45	141	△4	393
59	361	362	3,414	3,052	23	842	819	△23	49	73	△214	△388	174	△60	143
60	143	268	3,979	3,711	△100	949	1,049	△25	62	87	△55	△172	117	△16	105
61	△982	△558	4,149	4,707	△383	1,016	1,399	△41	72	113	△11	△312	302	21	△952
62	△48	401	4,861	4,460	△420	1,088	1,508	△29	68	97	172	△309	481	107	237
63	△780	△166	5,391	5,557	△569	1,134	1,703	△45	68	113	467	△298	765	107	△161
64	△480	377	6,704	6,327	△784	1,323	2,107	△73	72	145	107	△451	558	234	△129
65	932	1,900	8,332	6,431	△884	1,563	2,447	△85	63	148	△415	△447	31	△61	405
66	1,254	2,275	9,641	7,366	△886	1,931	3,817	△135	69	204	△808	△706	△102	△64	337
67	△190	1,160	10,231	9,071	△1,172	2,182	3,354	△178	74	252	△812	△875	63	506	△571
68	1,048	2,529	12,751	10,222	△1,306	2,607	3,913	△175	83	258	△239	△1,096	857	209	1,102
69	2,119	3,699	15,679	11,980	△1,399	3,261	4,660	△181	85	266	△155	△1,508	1,353	178	2,283
70	1,970	3,963	18,969	15,006	△1,785	4,009	5,794	△208	98	306	△1,591	△2,031	440	724	1,374

（注）1959年までは試算である。
（出典）『財政金融統計月報』第244号。

過するといってよいから、ここからは次の二傾向が読み取れよう。つまり、まず一つは「貿易黒字」の運動であって、第一次成長期にはまだ赤字基調で進行していたものが、第二次高度成長期に入ると明瞭に黒字基調へと転換していく。その結果、七〇年には実に四〇億ドルもの貿易黒字を記録するに至っており、それを通じて、大型黒字傾向の定着化はまさに明瞭といってよい。そして、そのうえで二つには、この過程で輸入も持続的かつ着実に増大している以上、貿易黒字著増の基本要因がいうまでもなく輸出拡大にこそ求められる――のは当然であろう。こうして、日本資本主義は、この高度成長期の中で「輸出増大型・貿易収支黒字化」を達成したと整理されてよく、事態は、一つその歯車を回した。

ついで二つ目に、(ロ)「長期資本収支」の基本的変容が注目に値する。その場合、戦後再建期にあっては、国内経済復興のために外資導入の必要性が増大し、その結果、長期資本収支はいうまでもなく「黒字基調」で推移することになるが、高度成長期の定着の過程で、貿易黒字の累積を実体的根拠にして、今度は「資本流出＝長期資本収支の赤字転化」が現実化していく。まさに高度成長期は、長期資本収支における、「黒字→赤字」という転換期に相当しているといってよいが、事実、長期資本収支はこの局面で以下のような数字を刻んだ。つまり、△二四→九六→△一一→一〇七→△八一二→△一五九一(**第3表**)というラインに他ならないから、第一次成長期にはまだ「黒字―赤字」が交錯していてなお不安定であったものが、転型期を経た第二次成長期に入ると、長期資本収支の巨額かつ安定的な「赤字化＝資本流出」が見事に定着をみる。その意味で、「高度成長期＝資本輸出の本格化」が一目瞭然だといってよい。その結果、七〇年には実に一六億ドルもの「資本輸出大国」に躍り出ているのである。

以上を前提にして、最後に三つ目として(ハ)全体を「総合収支」サイドから集約しておきたい。そこで総合収支の推移を追うと、二八五→三九三→△九五二→△一二九→△五七一→一三七四と動くから、全体としてその足取りはなお「覚束ない」。しかし、その経過をもう一歩細かく辿ると、六七年に△五七一の赤字を記録した後は、六八年＝一一〇二→六九年＝二二八三→七〇年＝一三七四（**第3表**）となって、連年のしかもかなり大幅な黒字を計上しているのであるから、ようやく第二次成長期に至ると、総合収支レベルにおいても黒字化の安定的定着が可能になった——と整理可能なように思われる。その際、いま詳述はできないが、他方で、「貿易外収支」と「移転収支」とは、高度成長期において一貫して決定的な赤字基調であったから、そうであれば、この第二次成長期には、この両者の赤字を凌駕する程のまさに巨額な「貿易黒字」によって、全体として、総合収支の黒字化を実現したことになろう。その点で、輸出増大の凄まじさが手に取るように分かるが、ここからこそ、高度成長期・貿易構造の実相が浮かび上がってくる。

そのうえで、第三として（c）「雇用動向」はどうか。最初に一つ目に（イ）「雇用者状況」から入ると、まず「就業者数」（万人）は、四〇九〇→四二九八→四四九八→四六五五→四九二〇→五〇九四（**第4表**）という経路を動く。したがって、高度成長期における全般的な雇用労働者の継続的増加にはもちろん何の疑問もないが、ただその増加程度にまで目を凝らすと、総じて、第二次成長期には、第一次成長期に比較してそのアップ・テンポはやや小さい。その意味で、ここから、第二次成長期での「成熟性の進展＝労働力吸収の困難性」を読み取ることが可能だ——といえるかもしれない。この点をふまえつつ、さらにそれを「第二次産業・構成比」（％）の方向からも傍証しておくと、例えば以下のような数字が手に入る。すなわち、二四・〇→二六・七→二九・二→三一・三→三三・〇→三五・二という推移に他ならず、したがって、極めて一貫したそのウエイト上昇が一目瞭然といってよい。その場合、この構成比増大の内実がいうまでもなく「重化学工業化の巨大な進展」にこそあったのは自明だから、まさにこうして、高度成長期には、「重化学工業化→第二次産業拡大→雇用労働者増大」という論理が貫徹していったわけである。

では、この労働力需要の増大は、二つ目に（ロ）「完全失業者」（万人）へとどのように反映していったのであろうか。

第４表　主要労働統計

	労働力人口（万人）	就業者数（万人）	就業者数 第１次産業	就業者数 第２次産業	就業者数 第３次産業	完全失業者数（万人）	有効求人倍率（除学卒）	新規学卒求人倍率 中学校	新規学卒求人倍率 高校
1940	−	3,223	44.0	26.1	29.9	−	−	−	−
54	4,055	3,963	40.6	23.5	35.9	92	0.30	1.21	0.74
55	4,194	4,090	40.2	24.0	35.8	105	0.28	1.10	0.73
56	4,268	4,171	38.5	24.5	37.0	98	0.38	0.99	0.79
57	4,363	4,281	36.7	25.7	37.6	82	0.48	1.18	1.07
58	4,387	4,298	35.2	26.7	38.2	90	0.39	1.16	1.06
59	4,433	4,335	33.5	27.1	39.4	98	0.48	1.20	1.11
60	4,511	4,436	32.5	27.8	39.7	75	0.62	1.94	1.46
61	4,562	4,498	31.2	29.2	39.6	66	0.73	2.73	2.04
62	4,614	4,556	29.9	30.4	39.7	59	0.71	2.92	2.73
63	4,652	4,595	28.1	30.9	41.0	59	0.73	2.62	2.71
64	4,710	4,655	26.8	31.3	41.9	54	0.79	3.58	3.99
65	4,787	4,730	25.6	31.7	42.7	57	0.61	3.72	3.50
66	4,891	4,827	24.3	32.0	43.7	65	0.81	2.86	2.57
67	4,983	4,920	21.1	33.0	45.6	63	1.05	3.45	3.05
68	5,061	5,002	19.8	34.0	46.2	59	1.14	4.39	4.44
69	5,098	5,040	18.8	34.5	46.7	57	1.37	4.79	5.70
70	5,153	5,094	17.4	35.2	47.4	59	1.35	5.76	7.06

（注）就業者数産業別内訳は百分率。
（出典）前掲『現代日本経済の展開　経済企画庁30年史』などにより作成。

そこでその数値を拾っていくと、一〇五↓九〇↓六六↓五四↓六三↓五九（**第４表**）というステップが踏まれるから、「六五年不況」後の一時的増大を唯一の例外として、極めて堅調な失業者縮小過程が見事に進行したというべきであろう。その際、その減少ペースが取り分け第一次成長期にこそ大きい点には注意が必要であるが、それは、先ほどの、従業員数増大に関する図式とまさに同形の現象だと把握可能であって、別の機会に理論化したような、「第一次成長＝『横への』拡張」に比較しての、「第二次成長＝『タテへの』拡張」という特質――が、まさにこの面にも端的に発現しているように思われる。

要するに、第一・二次成長の相違を含みつつも、この高度成長期が、「失業者減少」を明らかに実現していった、いわば「類まれなる」経済運動過程であったことがくれぐれも重要ではないか。

そのうえで三つ目として（ハ）「賃金動向」はどうか。そこでいま、「製造業実質賃金」（規模三〇人以上、七〇年＝一〇〇）を利用してその動向フォローを試みると、例えば以下のような軌跡が描かれよう。すなわち、四四・三（対前年増加率六・〇％）↓四九・七（一一・七）↓五八・二（五・六）↓六四・四（六・四）↓七五・九（八・九）↓一〇〇・〇（九・三）と経過する以上、高度成長期全般における、実質賃金の顕著な向上は何よりもまず明瞭といってよい。しかもやや内容的にいえば、先の労働力需要の場合とはむしろ逆に、第二次成長期においてこそその伸び率は高く記録されているが、この根拠としては、一面での「労働力吸収の内容低下」傾向が他面での「労働力不足の顕著化」によって打ち消されつつ、その結果、実質賃金レベルとしては、ヨリ高く表現されていった——のだと理解し得よう。さらに、上昇率から検証してもその基調は同様であるから、実体的基盤からするこの二面的作用の有効性に関しては、ほぼ間違いはないように判断できる。

こうして、高度成長期が賃金上昇局面を構成した実情については基本的疑問はあり得まい。

［3］景気変動　最後に、この「基礎構造」を③「景気変動」[3]の運動過程サイドから総合化しておきたい。そこで第一は（a）「第一次成長期」の景気変動であるが、最初に一つ目に（イ）「神武景気」（一九五五年—五七年六月）からフォローしていこう。そこで（A）その「背景」が問題となるが、本格的景気上昇の「序曲」として、五五年半ば以降にまず「数量景気」の展開をみた。すなわち、この「数量景気」過程では、設備投資はいまだ活発化しなかったものの、それでも他面で、「在庫調整進展↓設備能力上昇↓生産拡大」というプロセスが進行したから、その結果、企業売上高増加によって利益率の上昇も差し当たり実現されていくことになった。

こうして、五二—五三年に実施された、既存投資の能力化と遊休設備の再稼動化とを土台として、「稼働率」（五四年三月＝七九・七％↓五五年三月＝七九・四％↓同九月＝七九・三％↓同一二月＝七七・五％）が上昇しない下での「生産拡大」が進行したと集約可能だが、まさにこの「数量景気」の成果としてこそ、以下のような帰結に至るといってよい。すなわち、この五五年の「数量景気」は単なる景気回復ではなく、一方では、「特需依存脱却」を意味する「国際収支改善」をもたらしたとともに、他方では、金融構造上の「脆弱性」を示す「オーバーローンの（一時的）解消」をも実現したのであり、まさにその点で、この後ほぼ一五年にわたる「高度成長」の、まさにその開始を意味したのだ——と。景気循環のいわば「新段階」に到達したわけである。

続いて（Ｂ）「神武景気」の「展開」に移ろう。まずその「移行」プロセスだが、いまみた「数量景気」は、五五年以降になると次第に設備投資の本格的盛り上がりへと向かい、概ね以下のような波及ルートを媒介して設備投資全面化を導いた。つまり、「輸出拡大↓輸出関連企業の投資拡大↓国内需要への波及↓消費財需要増加↓生産財需要への点火↓投資の全面化」という「誘導経路」、これであって、まさにその意味で、「投資が投資を呼ぶ」構造に他ならない。

ではこの「神武景気」の「実態」はどうか。その場合、以上のような投資進行過程はやがて基礎部門での「隘路化」を発現させたが、そのボトルネック打開のためにこそさらなる投資拡大が刺激されるという方式が表面化し、まさにその結果として、以下の「二大特質」が目立つことになった。すなわち、まず第一は「新産業・新製品」分野の勃興であって、例えば「石油化学・合繊・合成樹脂・家電・自動車」などが投資拡張の基軸を担ったといってよい。それに加えて、第二こそ「技術革新」の急進展に他ならず、鉄鋼や造船を中心として「技術革新—近代化工場」体制の確立が進められていった。まさにその点で、「中軸部門—設備体系」の典型性にこそ、その実態が求められてよいように思われる。

しかし、このような内実を有した好況継続はやがてその「転換」に直面せざるを得ない。というのも、「好況進行↓原料・資源輸入増加↓国際収支赤字化↓外貨準備急減」というプロセスが進行したからであり、その結果、五七年五月にはついに「金融引締め」に転換する。具体的には、公定歩合引上げに加えて「窓口規制」強化やコール・レート急上昇が発生したといってよく、事態はまさに金融逼迫に陥った。しかもそれだけではなく、他方で「財政揚超」もが加わった以上、引締め効果が全面的に浸透して景気は下降に転じる以外になかった。

こうして「神武景気」は(C)「帰結」を迎える。その場合、集約されるべき論点としては以下の三論点が重要だが、まず(Ⅰ)第一論点はその「回復の短期性」に他ならない。すなわち、「在庫投資の圧縮」と「設備投資の減退」に直面して、当初はむしろ不況の長期化が予想されて「なべ底不況」と称されたものの、その「在庫循環的性格」と「個人消費の堅調性」とに起因しつつ、実際は、わずか一年の後退を経験しただけで「V字型」景気回復を実現していった。要するに、「在庫循環」型サイクルの顕著な検出が可能だといってよい。

そのうえで(Ⅱ)第二論点として、「景気調整作用」に果たす、「財政・金融政策の決定的重要性」が指摘されてよい。すなわち、まず「財政政策」は、一面で、五五年五月の「引締め局面」では、「財投を中心とした『繰り延べ』」を実施して「景気抑制策」として機能したし、ついで他面で、五八年の「景気刺激局面」では、「財投繰り延べ『解除』」・「財投純増」・「一般会計歳出増」を行って逆に「景気刺激策」として作用した。こうして「財政政策」は、景気変動に対する、まさに「反循環政策」として展開されたといってよいが、そのような基本性格は、次に「金融政策」に関してもほぼ同形である。つまり、一面で、五七年五月の「引締め局面」を発現させたそもそもの主役が「公定歩合引上げ・窓口規制強化」であったかぎり、いうまでもなく「景気抑制策」として作用したのは自明だし、他面で、その後の「景気刺激局面」では、「公定歩合の継続的引下げ」・「窓口規制緩和＝銀行貸出促進化」などを通して、「景気刺激策」としてのその有効性を明瞭に発揮した。その点で、まさに明確な「反循環政策」だというべきであろう。したがって、総じていえば、何よりも「財政・金融政策の決定的重要性」ではないか。

最後に(Ⅲ)第三論点はその「景気局面移行」に関わる。こうして、財政・金融政策を中心とした「景気刺激策」によって「なべ底不況」は急速にその回復に向かった。すなわち、この回復過程において、一面で、「在庫調整＝過剰資本解消」が進むとともに、他面では、不況下における「輸入激減」を条件として「国際収支の改善」も実現したといってよく、まさに、「在庫調整の完了」と「国際収支の改善」というこれら二条件に立脚してこそ、何よりも「民間設備投資主導型」の好況過程が再び開始されていく。いわゆる「岩戸景気」の始動である。

そのうえで、次に二つ目は(ロ)「岩戸景気」(五九年―六一年)に他ならない。そこで最初に(A)その「背景」から押さえていくと、すでに確認した通り、「なべ底不況」は、「在庫調整の完了」と「国際収支の改善」とを契機に五八年六月を底として回復に転じ、その後は、「景気刺激型財政・金融政策」の発動を足場として、同年秋以降からは本格的な景気上昇へ向かう。そしてそこを起点にしながら、一九六一年三月に至るまで大型好況を持続させるといってよく、すでにみた「神武景気」を超過する高成長が実現することとなった。まさにその点から、「神武」をも上回るという意味で「岩戸」と命名されたわけであるが、その結果、この五九―六一年に掛けて、年率一〇％を超える実質GNPの膨張が示された――のはすでに周知のことであろう。

このような「背景」をうけて、ついで(B)この「岩戸景気」の「内容」へ進むと、何よりも、この高成長が「民間設備投資」主導型であった点が重要であろう。そして、そのうえでもう一歩その内実へメスを入れると、例えば以下の三点が特に注目に値するように考えられる。すなわち、(Ⅰ)まず第一はその「特徴」であって、この高成長をリードしたのは、「機械・鉄鋼・化学・自動車・家電」などの「重化学工業」および「新産業」部門での「設備投資急増」であった。したがって、この「岩戸景気」が、「技術革新」的な「近代化投資」を通じた、「産業構造高度化＝重化学工業化の推進」を基盤とする点で、一面では、「神武景気」と同形なその存立基盤に立脚している――というその基本構造はなお否定できない。

しかし他面、（Ⅱ）「神武景気」からの「発展性」も決して軽視されてはなるまい。というのも、「神武景気」局面では、なお鉄鋼業や石油コンビナートなどの一部産業に限定されていた「新工場建設」が、この「岩戸景気」局面になると、他産業へと大きく波及していったからに他ならない。まさにその側面こそが、この「岩戸景気」の「新基軸」であったといってよく、だからこそ、この「岩戸景気」の規模がそれだけヨリ一層大きくなったわけであろう。

そうであれば結局、（Ⅲ）その「意義」はこう集約可能ではないか。すなわち、「岩戸景気」は、一面ではまず、「神武景気」段階の、技術革新的「近代化投資」に基本的に立脚しつつも、他面ではさらに、それを、「投資が投資を呼ぶ」という「投資の全面的波及・拡大過程」として実現していったのだ――と。まさにこの「二面性」にこそ着目しておきたい。

しかし景気拡大が永続するはずはない以上、この「岩戸景気」にもやがて（C）その「帰結」が訪れる。そこでまず（Ⅰ）その「契機」が注目されるが、「岩戸景気」の進行過程とともに五九年五―六月ころから変調が表面化してくる。つまり、例えば、景気拡大による企業の資金需要増加に起因して銀行貸出の増勢が強まったため、日銀は七月ころから、「窓口規制」を通じて貸出抑制にそのスタンスを転じ始めた。まさにそれを契機として「引締め基調」が濃厚となり、その後は、九月に、五七年に導入された「預金準備制度」に初めて「準備率」が設定された他、一二月には公定歩合の引上げもが実施されていく。こうして、景気過熱防止のための「『予防的』景気調整策」が発動されたといってよく、その結果、景気転換に直面する。

そこでこの予防策の（Ⅱ）「効果」だが、この「景気調整策」によって確かに「景気の過熱」は阻止された。換言すれば、景気過熱化が爆発することなくむしろ景気上昇が継続したのであり、まさにそれこそが、次の景気上昇の出発点をもなした。やや具体的にいえば、六〇年には為替自由化による短期外資の大量流入が始まるが、その結果、六一―六二年の短期資本取引は九億ドルもの黒字を記録したから、それが「国際収支の天井」を高めて、この方向からも景気の押し上げが実現されていった。明らかに、再度の「景気変調」に他ならない。

こうして(Ⅲ)「結末」に到達する。まさに皮肉なことに、「景気過熱予防」を目的にしたこの「景気調整策」が、むしろ新たな投資拡張を誘導する結果となり、それによって、六一年に入ると国際収支は急速な悪化に転じる。そしてここからこそ、「本格的」な「引締め政策」が発動されていくのであり、それにともなって、この「岩戸景気」はその幕を閉じたと結論されてよい。

最後に三つ目として(ハ)「転型期」(六二—六五年)が重要である。周知の通り、一九六二年から六五年に至る局面は、それまでの「神武—岩戸景気」と続いた景気過程とはその内容を異にしており、一括して通常「典型期」と称されている。そしてこの「典型期」も単色ではなく、「六二年不況—オリンピック景気—六五年不況」という三局面から構成されるが、最初に(A)「六二年不況」から入っていこう。そこでまず(Ⅰ)その「契機」が注目されるが、それは何よりも六一—六二年に生じた経常収支の急激な赤字転換であった。つまり、六〇年には一四三百万ドルの黒字だったものが六一年には実に九八二百万ドルの赤字へと急転化(総合収支、六〇年＝一〇五→六一年＝△九五二)したのであって、その結果、この国際収支の逆調化が、金融引締めを当然の如く発現させていく。例えば、年度半ばには、六一年五月＝「窓口規制」強化→七月＝公定歩合引上げ→九月＝「輸入担保率」引上げ、という一連の引締めプロセスが進行したし、さらにそれに加えて、九月末には「公定歩合再引上げ」・「預金準備率引上げ」・「高率適用制度強化」などが目白押しに実施をみた。結局、全体的には「本格的な引締め政策」が現出したとみてよく、こうして、「六二年不況」の発生が現実化しよう。

ついで(Ⅱ)その「実態」へ進むと、特徴的なのは、この「引締め」による景気下落がかならずしも決定的ではなかった――点に他ならない。というのも、この景気調整策発動によって、一面では、在庫投資は確かにすばやく減少に転じたものの、しかし他面、「工業生産指数」（六〇年＝一〇〇）は上昇を継続した（六一年＝一二四・六→六三年＝一五一・二）し、「設備投資」（一〇億円）も決して減少には向かわなかった（六〇年＝一二六〇→六一年＝一五九九→六二年＝一四三九）――からであって、「生産―投資」はなお増加を遂げた。その意味で、景気転換はマイルドに進行したと判断可能だが、しかしそれでも、六一年一二月を画期として景気は下降に転じていく。

したがって、以上を前提にすれば、(Ⅲ)その「帰結」としては以下の三点が直ちに浮上してくる。すなわち、①「不況のマイルド性」――「鉱工業生産・設備投資・雇用」面での「落ち込み」が緩やかだったこと、②「輸出増加の回復寄与性」――「経常収支回復＝国際収支均衡化」に果たした「輸出増加」の役割が大きかったこと、③「不況の短期性」――急速な国際収支改善によって約一〇ヵ月という短期間のうちに景気回復へ向かったこと、これである。こうして、六二年一〇月には引締めが解除されて景気上昇へと転換していく。

この結果、六二年一〇月から六四年一〇月にかけて(B)「オリンピック景気」が出現する。そこで最初は(Ⅰ)その「背景」だが、この景気上昇を可能にした契機は、何よりも数次に亙る「金融緩和」にこそ求められてよい。すなわち、六二年不況脱却を目指して数回の公定歩合引下げが実施されたのであり、六三年には、ついに五・八四％という高度成長以前の低水準にまで到達するに至った。そして、この「金融緩和策」が次に「銀行貸出増加→企業投資拡大→生産拡張」を誘導したから、そこから六三年には「鉱工業生産」上昇と「企業売上高」好転とが生じて、「六二年不況」は、その結果、ついで「オリンピック景気」へと接続していくこととなる。

そのうえで(Ⅱ)その「実態」はどうか。このような方向からその特徴点を探ると、これまでの「神武―岩戸景気」とは質的に異なる、以下のような「特異点」に目を奪われざるを得ない。すなわち、①「民間設備投資の寄与度」に基づく「民間設備投資主導型・成長パターン」の変調、②電力・鉄鋼・機械などの投資拡大主導部門における投資額の停滞、③企業売上高増大とは乖離した「利益率回復の不調性」(好況感なき企業経営)、であって、明らかに、「景気パターンの変容」が指摘されるべきではないか。要するに、この「オリンピック景気」は、設備投資の本格的な盛り上がりを欠いた不安定なものであり、したがってその点で、その過程では決定的な好況は発現し得なかった——と整理される以外にはない。

そして最後は(Ⅲ)「オリンピック景気」の「帰結」である。いまチェックした通り、好況の盛り上がりは決して大きくはなかったが、しかしそれでも、景気の進行はやがて国際収支の悪化に接続していった。実際、貿易自由化にも促進されて輸入の急増が進んだ他、それに貿易外収支赤字幅の増大もが加わったから、国際収支は急速にその悪化スピードを強めていく。そしてこの経過が一連の「金融引締め措置」を不可避にした(六三年一二月預金準備率引上げ・六四年一月市中貸出増加抑制・三月公定歩合引上げ)のは当然であった。しかしその場合に特徴的なのは、この引締め策実施にもかかわらず鉱工業生産が容易には縮小しなかった点であって、むしろ逆に、以下のロジックこそが発現をみた。つまり、「輸入減少→貿易収支黒字化→国際収支改善→預金準備率引下げ→公定歩合引下げ」という経過が進んだから、結果的には、むしろ「引締め解除」＝生産拡大こそが現実化していく。

要するに、景気調整策が発動されても生産減退には直結しない——という、別面での「変調」が確認されてよいが、その「清算のツケ」は「六五年不況」によってこそ払わされる。

そこで(C)「六五年不況」である。まず(Ⅰ)その「背景」が押さえられる必要があるが、皮肉なことに、「不況の激化」は、むしろ六五年春における「金融引締め解除」の後にこそやってきた。つまり、目立たなかったとはいえ、六四年前半に実施された景気調整策によって、経済過程の底流的基盤においては「供給過剰」が潜在化していた(在庫投資減・供給過剰増・生産調整開始・鉱工業生産低下）が、この「供給過剰化」に対して、六四年前半の「景気抑制政策」が、六五年春の「抑制解除」を契機にして初めてその「景気調整作用」を発揮するに至る――という「異常な」過程が表面化したわけである。まさに「六五年不況」の開始である。

そのうえで（Ⅱ）その「実態」にまで進むと、「戦後最大の不況」と呼ばれる程の「不況の深刻性」が広がった。そこで、その「深刻性」のポイントを具体的に探ると、①「企業収益の急落」（総資本収益率六五年＝三・五四％）②「負債増加―倒産激増」（負債額六五年＝五六二四億円、倒産件数六一四一件）③「設備投資純減」（六五年＝一五二五百億円）、などが顕著だといってよく、ほぼ全領域を網羅して鋭い落ち込みが記録されていく。不況の深刻性がよく分かろう。

以上を前提として、最後に（Ⅲ）その「帰結」はどう集約可能であろうか。そこで、その全体的帰結を総体的に整理すると、以下の三点に集約可能だと思われる。すなわち、まず第一点は①「生産調整―不況カルテル」の実施であって、「六五年不況深刻性」の証左として、六五年七―九月に粗鋼の一割減産が行われた他、多数の業種で「生産調整」が進行した。しかも、この不況への対処として「不況カルテル」（「独禁法」第二四条適用）結成の大幅拡大が進行したのも象徴的であった。その意味からして、まさしく戦後最大の不況カルテル結成ブームだといってよい。ついで第二点こそ②その「構造不況的性格」に他ならない。というのも、この不況は単なる短期的な「在庫循環」には還元できないからであり、例えば、「景気調整策発動における『タイミングと効果のズレ』」や「引締め政策の国際収支改善への『作動問題』」・「景気変動に及ぼす政策実施作用の間接化」、などの「異常性」が目立った。その点で、「六五年不況」が、何よりも、日本資本主義におけるその「基調変化」を端的に表現している――のは一目瞭然であろう。

そのうえで第三点こそ③「転型期の意義」だといってよく、それは以下のように総括されてよい。すなわち、「六五年不況」を帰着点とするこの「転型期」こそ、「民間設備投資主導型」の「第一次高度成長」が、――特に「労働力不足」という制約に直面して――自らの「限界」を暴露させて発現させた、「景気変動における一つの『踊り場』」だったのであり、換言すれば、「労働力不足」という制約に対応しつつ、「高度成長の再現」を図るための、何よりもその「調整過程」以外ではなかったのだ――と。まさに「転換」そのものだったのである。

取り急ぎ第二に、(b)「第二次成長期」の景気変動へと視角を転換していこう。そこで、この第二次成長期・景気変動の「展開過程」を概観していくが、まず(イ)「六五年不況からの回復」が最初の焦点をなす。このような方向性からすると、景気回復の第一要因は(A)何よりも「金融政策」だとみてよく、六五年前半から金融面での強力な景気梃入れ策が実施をみる。例えば、六五年六月の公定歩合引下げを皮切りとして、その後も七月の「日銀窓口規制の解除」と「預金準備率の引下げ」とが連続していった。こうして、景気刺激策の第一幕として金融緩和政策の本格的発動が一目瞭然だといってよい。

しかし、この金融面からの刺激策だけで景気回復が可能になったわけではない。そのうえで、ついで第二要因として(B)「財政政策」の出動も余儀なくされる。つまり、六五年六・七月に「公共事業費および財投の支出促進措置」が取られたことに加えて、六六年一月には赤字国債二五〇〇億円の発行が決定をみたし、さらに六六年度予算も積極型・拡張型で編成されるに至って前年比一七・九%増の大型予算に膨張した。まさにこれらの結果、景気に対する財政の役割が増大したのは当然であって、「政府支出寄与度」の高さが顕著になっていく。そのうえで、さらにこの景気上昇を本格化させた第三要因としては(C)「輸出」も軽視できまい。というのも、生産が拡大経路に乗った例えば六六年には、この年の一一・七%増加のうち、「寄与度」としては輸出＝三・六%、政府財貨サービス購入＝二・七%となって、この両者で全体の過半を占めた――からに他ならない。こうして、まさに「財政・輸出」に主導されてこそ、六五年不況は本格的な回復へと転換していく。明らかに、これに続く「いざなぎ景気」の開始である。

そこで次に（ロ）「いざなぎ景気の展開」へと進もう。最初に（A）その「経過」だが、六五年不況脱出の後、好況は七〇年七月に至るまで年率一〇％成長を超える息の長さを記録し、その好況持続期間は実に五七ヵ月にも及んだ。しかし、「いざなぎ景気」と呼ばれたこの長期好況期間も決して単線過程で進行したわけではなく、「六七年・六九年」という二度の「景気調整局面」を免れてはいない。まさに一つの景気変動局面として「いざなぎ景気」は進行していく。

最初にまず（B）「六七年調整局面」から入ると、その「契機」は「いぜんとしてまだ」基本的には「国際収支赤字」に求められてよい。すなわち、六六—六七年局面で、輸出伸長停滞の下で輸入が急増したため貿易黒字幅の縮小が惹起されたが、それによって、すでに六六年末から逆調化していた国際収支は六七年に入って極度の悪化に陥った。まさにそれへの対処策としてこそ、九月以降に、数次の本格的な景気調整策が発動をみたのはいうまでもない。

したがって、景気調整策発動の契機が「国際収支悪化」にあったのは確かに否定はできないが、しかしこの「六七年調整局面」では、その後の経過が従来とは大きく異なっていた。というのも、六八年には国際収支は急速に改善に向かい、そのために、六七年九月から打ち出された景気引締め策は、十分に浸透しないうちに六八年夏には早くも緩和された——からに他ならない。その結果、軽微な景気調整に止まったのであるが、このような「変形」の原因が、日本経済における「国際収支黒字基調の定着化」にこそあったのは自明であろう。

ついで（C）「六九年調整局面」へ目を移すと、従来からの「特異性」は一層その顕著さを濃くする。すなわち、「六七年調整」を乗り切って長期好況はさらに持続するが、それでもさすがに、六九年夏以降になると、景気過熱化の兆候が避け難くなっていく。それを受けて日銀は、以下のような「異例のコメント」を発して景気調整策に転じる。すなわち、「国際収支は黒字を続けているが、経済の急速な拡大に伴い、物価の高騰、金融機関の貸出の著増等、懸念すべき現象が現れており……この際景気の行き過ぎを未然に防止する措置を採る」(八月三〇日)という発表に他ならず、まさに「景気行き過ぎの予防措置」としてこそ、景気引締めへの転換が果たされた——といってよい。そしてその結果、例えば、公定歩合引上げ・預金準備率引上げ・対都銀資金ポジション強化などに着手されたのは当然であった。

その場合、この作用の実体経済への浸透度の弱さが目立ったが、しかし、この「六九年調整」においてそれ以上に特徴的だったのは、「黒字定着下での、景気過熱懸念を目的とした『予防的景気調整策』」そのものだという点であって、その「特異性」はまさに一目瞭然だというべきであろう。

そして最後は(ハ)「七〇年不況への転換」に他ならない。そこで最初に(A)その「転機」が問題となるが、いま指摘した通り、六九年景気調整策の浸透はなお不明瞭だったものの、金融面からの引締め効果はそれでも決して弱かったとはいえないから、ようやく七〇年春を迎えると景気の反転が目立ち始め、その結果、七月を分水嶺にして景気下降が現実化していく。こうして、さすがの「いざなぎ景気」もその幕を下ろした。ついで(B)その「特質」にまで立ち入ると、そこでは「現象―本質」というその「二面性」が否定できない。つまりまず一面では、この景気後退は、「国際収支黒字化」の下で、しかも企業利潤率がかならずしも悪化しない状況で、いわば「予防的なもの」として発現をみた。したがってその点で、資本蓄積次元ではその発現必然性に欠けるという「現象」が強い。しかし他面、もう一歩立ち入ってみると、「資本費・人件費」の両コストがすでに増大を余儀なくされており、特に「対売上高人件費比率」は、すでに六四―六五年不況をさえ上回る水準にまで達していた。いうまでもなく「過剰蓄積」の現出以外ではないが、それが、「インフレ激化」と「国際収支黒字」とによって隠蔽されていたに過ぎない。まさに、「過剰投資」という「本質」のこのような「粉飾」が、「現象的」には、「予防的な『政策不況』」としてこそ発現していった——わけであろう。

こうして(C)「七〇年不況の総括」がこう提起されてよい。すなわち、それを「政策不況」とみるのは錯誤であり、むしろそれは、インフレ激化を回避しつつ成長をさらに持続させることの困難性を示す、何よりも「必然的」なその「景気調整過程」以外ではなかったのだ――と。

以上のような具体的な「景気変動過程分析」を下敷きとして、最後に第三として、(c)「基礎構造に占める『景気変動の位置』」を全体的に総括しておきたい。言い換えれば、「高度成長の基礎構造」を「政治過程―生産・貿易・雇用―景気変動」の三側面からフォローしてきたが、これら三側面構造の中で「景気変動」は如何なる位置関係に立つのか――という点がその考察焦点をなすといってよい。そこでこの点の明瞭化のために、(イ)「政治過程」と「生産・貿易・雇用」との構造的位相を再確認しておけば、以下のようであった。

まず(A)「政治過程」だが、戦後再建期から高度成長期に掛けての「政治過程」を通して、一方では、再建期に展開した「統制体制」型「行政機構・政策体系」の「緩和・撤廃」が進められて、高度成長型政治システムに対する障害の除去が試行された。まさにその点で、高度成長型体制にとって不適合な「旧体制的＝統制型」政治・行政制度のいわば「強制的」排除という点にこそ、高度成長期・政治過程の「課題」があったと整理されてよいが、しかしそれだけではない。そのうえで、この不適合な制度の改変のうえに、さらに、高度成長に適合する「制度・機構・政策・システム」の構築もが積極的に目指されたのであり、したがってその点からいえば、他方で、高度成長期・政治過程のヨリ能動的な「課題」としては、高度成長に適合した政治体制の「権力的形成」こそが枢要だと思われる。こうして、「政治過程」としては、高度成長展開に適合した政治体制の積極的構築が目標とされたのであり、まさにその意味で、「高度成長システム」展開の、その「体制枠組形成」が実施されたと考えてよい。

次に(B)「生産・貿易・雇用」はどうか。しかし、これに関してはもはや論点は明瞭であって、周知の通り、これら三者は高度成長過程において未曾有の拡大を実現するが、その実現が、何よりもいま確認した「高度成長期・政治過程」にこそ支えられていたことに贅言の必要はあるまい。というのも、「高度成長期・政治過程」によってこそ高度経済成長展開の諸条件＝基本枠組が形成可能になったという関連にある以上、具体的には、この「生産・貿易・雇用」の高水準展開として現出した「高度成長経済」が、その枠組形成をもたらした「高度成長期・政治過程」をその根底的土台としていること――は一目瞭然だとみる他ないからである。要するに、「生産・貿易・雇用」は、「高度成長期・政治過程」という舞台上で現実的に展開された、いわばその内実なわけであり、まさに高度成長体制の基本的実体だと整理できよう。

そのうえで（C）「景気変動」が位置づく。すなわち、「政治過程」によって構築されたこの「生産・貿易・雇用」という経済過程は、最終的には、「景気変動運動過程」として現実化＝総括される以外にはない――という総合的な位置関係を呈する。具体的には、「神武―岩戸―転型期―六五年不況―いざなぎ―六九年景気調整」などとして発現した「高度成長期・景気変動」機構に他ならないが、まさにこの景気変動運動過程という機構を媒介としてこそ、「生産・貿易・雇用」として現出する高度経済成長の、その現実的進行過程が総括されていくと集約されてよい。その意味で、「政治過程」に立脚して進行する「生産・貿易・雇用」の、その最終的な現実的「総括過程」こそ、この「高度成長型・景気変動」なのであった。

そうであれば、これら三者の以上のような特質をふまえると、結局（ロ）「景気変動の体系的位置関係」は以下のように整理されてよいことになろう。つまり、「高度成長期・景気変動過程」こそ、史上稀にみる高水準の経済成長を記録した「高度成長経済」の具体的内容・条件・成果・特質・限界を、その最も現実的な次元において「総括」する、まさしくその「現実的機構」に他ならないのだ――と。したがって、このように性格付けが可能であれば、そこからさらに、次のような方向性が直ちに帰結してくるのもいわば当然といってよい。つまり、「高度成長体制」において「景気変動機構」が有する、このような「総括的機能」を的確に重視するとすれば、「高度成長型・日本現代資本主義」の体制組織化作用もまさにこの点を軸点にしてこそ明確化されるべきこと、これであろう。ここからこそ、最後の論点が導出される。

そこで最後に、(ハ)「高度成長期・景気変動の体系的意義」が以下のようにまとめられねばならない。すなわち、「高度成長期・景気変動」は、政府の財政・金融政策に立脚して進行した「自律的な景気循環型『自己調整機能』過程」であったのであり、まさにその意味で、「現代資本主義型・内的コントロール形態」における、何よりもその中心基軸に他ならなかったのだ——と。

Ⅱ　階級有和策——現代的階級組織化作用の展開

[1] 労資関係　次に、以上のような「基礎構造」を土台として展開された、国家による「体制組織化作用」の現実的過程へと入っていこう。その場合、この「体制組織化」機能のまず第一は(二)「階級宥和策」に他ならないが、最初にその第一側面としては、いうまでもなく①「労資関係」[4]が重要だといってよい。そこで第一に(a)「第一次成長期」を対象に設定していくと、まず一つ目として(イ)その「背景」が前提となるが、この背景を規定する環境としては何よりも「高度成長の開始」という条件が重要であろう。すなわち、高度成長出発とともに進展をみる技術革新によって労働過程における作業内容は単純化し、それを実体的基盤として、いわば「カン」と「コツ」に依存する従来の熟練体系は分解化＝客観化を免れ得なくなる。まさに、機械化に対応したそのような労働体系の変容に立脚してこそ、労働過程編成は、資本の主導権下で「企業内教育訓練」として再編成されるのであって、その結果、労働者の熟練形成に

おける労働者の自律性は基本的にその喪失を余儀なくされていく。
しかしそれだけではない。ついで、このような「労働者の自律性の喪失」は直ちに「労務管理体系」の変質へと接続していくといわざるを得ない。つまり具体的には、従来の、旧型の職長・組長による、作業指揮・監督機能・管理機能が後退し、それに代わって、流れ作業と大量生産方式に適合した、「管理機能の管理部門への集中強化」・「現場管理組織の編成替え」・「新型役付工＝作業長制度の導入」などが進んだのであり、その帰結として、旧来の職長・組長を軸とする「自律的職場集団」が解体に追い込まれつつ、労働過程は「資本の『聖域』」として確立をみるに至った。いうまでもなく「資本主導型・労務体系」の強化だといってよい。

要するに、第一次成長期・労資関係におけるその基本的「背景」としては、まさに高度成長に対応した、資本主導権下での「労資関係再編」動向が基本的に進行した——と整理できよう。

ついで二つ目として、以上のような環境の中で繰り広げられた、(ロ)「職場闘争の展開」はどう把握可能だろうか。いうまでもなく、すでに指摘した、労働者の自律的組織に対する資本の解体攻撃に対して、労働者集団が対抗運動を展開したのは当然であった。すなわち、労働者側は、「職場集団の自律性」を土台として、作業量・作業方法・要員配置などに関わる「労働のあり方」を自ら規制することを通して、職場組織を自らのコントロール下に置きつつ強化する——という闘争に取り組んだ。その点で、自らが労働するその「生産点」において資本に対抗していくという意味で、まさに「職場闘争」というべき闘争が進められたと考えてよい。そして、この「職場闘争」の展開を基盤にして、総評も五五年には「組織綱領草案」を策定したのであり、それを通して、「労働組合の企業主義的体質を克服するためには『職場闘争』を労働運動の基調に据えるべきだ」という原則の主張を強めた。

このようにフォローしてくると、一九五〇年代後半からの「第一次成長期・労資関係」は、一方での、「生産点」の

「高度成長型・効率的」再編を指向する「資本の労務管理政策」と、他方での、「生産点」の「自律的規制」を目指す「労働者の職場闘争」とが、併存・対立・拮抗した、まさに流動的局面だったと体系化されてよい。その点で、階級闘争の対抗的発現とこそ理解できるが、それは、六〇年代に入ると、――後に詳述するが――三池争議の労働者側敗北によって決着をみ、それを分水嶺にして「日本的労資関係の『成立』」が帰結していく。

そこで（ハ）「日本的労資関係の成立」へ視点を移そう。後に立ち入って関説する通り、「総資本―総労働」のいわば「全面対決」と称される「三池闘争」（五九―六〇年）における労働側敗北こそが「日本的労資関係成立」の重要なモメントをなすと思われるが、その場合、最初にまず押さえておく必要があるのは、（A）その「定義」であろう。そして周知の如く、通説的には、「年功序列賃金・終身雇用・企業別組合」のトリアーデ＝「三種の神器」によってそれは定義づけられるが、例えば、特に最初の二つは必ずしも日本固有なものとはいえず、資本主義発展の「時間的後発性」によって規定される、むしろ「段階論的処理」に委ねられるべきものだ――という異論も決して少なくない。したがって、「日本的労資関係」の本質をヨリ体系的に把握するためには、この「三種の神器」論からさらにもう一歩深く立ち入って、「労働過程次元での『労資関係統合作用』」にこそ着目すべきだと思われる。

そこで次に、その点を一層明瞭にするために、高度成長経済が本格的に展開していく六〇―六四年段階における、（B）現実的な「労資関係展開」をやや具体的に追っていくことにしよう。後に立ち入って指摘するように、三池争議は労働者側の敗北に終わるが、その結果、組合規制力は決定的に弱体化したから、そこからは、次の二つの新事態が招来せざるを得なかった。つまり、まず一つは労働運動路線面での変化であって、この労働側規制機能の低下に制約されて「協調的企業組合路線」の浸透度が強まっていく。換言すれば、職場を足場とする「企業意識への抵抗」が目立って衰弱化することに他ならないが、それが、組合運動路線を巡る闘いにおいては、「協調型組合」への変質を許すという形で進行していった。そしてそれが、もう一つには、労働争議の著しい減少となって表われるのは当然であろう。いうまでもなく、「労働側規制力の衰弱化→争議展開能力の喪失」という論理が貫かれるからであるが、この結果、これ以降、少なくとも基幹的重化学工業部門の大企業における労働争議がほぼ消滅した――のは周知のことだと思われる。まずこの底流が全体の基本前提をなす。

しかも、このような「底流的動向」が、ナショナル・センターとしての総評によってさえ追認されてしまう。すなわち、総評は六二年に「組織方針案」を提起するが、その中では、結果的に現状を肯定しながら、生産点における個別具体的な「職場闘争」は、労働組織全体に関わる、むしろ労働組合のいわば「統一機能」に従属し服するべきだ――という考えこそが強調されるに至る。こうして、「生産点―職場」活動にこそ立脚して労働組合を強化すべきだという、これまでの闘争理念が大きく後退して、逆に、「日本的労資関係」成立の基盤形成こそが進む。

まさにこのような進行過程の帰着点こそ、六四年の「IMF・JC」（国際金属労連日本協議会）と「同盟」（全日本労働総同盟）の結成に他なるまい。というのも、これらこそ「協調的企業別組合の連合体」以外ではないからであって、「協調主義的労働組合路線」が一つの体系的組織体として運動を開始していくその出発点が画されたといってよい。しかもその中で、ほぼ六〇年前後において、「団体交渉制の労資協議制」への移行も定着をみるから、高度成長期の本格化に伴って、「労資関係の変質」＝「日本的労資関係の成立」がその基本的な歩みを強める。

このような「労資関係の変容プロセス」を前提にしてこそ、ようやく、（C）「日本的労資関係」の「枢要点」が以下のように集約可能となろう。その際、ここまでで具体的に指摘してきた通り、その「枢要点」の焦点は三つに整理可能であって、それは、①「団体交渉制度の労資協議制への解消化」②「基幹的大企業におけるストライキ権の『放棄』」③「企業成果分の妥協的分配交渉」、という特徴的相互関係に他ならない。やや総合的に図式化すれば、労資双方は、職場規制力を欠落させた個別的企業組合システムに立脚しつつ、「交渉権・スト権＝労働基本権」の行使を自粛して「協議体制」を構築し、まさにその下で、「生産点においては『対立』せずに『一致』して共同し、分配面でのみ成果分割を巡って『対立』する」という構図を描く――と体系化可能であり、結局それは、「労働基本権の実質的空洞化とそれに立脚してこそ存立する企業別協調的組合とを土台にした、まさに企業内型協調的労資関係」に他ならない、とこそ総括されてよい。この三内実に注目しておきたい。

取り急ぎ、第二に（b）「第二次成長期」の労資関係へとその視角を転じよう。そこで、まず（イ）その「背景」から入ると、第二次成長期における、企業による労働者包摂深化の必然性拡大が何よりも（A）そのポイントをなす。すなわち、一九五〇年代後半からの第一次成長期を通じて民間大企業の大型設備投資が進展したが、それは、「設備投資拡大➝生産性上昇➝コスト削減」を媒介にして、「競争力強化➝経常黒字増加➝経済大国化」の実現を可能にした。しかし、一方で、「転型期」において顕著となった「労働力不足＝過剰資本化」を克服しながら、他方では、さらにこの「経済大国」状況を「第二次成長」として維持・拡大させていくためには、生産過程＝職場における不断の合理化推進が不可避だといってよいかぎり、この第二次成長期において、「労資関係の再編強化」がさらに進んでいくのは当然であった。換言すれば、企業が、労働者間に競争を積極的に導入することによって労働者包摂を実質的に強めつつ、それを通して、労働者が企業論理に対抗するためのその母体である「職場世界」の破壊を目指したわけであり、その帰結として、企業論理による「職場世界」の包摂＝統合が強力に試行されていったといってよい。まさに、「企業社会」形成に立脚した、いわゆる「能力主義管理」に他ならないが、その基盤に、「第二次成長」というその特殊性があった点は余りにも自明であろう。

そこで、この「能力主義管理」に対する（B）「資本側からの提起」に移ると、その契機をなしたのは、六六年一〇月の「日経連・合理化宣言」とその二年後の「最終報告」とであった。つまりこの「報告」では、「労働力不足・資本の自由化・技術革新による労働内容の変化」という三つの環境変化に基づいて、「国際競争力強化のための『生産力向上・コストダウン』の不可避性」が強く打ち出されたが、まさにその決定的条件としてこそ、「IE技法の導入」とともに「能力主義管理」の必要性が主張されたわけである。やや具体的に立ち入ると、一方でまず前提的には、「恩情的処遇の払拭」と「年功制の不適合性」とが指摘されたうえで、ついで他方でヨリ積極的には、従来の年次別・属人的な「集合管理」から能力別の「個人管理」への転換が提唱された――と考えてよい。まさに、労務管理における新展開の始動である。

そのうえで、(C) この「能力主義管理」のエッセンスはどこに求められるだろうか。その場合、その基軸は何よりも「企業統合」の徹底化にこそあると判断できるが、それは現実的には、「職務遂行能力」に立脚した、配置管理・昇進管理・賃金管理の浸透化としてこそ現出しよう。つまり、企業が設定した基準を根拠にして個々の労働者の職務遂行実績や企業貢献度の高さを査定し、まさにその結果に基づいて、配置・昇進・賃金を決定していく――という方式に他ならないが、これを客観的土台として、企業の対労働者管理はいまや決定的に強化されていく。なぜなら、このようなシステムによって、労働者はいわば「アトム化」されて互いに競争・対立関係に立ち、したがって労働者としての連帯関係を喪失するからであり、その結果、地位と賃金上昇を目指して、企業利益の網の目に吸収・支配されていかざるを得ない。こうして、「能力主義管理」の貫徹は、まさに「企業統合」の深化として進行していくとみるべきであり、そこにこそ、「能力主義管理」のその体系的エッセンスが確認できる。

それに加えて、この「能力主義管理」を具体的に補強する手段として決定的に重要なのは、(ロ) 労働者小集団を基礎にした「自主管理運動」だといってよい。いうまでもなく周知の「QCサークル・ZD運動」などであって、それは、まず一面では、技術革新が派生させる労働の専門化・細分化・単調化・疎外化などを克服して、能率低下の防止を目指すとされるが、しかしそれだけではない。そのうえで他面では、進行しつつある「能力主義・実績主義」によって惹起される「集団意識の崩壊」をカバーし、まさにそれを通じて、「労資関係の悪化＝動揺」と「労働モラル低下」との補完こそが追及されたと考えられる。まさに、「企業への忠誠心＝自発性」を「外部から」強制したわけだが、これこそ、「能力主義・実績主義」を支えながら労働者個人の「自発的競争意欲」を駆り立てる、いわば「新型・企業統合方式」であることは一目瞭然ではないか。こうして、第一次成長期からは深化した、第二次高度成長期に固有な、その「新たな企業統合システム」の形成・定着が明確にみて取れよう。

以上を前提にして、最後に（ハ）「能力主義管理」の「現実的展開」をやや具体的に集約しておかねばならない。その場合、このような新システム導入の先駆けをなしたのは何よりも鉄鋼大手であった。まず（A）その第一典型ケースは最大手の八幡製鉄に他ならず、一九六四年に早くもＱＣサークルを採用したのを皮切りとして、それ以降は、六五年に職場委員会を設けつつ六六年からはＺＤ運動もがスタートしている。以上のプロセスを経て、自律的職場集団の解体が進行しつつ、まさにその空白を埋める形で、ＱＣサークル→ＺＤ運動の始動が図られた図式が明瞭であるが、さらにそれを条件としてこそ、六七年からは、このような職掌制度に見合う賃金体系としての「職能給制度」もが採用されていった。こうして、労務管理システムの変更に対応しながら賃金システムもその変容を余儀なくされたわけであり、その帰結として、「生活給体系」の「能力給体系」への転換が見事に確認可能ではないか。

ついで（Ｂ）第二ケースとしては日本鋼管の例が興味深い。その嚆矢をなしたのが、六六年福山製鉄所稼動とともに実施された「能力主義管理」の進行であるが、その特徴点として指摘されてよいのは以下の三論点だと思われる。すなわち、まず第一は「工・職身分の廃止」であって、全従業員を「社員」とし、職務遂行能力を基準として、「公平な処遇と昇進管理」に立脚した社員制度の実施が試行された。もちろん下請労働者はこのシステムからは排除されたが、本社員に関する限り、それによって、一定の「一体感＝企業忠誠心」が刺激を受けたのは当然であろう。ついで第二は「職務給の職能給化」に他ならない。換言すれば、各種の職務資格のなかにさらに新たな「職級」＝レインジ(range)を設定したわけであり、同じ職務であっても、能力の伸長に応じて、「職級」に従って昇進することが可能となる。まさにこれを通して、「能力主義管理」が徹底化するとともに、労働者への「擬似的・勤労意欲」もが強化されるのはいうまでもない。そのうえで第三は「中期整員計画」であり、これによって、人員削減の「合理的基準」が基本的に策定をみる。やや具体的に指摘すれば、標準作業時間を基準として「要員算定」を行いつつまず全社的な要員見直しを実施し、ついで、要員の削減が在籍労働者の賃金上昇へと反映する賃金体系が組み立てられた。要するに、「人員削減—賃金上昇」がいわばセットになった「労働者管理システム」が作動していった。

以上のような検討を下敷きにして、最後に第三として、(c)「高度成長期・労資関係」を集約的に概括しておきたい。そこで、ここまで具体的にフォローしてきた論理を総括すると、以下の三論点が取り分け強調に値する。すなわち、最初に第一論点は(イ)「高度成長期—労資関係」の内在的関連であるが、これについては、まず一面では、高度成長が派生させた、「労働力不足・技術革新・対外競争力要請・労働争議消滅」などの諸要因が、「高度成長期型・労資関係形成」を促進した——という規定関係が明瞭だといってよい。まさにその意味で、「高度成長→労資関係」という方向性が当然の如くに検出可能だが、しかしそれだけではない。ついで他面では、むしろ反対に、「労資関係→高度成長」というベクトルも同様に明瞭であって、安定的な高度成長型・労資関係に枠組み付けられてこそ、高度成長が進行可能になった点にも否定の余地はあり得まい。したがって、「高度成長—労資関係」はいわば「相互規定的」に作用し合ったといってよく、その内在的関連は余りにも自明だと結論できよう。

次に第二論点として、(ロ)この「高度成長期型・労資関係」の「特質把握」が重要であるが、それを一言で表現すれば、いわゆる「日本的労資関係の成立」とこそ整理できる。そして、そこに含有される側面はかなり多面的だが、それが少なくとも、「労働基本権の空洞化・企業別協調組合への立脚・企業内型協調的労資関係」の三つをその枢要点にしている点に関しては、大きな異論はあり得まい。まさにその意味で、高度成長期には、このような「協調的＝非労働者世界的」労資関係がその形成をみたのであり、何よりもそれが高成長を実現していった。

そうであれば最後に第三論点として、(ハ)「高度成長期・労資関係」の「本質」は結局以下のように総括可能ではないか。すなわち、このような「高度成長期・労資関係」において、一方での、労働争議の決定的不燃化を基本環境にしながら、他方で「企業内協調的労資関係」の確立が進行したのであるから、まず「企業内部」において、「資本による労働者統合化」が高度水準において確立・進展をみたと整理できる。しかもその場合に決定的なことは、国家が、企業内部でのこのような「資本による労働者統合」をむしろ「是認」しつつ、——ヨリ積極的にいえば——それに依存しながら、「国家による労働者統合」を「間接的」に実現・遂行していることに他ならず、そこにこそ、高度成長期における、「国家の組織化作用」のその基軸があろう。

念のため、その構図をもう一歩立ち入って示せば、「現代的労働者統合」の一般的担い手はいうまでもなく国家以外にはないが、しかし、日本の場合は、「企業主義」的特質が極度に強いため、その「直接的担い手」はむしろ企業にこそ委ねられている。それに対して国家は、「労働者統合機能」の、企業へのこのような委譲を前提にして政治過程を展開していくのであり、要するに、このようなむしろ「間接的」な形式を媒介にしてこそ、最終的には、その特殊日本的な「労働者統合」を維持・確保しているのだ——と整理されてよい。したがって、つづめて言えば、「国家→企業→労働者」というベクトルにおいてこそ「国家の労働者統合」が機能したと図式化されてよく、その意味で、このような「特殊・間接方式」の中にこそ、高度成長期・労資関係のその目立った特殊性が点検できるが、そうであれば最終的に、日本における高度成長期・労資関係が、「階級宥和策」の、まさしくその不可欠な経路であったことももはや明白ではないか。

［2］労働運動　そのうえで、「階級宥和策」の第二側面としては②「労働運動」[5]がいうまでもなく重要である。そこで第一に（a）「第一次成長期」から入っていくと、まず一つ目として、この局面での労働運動展開として何よりも重要なのは、よく知られているように（イ）「春闘の発足」であろう。そこでまず（A）その「背景」だが、周知の通り、その契機は五四年暮れにおける「賃上げ共闘」の結成にあった。つまり、ここで、合化・炭労・私鉄・電産・紙パという総評加盟の五単産が五五年春に向けて賃上げ共闘を組織したことを出発点にしており、この年にはさらに全国金属・化学同盟・電機労連もが加わって、春闘参加組合員数は約七三万人に上った。その後も、公労協系組合（五六年）・鉄鋼労連・全造船（五九年）などが加わったし、また六〇年代に入ると、総評・中立労連によるナショナル・センター型の「春闘共闘会議」が結成されて、その勢力を大いに強めたといってよい。その結果、高度成長最盛期の六五年には、春闘参加組合員＝六三五万人、組織労働者数全体の六三％にも達したから、この第一次高度成長期には、ほぼ全産業の主要労組を「春闘運動」へと広く結集するに至った。

ついで、では（B）その「効果」はどう把握可能であろうか。その場合、この高度成長期には、労働市場が売り手市場化していたとともに、企業の賃金支払能力が高かったのは当然だった以上、春闘を通じた賃上げ実績はかなり高かった。したがって、春闘戦術は一応の成功を収めたといってよいが、そこでは、次のような、一定の「戦術パターン」が効果を発揮したようにも思われる。すなわち、経営条件・賃金支払能力が良く、しかもストライキの影響を最も強く受けるような企業がまず闘争展開―妥結を実現し、これに合わせて、他の企業も賃上げを勝ち取る――というパターンに他ならないが、このような独特の闘争戦術によってこそ、賃上げ範囲の広範化とその水準の平準化とが浸透していくことになった。

そのうえで最後に、(C)その「意義」を整理したいが、この「春闘体制の効果性」が、まず一面では、高成長による企業超過利潤の一部を組織労働者がいわば実力を行使して「取り戻す」行動である――点が否定できない。言い換えれば、企業獲得の超過利潤への「再配分」関係以外ではなく、その意味では、「労資間階級闘争」におけるその「経済的側面」であることには十分な注意が必要であろう。これが春闘の「第一意義」だが、しかしそれだけではない。ついで「第二意義」としては、このような春闘の成功が、労働運動における、「政治闘争の放棄」と「協調的労資関係」との帰結である点も忘れてはならず、結局それは、「労働運動の企業主義化＝体制内化」の顕著な一断面にもなっている。したがって総じていえば、「春闘型賃上げ闘争の成功」とは、「資本―労働間の『パイ配分競争』」における一定の「勝利」の別表現だと理解すべきなのであって、それ故に、「労働運動の『経済闘争』への封じ込め」確立化が一目瞭然だというべきであろう。「春闘の意義」に関する、その「二面性」が無視できまい。

そのうえで、この第一次成長期における労働運動の性格に決定的な作用を与えたのは、周知の(ロ)「三池争議」であろう。そこでまず(A)その「背景」から押さえていくと、その発端は、一九五九年一二月の一二七八名にも及ぶ指名解雇にあった。そしてその背後には、石炭から石油への急激なエネルギー転換政策があったが、これに対して組合側は総力を挙げて解雇反対闘争に立ち上がり、ここに「三池争議」が勃発をみる。ついで、(B)その「具体的展開」に目を移すと、まず五九年八月に三井鉱山は、三池ほか五山の炭鉱に対して総計四五八〇名の解雇を盛り込んだ合理化案を提示した。しかしその重点は、職場闘争が最も盛んであった三池に対して「狙い撃ち」的に向けられたから、組合側の反発と反撃が巨大化することによって争議は深刻化の度合いを加えた。さらにそれは、全国的規模を巻き込んで「総資本―総労働」型対立にまで発展する以外になかったから、その結果、深刻化・全国化・長期化の様相を呈していった。

しかし、(C)その「結果」は悲惨なものというしかなく、結局、六〇年に労働側の敗北に終わる。その敗北原因は決して単純ではないが、総資本の攻撃による労働側の分裂が決定的だといってよく、それを巡って、大きな禍根と路線上の教訓とが残った。その結果、六〇年八月には中央労働委員会の斡旋が行われて解雇の「受諾」が進み、三池争議は敗北を余儀なくされる。そしてこの「敗北」を分水嶺にしてこそ、労働運動の「新潮流」が噴出していく。

以上の経過をふまえて、特に(ハ)三池争議の「意義」を集約すれば以下のようであろう。すなわち、すでに指摘したように、三池炭鉱が「職場闘争」の拠点であった以上、資本の三池への攻撃は極めて激しいものであった。そしてまさにそうであるからこそ、労働者側におけるこの敗北のダメージは極度に大きいとする以外にはなく、反対からいえば、この三池争議敗北による「職場闘争の最終的解体」は、逆に資本にとっては、資本による職場支配のまさに完成を意味したと意義付けできる。換言すれば、この三池争議敗北こそが、「能力主義的管理体制」構築におけるその基本的条件だったのであり、まさにここからこそ、「協調主義的企業内労資関係」の定着と、その端的な表現である「経済主義的春闘の本格化」とが顕著になっていくわけである。

次に取り急ぎ、第二に(b)「第二次成長期」の労働運動へと目を移さねばならない。そこで、まず(イ)その「背景」を押さえておくと、いまみた三池争議「敗北」を分水嶺として、労働運動を巡る状況は大きく変質を余儀なくされる。いうまでもなく、(少なくとも基幹的大企業にあっては)ストライキ実行を伴うような本格的争議の消滅に他ならないが、その要因は労資双方に内在していた。まず一面で(A)「労働側」においては、三池争議の敗北が労働戦線の闘争力を弱体化させつつ、逆に、全国的な労働組織としても「第二組合」潮流を強めたから、その結果、労働組合としての組織的争議展開能力が衰退に向かったのは当然といってよい。この点が争議後退の第一原因だが、それだけではない。ついで他面で（B）「資本側」にも一定の要因があり、三池争議には辛うじて勝ったものの、この争議の過程で資本が蒙ったコストも尋常ではなく、例えば、「生産停止・減産・設備非稼動化・収益低下・周辺費用激増」などという直接的なコスト負担の他、社会的信用度・評判の低下などという無形の間接的コスト負担も莫大であった。その意味で、三池争議は資本サイドにも決定的な「反省」を迫ったのであり、したがって、資本＝企業側からも「争議回避」の指向性が高まっていく。

まさにこれこそ争議後退の第二原因といってよいが、最後にこの両面はこう集約される。つまり総合的には、（C）三池争議を経験した「第二次成長期」ではまさに労資双方からして「争議回避」の必然性が貫徹したわけであり、その結果、基本的には争議後退が続いた――のだと。

ついで、（ロ）その「展開」に移ると、以上のような「争議後退」は、むしろ「協調的労働戦線」の形成をこそ呼び起こしていった。すなわち、「争議後退」が、「能力主義管理」を自ら受容していく組織体制の構築へと必然的に帰結するのであり、労資関係の協調化が一層促進されざるを得ない。そこでその組織化プロセスを追うと、まず第一の画期は（A）すでにふれた一九六四年五月の「ＩＭＦ・ＪＣ」（国際金属労連日本協議会）に他ならず、まず電機労連・造船総連・全国自動車・全機金の四単産によって結成をみた。その後、翌年二月にはさらに鉄鋼労連が臨時大会を開催して正式加盟を決めているが、この顔ぶれを見ただけでも、このＩＭＦ・ＪＣの目的が、何よりも、日本の労働組合の基幹部分がＩＭＦとの連携を強めつつ、開放経済体制に対応した「労資協調路線」を強力に推進しようとする点にこそあること――は明瞭であろう。

そのうえで、次に第二の画期こそ（B）「全日本労働総同盟（同盟）」（六四年一一月）に他なるまい。すなわち、この同盟には、民間大手を中心とする二三単産、人数にして一四七万人が結集したが、その狙いは、何よりも、総評に対抗しつつ、一括して国際自由労連へ加盟することにこそあった。そしてそれを通じて、生産性向上運動・産業民主主義を進めて「福祉国家」の建設を目指す点にこそ、その力点が置かれたのである。まさしく、そこに漂っている色彩は、「福祉国家論」に隠蔽された、古めかしい「労資協調イデオロギー」以外ではあるまい。

そこで、このIMF・JCと同盟の（C）「成立意義」は結局こう整理可能であろう。すなわち、主流としての総評が「労資対抗・労働の資本からの独立」を主張するのに対抗して、資本主義世界＝「自由主義」を前提にしながら「労資協調主義」を追求する路線の定着以外ではない——と。その点で、資本の自由化＝「開放体制」に直面して国際競争力強化に迫られた、まさに「第二次成長期」・日本資本主義の要望に適合した路線、そのものであった。

最後に、このような「第二次成長期・労働運動」の（ハ）「帰結」を大くくりでまとめておきたい。そこで、まず第一論点は（A）何よりも「パイの論理」の貫徹・浸透であろう。つまり、それは取り分け特に同盟・JC型春闘において際立ったが、そこでは、「パイ」＝企業利潤の増大が労働者の「分け前」＝賃金の増大につながると「錯覚」し、その観念に立脚して、結局は、労資協調による生産性向上への協力が高賃金をもたらすのだ——と想定された。その結果、従来の「生活保障の論理」と「平等主義」とは掘り崩され、それに代わって、「パイの論理」と「能力主義」とが浸透していかざるを得なかったのは余りにも自明であろう。

ついで第二論点として（B）「総評の変容」も軽視できない。というのも、総評路線にも「能力主義」を受容＝是認する基盤の形成が進んだからに他ならず、三池闘争敗北に起因した、職場闘争の挫折と反省を通して、総評の基本方針に対する揺さぶりが強まっていく。そしてまさにその結果として、従来の「職場の民主化・資本管理機構への抵抗」という路線から、「合理化容認・合理化成果の還元」という新たな路線への変容が進むのであり、同盟・JC路線によって総評も質的な影響を受けつつ、最終的には、総評春闘理念の変質が目立っていった。

それと対応して、第三論点こそ（C）「組織内部系統の空洞化」だといってよい。すなわち、以上のような職場闘争の脆弱化は、必然的に、組合組織における「意思形成＝方針受容」というフィードバック系統に空洞化を招来させずには済まないということであって、具体的には、「労組の中央集権化」と「活動レベルの上部化」とを余儀なくさせた。言い換えれば、労資交渉の舞台が、「各職場→単組中央→単産中央→ナショナル・センター」へと引き上げられたのであり、その結果、各職場の権限縮小と「組合の官僚化」とが進行したといってよい。そして、まさにその帰結こそ、職場を立脚点とする労働者運動の衰退に他ならず、したがってそこから、「能力主義管理」浸透の受容条件が作られていってしまったこと――は一目瞭然であろう。要するに、職場組織における「企業主義論理」の貫徹が否定できない。

以上のような考察をふまえて、最後に第三として、（c）「高度成長期・労働運動」を総体的に集約しておこう。そう考えると、差し当たり以下の三論点には特別の考慮が払われるべきだと思われるが、まず第一論点は何よりも（イ）「労働運動闘争力の喪失」だといってよい。繰り返し指摘したように、三池闘争の敗北がその土台にあることは明瞭であって、その結果、同盟およびＩＭＦ・ＪＣ路線の台頭を許したとともに、さらに「闘争の質」としても、「政治闘争の後退＝経済闘争の中心化」を招かざるを得なかった。したがってその意味で、総じて、「労働運動の『体制内化』」進行が明白だというべきであろう。ついで第二論点としては、（ロ）この「闘争力喪失―経済闘争化」が必然的に（D）「職場闘争からの離脱」を帰結させていった点が注目される。つまり、一方では、「パイの論理」を受容して春闘路線に傾斜しつつ、他方では、労組の中央集権化に制約されて職場内の意思形成系統が形骸化したから、職場が労働者運動の基軸たる位置を失って、職場を拠点にした、労働者の自発的団結・連帯・抵抗運動は極度に衰弱する他なかった。まさにその間隙を縫ってこそ、資本による「能力主義管理」化が可能になったのであって、全体として、「労働運動の職場規制力」は低下を続けた。
したがって、こう理解してよければ、第三論点が（ハ）その「全体的総括」として次のように整理可能になってこよう。すなわち、高度成長期の労働運動は、「政治闘争の放棄」を代償にして「パイ果実の配分化＝春闘型・経済闘争主義」路線を強めたが、それはまさに「労働運動の『体制内化』」以外ではなく、それを通じて、国家による、「労働運動の組織統合化」が見事に実現・貫徹したとも論理化できる。言い換えれば、本来は「階級闘争としての政治闘争」以外ではない「労働運動」が、春闘を通じる、「パイの配分を巡る『経済取引関係』たる経済闘争」へと誘導・還元・統合されている——のに他ならないわけだから、ここには、まさに「階級宥和策」の、その成功的モデルが一点の曇りもなく現出していよう。したがって、高度成長期・労働運動は、何よりも「階級宥和策」における、何よりもその一形態に他なるまい。

［3］社会保障　そのうえで「階級宥和策」の第三側面こそ③「社会保障」[6]であろう。その場合、この高度成長期・社会保障として圧倒的に重要なのはいうまでもなく「国民皆保険」と「国民皆年金」との体制的確立だとみてよいから、この二つを柱にして、高度成長期・社会保障の展開を視野に収めておきたい。そこで第一に（a）「国民皆保険体制の確立」から入ると、最初に一つ目に（イ）「制定過程」を押さえておく必要があるが、（A）その前提として「前史」も一瞥しておこう。さて敗戦に伴う未曾有の社会的混乱によって医療保険の適用者数は激減し、その後もなかなか増加は実現せず、高度成長期を迎えた五五年度にあってもそれは六一〇九万人に止まっていて、その普及率は六八・一％に過ぎなかった。何よりもこのような状況にあってこそ、「現在疾病保険制度の適用を受けていない国民は約二九〇〇万人、総人口の約三二％に及んでいるが、これらの疾病保険未適用者を、今後どのような形で保険の網の

目に取り入れて行くかということは、最初の、そして最大の課題をなすものといってよい」（五六年度版『厚生白書』）という政府方針も提起されたのであろう。まさにこのような背景の中で、（B）国民皆保険への道は五七年度からその具体的スケジュールに入る。その場合、その契機となったのは政府管掌健康保険の赤字であって、この赤字問題を切っ掛けとしてこそ医療保険の根本的対策確立の試行が進められていくのである。具体的には、まず五五年五月に、健康保険と船員保険の財政対策を審議するためのいわゆる「七人委員会」が設定され、その後一〇月には「七人委員会報告」がまとめられたが、しかし、この「報告書」を土台にして国会に上程された「健康保険法改正案」は、様々なトラブルと教育二法案による国会の混乱によって審議未了に終わった。こうして、国民皆保険成立は一頓挫を余儀なくされたが、それはようやく（C）五八年岸内閣によって実現に漕ぎ着ける。もっともここでも国会審議は難航を重ねたが、健康保険法改正法案は五八年一二月の第三一回通常国会に何とか上程されて成立をみ、その結果、新国民健康保険は、五八年一二月公布、五九年一月施行という運びになった。こうして、六一年四月に国民皆保険体制が発足していくといってよい。

では、国民皆保険体制を実現した（ロ）その「社会経済的要因」はどこに求められるのだろうか。結論的にいえば、それはいずれも、「高度成長の実現」という統一的要因に還元できるが、内容的に考えて区分すると以下の三側面から説明可能なように思われる。そこでまず第一側面はいうまでもなく（A）その「実施能力」であって、経済成長の結果として手に入った「国民所得の増大」がその前提的な条件をなす。つまり、この国民所得拡大が、まず一方で、国民一般の所得引上げをもたらし、それによって、国民の「保険料支払」能力を大きく拡大させることになった。それに加えて、他方で、この国民所得増加が企業の掛け金積み立て余裕を大きくさせただけでなく、さらに国家財政の規模拡大と経費増加とを可能にしたのも当然だから、その方向からも国民皆保険体制を強く支持したといえよう。

ついで第二側面としては（B）「体制側からの意図」が否定できない。すなわち、進行しつつある高度成長をさらに持続化するためには、「後進部門の所得水準引上げ＝購買力促進」・「社会保障を通じる所得の再配分」などが不可欠だとされ、そのための重要施策として「国民皆保険体制」の確立が望まれたといってよい。こうして、国庫負担増加をもって国民皆保険を樹立するという高度成長期型の基本路線が、まさに経済官僚の手を通してこそ描かれたわけである。まさにその「階級宥和」的本質が一目瞭然ではないか。そのうえで実態的にも、「中小零細企業の劣悪な状況」がその第三側面を形作っていた。いうまでもなく、高度成長の本格化とともに非近代的産業部門での格差拡大が目立ってきており、特に中小企業部門での劣悪な条件によって、そこでの、生活保護層への転落危険性が憂慮された。まさに、このような医療保険からの排除が予想される社会層への体制的配慮としてこそ、この国民皆保険制度は、体制的なその有効な作用発揮が要請されたのだ――と考えられる。

以上を前提に置いたうえで、最後に（ハ）この国民皆保険の「意義」にもふれておこう。しかし、ここまででフォローしてきたロジックを正当に評価すれば、そのポイントは明確であって、まず直接的には、高度成長に伴う就業構造の近代化・高度化が生み出した、医療保険など社会保険の未適用者増大に対処する施策であった点は自明である。しかしその間接的狙いこそが重要だといってよく、むしろ体制側からは、この直接的効果を媒介項にして、さらに以下の二論点こそが追求されていった。すなわち、第一は、この国民皆保険体制定着による生活安定は「購買力向上」と「労働力確保」とにつながるから、それを起点として、経済格差の圧縮・経済構造の歪み解消を図りつつ、高度成長の持続化が展望されたのだ――と考えられる。しかしそれだけには止まらない。それに加えて、この国民皆保険による社会保険未適用者の克服は社会的不安の軽減をもたらすから、それが資本主義体制安定化に寄与するのはいうまでもなく、したがってその点で、「階級宥和策」における、その発動手段を構成するのも当然であろう。まさに「階級宥和策」の基本的な一手段だといってよい。

続いて第二は（b）「国民皆年金体制の創設」に他ならない。そこで最初に（イ）「制定過程」から入ると、まず（A）その「出発」は、五九年四月の、地方公共団体による「敬老年金」の発足を契機としている。すなわち、この時に、大分県・岩手県久慈市・埼玉県蕨町・福岡県若宮町など四団体が、高齢者を対象として「敬老年金」を独自に実施し始めたが、これに刺激を受けて、その制定が要望されていた「国民年金」制度が、単なる要望段階から実現を積極的に目指す段階へと進んだ。こうして、石橋内閣によって、国民皆保険とともに国民年金の制定もがその重要施策の一つに取り上げられるに至ったのであり、この時点で、国民年金の創設はほぼ確定的なものになったといってよい。まさにこのような状況の中で五八年五月には第二八回総選挙が行われ、そこで国民年金創設が一つの公約にされたから、国民年金実現の可能性は一層高まった。それを受けて（B）その「成立」がくるが、総選挙を経て、国民健康保険の次の課題としてはこの国民年金がクローズアップされ、その後は、比較的スムーズな経過で制度制定へと向っていく。事実、五九年四月には国民年金が早くも成立・公布に辿り着いたのであり、まさにこれに立脚して、まず「無醵出制国民年金」（福祉年金）が五九年一一月から施行（第一回年金支払は六〇年三月）された他、ついで六一年四月には「醵出制国民年金」もがその施行をみた。「国民皆年金」体制への進展が一目瞭然だといってよい。

しかし、そこには（C）「限界」も明らかであって、例えば以下の四点は多方面から指摘され続けた。すなわち、①「制度の立て方の複合性」②「保険料の妥当性」③「年金給付の適格性」④「年金財政の困難性」、に他ならず、総じて、制度制定に関するその未成熟性の影響が無視できまい。

こうして年金制度の制定は比較的順調に推移したが、しかし、（ロ）国民年金の「実施」は逆に円滑には進まなかった。そこでまず（A）その「背景」だが、プロセス難航の原因は何よりも「反対運動」の盛り上がりにこそ求められる。

つまり、六〇年七月の適用者調査開始の時点で早くも「国民年金実施延期運動」に直面するが、この反対運動は社会党・民社党・総評を主軸にした強力なものであったから、国民年金実施は一時立ち往生を余儀なくされた。その場合、(B) その反対論拠が重要だが、それは一応以下の六点に整理できよう。つまり、①「醵出期間」②「保険料」③「支給開始年齢」④「年金額」⑤「年金積立金運用」⑥「対インフレ措置」などに区分されてよいが、いずれも根本的なもので、解決策への名案はなかった。そこでそうなれば、この反対運動に対する (C)「政府の対応」こそが焦点となる。みられる通り、これらの反対ポイントは極めてラジカルなものであり、しかも、その主張は「国民年金の無期延長」を求めるものであったから政府の対応スタンスは限られており、結局、「保険料の掛け捨て」問題などに一定の修正を加えるに止まった。こうして、波乱を含みながら国民年金は発足した。

そのうえで最後に、(ハ)「国民皆年金成立の社会経済的要因」が摘出される必要がある。そこで、その「要因」分析を試みると以下の三論点の重要性が浮上してくるが、まず第一論点は (A) その「性格」に関わろう。端的にいえば、この「国民年金の創設→国民皆年金体制」のロジックは、先に検討した、「国民健康保険改正→国民皆保険体制」の論理と「相似形」だということに他ならず、その両者には同質の社会経済的要因が作用している——ように思われる。したがってその意味で、これら二制度の成立は、まさに高度成長型土台の上に並び立つ、いわば「双子の社会保障システム」だとこそ性格づけ可能だといってよい。そうとすれば第二論点として、その共通要因の検出が注目されるが、そのうちのまず一つは (B) いわば「直接的要因」であって、具体的には、高度成長が生み出した「社会的歪み」に対するその「緩和機能」であろう。すなわち、経済構造の「近代化」推進過程で噴出した所得格差への対処に他ならず、窮迫した状態に転落することを未然に防ぐ制度としての、いわば「予防的システム」機能こそがそれに相当する。その意味で、国民皆年金成立において、まずこの「要因」が直ちに明瞭であろう。

しかしそれだけではない。それを前提にしつつ、ついで二つには(C)さらに「間接的要因」としては、この所得格差への対処が、ヨリ体制的には、「消費購買力需要の創出」と「政治的不満の吸収・緩和」へも連結する点が一層重要だと考えられる。何よりも高度成長の持続を図りながら、まさにその過程で「体制安定化作用」を確保する政策以外ではないから、その意味で、この国民皆年金制度がもつ、その射程の広さを見失っては決してなるまい。こうして、国民皆年金体制は、国民皆保険体制と歩調を合わせつつ、しかも同形の「直接―間接」型・成立要因を担って、この高度成長期にその必然的展開を可能にしたわけである。

以上を視界に捉えたうえで、最後に第三に(c)「高度成長期・社会保障」を総体的に総括しておきたい。このように焦点を定めると、取り合えず以下の三点にこそ格別の力点が置かれるべきだと考えられる。すなわちまず第一論点としては、何よりも(イ)「高度成長の歪み発生」が基本的に前提されねばならない。というのも、周知のように高度成長は、特に重化学工業を柱として旺盛な民間設備投資拡大をこそその機動力にしていた以上、そこからはみ出す、中小企業・零細企業・自営業・農業部門などは全体的にみて「割を食う」立場に残存させられたからである。したがって、それら部門の生産性・所得・利潤・賃金などは一定の遅れを余儀なくされた以上、基幹部門と周辺部門との間の所得格差は決して小さくはなかったといってよい。そして極端な場合には、その部門では医療保険や老後扶養から滑り落ちる可能性も高かったわけであり、それへの対処は、「体制安定化」を目指す資本主義国家にとって不可避のものになっていく。まさにそうだからこそ、高度成長期において、「国民皆保険・皆年金体制」構築化の推進が果たされたのであり、したがって、「高度成長」が必然的に惹起させたこの「社会的『歪み』」の規定性は、著しく大きいと考えられよう。

しかしそれだけには止まらない。ついで第二論点は(ロ)「高度成長の持続化条件」という視点が重要であろう。つまり、以上のような「社会問題の発生」は、労働力・資源・環境問題などと並んで「高度成長のボトルネック」問題をなした以上、この「国民皆保険・皆年金」制度創設は、高度成長をさらに持続させるためにも決定的に不可欠な施策だともいえた。例えば、この施策を通した「所得維持→需要拡大→消費向上」によって、高度成長はさらに一層刺激可能になるからであって、その結果、高度成長に対する、その経済的効果は十分に大きい。

このように整理されてよければ、第三論点として(ハ)その「体系的意義」はこう集約できる。すなわち、「国民皆保険・皆年金を中軸とする高度成長期・社会保障の進展は、生活安定・老後安定をアピールすることによって社会運動と階級闘争の体制内化を実現し、何よりもそれを通してこそ、資本主義体制の安定化＝反革命化を試行した」――のだと。まさしくここには、「現代的階級組織化作用の展開」が確認可能だといってよく、したがってそれは、現代日本資本主義国家による、見事な「階級宥和策の発現形態」だと規定される以外にはない。

Ⅲ　資本蓄積促進策――高成長型蓄積運動の加速

[1] 金融政策　取り急ぎ、国家による「体制組織化」の第二機能をなす(三)「資本蓄積促進策」へと移ろう。最初にその第一側面こそ①「金融政策」[7]に他ならないが、その場合の焦点は、いうまでもなく「有効需要創出に立脚した資本蓄積の拡大」にこそ求められてよい。そこでまず第一に、金融政策を通した有効需要創出の基本ポイントは(a)「日銀信用」動向において浮上してこよう。このような立脚点から、まず一つ目に(イ)「日銀信用総額増減」(億円)をフォローすると、例えば以下のような軌跡が描かれる。すなわち、一九五五年＝△二三〇四→五八年＝△一七九二→六一年＝八二二五→六四年＝△八一七→六七年＝七七九〇→七〇年＝一一四四四という推移であるから、ここからは、極めて特徴的な日銀信用の輪郭が把握可能だといってよい。というのも、高度成長開始時点ではなお日銀信用のむし

第５表　資金需給実績推移

（単位：億円）

年度	銀行券	財政資金	日銀信用	その他	日銀信用残高	
					貸出	債券市中買入
1949	△12	△848	826	10	1,088	－
50	850	311	517	22	1,279	－
51	613	△354	1,059	△92	2,278	－
52	584	△24	635	△27	2,912	－
53	186	△949	1,264	△129	4,172	－
54	△39	1,902	△1,652	△289	2,521	－
55	440	2,827	△2,304	△83	273	－
56	915	△1,586	2,525	△24	2,763	－
57	225	△2,555	3,135	△355	5,881	－
58	677	2,598	△1,792	△129	4,122	－
59	1,203	1,438	166	△401	4,256	－
60	2,003	51	2,206	△254	6,461	－
61	2,171	△4,909	8,225	△1,145	13,321	1,364
62	2,343	2,033	743	△433	13,443	1,985
63	2,465	614	3,322	△1,471	11,923	6,827
64	2,475	4,394	△817	△1,102	13,269	4,664
65	2,580	2,662	1,120	△1,202	16,245	2,809
66	3,635	△2,220	6,701	△846	17,177	8,173
67	4,618	△752	7,790	△2,420	15,806	16,454
68	5,306	3,478	4,092	△2,264	15,637	19,422
69	6,895	1,312	9,800	△4,217	19,906	22,613
70	6,490	△1,447	11,444	△3,507	24,291	28,827

（注）補助貨の受払いは，1954年度までは「財政資金」に，それ以降はその他に計上されている。
　　　なお，財政資金は対民間収支の計数。
（出典）日本銀行統計局『本邦経済統計』および『経済統計年報』による。

ろ収縮が続くが、高度成長進展とともにその顕著な膨張が継続するから――に他ならない。その点で、「転型期――六五年不況期」を例外とすれば、高度成長期の全般を通して、日銀信用は着実かつ持続的な増加を記録したとみてよく、したがってこの日銀信用膨張が、「有効需要創出→資本蓄積刺激」という方向から、高度成長を外枠的に支えたことはまず一目瞭然であろう。これが全体の大枠を構成していく。

そのうえで、この「日銀信用の総体的拡張」の内部にまで立ち入ると、まず「日銀信用残高」のうちの（ロ）「貸出」動向が問題となる。そこでこの「貸出残高」（億円）推移を追うと、次のようであった。例えば、二七三一→四一二一→一三三二一→一三二六九→一五八〇六→二四二九一（**第5表**）という数字が拾えるのであり、したがって、この図式の中に以下の三点が直ちに検出可能だといってよい。すなわち、第一は日銀信用の大宗がこの「貸出」によって占められた点であって、高度成長期におけるオーバーローン体質が見事に確認できよう。ついで第二として、六五年不況期を除けば「貸出」の一直線の増大基調が十分にみて取れるから、高度成長を支えた「日銀貸出」効果のその明瞭性が否定できまい。そして、そのうえで第三に「貸出」増加規模の激しさが特徴的だといってよく、その点にこそ、高度成長規模の巨大性のその基本条件があった。

それに加えて、「日銀信用」のもう一つの主要構成部分をなす（ハ）「債券市中買入残高」（億円）はどうか。これはいわゆる「新金融調節方式」に立脚した「公開市場操作」に関わっているが、それが本格化した六〇年代以降の実績を検出すると、以下のような構図となる。すなわち、六一年＝一三六四→六四年＝四六六四→六七年＝一六四五四→七〇年＝二八八二七という数字が刻まれる以上、その増大テンポの激しさには目を奪われざるを得まい。いうまでもなく「日銀信用」のメーン・ルートはなお「貸出」にあるとはしても、その量的規模ベースにおいては、むしろ、オーバーローン解消を意図して発動されたこの「債券オペレーション」の意義が極めて大きかったと結論できよう。こうして、高度成長期には、この「貸出・債券オペレーション」の両面を通じた「日銀信用」の拡張が進行し、それが、「有効需要の拡大」を根底的に保障していった。

では次に、この「日銀信用拡張」は（b）「銀行券」動向へとどのように反映しただろうか。なぜなら、有効需要の

「現実的伸縮運動」は――日銀信用を全体的土台としながら――具体的には、「日銀券発行」地点においてこそ発現をみるという作用関係が枢要だからであるが、この「銀行券」動向(億円)は以下のような運動過程を辿った。すなわち、四四〇→六七七→二一七一→二四七五→四六一八→六四九〇(**第5表**)という図式であって、その膨張スピードには驚かされる以外にはない。事実、「転型期―六五年不況」局面でもその拡張は止まらなかった程であり、例えば七〇年には五五年の実に一四・八倍にまで膨張を遂げているのである。こうして、「日銀信用拡大」を源泉とするこの「銀行券膨張」は、一方で企業サイドでは、投資資金として投資活動拡張において機能したし、他方で個人レベルでは、個人消費資金として作用して購買力増大へと接続した。要するに、この「銀行券拡大」は、投資需要および消費需要の両面から「需要拡大要因」として機能したわけであり、まさにその点で、それが「有効需要創出」作用を発揮することによって、結果的に、「資本蓄積促進策」として現実化したのは明瞭ではないか。

こうして、「高度成長期・金融政策」が、「日銀信用―銀行券」ルートでまず「直接的」に、「資本蓄積促進策」として機能した点が明白だが、しかしこの金融政策の役割は単にそれだけには止まらない。そうではなく、ヨリ「総合的作用」としては、その(c)「景気調整型機能」にも重大な配慮が不可欠だと思われる。そこでまず(A)その「ポイント＝機構」だが、いうまでもなくこのメカニズムは、いわゆる「国際収支の天井」作用に他ならない。やや具体的に示せば、「景気拡大→輸入増大→貿易収支赤字化→国際収支悪化→外貨流出・枯渇危機→金融引締め→景気下落」という周知のロジックであるが、高度成長期には、このような「景気調整指向型金融政策」が極めて効果的に発現をみたといってよい。しかし、その場合に重要なのは、以上のような、「金本位制」とも類似したメカニズムがかなり効果的に作動したその背景には、次のような、高度成長期・日本に特有な条件があった点であろう。つまり、①この時期にＩＭＦ八条国へ移行して「固定相場制に基づく、為替管理の禁止」が国際的に強制され、その制約によって、外貨維持が死活問題になったこと、②資源・原材料の対外依存性が大きいとともに、高度成長が「内需連関型成長」であったため、景気拡大が、輸出増大よりも「輸入激増」に結果したこと、③高度成長期日本金融に特有であった「オーバーローン」体質が、金融引締めの効果を極度に高めたこと、この三点であるが、逆からいえば、この引締め作用浸透の後は、逆の連関を通して、景気の急激な「再上昇」がむしろ保障されることにもなった。

ついで次に(B)その具体的「政策手段」だが、先に景気変動過程分析において指摘した通り、以下のような手段がその基本であった。すなわち、まず「公定歩合操作」がその中心を占めるのは明白だが、それに加えて、現代的な金融手段としての「預金準備率操作」と、新金融調節方式導入後に増加をみた「公開市場操作」をも決して無視はできない。といっても、ここまではいわば「金融政策の共通項」に過ぎないが、日本の場合にさらに特徴的なのはいわゆる「窓口規制の強化」ではないか。いうまでもなく、「管理＝統制型」の、日銀・大蔵省から民間銀行への「非・明示的命令」体系であるが、政府当局の責任回避指向にも左右されて、景気調整型金融政策において、この「窓口規制」は極めて絶大な効果を持った。

以上を前提にして、(C)「全体的意義」を整理すれば結局次のようにいえよう。すなわち、このような「景気調整機能」は、「景気過熱防止―新規景気促進」という特殊なサイクル機能を通して、全体としては、高度成長のその展開基盤に関して、その「維持・安定・促進」を確保＝実現する体系的機能を果たしていた――と集約可能である。したがって、そこでは、「高成長型蓄積運動の加速」が進められたわけであって、まさにそのような体系的役割からして、それが、「資本蓄積促進策」の絶大なる一環であることはもはや自明であろう。

[2] 財政政策　ついで、「資本蓄積促進策」の二番目の側面をなす②「財政政策」(8)へと転換していこう。そうすると、

第一に最も前提的には（a）「財政資金」（億円）動向が焦点を構成するが、その推移を、取り敢えず「対民間収支」に関わる計数として押さえていこう。したがって、この数字は「政府による財政資金投下」とその「吸収」との差額を表現することになるが、それは以下のような軌跡を描いた。すなわち、五六年＝△一五八六→五九年＝一四三八→六二年＝二〇三三→六五年＝二六六二→六八年＝三四七八と動くのであるから、「持続的拡張」というその基本的基調には何の疑いもあり得ない。まさに見事な「財政資金投入の純増」以外ではなく、その傾向は、「転型期」をも乗り越えた、いわば一貫した傾向だというべきであろう。こうして、高度成長期・財政は、いくつかの景気変動をも縦貫して、ほぼ一直線のトレンドで「資金撒布『超過』」を発現させた点が明瞭なのであって、この「撒超」傾向が、さらに企業・個人ルートを経由して、有効需要創出に帰着していった――のは当然だったのである。まさにその意味で、高度成長期・財政が「資本蓄積促進策」機能を基本的に展開した点はいうまでもない。

そのうえで第二に、高度成長期・財政の（b）「全体的メカニズム」にまで立ち入っていこう。そこで、「財政支出」にさらに「租税」と「公債」をも組み込んで高度成長期・財政の「全体像」を描けば、例えば次のような「図式」が浮上してこよう。つまり、この図式の出発点にはまず「高成長」が置かれるが、この高成長が、ここを起点としてそれ以降は、以下のようなロジックを必然的に派生させていく。すなわち、「高成長→企業・個人の所得増加→税の自然増収→増収分の新規財源と減税への分割→財政規模拡大プラス投資・消費拡大→成長の一層の促進→高成長の持続・拡大」、という構図に他ならず、それは、「高成長→財政システム→高成長拡大」という、まさしく「好循環過程」の実現そのものであろう。その結果、この「好循環図式」の中で、「経費＝公共投資中心」・「租税＝減税」・「公債＝不必要」という「高度成長型財政構造」が進行したのも周知の通りだが、要するに、「『成長』と『財政』との『相互促進的関連』」が実に「きれいに」形成されていったこと――が何よりも確認されてよい。

しかし、それを十分に認識したうえで、次の側面をも注意しておこう。つまり、このような「好循環連鎖」が高度成長期にいわば単線的に貫徹していったわけではない点である。そうではなく、第三に、先に指摘した「国際収支の天井」を反映した景気変動過程において、この財政政策も、(C) 金融政策と歩調を合わせて「引締め―緩和」という作用をいわば積極的に果たした点が重要だといってよい。具体的には、「政府予算の規模調節・財投規模の管理・減増税のコンビネーション・歳出実施の時期調節・国債管理政策の実施」、などが取り分け注目に値するが、これらの個別的財政政策を媒介にしながら、全体としては「景気調整策の現実的発動」が進行していった。まさにそうであれば、「有効需要創出」を基本機能としつつ具体的には「景気調整策」としても機能した、このような「高度成長期・財政政策」は、結局は、総合的にみて、「資本蓄積促進策」のその不可欠の一環としてこそ機能した――と総括可能ではないか。

[3] 産業政策　最後に、「資本蓄積促進策」の三番目は③「産業政策」[9]に他ならないが、まずこの「産業政策」の展開を第一に (a)「経済計画」動向に即してみていこう。さて政府は、戦後再建期の完了を前提にして、もはや「統制＝命令」という色彩においてではなくむしろ「誘導＝指針」という形での資本蓄積促進へと、その政策手段の切り替えを進めたが、その一つの端的な類型こそ、この「経済計画」の策定であった。その場合、政府は六五―七〇年の高度成長期において都合三度の経済計画策定を実施している。具体的には、六五年一月の「中期経済計画」、六七年三月の「経済社会発展計画」、そして七〇年五月の「新経済発展計画」の三つに他ならないが、まさに、高度経済成長局面に対応して、そこには以下のような共通点がみられるといってよい。つまり、そのいずれも、進行中の高度成長を持続させることをこそその基本的目的に設定していたわけであり、その点から、それを阻害する諸要因の解除と新たに必要とされる施策の実行とが目標に盛り込まれていった。そして、それを通じてGNPに関する目標成長率を八―

一〇%に定めつつ、その実現のために、政府は、財政政策・金融政策を相互に結合させることによって、まさに総合的に、高度成長の継続・拡大を追求したわけである。

したがって、この「経済計画」が、国民経済に対する、政府の総体的な「政策樹立・発動プラン」であった点がまず明白であろう。まさにこの意味で、これらの「経済計画」が、「誘導・指針」という側面に即した、何よりも「資本蓄積促進策」の一典型であったこと――に疑問はあり得ない。

ついで第二に、産業政策の第二パターンとしては(b)「地域開発政策」が指摘されてよい。そこでまず(A)その「背景」が重要だが、そのポイントが、ここでも「高度成長の持続化」にこそあるのは当然であろう。すなわち、高度成長が、その一つの主要な「マイナス副産物」として深刻な「過疎・過密問題」を惹起させたことはすでに周知の通りである。まさにこの地域開発政策こそは、このような過疎・過密問題の解決をキャッチフレーズとして登場したといってよいが、その結果、この地域開発計画は、地方をも巻き込んで、成長を一層促進する機能を果たしていくことともなった。

そこで次に(B)その「展開」の概略を追えば、その焦点は、いうまでもなく「新全国総合開発計画」にこそある。その際、その出発点は六一年策定の「全総」にあるが、そこでは、地方に大規模な工業拠点を育成し、それによって、人口・産業の大都市集中を緩和するとともに地方の振興を図る点にその力点が置かれた。まさにその拠点とされたのが「新産業都市」指定であったが、しかし、その「見通し」に反して、むしろ、地方の自然破壊と公害を発生させただけでなく、大都市への人口・産業の集中＝都市・地方格差が一層深化していった。

まさにこの「全総」の見直しこそが、六九年五月決定のこの「新全総」に他ならない。すなわち、ここでは、「全総」の見直しのうえに、以下の点が新たな基本目標として加えられた。具体的には、①「人間と自然の調和」②「開発の拡大と均衡化」③「国土利用の再編成」④「安全快適な環境条件整備」、に他ならず、この目標を、「全国的交通・通信ネットワーク形成」・「産業開発プロジェクト」・「環境保全プロジェクト」という、まさに大規模開発プロジェクトを実行手段にして推進する点にこそ、この「新全総」のその骨格がみて取れる。

そのうえで、最後に(C)その「意義」を整理すれば、いうまでもなくその主眼は、高度成長継続に対するボトル・ネックの除去によって高成長の持続を可能にする点――にこそあった。というのも、例えば「新全総」は、高度成長政策の「反省」の上に策定されたわけではなく、むしろその「前提」の下に、その「促進」を意図してこそ設定されたからであって、そこには明確に高度成長政策が貫徹していよう。要するに、「地域開発政策」は成長促進政策以外ではないのであり、まさにその点で、「資本蓄積促進策」のいわば典型だというべきであろう。

最後に「産業政策」の第三パターンとして、第三に(c)「大企業優遇策」がもちろん目立つ。そこでまず(A)その「背景」だが、この「大企業向け・個別政策」の目的が、何よりも「国際競争力の強化」にこそ求められるのは自明であろう。すなわち、一九六〇年代以降に直面化した国際化に対応して、産業体制の整備・高度化・強化が不可避となったからであって、国際競争に対抗しつつ高成長を続けていくためには、特に基幹的大企業への個別的な優遇政策が不可避になったとみてよい。まさにこのような環境に規定されて、高度成長の基軸部門をなす、例えば「鉄鋼業・自動車産業・石油化学工業」への積極的な政策発動が実施をみる。

それを前提にして、次に(B)その「展開」に移ると、まず一つ目に(I)「鉄鋼業」はどうか。そこで優遇措置の内容に立ち入ると、この鉄鋼業では資金面でのサポートが目立つ。具体的には、最新鋭大型製鉄所建設のための必要資金に関してその戦略的な供給が実施(各鉄鋼会社の借入金増加)されたことに加えて、法人税の各種減免措置を通す優遇措置もが実行されていった。その点で、まさにこのような「産業政策」を通じてこそ、鉄鋼業の「大型化」が促進されたといってよい。次に二つ目は(II)「自動車産業」だが、この業界でも、貿易自由化(普通車六五年一〇月実施)

に合わせつつ、その保護策として、諸減免税措置や融資額の増大などが試みられたうえに、行政指導の徹底化などが進められた。その実態理解のために一つだけ例を挙げれば、「機振法」にもとづく自動車産業への融資額・重点配分が特徴的だといってよく、その融資先について工作機械生産から自動車部品生産への比重移行が計られつつ、例えば、六六―七〇年間の融資総額の実に五五％もが自動車部品生産へと向けられた――とされている。それに加えて、自動車生産の周辺条件整備も無視できなく、例えば、巨額の道路投資・自動車通行優先の道路行政などという、モータリゼーション進展に対応した政策によって、自動車産業発展が広範に支援されていった。

そのうえで最後は三つ目に（Ⅲ）「石油化学工業」である。ここでは、上記二部門とはやや異なって、何よりも当該産業部門の基盤整備こそがその主たる内容だといえた。具体的には、投資調整・企業助成・事業環境整備などが目玉とされたのであり、まさにそれを通して、大規模石油コンビナートの形成が促進されていくのである。例えば、六四年にはエチレン・プラントの許可基準が一〇万トンだったものが、わずか三年後にはそれが三〇万トン以上へと変更された程なのであり、そこで発揮された、政府による条件整備の濃厚さが極めて印象的であろう。

そうであれば、この「大企業優遇政策」の（C）「意義」はこう集約可能であろう。すなわち、確かに、その「手段」としては、「個別・直接的」から「総体・間接的」方式へと転換しつつも、まさにそのような「間接誘導方式」を通じてこそ、「内容」的には、結局は「大型設備投資・企業集積促進型産業政策」として機能することになった――のだと。まさしく、典型的な「資本蓄積促進策」以外ではあるまい。

おわりに

以上のような考察を下敷きにして、「日本型・現代資本主義の『確立』」という視角から全体を総括しておきたい。

そこで、まず第一論点は（Ⅰ）「前提的命題」に他ならず、戦後再建を完了して、概ね一九五〇年代中葉から七〇年代冒頭にかけて「高度経済成長過程」が進行をみた。具体的に示せば、まず一面で（A）経済過程においては、「生産・投資・雇用・所得・消費」の拡大を通じた、連年一〇％を超えるGNP膨張がポイントをなすし、また他面で（B）政治過程では、「労資関係の協調主義化」に立脚した、労働運動・反体制運動の「体制内化」が、それぞれ「高度成長」の指標とみなされてよい。そして、これら「政治・経済」両面からする「高度成長型体制の実現」によってこそ、その総合的指標として確認可能なのは、（C）「投資—生産—消費」相互の「好循環」プロセスを土台とする、「自己調節機構を内在化させた、自律的景気循環機構の発現」以外ではなかった。まさにこのような「立体構造」が十分に注意されねばならない。

次に、それを前提にして第二論点としては、（Ⅱ）その「展開命題」が問題になろう。換言すれば、（A）「このような高成長は『日本資本主義のどのような歴史的局面を意味しているのか』」が直ちに問われるということに他ならないが、しかしそれへの「解答」はもはや自明であろう。すなわち、それは以下の二点から定式化可能であって、この「経済成長過程」が、何よりもまず一面で政治的には、（B）「日本的労資関係に基づく労資関係＝階級闘争の体制内化」と「国民皆保険・皆年金を基軸とした社会保障整備」とを媒介とした「階級宥和策」を前提にしていること——は自明である。しかもそれだけではなく、さらにその土台の上で、次に他面で経済的には、（C）「財政政策・金融政策・産業政策」などを基軸にした「資本蓄積促進策」にこそ立脚しているのもまた当然である以上、「日本資本主義に対してもつ、この高度成長過程の意義」も、その点からして、もはや明瞭だといってよい。すなわち、この「高度成長過程として発現した日本資本主義」は、その意味で、——この「階級宥和策」・「資本蓄積促進策」という二大軸点を根本条件とする——まさに「現代資本主義の一ヴァリエーション」以外ではあり得まい。

したがって、最後に第三論点こそ（Ⅲ）「結論的命題」に他ならない。そこでまず（A）この「現代資本主義の定義」[10]を確認しておくと、――他の機会に繰り返し指摘したように――その枢要点が、「資本主義の体制的危機における、『階級宥和策』および『資本蓄積促進策』を手段にした、資本主義延命を目指す『反革命体制』[11]」という点に求められるのは当然である。まさにそうであれば、いま確認した「展開的命題」からして、「高度成長期・日本資本主義」がまず何よりも「現代資本主義」と規定し得るのはもちろん明瞭だといってよいが、さらに留意すべきは、（B）それが「現代資本主義の『成立』や『再編』ではない」という点であろう。なぜなら、その「成立」ならば――他の著作および第一章で解明した通り[12]――すでに「一九三〇年代」で完了をみているし、また「再編」は――前章[13]で考察し終えたように――「戦後再建期」においてすでに終結している、からである。したがって「成立→再編期」とはもはやいえまい。

要するに最終的には、（C）こう結論されるべきであろう。すなわち、この「高度成長期・日本資本主義」は、その「成立期→再編期」を経たうえで、現実的には「階級宥和策・資本蓄積促進策の『全面展開』」をこそその根拠にしつつ、「日本型・現代資本主義」の、まさしくその「確立過程局面」に該当している――のだと。これこそが、何よりも本章の「最後の論理環」だといってよい。

（1）高度成長期・政治過程について詳しくは、講座『日本歴史』二三（岩波書店、一九七七年）をみよ。

（2）高成長期の経済過程の詳細に関しては、すでに拙稿「第一次高度成長と景気変動過程」（『金沢大学経済学部論集』第二八巻第一号、二〇〇七年）および「第二次高度成長と景気変動過程」（同第二八巻第二号、二〇〇八年）、さらに、拙書『現代日本経済の景気変動』（御茶の水書房、二〇一〇年）第二・三章、において考察した。ここではそのエッセンスを整理しておく。

（3）高度成長局面の景気変動については、鈴木・公文・上山『資本主義と不況』（有斐閣選書、一九八二年）、武井・岡本・石垣編著『景気循環の理論』（時潮社、一九八三年）、を参照のこと。

(4) 労資関係に関しては、森武麿他『現代日本経済史』(有斐閣、二〇〇二年)が的確で優れている。

(5) 高度成長期・労働運動については、川上・粕谷・佐藤『現代日本帝国主義』(現代評論社、一九七九年)をみられたい。階級闘争・企業主義化との内的関連がよく分かり、参考になる。

(6) 高度成長型・社会保障の展開に関しては、東大社研編『福祉国家』五(東大出版会、一九八五年)、横山・田多編著『日本社会保障の歴史』(学文社、一九九一年)、において詳細な記述が得られる。

(7) 高度成長期の金融政策について詳しくは、例えば大内力編『現代日本経済論』(東大出版会、一九七一年)、大島清監修『総説日本経済』二(東大出版会、一九七八年)、などを参照のこと。

(8) 財政政策の具体的展開に関しては、前掲、大島監修『総説日本経済』二の他、武田・林編『現代日本の財政金融』(東大出版会、一九七八年)、などが詳しい。その的確な展開をみよ。

(9) この高度成長局面の産業政策については、農業政策・中小企業政策・対外政策をも含めて、前掲、大内編『現代日本経済論』および前掲、森他『現代日本経済史』を何よりも参照のこと。

(10) 現代資本主義の「背景・機能・本質」については、すでに拙著『現代資本主義の史的構造』(御茶の水書房、二〇〇八年)において詳細に考察した。その場合、そこでは「現代国家」が枢要点をなすが、この現代国家の歴史的位置については、さらに拙著『資本主義国家の理論』(御茶の水書房、二〇〇七年)を参照されたい。その中でその体系化が試行されている。

(11) この「反革命体制」の含意については、何よりも加藤栄一『ワイマル体制の経済構造』(東大出版会、一九七三年)がふまえられねばならない。まさに「現代の本質」が摘出されている。

(12) この「成立」を巡っては、拙著『日本における現代資本主義の成立』(世界書院、一九九九年)をみよ。その中で、「現代資本主義」の日本における「成立」を多面的かつ体系的に実証した。

(13) 拙稿「戦後再建と日本型現代資本主義の再編」(『金沢大学経済論集』第二九巻第一号、二〇〇八年)を参照のこと。まさに「成立―再編―確立」の相互関係こそが重要であろう。

第四章　低成長経済と日本型現代資本主義の変質

はじめに

前章[1]では、日本資本主義の高度経済成長期を考察対象に設定して、この高度経済成長局面が、日本型現代資本主義における歴史的展開段階の、その如何なる構成ステージに相当するのか――に分析メスを加えた。換言すれば、一方で、すでに別著で考察し終えた、高度成長期日本の「景気変動パターン」という「現実的機構」分析を土台にしつつ、しかも他方で、現代資本主義論の「本質的特質」解明を「参照軸」に置きながら、「高度成長日本型・現代資本主義」の「現実メカニズム」とその「歴史的位相」とに、一定の理論的照明を当てたことになろう。そしてそのような作業を通してこそ、この「日本資本主義の高度成長過程」が、まず一つとして政治的には、（A）「日本的労資関係生成に基づく労資関係＝階級闘争の体制内化」と「国民皆保険・皆年金を基軸とした社会保障整備」とを媒介とした「階級宥和策」を前提にしたうえで、次に二つとして経済的には、（B）「拡張的日銀信用と有効需要創出型財政運営」および「総体的・間接的方式による成長刺激型産業調整機能」を柱とする「資本蓄積促進策」に立脚しながら、まさに現実的に展開したこと――が実証的に把握可能になったといってよい。したがってそうであれば、「現代資本主義の基軸」が、「資本主義の体制的危機における、『階級宥和策』および『資本蓄積促進策』を手段とした、資本主義の延命を目指す『反革命体制』」という点にこそある以上、そこからさらに、（C）この「高度成長期・日本資本主義」がまさしく「日本型・

現代資本主義の『確立過程』」以外ではなかった——という結論が導出可能なのもまた当然であった。まずこの点が肝要である。

こう整理できれば、本章の課題が以下のように提起されてくるのもいわば自明ではないか。すなわち、日本資本主義は二次に亘る高度成長過程を経験した後、七〇年代以降の二度の石油危機を契機として、いわゆる「低成長経済への移行」を余儀なくされるが、この「日本経済の『低成長化』」は「日本型・現代資本主義」に対して如何なる「変質作用」を及ぼしたのか——という論点が、まさにここからこそ直ちに浮上してこざるを得まい。換言すれば、「高度成長期」が「日本型・現代資本主義の『確立期』」であった点に対質化させた場合、この「低成長期」は、「日本型・現代資本主義」にとっての、一体「どのような局面に相当するのか」という論点に他ならず、したがってここから、分析視点のその段階的歯車は一つ先に進もう。

こうして、この点からつづめて表現すれば、「低成長経済—日本型・現代資本主義」両者のまさに内的関連分析、このような枢軸こそが、本章におけるその基本的課題に他ならないというべきであろう。

Ⅰ　基礎構造——低成長経済への構造的転換

【1】政治過程　まず考察全体の基本的外枠として、（一）低成長期の「基礎構造」を形成するその「現実的機構」分析が必要となるが、最初にその「入り口」として、この段階の前提的条件をなす①「政治過程」[2]から視野に収めておきたい。そこで、特に「体制統合システム」の展開プロセスに焦点を合わせつつ、差し当たり（a）「七〇年代前半」（b）「七〇年代後半」（c）「八〇年代」の三局面に区分しながら、その「政治過程」分析を試みていこう。まず第一に（a）「七〇

年代前半期」はどうか。いうまでもなくこの時期は、七一年ドル・ショックから七三年第一次石油危機にまたがる、日本資本主義のいわば「危機的局面」に当たっているが、まず（イ）その「背景」はどう押さえられるのか。そこで、いま特に政治的力学に即してその一般環境を追っていくと、差し当たり以下の三点が直ちに注目に値しよう。すなわち、まず一つ目は（A）「革新自治体の展開」が注目されてよく、それが、自民党保守政権に体制的危機を惹起させつつ新たな「体制的危機管理」対応をも生じさせた。やや具体的に列挙すれば、まず六四年段階で、横浜・大阪・北九州などに多くの革新市長が誕生し、その結果「全国革新市長会」の結成（六六年八一市長）が実現されたが、そのうえで、六七年には東京でまた七一年には大阪で、それぞれ革新知事の出現さえもみるに至る。こうして、五〇年の京都知事と並んで東京・大阪にも革新知事が生まれたわけであり、他方の「革新市長会」の拡大（七四年一三六市長）とも相まって、自民党＝体制側への政治的インパクトは極めて大きかった。

ついで二つ目に、このような革新自治体成立の社会的基盤としては何よりも（B）「都市化の進展」が無視し得まい。つまり、自民党政府＝体制は、一方で、高度成長の帰結としての都市化進行が生み出す、「物価・住宅・交通・公害」という住民諸問題に有効な対策を打ち出せないとともに、他方で、この都市問題の裏側といえる、農村の急速な崩壊と疲弊に対してもその打開策を適切には提起できなかった――といってよく、それが、まさに政治的な保守地盤の衰弱化＝革新自治体の興隆につながることになった。したがってそうであれば、この「七〇年代前半」における政治過程の基本的背景としては、結局三つ目として、（C）「新しい利益統合化方式の要請」化としてこそ集約可能だと思われる。つまり、自民党・政府・体制側からは、「都市化→革新自治体拡大」という危機に直面して、図式的には、以下のような「体制統合システム」への模索が提起されていくことになった。やや立ち入って示せば、体制としては、国民各階層の個別的な利益を吸い上げながらそれをまず十分に政治的・権力的に「ろ過」し、次にそのうえで、それを「国民全体の利益」にまで「統合＝再編成」することによって、最終的には、自民党＝体制のイニシアティヴの下で「立法化＝政策化＝政治化」を進めること——これに他ならない。要するに、危機管理におけるその体制的な進捗化である。

そのうえで、七〇年代前半期・政治過程の（ロ）「展開」に目を移そう。さて、以上のような「革新自治体の躍進↓体制的危機の進展」に遭遇して、体制側は新たな体制統合化ルートの模索に迫られるが、いまその主要な政策展開を取り上げると、例えば以下のような新基軸が注目に値しよう。すなわち、まず一つ目には（A）「開発政策」が目に付き、いま点検した「都市化対応の遅れ」の克服を目指して、田中・三木両政権の下で、都市問題を主要ターゲットにしたいくつかの「開発政策」が繰り出されていく。具体的には、自民党「都市政策大綱」（六八年）・「新全国総合開発計画」（六九年）・田中角栄『日本列島改造論』（七二年）などが特に目立つが、これらの政策発動は、「公害防止・職住接近・土地取引規制」という点では確かに「都市政策」ではあったものの、他面で、その主眼が、民間資本に都市開発という新しい市場を提供する点に置かれた点も決して否定できなかった。まさにその意味で、この「開発政策」は、「都市住民に対する統合化作用」という「『新型』の階級宥和策」であるとともに、「民間デベロッパーに向けた都市開発市場の造成」という「『新型』の資本蓄積促進策」作用をも発揮したわけであり、最終的には、それを媒介にして、「利益配分を手段とした『草の根保守主義の補強』」＝「危機の政治的組織化」と同時に、「需要創出を手段とした『資本蓄積機構の補強』」＝「危機の経済的組織化」もが目論見られたのだ——と図式化可能ではないか。

そのうえで次に二つ目は（B）「構造政策」に他ならない。換言すれば、自民党＝体制側からする、基本的な「体制作り」における「構造的政策転換」を意味するが、その主要な骨組みが、——直面する体制的危機の構造からして——何よりも、「労働環境の改善・社会資本の充実・良好な生活環境の創造・教育体制の整備」などに設定されたのは自明であった。つづめていえば、従来の「『成長追求型』から『成長活用型』への経済運営の転換」（産業構造審議会

『七〇年代の通商産業政策』七〇年）こそが、「危機克服のスローガン」に定置されるに至ったが、その方針に立脚して、具体的には以下のような政治展開をみた。すなわち、「公害対策基本法の全面改正」（七〇年）・「環境庁設立」（七一年）・「『福祉元年』宣言―社会保障費二四％増」（七三年）・「独占禁止法改正の提起」（挫折）などであって、体制構造の基本的枠組みに即した、その総体的な再編成が進んだといってよい。要するに、体制維持の新展開だとみるべきであろう。

まさにこのような動向の帰結としてこそ、三つ目に（C）「福祉政策」が取り分け顕著な進展を示す。そしてこの動きはいわば当然であって、革新自治体による体制への政治的挑戦＝「社会的緊張の高まり」に直面して、体制側からは、「社会開発の推進」と並んで「充実した経済力にふさわしい国民生活の安定と福祉の実現」が政策目標のメーン・スローガンへと押し上げられてこざるを得ない。何よりもこのような意図からこそ、例えば「新経済社会発展計画」（七〇年）や「経済社会基本計画」（七三年）などの政府方針が提起をみるといってよく、それを通じて、体制自らが、社会保障・社会資本などの現状に対する、「国民の不満の強まり」と「政策的対応の遅れ」とを自覚的に認識したうえで、あらためて、「このような国民の要望にこたえうるような政策の転換が必要である」と表明していくに至る。またそれに対して、七一年から七三年までの『経済白書』が「価値規範の一大転換」とまで指摘したのも印象的であって、総じて、七〇年代前半の「福祉国家への傾斜」は一見して明瞭であった。

そこで、この「福祉政策進展」のいくつかを検出すると、「児童手当法」（七一年）などの制度新設も無視はできないものの、むしろ、「社会福祉部門の相対的拡充」と並んで、既存の諸制度における財政的拡充・整備という側面での進行こそが目立った。つまり、そもそも、七三年度予算がその編成段階から「福祉元年」・「先進国なみの福祉水準」としてアピールされていたのも特徴的だが、事実その中で、「七〇歳以上の老人医療費無料化」・「健康保険の給付改善」・「月額五万円年金の実現」なども現実的に政策化をみたといってよい。しかしその場合に、階級関係視点からして重要なのは、体制主導のこの政策転換が、体制による、革新自治体からのいわば「先取り」＝「取り入れ」に他ならなかった——という政治的関連であって、自民党政府＝体制からの、まさしくこのような「先取り的受容」こそが、階級間の「政策的対抗性」をむしろ不明瞭にしつつやがて「体制統合の再編」をもたらしていった点も明白であろう。

以上を前提にすると、では最後に「七〇年代前半期・政治過程」の（ハ）「意義」はどう総括可能であろうか。このように焦点を定めると、この「七〇年代前半」局面におけるその「政治過程」的意義は、結局、「政策転換の生成を通す『体制統合の再編』」にこそ求められてよい。というのも、七〇年代に入ると、「経済の低成長化」と「革新自治体の伸張」とを両輪にして「体制危機の広がり」が軽視できなくなるが、まさにこの「体制危機の広がり」に対する、体制からの緊急対応形態こそ、「新しい利益統合化システム」を媒介とする、「危機克服」を目指した、「都市政策・開発政策・構造政策・福祉政策」などという、その一連の「政策転換体系」に他ならなかった——からである。そして、その「再編＝転換」が「革新自治体」政策の「先取り」という方式を採った点が重要であって、まさにそこにこそ、体制による、この「七〇年代前半」局面での「転換」が「体制統合システムの『再編』」以外ではないことの、何よりもその「本質」が見事に表出しているといえよう。この点も揺ぎなく押さえておきたい。

続いて第二に（b）「七〇年代後半期」へ移ろう。そこでまず（イ）「背景」から入ると、いうまでもなく「経済の低成長への移行」が決定的なポイントをなす。この低成長化の現実過程は次に立ち入って検証するが、ごく大雑把に指摘しただけでも、七三年＝第一次石油危機→七四・七五年＝ゼロ成長不況→七九年＝第二次石油危機というプロセスを通して、高度成長の終焉と日本資本主義の低成長パターンへの移行は明瞭となった。しかも、日本経済のこの低成長転換は、同時に「世界経済の停滞・不安定化・対立激化」の増幅過程でもあった以上、体制側からする統合化作用は、一層その役割強化が要請されていかざるを得なくなった。まさにこのような「危機深化への対応」としてこそ、「七〇年代後半期・政治過程」はその進行をみるが、この中で、国家の体制統合化作用はさらに一層の進展を実現する。

とすれば、「七〇年代後半期・政治過程」はどのように（ロ）「展開」したのだろうか。そこで一つ目に（A）「経済政策」が注目されるが、まず（I）「財政・金融政策」はどうか。この財政・金融政策に関しては後に詳述する必要があり、ここでは体制側のその政策的意図を確認するに止めるが、総体的にいって、政策発動の基盤には何よりも体制統合という課題が透けてみえる。つまり、まず一面では、列島改造ブームと石油ショックが複合化して激化した「狂乱インフレ」に際会して、国民生活防衛というスローガンの下で総需要抑制策が採られたし、さらにもう一歩積極的に、財政支出における「社会保障関係費」の比重増加と公共投資中の生活環境整備の重点化も進んだ。その点で、七〇年代後半期・財政金融政策の中では、「国民生活」への意識的なターゲット重視がまず軽視できまい。しかしもちろんそれだけではあり得ない。そのうえで他面では、七五年以降に不況深化と物価安定化とが目立ってくると、今度は、総需要抑制策からの転換が図られつつ、その後は、低金利政策と財政スペンディング策強化という資本活動刺激型へと舵が切り替えられる。こうして、七〇年代後半期にあっては、景気局面の急激な転換に直面して、体制側からは、「国民生活―資本蓄積」の「両にらみ」の下で、総体的な体制統合を目指した、目まぐるしい財政金融政策発動が進行したわけである。

ついで（II）「輸出促進策」が注目されてよい。というのも、七〇年代以降のインフレ体質に制約されて、財政・金融政策の効果にはすでに一定の限界が目立ってきている以上、資本活動刺激政策としては、「輸出拡大―景気刺激」を意図した「輸出促進策」の必要度こそが上昇してくる――からに他ならない。まさにこのような見通しに立脚して、体制側からする、戦略部門への政策的関与が強められたといってよく、その対象分野としては、基礎素材部門・耐久消費財部門だけではなくさらに先端技術部門にまで広がりつつ、ロボット・VTR・半導体という最新セクターまでもが網羅された。そして、それを促進した、体制による法的枠組み形成として、例えば、不況産業の整理を図りつつ戦略部門を促進して全体的な産業調整を実行した「特定不況産業安定臨時措置法」(七八年)や、産業構造の知識集約化構想にもとづいて重点産業部門の積極的な育成を課題とした「特定機械情報産業振興臨時措置法」(七八年)、などが、まさに効果的に機能したことは、いわば周知のことであろう。

しかし、それとの関係でさらに重要なのは、このような国家政策が、結局は(Ⅲ)「企業経営誘導」的作用を強力に発揮した点ではないか。つまり、この七〇年代後半期においては、以上のような体制側からの経済政策が、民間企業レベルでの経営構造転換へのいわば「呼び水」となって機能した——ということに他ならず、例えば以下のような二つの方向に即して、企業経営変革への「誘い水」として機能した。つまり、まず一方では、石油ショックに対応して展開された、企業レベルでの「減量経営」であって、それによって、企業の諸コスト削減のみならず、「省力化・省エネルギー化のための技術革新投資」もが進捗したのはいわば当然であろう。そのうえで他方では、これらの省エネ投資がさらにまたマイクロエレクトロニクス技術自体を一層発展させたから、その相互連関を媒介にして、ＩＣ・マイコンという新規の戦略部門がまた独自の進展をみたのは自明であった。要するに、七〇年代後半期の経済政策体系が、最終的には、企業構造再編へと結合していったのはいわば明瞭だといってよい。

ついで二つ目として(B)「政治・社会的統合構造」へと視点を転回していこう。そこで最初に(Ⅰ)「企業内統合」はどうか。さて、すでにふれたように、石油危機克服の主要手段として——国家政策にも支えられつつ——企業による「減量経営」の徹底化が進むが、それは、——別の箇所で後に立ち入るように——何よりも労働者間における「能力主義的競争」の一層の拡大・強化という姿でこそ現実化した。すなわち、この「能力主義的競争システム」は、すでに高度成長期・労資関係の中で「日本型労資関係の成立」として定着しつつあったが、石油危機を契機とした当面の「減量経営」の徹底的進行に直面して、例えば以下のような三側面に即しながら、さらなる一段の質的・量的な深化を遂げていく。まず第一側面は「自発的な能力開発」と「企業忠誠心の浸透」であって、企業減量化はいうまでもなく「労働者選抜＝少数精鋭化」を伴う以上、そこでは、労働者は、ただ生き残るだけのためにも「能力開発・企業忠誠心」をまさに「『自発的』に『強制』される」以外にはなかった。ついで第二側面は、この「能力主義的競争」適用範囲の全面化に他ならず、それは、「自主管理型・小集団活動」を通じて、企業組織的には「生産部門から事務・営業部門へ」、また産業セクター的には「重化学工業から製造業全体へ」と、それぞれ外的拡張をみながら全社会化にまで至る。まさにこれらを土台としてこそ、第三側面として「資本主導の労働力流動化」が向上をみるといってよく、失業増大の下での、配転・単身赴任・無償残業・過労死などという、明らかに不法な「労働力酷使」がいわば日常化せざるを得ない。要するに、この七〇年代後半期には、減量経営スローガンの下に、「能力主義競争」徹底化による顕著な「企業内統合」が進行していく。

続いて(Ⅱ)「政治的統合」に目を移すと、「革新自治体」席捲に伴う体制危機からの脱却過程＝「巻き返し」が動き出す。つまり、七〇年代後半・末を迎えると、自民党＝体制側からの危機克服型・政治過程が始動するのであって、具体的には、七八年には京都府・沖縄県・横浜市、また七九年には大阪府という代表的な革新自治体がその政権を喪失することになる。しかもそれだけではなく、さらに八〇年衆参同日選挙では自民党が大勝していくから、体制によるその「政治的統合」は、まさにこの七〇年代後半期においてこそ、その一定の成果を挙げたと整理されてもよい。しかしここで注意が必要なのは、この七〇年代後半期は、体制による「危機克服プロセス」としてはなお過渡的局面にあった点――であり、したがってその方向からすれば、七〇年代前半期で試行され始めた、自民党＝体制による「政策転換」がなお大きくは変化しない点も当然であろう。いうまでもなくその基調変化は、八〇年選挙後にこそ訪れる。

まさしく、このような「過渡的局面」を象徴するものとしてこそ、七〇年代後半期における、体制側からする（Ⅲ）「将来構想」の提案が続く。その場合、このような体制からの将来構想プランは、行政と民間シンクタンクとの共同機構である「総合研究開発機構」（NIRA、七四年）を通して提起された点が特徴的だが、まさにかかる「体制─民間」統合体によってこそ、「体制の二一世紀戦略」が打ち出されるといってよい。そして、この体制側からの「構想戦略」の代表例こそ、七五年「『二一世紀の課題』プロジェクト」・七六年「政策構想フォーラム」・七八年『事典・日本の課題──「二一世紀」研究プロジェクト』などに他ならないのであり、このような作業を媒介としながら、体制側は、「高度成長後の先進国的な諸問題への対応」と「経済大国としての国際環境激変への対応」とを見据えながら、「分権・参加・文化・環境」などに関する総合的な「政策構想」を提起していった。まさに、体制側における「過渡期における模索」以外ではない。

そうであれば、この七〇年代後半期「政治過程・展開」の（C）「帰結」は結局次のように集約可能であろう。すなわち、七〇年代後半期「政治過程」こそは、「革新自治体の興隆」と「ドル・オイルショック」とに挟撃されて深化した「体制的危機」の「七〇年代前半期」と、「革新自治体崩壊」と「自民党大勝」とを基盤とした「体制の立て直し」の「八〇年代期」とを繋ぐ、いわば「過渡期的局面」だったのであり、したがってそうであるが故に、この局面では、「財政金融政策の二面性」・「企業と体制との連合の下での企業合理化」・「模索型の将来構想提起」などという、「流動的な体制統合」に立脚した「政治過程」が展開された──のではないか。

こうして、「七〇年代後半期」に関する以下のような（ハ）全体的「意義」が最終的に手に入る。すなわち、この「七〇年代後半局面」は、一面では、企業内統合の進展や革新自治体崩壊などの点で「体制統合の強化」局面であることが明確だが、しかし他面では、「財政危機・経済摩擦・労働＝人間破壊・職場疎外・学校＝教育破壊・環境破壊」などという矛盾を強めた局面以外でないのも明白である以上、国際関係・国内政治関係の不安定性とも相まって、結局それは、「体制による危機管理＝統合化」に関する、まさにその「過渡的・再編成局面」としてこそ意義づけられるべきだ――と。ここからこそ、「八〇年代の体制統合」が発現してくる。

以上をふまえて、取り急ぎ(c)「八〇年代期」へと進もう。そこで最初に(イ)「背景」から入ると、まず総体的にみて、すでに確認した国内政治状況の地殻変動に加えて、アメリカを中心とした、日本に対する国際環境の一層の緊張化こそが、この八〇年代の特徴だと思われる。そして、そのような国際条件への政策的力点の移行は、逆からとらえ直せば、七〇年代における体制的危機のその焦点をなした「国内的体制統合」に対して、この八〇年代には、すでにある程度の決着が付いたことを意味するが、その「決着」の枢軸に、「革新自治体の崩壊」と「衆参同日選挙の大勝」という、何よりも七〇年代末・政治過程があった点は自明であろう。

しかもその場合には、この「対外関係重視型・体制再編成」の目的内容にこそ、むしろ強い注意を払う必要がある。というのも、従来は「対外的配慮」といえば、例えば貿易・経済摩擦への対処策などにもっぱら力点が割かれてきたが、八〇年代に入ると、そのような受身的な対応に止まらず、むしろ、「国際秩序の中心的担い手」という立場から「国際社会への積極的貢献」を果たすという、ヨリ能動的なあり方に変容してくる――からに他ならない。まさに、ヨリ「帝国主義的性格」を強化した、八〇年代型「対外的体制統合」作用が進行していく。

そのうえで、「八〇年代・政治過程」の(ロ)現実的な「展開」へと進もう。そこで一つ目に(A)その「契機」が注目されるが、すでに何度も指摘した通り、そのターニング・ポイントが、八〇年衆参同日選挙における自民党の大勝にあるのはいうまでもない。その点で、まずこの八〇年選挙勝利こそがその直接的「入り口」には違いないが、しかしそれ自体がポイントをなすわけではない。そうではなく、八〇年代「体制統合の再編成＝政治的安定化」を可能にしたその条件としては、「革新自治体つぶしの成功」・「企業体統合の強化」・「二度の石油危機の乗り切り」・「経営者層の社会的発言力向上」などという、その客観的土台こそが重要なのであって、これら諸条件が重層化することによってこそ、体制側からする、「八〇年代型長期戦略の提起」＝「八〇年代型体制統合の再安定化追求」が可能になるわけである。

まさにこのような土台に立脚してこそ、「八〇年代・政治過程」が自民党＝体制の強力なイニシアティヴの下に展開していくとみてよく、後に具体的にフォローするように、中曽根のリーダー・シップに従って、財政改革・行政改革・民営化に即した、広範な「八〇年代型・体制統合」が実行をみた。そしてその「体制統合の総決算」こそ、八六年の衆参同日選挙以外ではなかったが、そこで自民党は三〇四議席という圧勝を得たから、「七〇―八〇年代」を巡る「体制統合抗争」は、自民党＝体制側の「勝利」という形で一応その幕を下ろしていく。

ついで二つ目に、では、この「八〇年代体制統合」における、（B）その「原動力」は何に求められるのだろうか。しかし、その答えはすでに周知のことであって、国家機構・政策のこのような構造改革を現実的に推進したエンジンは、いうまでもなく、「臨時行政調査会」（八一―八三年）・「臨時行政改革推進審議会」（八三―八六年）・「臨時教育審議会」（八四―八六年）という「審議会システム」＝「臨調体制」以外ではなかった。その際、審議方式の特徴としては、中曽根と気脈を通じた特定のブレーン達が、行政部の抵抗を押さえながら「大胆な」提案を打ち出し実施した点――にこそその目玉があったといえるが、そのメンバーに、政治家としては中曽根や後藤田正晴、また財界人としては土光敏夫・瀬島龍三などといういわゆる「大物」が参加した点にも、これら「臨調体制」における実行力発揮の秘密が存在したとみてよい。

そうであれば、次の問題は、この「臨調体制」の（C）「内容・手法」に直ちに絞られてこよう。そこでまず（I）「改革の分野分類」に関する積極的提起が前提をなすが、臨調による改革は、以下のような三つの「分野分類」に立脚して遂行された。つまり、①「行政責任領域の見直しが不可欠なもの」――農業・社会保障・文教など、②「行政責任領域に入るがヨリ効率化が必要なもの」――外交・経済協力・防衛など、③「行政責任領域および制度・運用の両面から再検討が必須なもの」――国土・住宅・土地・エネルギー・科学技術、という三区分であって、その区分に従って財政支出構成へと反映させるべきだとされた。しかし、この区分立ての何よりもの焦点はいうまでもなく「福祉削減」にこそ設定されており、例えば「バラまき福祉批判」＝「自らの努力による福祉」などのスローガンの下に、社会保障費の意識的な収縮が追求されていく。その結果、「社会保障費・文教費・中小企業対策費」などが大幅に削減される一方で、「防衛費・経済協力費・国債費」のみが拡大する――という極端な財政支出構成が出現をみたから、その点で、臨調路線の本質は紛れも無く自明といってよい。

そのうえで、次は(Ⅱ)「政治スタイル」上の特徴が目を引こう。そして、それは大きくは以下の三つの範疇に分類可能だが、まず最初は①「その決定方式」に関してであり、臨調・行革審など公的諮問機関に行政部や議会に優越する役割を付与しつつ、ブレーンに支えられたそのような大審議会を頂点にして、議会・行政部・自民党などを貫通するトップ・ダウン形態の「政策形成・決定方式」を実現した点が目立つ。まさに「審議会政治・ブレーン政治・大統領型首相」などと呼称されたその所以である。ついで、それと関連して、次に特徴的なのは、②いわば「総合調整機能」とでもいうべき側面に他なるまい。すなわち、以上のような「臨調型・決定方式」を保障するために、そのための行政部組織の改革にも着手されていく。つまり具体的には、例えば、「総務庁」発足(八四年)・「安全保障会議設置」(八六年)、「内閣官房の拡充・強化」(三室一官から四室二官へ)、などという機構改革が進行したと判断してよく、新しい臨調型の政治スタイルにヨリ適合した政治機構の、まさしくその実質的な確立がみて取れよう。要するに、行政部としての「総合調整機能」の強化が図られつつ、首相のリーダーシップ実体化を目指した機構改革こそが現実化していった。

しかしそれだけではない。もう一つとして、③「中央―地方関係」の再構築も見逃せない。つまり、すでに七〇年代後半での「革新自治体つぶし」の段階において、「自治省から自治体への幹部出向」・「自治省ＯＢ型知事の増加」現象が目立ってきていたが、この八〇年代・臨調体制において、中央統制はさらに格段に進む。例えば、まず一方で、特に八五年度予算を嚆矢として「高率補助金の補助率削減」が強行されたし、さらに他方では、八五年以降の「地方行革」を通して、「組織・定員・給与という自治権」への露骨な中央介入もが開始された――と整理できる。こうして、臨調型・統治スタイルを外枠から支える構造として、新型の明確な「中央統制システム」が構築をみたといってよく、まさにその点で、「利益誘導を通したソフト型」とは区別されるべき、新しい「中央集権形態」の出現こそがここに予測可能ではないか。まさしく「日本型・現代資本主義」はその基本的な「変質」に直面している。

以上を前提にして最後に、(Ⅲ)臨調体制の「イデオロギー的機能」こそが重視されねばならない。そしてその際には、この臨調路線遂行の背景に、すでにふれたような、「日本の経済大国化・革新自治体の解体・企業内統合の強化」などという、八〇年代型の客観条件が存在した点が重要だが、そのような大衆的意識状況の中で、体制側から打ち出されたこの臨調型・改革は、結果的には――体制統合的効果としては――かなりの成果を収めた。すなわち、そのような「八〇年代型・客観条件」に裏付けされつつ、しかも、「生き残りを賭けた」、「個人間・企業間競争の一層の激化とそこでの成功を条件とした『利益拡大』」とに切迫されることによって、「活力ある福祉社会」・「自助努力に立脚した社会的連帯」・「国際社会への積極的貢献」という臨調スローガンは、むしろ、国民大衆にいわばスムーズに受容された――といってよい。換言すれば、他の選択肢がほとんど姿を消した状況においては、この臨調型スローガンこそが唯一の国民生活向上ルートだと理解されたわけであり、まさにその意味で、この臨調型改革は、体制統合に対する、その莫大な「イデオロギー機能」を発揮したといわざるを得まい。要するに、「反体制側」はその対抗戦略を全く封じられていったわけである。

このように考えてくると、「八〇年代・政治過程」は最終的にどのように総括可能だろうか。そこで、その「意義―到達点」の一つ目としては、まず（A）「基本性格」上の論点が指摘されてよい。つまり、やや大きな段階的視角から位置づけると、これまで具体的にその展開プロセスを辿ってきた如く、七〇年代以降の「政治過程＝体制統合化過程」は、七〇年代前半期＝「体制危機管理局面」→同後半期＝「過渡的再編局面」→八〇年代前半期＝「体制統合改造局面」という経過を経ながら、最終的には、八〇年代後半期＝「臨調型・体制統合確立局面」として動いてきた。そしてまさにその到達点としてこそ、自民党＝体制は、反体制的対抗圧力の抑止を実現しながら危機克服に一応「成功」するという、何よりもその一定の「体制構造」構築に漕ぎ着けたといってよい。その意味で、「大企業体制」を基盤としつつ、それと、「中央集権化」した行政機構とが制度的に結合したところの、いわば強力な「体制統合システム」の実現化――という点にこそ、「八〇年代型・政治過程」における、その極めて顕著な性格がみて取れる。もはや、「七〇年代政治過程」との質的相違には何の疑いもあり得まい。

ついで「意義」の二つ目は（B）その「蓄積戦略」に関わろう。すなわち、「臨調型一般的スタンス」・「経済大国化＝国際貢献」・「前川レポート重視」などという「八〇年代型環境」に規定されて、体制全体の「蓄積戦略」としては、「大幅な経常黒字不均衡の継続」を「危機的状況」とみながら、「輸出指向型経済構造」の「国際協調型経済構造」への変革こそが打ち出されていく。具体的には、「内需拡大」・「均衡的な貿易構造」・「産業構造の転換」・「金融・資本市場の自由化」・「国際協力の推進」、などが列挙されつつ、特に「内需拡大」に関しては、「規制緩和・都市圏再開発」という対企業政策だけではなく、「住宅政策・社会資本整備・労働政策」などという、いわば国民生活充実政策への目配りも目立つ。まさにこの中に、「八〇年代・政治過程」における、「体制統合」を目指した、「肌理の細かい」政策提起が一目瞭然だと思われる。

以上を集約する方向から、(C)「体制統合の新基軸」が「意義」の三つ目として注目される。そこで、まず「労働組合」への「新基軸」から入ると、全体として七〇年代には、革新自治体の主要推進基盤をなしてきた労働組合の、与党陣営へのむしろ「取り込み」成功が目立つ。その際、その実現要因としては、企業内統合の進捗の他、七五年公労協スト権スト敗北・総評影響力の低下・協調的労働戦線進展などが大きいが、これらの諸条件を効果的に利用しつつ、自民党・体制側は、労組幹部との「対話」を基盤として、この八〇年代には、労働組合勢力の「支持勢力化」を強力に試行し始めていく。こうして、八〇年代における労働組合運動の右傾化とまさに逆相関的に、労働運動の体制内「取り込み」という「新基軸」こそが明瞭になろう。ついで「都市住民」への「新基軸」も顕著であって、八六年選挙における自民党の都市部での躍進を教訓にして、特に都市サラリーマン層への新対応が活発化する。やや具体的に指摘すれば、このような発想から、議席定員配分の都市重視化・自民党の都市政党化追求・都市問題の重視・サラリーマン減税立案などへの着手が開始されたとみてよく、七〇年代・革新自治体興隆の反省の下に、八〇年代には、都市住民の「体制内包摂化策」が著しく強められていった。

そのうえで最後に、「政党関係レベル」における「新基軸」はどうか。周知のように、革新自治体最盛期には、社会党・共産党ブロックが効果的であって、それが、自民党単独あるいは民社・公明党との連合に対峙する――という政治力学図式が明確であったが、それに対して、七〇年代後半からは、革新自治体破綻とともに、その構図は基本的な流動化状況を迎えた。すなわち、「保守・中道・革新」の基本的区別が不明確化することを通して、特に地方政治においては、自民党は、民社・公明はもちろんのこと社会党右派にまでその政治的連合の連携ルートを拡張するに至る。こうして、八〇年代型「体制統合の新基軸」は、その最も現実的な政治過程的標章としては、まさに「政党レベルの統合化」という姿を取るわけであり、したがってその意味で、このレベルにおいてこそ、「八〇年代型政治過程」の、その最終的総括が見事に手に入るように思われる。

第１表　所得・生産

	国民（国内）総生産（支出）				生　　産	
	名　　目		実　　質		鉱　工　業	
	(1)大　川	(2)SNA	(3)大　川	(4)SNA	(5)篠原／通産省	(6)経産省
1953	SNA	7,085	SNA	14,669	7.6	40.3
54	十億円	7,466	十億円	15,526	8.2	43.7
55	8,370	8,399	47,075	47,243	8.8	47.0
56	9,422	9,447	50,603	50,735	10.8	57.5
57	10,858	10,874	53,898	53,978	12.8	67.9
58	11,538	11,545	57,856	57,891	12.5	66.7
59	13,190	13,189	63,242	63,233	15.0	80.1
60	16,010	15,998	71,683	71,632	18.8	100.0
61	19,337	19,307	80,180	80,054	22.4	119.4
62	21,943	21,901	87,073	86,906	24.3	129.3
63	25,113	25,055	94,724	94,500	27.0	142.3
64	29,541	29,446	105,320	104,978	31.3	166.8
65	32,866	32,773	111,294	110,976	32.5	174.5
66	38,170	38,073	122,700	122,387	36.8	
67	44,731	44,626	136,300	135,980	43.9	
68	52,975	52,825	152,532	152,099	50.7	
69	62,229	62,066	170,765	170,315	58.8	
70	73,345	73,188	188,323	187,918	66.9	
71	80,701	80,592	196,589	196,320	68.6	
72	92,394	92,401	213,129	213,139	73.6	
73	112,498	112,520	230,249	230,299	84.6	
74	134,244	133,997	227,428	227,014	81.2	
75	148,327	148,170	234,459	234,203	72.3	
76	166,573	166,417	243,779	243,542	80.4	
77	185,622	185,530	254,481	254,349	83.7	
78	204,404	204,475	267,898	267,985	89.0	60.2
79	221,547	221,825	282,589	282,945	95.5	64.7
80	240,176	240,099	290,551	290,454	100.0	67.7
81	257,963	257,417	299,763	299,124	101.0	68.4
82	270,601	270,669	308,927	308,999	101.3	68.6
83	281,767	282,078	316,101	316,448	104.9	70.7
84	300,543	301,048	328,484	329,032	116.5	77.4
85	320,419	321,556	342,950	344,166	121.9	80.2
86	335,457	336,686	352,880	354,171		80.0
87	349,760	351,814	367,556	369,714		82.7
88	373,973	376,275	390,325	392,733		90.7

（出典）三和・原編『近現代日本経済史要覧』（東大出版会，2007 年）3 頁。

［2］生産・貿易・雇用　そのうえで次に、以上のような「低成長期・政治過程」の土台の上で、どのような②「生産（投資）・貿易・雇用」が展開可能になったのであろうか。[3]そこで、まず第一に（ａ）「生産・投資動向」から始めると、最初に一つ目に（イ）「実質国民所得」（兆円）が前提となるが、それは以下のように動いた。すなわち、七〇年代に入って七一年＝一九六↓七三年＝二三〇（**第1表**）と順調に拡大をみたが、第一次石油危機のダメージを受けて、七四年には二二七といういわば「マイナス成長」に一旦は落ち込む。しかしそこからの回復は急であって、七五年には直ちに二三四へと戻しつつ、その後は、例えば、七七年＝二五四↓七八年＝二八二と拡大を続けながら第二次石油危機をプラス成長で乗り越えることによって、最終的には、八一年＝二九九↓八三年＝三一六（**第1表**）という高レベルで八〇年代を迎えていく。こうして、七〇―八〇年代のＧＮＰは、第一次石油危機での一時的な「マイナス成長」を挟みながらもほぼ持続的な拡大軌跡を描いたといえるが、しかし問題はその拡大テンポにこそある。というのも、例えば高度成長期の六〇―七〇年間の増加率（指数、六〇年＝三六・三↓七〇年＝一〇〇・〇）が二・八倍を超えているのに比較して、七〇年代のそれは実に一・五倍に止まっているからに他ならない。その点で、この七〇年代の中で、「高度成長経済」から「低成長経済」への「移行」が進行した――事実はやはり否定し難いのではないか。そのうえで、この「低成長移行」を次に（ロ）「鉱工業生産指数」（八〇年＝一〇〇）によっても確かめると、以下のような数値が拾える（**第1表**）。すなわち、七〇年代に入っても、七〇年＝六六・九↓七一年＝六八・六↓七三年＝八四・六とまず着実な増加を呈するが、しかし第一次石油危機の打撃を受けて、七四年＝八一・二↓七五年＝七二・三の両年には絶対的なマイナスへと落ち込む。したがって、ＧＮＰよりもこの生産水準に対しての方が石油危機のダメージが大きかったとみてよいが、いずれにしても、七〇年代半ばを境にして、生産規模の顕著な停滞がその幕を開ける。事実、その後も、一応の回復トレンドには戻るものの、七七年＝八三・七↓七八年＝八九・〇↓七九年＝九五・五↓八〇年＝一〇〇・〇という具合

第２表　産業別設備投資額

年　　度	1961－65	1966－70	1971－75	1976－80	1981－85
電　　力	1,683	2,603	6,181	13,158	16,581
都市ガス	146	327	822	1,237	1,221
石　　炭	162	220	406	383	362
鉱　　業	110	224	307	182	206
鉄　　鋼	1,014	2,216	4,040	3,754	3,995
非鉄金属	203	494	792	531	763
石　　油	465	1,075	1,841	1,528	1,544
機　　械	1,493	2,942	4,329	7,127	14,150
電気機械	276	668	1,086	1,960	5,907
自動車	580	1,358	1,874	3,470	5,420
化　　学	1,082	2,053	2,972	2,451	3,252
石油化学	386	880	1,066	742	844
繊　　維	457	632	781	500	565
合成繊維	243	304	325	250	300
紙パルプ	221	396	761	787	1,150
窯　　業	325	448	780	830	984
建　　材	28	101	293	236	238
雑　　貨	18	80	224	328	306
卸売・小売	61	400	1,294	1,742	1,943
合　　計	7,469	14,237	25,762	38,180	57,731
公害防止投資	…	406	2,990	2,117	2,024

（出典）通産省・経産省『主要産業の設備投資計画』各年版。

で、拡大テンポは目立って伸び悩む。その結果、七〇年代全体での拡大率はわずか一・五倍に過ぎないのであるが、六〇年代のそれが三・七倍にも及んだ事実を勘案すれば、この七〇年代の総体的な「低成長性」はやはり打ち消し得まい。

これらを前提にしつつもう一歩投資行動に立ち入って、この「GNP―生産」動向を（ハ）「企業設備投資」状況から把握するとどうなるか。そこで「企業設備投資額」（一〇〇億円）推移をざっと辿ると、「一九六一―六五年」＝七四六九→「六六―七〇年」＝一四二三七→「七一―七五年」＝二五七六二→「七六―八〇年」＝三八一八〇→「八一―八五年」＝五七七三一（**第2表**）という軌跡が描かれる。したがって、石油危機を含んだ七〇年代の前・後半期にあっても設備投資額がそれなりの増加基調にある点――には何の疑いもないが、しかしそこには、注意すべきポイントが伏在しているといわねばならない。すなわ

第３表　国際収支表

（単位：百万ドル）

年	経常収支				長期資本収支	短期資本収支	総合収支	外貨準備増減
		貿易収支	貿易外収支	移転収支				
1968	1,048	2,529	△1,306	△175	△239	209	1,102	886
69	2,119	3,699	△1,399	△181	△155	178	2,283	605
70	1,970	3,963	△1,785	△208	△1,591	724	1,374	903
71	5,797	7,787	△1,738	△252	△1,082	2,435	7,677	10,836
72	6,624	8,971	△1,783	△464	△4,487	1,966	4,741	3,130
73	△136	3,688	△3,510	△314	△9,750	2,407	△10,074	△6,119
74	△4,693	1,436	△5,842	△287	△3,881	1,778	△6,839	1,272
75	△682	5,028	△5,354	△356	△272	△1,138	△2,676	△703
76	3,680	9,887	△5,867	△340	△984	111	2,924	3,789
77	10,918	17,311	△6,004	△389	△3,184	△648	7,743	6,244
78	16,534	24,596	△7,387	△675	△12,389	1,538	5,950	10,171
79	△8,754	1,845	△9,472	△1,127	△12,976	2,735	△16,662	△12,692
80	△10,746	2,125	△11,343	△1,528	2,324	3,141	△8,396	4,905
81	4,770	19,967	△13,573	△1,624	△9,672	2,265	△2,144	3,171
82	6,850	18,079	△9,848	△1,381	△14,969	△1,579	△4,971	△5,141
83	20,799	31,454	△9,106	△1,549	△17,700	23	5,177	1,234
84	35,003	44,257	△7,747	△1,507	△49,651	△4,295	△15200	1,817
85	49,169	55,986	△5,165	△1,652	△64,542	△936	△12,318	197

（出典）前掲，三和・原『要覧』37 頁。

ち、高度成長期を比較対象に取ると、その増加程度には基本的な後退が無視できない点であって、例えば、第一次高度成長期から第二次高度成長期への拡大率が約一・九倍であるのに較べて、第二次成長期から、第一次石油危機を含む七〇年代前半へは一・八倍にまず鈍化していく。しかもそれだけではなく、そこから七〇年代後半期に掛けては、一・五倍にまで落ち込んでさらなる縮小を余儀なくされているから、結局、七〇年代における「設備投資額」動向に関しては、その「相対的な停滞化」がまさに一目瞭然なわけである。

次に第二に(b)「貿易構造」へと目を向けていこう。まず最初に一つ目として（イ）「貿易収支」（億ドル）が全体の前提をなすが、この低成長期には以下のような動向をみせた。すなわち、七〇年＝三九（輸出六九千億円）→七二年＝八九（八八）→七四年＝一四（一六二）→七六年＝九八（一九九）→七八年＝二四五（二〇五）→八〇年＝二一（二九三）→八二年＝一八〇

(三四四)（**第3・4表**）という推移に他ならないが、ここからは、以下の三点がその特徴として直ちに浮上してこよう。すなわち、まず一つは全体的趨勢という方向からすると、貿易黒字の恒常化が明確に定着するに至ったといってよい。というのは、高度成長期では、その前半期においてなお数年間の貿易赤字局面を抱えざるを得なかったのに対し、この七〇年代以降では、全局面にわたってその黒字化が実現されている——からである。こうして、この「低成長期」においては、一貫した貿易黒字基調の進行が明瞭に継続していく。しかし二つには、この「貿易黒字」規模が、景気動向に敏感に反応して極端な乱高下運動に翻弄されることもまた打ち消しがたい。いうまでもなく、七四年と八〇年においては、二度の石油危機の後遺症として極めて急激な「貿易黒字の縮小」に見舞われているからであり、その点で、石油危機の、貿易動向に対する高い反応度がまさに一目瞭然だとみてよい。そのうえで三つとして、にもかかわらず注意が必要なのは、このような景気変動に対応した貿易黒字が目立つにしても、その変動を超えて貫徹しているのは、まさに「輸出の持続的増大」以外ではない——という事実であろう。したがってそうであれば、「低成長期・貿易の基本構造」としては、何よりも「輸出の恒常的かつ大規模な拡張」こそが指摘

第4表　輸出・輸入

（億円）

年	貿易		(19)国際収支（経常）
	(17)輸出	(18)輸入	
1966	35,195	34,282	1,254
67	37,590	41,987	△190
68	46,698	46,754	1,048
69	57,564	54,085	2,119
70	69,544	67,972	1,970
71	83,928	69,100	5,797
72	88,061	72,290	6,624
73	100,314	104,044	△136
74	162,079	180,764	△4,693
75	165,453	171,700	△682
76	199,346	192,292	3,680
77	216,481	191,318	10,918
78	205,558	167,276	16,534
79	225,315	242,454	△8,754
80	293,825	319,953	△10,746
81	334,690	314,641	4,770
82	344,325	326,563	6,850
83	349,093	300,148	20,799
84	403,253	323,211	35,003
			十億円
85	419,557	310,849	119,698
86	352,897	215,507	142,437
87	333,152	217,369	121,862
88	339,392	240,063	101,461
89	378,225	289,786	87,113
90	414,569	338,552	64,736

（出典）前掲，三和・原『要覧』5頁。

されねばならない点は、もはや自明ではないか。まさに高度成長期の、その明確な遺産に他なるまい。

ついで二つ目として、(ロ)「長期資本収支」(億ドル)の動向はどうか(**第3表**)。さて、すでに前章で確認した通り、高度成長期は、日本における、「資本輸入国→資本輸出国」転化のいわば過渡期であったが、それに対して、この「低成長期」こそは、「長期資本収支・赤字=資本輸出国」基調の定着段階以外ではなかった。事実、七〇年代の「長期資本収支」を具体的にフォローすれば、例えば以下のような数値が刻まれていくといってよい。すなわち、七〇年=△一五→七二年=△四四→七四年=△三八→七六年=△九→七八年=△一二三→八〇年=二三→八二年=△一四九というラインを動いたから、そこに孕まれた含意は一見して明瞭ではないか。すなわち、まず最初に総合的にいって、連年の、しかも増加テンポでの、「長期資本収支赤字=資本輸出」拡大過程が目立つが、しかし次にそのうえで、景気変動に連関して、二度の石油危機を受けることによって、七六年での「資本輸出・激減」と八〇年における「資本輸入への再転化」さえもが出現していよう。その意味で、長期資本収支と景気変動との内的関連に改めて注意が引かれるが、しかしそれにしても、この動向に関してやはり留意すべきは、むしろ「低成長期における資本輸出基調」の構造的定着化の方であって、七〇年代・低成長期においてこそ「資本輸出大国化」が進行した事実——こそが決定的に重要だと思われる。

以上を前提として、最後に三つ目に(ハ)「総合収支」(億ドル)というベクトルから全体を集約しておきたい。そこで「総合収支」推移を追うと、特に七〇年代後半以降での「大幅赤字化」が手に取るようにわかる。すなわち、七〇年代を迎えてまず七〇年=一三→七二年=四七と安定的な総合収支・黒字が実現されるが、しかし第一次石油危機に直面すると一転して赤字に転じ、七四年=△六八→七五年=△二六とマイナスに沈む(**第3表**)。もっとも、そのピンチ脱出後は再び七六年=二九→七八年=五九と黒字へと回復するが、しかし、ついで二度目の石油危機の襲来を受け

第5表　雇用指数

	実質国民総生産	鉱工業生産	製造業稼動率	製造業労働生産性	製造業常用雇用	完全失業者
	対前年比（%）	対前年比（%）	指数 1975=100	対前年此（%）	指数 1975=100	（万人）
1965年	4.4	3.7	111.2	3.5	92.0	57
66	10.0	13.1	118.6	13.0	92.5	65
67	13.2	19.5	128.3	16.5	95.5	63
68	14.4	15.5	132.6	13.8	99.4	59
69	12.1	16.0	133.4	13.6	103.1	57
70	11.2	13.8	130.0	10.4	107.0	59
71	4.7	2.6	122.6	4.4	107.7	64
72	9.0	7.3	123.4	11.1	105.7	73
73	8.8	14.9	128.1	17.5	106.0	68
74	△1.2	△4.0	117.3	△0.5	105.5	73
75	2.4	△11.0	100.0	△3.9	100.0	100
76	5.3	11.1	108.3	12.3	98.0	108
77	5.3	4.1	107.5	5.1	97.1	110
78	5.1	6.2	110.7	8.0	94.9	124
79	5.6	8.3	118.9	12.1	94.1	117
80	4.2	7.1	119.6	9.2	94.8	114

（注）国民総生産 1970 年以前は 1965 年価格，1971 年以降は 1975 年価格。
（出典）経済企画庁『国民経済計算年報』，日本銀行調査統計局『経済統計年報』他。

ると再度マイナスへと落ち込む他はなく、八〇年＝△八三→八二年＝△四九（**第3表**）という赤字基調で八〇年代に接続していく——という波乱万丈に浮遊するのである。その場合、先にみた通り、この七〇年代には「輸出拡張—経常収支」は基本的にはもちろん黒字基調で経過したのだから、七〇年代後半での以上のような「総合収支・赤字化」の原因は、次の二項目の大幅赤字以外にはあり得まい。つまり、そのうちのまず一つは、先に検出した「長期資本収支・赤字」であるが、そのうえでもう一つは、「貿易外収支・移転収支」の巨額な赤字に他ならない。そしてこの後者は、七〇年代以降に活発化する、「日本経済の低成長期移行」に対応した、日本資本主義における対外金融取引膨張の証明である以上、他方の「資本輸出・激増」と並んで、この「貿易外・移転収支の赤字拡大」も、「低成長経済化」のいわば顕著な帰結だというべきであろう。「総合収支」動向がそれをまさに的確に象徴している。

そのうえで、第三として（c）「雇用動向」へ進もう。そこでまず一つ目に（イ）「雇用者状況」から始めると、例えば「製造業常用雇用」（指数、七五年＝一〇〇）は以下のような興味深い動きをみせた**（第5表）**。すなわち、「転型期」を乗り越えた後は、六八年＝九九・四→六九年＝一〇三・一→七〇年＝一〇七・〇となって一旦は上昇に転じ、その結果、七一年には一〇七・七のピークを打つ。しかし、第一次石油危機に先立つ七二年＝一〇五・七から早くも下落へと基調変化を遂げ、その後は、七三年＝一〇六・〇→七四年＝一〇五・五→七五年＝一〇〇・〇→七六年＝九八・〇→七七年＝九七・一→七八年＝九四・九→七九年＝九四・一→八〇年＝九四・八という経路で、まさに「見事な」単調減少ラインを驀進する。したがって、この七〇年代・低成長期には労働力吸収の顕著な減少が発現したとみる以外にはなく、その意味で、「雇用削減＝減量経営」の進捗が手に取るように浮かび上がってくるが、しかしその点を前提にしたうえで、あくまでも注意すべきは、何よりも以下の面に他ならない。つまり、このような雇用縮小は、石油危機によるその「結果として」いわば緊急避難的に実行されたというよりは、むしろ、その衝撃を引き金に利用して、企業主導的に、構造的な「雇用節約型体系」へと生産・経営システムを転換させたまさにその帰結である――のだと。

そして、以上のような七〇年代「製造業雇用」の低落化進行が、ついで「産業別雇用構成」に影響を及ぼしたのは当然であった。いうまでもなく、「第二次産業」構成比の伸び悩み傾向以外ではなく、事実、「第一次―第二次―第三次産業」間の比率（％）は、六〇年代＝三三―二九―三七→七〇年代＝二〇―三五―四六→八〇年代＝一一―三五―五四と変動する。したがって、七〇―八〇年代に掛けての「第二次産業の停滞化」が一目瞭然だが、まさにこの推移の中に、「産業のサービス化・ソフト化・情報化」という大きな地殻変動とも重層しながら進められた、何よりも、七〇年代型「減量経営」に立脚する、「企業・雇用削減システム」のその特質が、いわば誤りなく表現されていよう。

そうであれば、この労働力吸収の低落は、二つ目に（ロ）「完全失業者」（万人）へとどのように反映したのだろうか**（第**

5表)。しかし、そのロジックはいうまでもなく自明であって、「雇用削減」が、失業者を以下のようなテンポで顕著に膨らませたのは当然であった。すなわち、七〇年＝五九はまだ高度成長末期のレベルを保っていたが、「ドル・ショック―第一次石油危機」期を皮切りにして上昇を開始し、七二年＝七三→七四年＝七三とまず一段階のレベル・アップをみせる。しかし、それはまだ「序の口」にしか過ぎず、ついで、第二次石油危機のまさに以前の時点で、減量経営の定着に対応して、七六年＝一〇八→七八年＝一二四と極端な激増にまで至る。その結果、八〇年にも一一四万人という大台に乗ったままで経過するが、このような結果を一瞥するだけでも、石油危機のダメージによるよりも、むしろ企業主導の「減量経営―雇用削減」という方向からこそ、七〇年代における「失業者の構造的激増」が現実化している――点が納得し得よう。

まさにこのような「失業者激増原因」の理解こそが重要だが、それが、次に「失業率」(%)を押し上げているのはいうまでもない。事実、七〇年＝一・一→七二年＝一・四→七四年＝一・四→七六年＝二・〇→七八年＝二・二→八〇年＝二・〇→八二年＝二・四という軌跡が描かれるから、七〇年代としては総体的な増加基調を辿りつつ、ついにその後半には二%をも突破している。こうして、七〇年代における「失業率の継続的上昇」には一点の疑問もなく、したがって、繰り返し確認してきた「減量経営→雇用削減→失業者増大」運動が、最終的には、この「失業率上昇」にこそ帰結していよう。

そのうえで最後に三つ目として、(ハ)「賃金動向」

第6表　賃金推移

年　次	調査産業計	
	平　　均	実質賃金指　　数
	円	
1930	54.23	103.7
35	51.15	100.0
40	61.05	69.7
47	1,950	34.6
50	11,076	97.5
55	18,343	119.4
60	24,375	143.8
65	39,360	171.9
70	75,670	253.4
75	177,213	346.9
80	263,386	373.8
85	317,091	388.3
90	370,169	420.9
95	408,864	438.2
2000	398,069	423.7
05	380,438	412.8

(出典) 前掲，三和·原『要覧』14 頁。

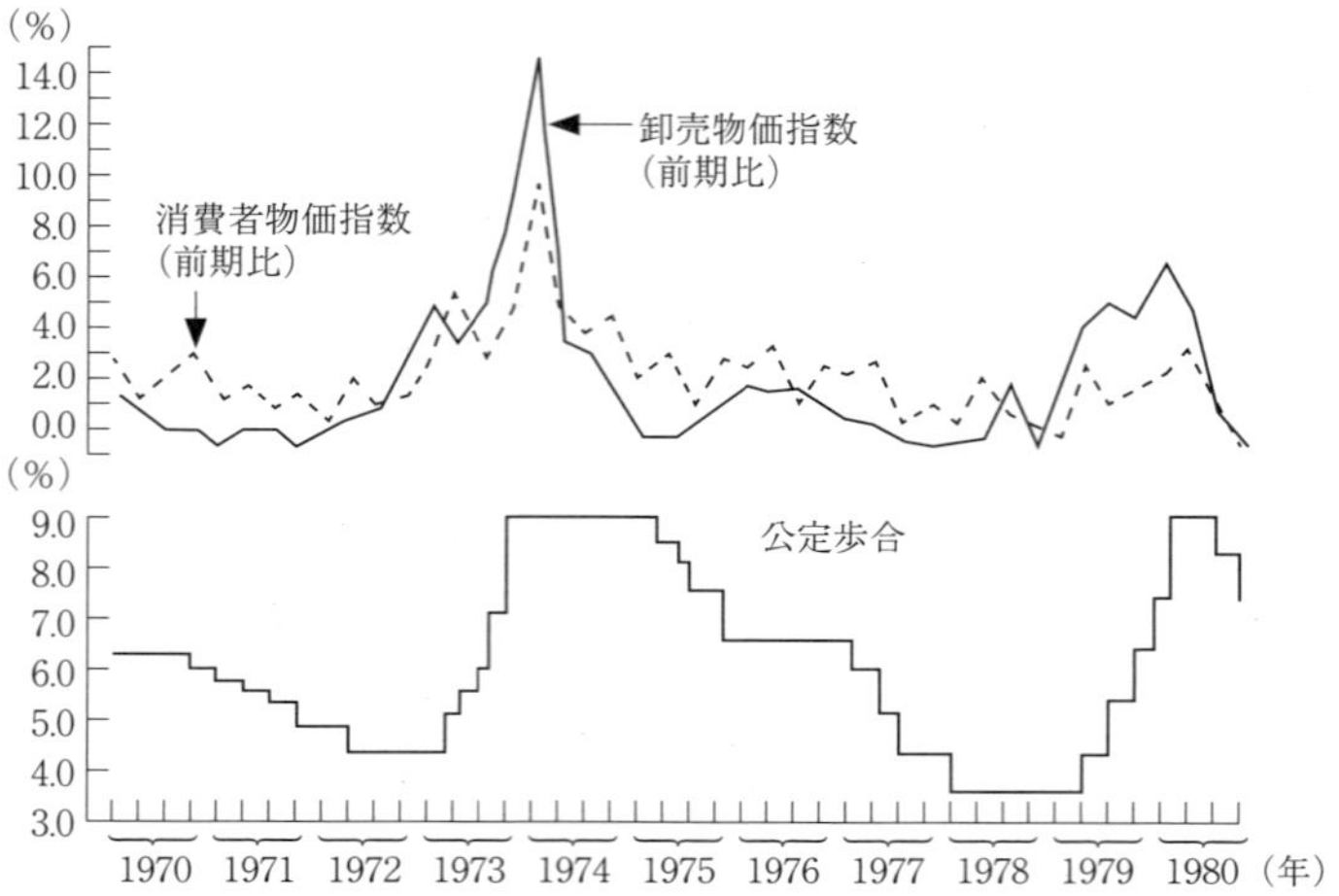

（出典）日本銀行調査統計局『経済統計年報』。

第1図　物価と公定歩合

に目を転じていきたい。そこでいま産業計に即して「現金給与総額」（一ヵ月当たり、平均、千円）の推移を追うと、例えば、六五年＝三九（「実質賃金指数」一七一・九、一九三五年＝一〇〇）→七〇年＝七五（二五三・四）→七五年＝一七七（三四六・九）→八〇年＝二六三（三七三・八）→八五年＝三一七（三八八・三）（**第6表**）という数字が手に入る。したがって、名目・実質賃金の両方について、七〇年代低成長期にあっても、絶対的数字上の増加・上昇がもちろん否定はできないものの、しかしその拡大テンポにまで目を凝らすと、そこには明らかな停滞化が浮上してこよう。特に「実質賃金」に関する伸びの鈍化は顕著であって、取り分け「七五―八五年」の一〇年間ではわずか四〇ポイントの上昇に止まっているのである（ちなみに「六五―七五年」の一〇年間では二倍を超えていた）。しかし、このような「賃金停滞傾向」についてはもはや何ら驚くには値しない。なぜなら、すでに検出した、「低成長化→減量経営→雇用削減→労働力吸収減少」という「七〇年代型雇用構造」が、労働力需給関係を変質させた結果、それが、賃金上昇に強い抑制作用を発揮した――のは自明だからである。こうして、「低成長経済への移行」が賃金上昇基調に終止符を打ったのであるが、しかもそれだけではなく、それがさらに、七〇年代労資関係自体に対しても大きな変更を迫っていくのは当然であった。

〔3〕景気変動　最後に、この「基礎構造」を③「景気変動」[4]という動態過程からも総合化しておきたい。そこで第一として（a）「七一年不況」から入ると、まず一つ目に（イ）その「背景」が注目されるが、では（A）その「契機」はどこにあったのか。周知の通り、六五年不況を抜けた後、日本経済は「いざなぎ景気」に転じたが、しかし、六九年九月の公定歩合引上げを切っ掛けにして景気上昇はいわば「踊り場」を迎える。まさにそこからこそ、七〇年夏以降は、在庫急増と稼働率低下とに直面して生産停滞が進行しつつ、最終的には、長期好況の持続にその終止符が打たれていく。まさしく日本経済の不況転換に他ならない。

ついで、この「七一年不況」の（B）「特質」を探ると、例えば以下のような三点はほぼ通説的な理解だといえよう。すなわち、（Ⅰ）「長期持続性」――七一―七二年にも渡った不況のその「長期化」、（Ⅱ）「深刻性」――「鉱工業生産の対前年比」が七一年にはわずか二・六％にまで低下した不況のその「深刻化」、（Ⅲ）「物価の上昇」――七〇年＝七・七％↓七一年＝六・一％（**第1図**）という消費者物価のその「騰貴化」、これである。要するに、高度成長期・景気変動とは異なるいくつかの断面が発生しており、まさにその中にこそ、「七〇年代型景気変動の新側面」が垣間みられていく。

そのうえで、「七一年不況」の（C）「原因」はどこにあったのか。そこで最初は（Ⅰ）その「直接的原因」だが、それが、何よりも「六九年九月の公定歩合引上げ」自体にある点はまず否定できまい。つまり、この引上げは五・八四％↓六・二五％といういわば中規模のものであり、したがって、その結果として惹起したこの不況は、景気の行き過ぎを予防する意図を持った「政策的不況」だともいわれたが、いずれにしても、この引上げこそが景気転換の引き金をな

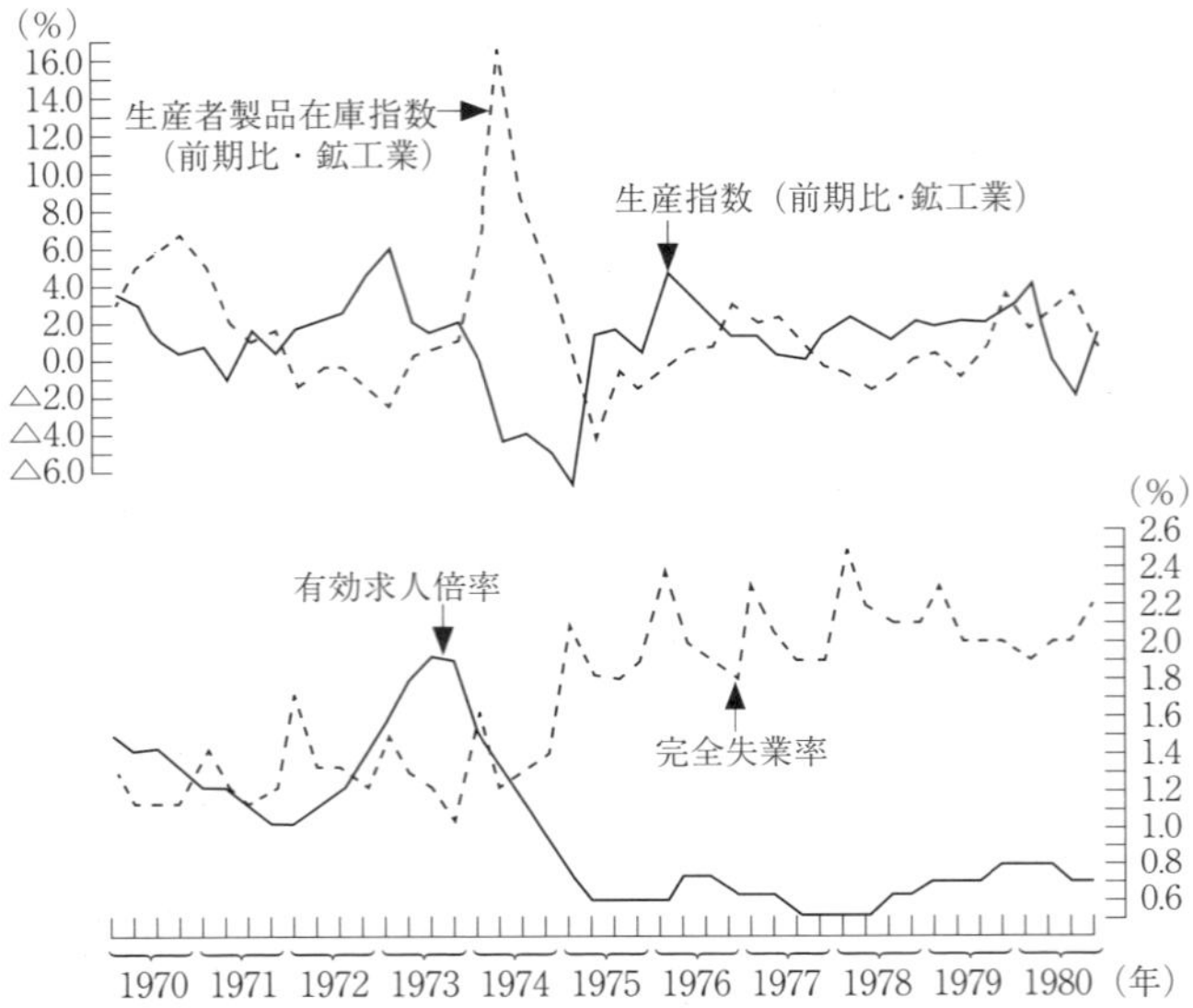

(出典)経済企画庁調査局編『経済変動観測資料年報』,日本銀行調査統計局『主要企業短期経済観測年報』。

第2図　景気変動諸指標

した。しかしさらに注目すべきなのは、この「金利引上げ」を不可避にした(Ⅱ)その「実質的原因」にこそあろう。そして、それが「資本の過剰投資」にあることは当然であって、一面では、労働市場の逼迫が、生産性を上回る賃金上昇＝労務費上昇を発生させたと同時に、他面では、投資拡大が、「資源制約」にも挟撃されて「過剰生産力累積＝稼働率低下」をも必然化させた――わけである。まさに、「七一年不況」の背後に「過剰蓄積の進行」が確認されてよい。

しかしそれだけではない。さらに、これらを加速するものとして、(Ⅲ)「外部的原因」ももちろん無視できない。いうまでもなく「ＩＭＦ体制崩壊に起因した輸出停滞」に他ならないが、「ドル・ショック＝円切上げ」が七一年後半からは顕著な輸出減少を引き起こした。したがって、この輸出停滞が、進行しつつある不況をさなきだに加速したのは余りにも当然であった。

以上のような背景的枠組みを前提にして、次に二つ目に（ロ）「内容展開」へと進もう。そこでまず（A）その「性格」だが、この「七一年不況」に直面して、企業は、不況脱出を目指してかなりドラスティックな新方策の追求へと動く。というのも、いま確認した通り、今回の不況はいくつかの要因からなる「体系的複合性」にこそ起因している以上、その克服に際しても、七〇年代型の「新基軸」が進行する以外にはない――からである。まさにそれこそが、七〇年代型「景気変動の形態変化」に接合していくのであるが、（B）その「新基軸」としては以下の三点が取り分け重要といってよい。すなわち、（Ⅰ）「独占的操作行動」――不況カルテルの認可・延長と生産制限・価格操作の追求、（Ⅱ）「設備投資の抑制」――設備投資の現実的な抑制、（Ⅲ）「雇用調整」――「常用雇用者」の削減・マイナス化と「減量経営」の進捗化、これである。まさしく、「七〇年代型・企業行動」におけるその表面化であろう。

こうして要するに、「七一年不況」の「内容展開」は以下のように（C）「総括」されていく。すなわち、その「背景」の「複合性」に対応して、「内容展開」上も「七〇年代型・新基軸」という性格を強めたのであり、したがって、その「新基軸性」にこそ、「内容展開」のその基本的特殊性が求められる――と。まさに「景気変動の形態変化」への接続に他ならない。

以上のような対応を条件にして、三つ目に（ハ）ようやく「回復局面」を迎える。そこで最初に（A）その「移行」から確認していくと、七二年から景気は上昇プロセスに乗り、ほぼ七三年全般に亘って好調基調で推移していく。事実、実質GNPの対前年比増加率は例えば七一年＝四・七％↓七二年＝九・〇％↓七三年＝八・八％（**第2図**）という高水準を実現したから、「七一年不況」はようやくその終結に至ったとみてよい。しかし、このようにして回復した景気好転には大きな「ツケ」が残された点にも注意が必要であり、その「制約」としては以下の三点が取り分け目に付く。すなわち、この好況が、（Ⅰ）「ドル・インフレ」に立脚した「世界同時好況」の一環であること、したがって（Ⅱ）「世界シンクロ型二桁インフレ」を随伴させていたこと、そのために（Ⅲ）「二年間」という「超短期」なものに止まったこと、これである。その意味で、「国際通貨危機」に連動した、極めて脆弱なものであったことが否定できまい。

そのうえで（B）その「実態」はどうか。こう考えると、何よりも枢要な点は、「景気回復と円切上げ防止」のために発動された「インフレ政策」の、まさにその「副作用」以外ではあり得ない。というのも、「景気回復」と「円切上げ阻止」との「同時追求」を意図した、いわゆる「調整インフレ政策」の結果、「日銀ルート・財政ルート」の両方を媒介として、巨大な通貨供給量の膨張が進行したから——であって、まさしく「インフレ・マネー」がその累積をみる。そしてそれが、さらに企業の手元流動性を極端に高めたのは自明であった。

そうであれば、そこから以下のような（C）「帰結」が手に入るのは当然であろう。つまり、過剰蓄積の下で企業投資の停滞が進行していた以上、企業は、このような過剰流動性を土地・株式へ投機的に運用する以外にはなかったし、そのうえ商社は一般商品をも投機対象として操作したから、まさにそこからこそ、猛烈な価格騰貴が驀進していったのだ——と。要するに、製造業稼働率が上昇せぬままに「二桁インフレ」だけが加速されたわけであるから、総体的にみて、「価格機構—資本蓄積」関係は、基本的なその「変質」に直面したと理解する他はない。

そのうえで、次に第二は（b）「マイナス成長」期である。そこでまず一つ目に（イ）その「転換」から入ると、最初に（A）「契機」が問題となるが、異常な物価上昇を伴った好況過程は、七三年第Ⅳ四半期には差し当たりその頂点に達する。そして、そこから一転した景気反転が発生し、翌七四年には戦後初のマイナス成長へと墜落していくことになるといってよい（**第2図**）。ついで、その「転化過程」の（B）「特徴」が注目されるが、従来の「転換プロセス」と比較して、今回の不況転化過程では以下の三点が特に目立った。すなわち、（Ⅰ）「屈折度と下落度の大きさ」——国民総生産・鉱工業生産ともに絶対額で「マイナス」にまで下落した点、（Ⅱ）「下落期間の持続性」——その下落が七四年第Ⅰ四半期から七五年第Ⅰ四半期まで実に一年以上も継続した点、（Ⅲ）「物価の継続的上昇」——不況過程で物価上昇が進行して「不況と物価高とが並存した」点**（第1図）**、これに他ならない。何よりもその特異性が明瞭であろう。

そうであれば、最後に（C）その「性格」は次のように集約されてよい。すなわち、それが「不況下の物価上昇」現象として整理可能なことであって、まさに、いわゆる「スタグフレーション」の発現ではないか。こうして、資本主義の再生産過程における「景気─物価」構図は、明らかにその「新たな局面」にこそ差し掛かった──と総括される以外にはない。

では二つ目に、このような「不況下の物価上昇」運動の（ロ）「原因」はどこにあるのだろうか。そこでまず、（A）その第一原因は何よりも政府の「総需要抑制策」に関わるが、その第一側面は（Ⅰ）「金融引締め過程」であろう。すなわち、まず公定歩合は七三年から引締め基調に移り、具体的には、七三年四月から一二月までの短期間において実に五回の引上げが実施されつつ、その結果九％という戦後最高水準にまで達している**（第1図）**。したがって、このような急激かつ高率の金利騰貴こそが不況転換のまず決定的要因であった点は当然だが、それだけではなく、加えて預金準備率の四度の引上げ効果も大きく、そこを起点にして、コール・レートなど市中短期金利の高位継続化もが進んだ（七三年末、コール・レート＝一二％）。

ついで第二側面こそ（Ⅱ）「財政緊縮化」に他ならず、具体的には、一部公共事業の「契約・執行の繰り延べ」が実施された他、七四年度予算自体も「非常時型緊縮予算」という色彩を強めたから、それらが不況深化を帰結させたのは明確であった。まさにこのような景気抑制型財政の中で、一般会計の対前年度比が一九・七％増に切り詰められただけでなく、焦点をなす公共事業費伸び率も、見事に〇・〇％へと圧縮されたのはいわば周知のことであろう。こうして（Ⅲ）「総合面」からはこう集約できる。つまり、金融・財政の両面からする抑制作用がそれこそ総合的に展開されたわけであり、「調整インフレ政策」は、一面で「インフレ」を加速しつつ、しかも他面では、まさに「総需要抑制策」

にこそ結果する以外にはなかった――と。

そのうえで次に、(B)第二原因が「石油危機」そのものにある点も自明であろう。なぜなら、この「石油危機」が以下の二作用を発揮したことは当然だからであるが、まず一面で、それは、企業の便乗値上げを刺激しつつ物価全体を強力に引上げた。しかも他面では、この「石油危機」の結果、「産油国への所得移転↓企業・家計の所得削減↓国内有効需要収縮」という論理が発生したから、それが、不況に連結したのも明確だといってよい。こうして「不況と物価上昇との併存」が惹起されるのであり、まさにそこから、スタグフレーションが進行していこう。

そして最後に、(C)第三原因としては「インフレ型景気の矛盾的反作用」そのものが無視できまい。すなわち、企業は、この「インフレ型景気」の中で、過剰流動性を主として商品・証券・土地投機などに運用したが、このような企業行動は、以下のような二つの現実的作用を強力に発揮せざるを得なかった。まず一つには、この投機的運用行動自体が「物価上昇の加速化」をもたらした点は説明の必要もないが、他方もう一つには、そのような企業行動は「生産的投資―資本蓄積の実体的拡張」には連結しない以上、そこからは当然、景気停滞こそが派生する以外にはないであろう。したがって、「インフレ的好況」過程そのものが「スタグフレーション」を招来させたわけであり、まさにその点で、この行動はいわば「矛盾的作用」という以外にはない。

以上を受けて最後に三つ目に、(ハ)「不況下の物価上昇」の「帰結」が総括されねばならない。具体的に検出してきた通り、この「不況下の物価上昇」は、「総需要抑制策・石油危機・インフレ的好況の反作用」という三側面の、まさしくその「複合的帰結」であった。そして、このような「構造的過程」であったが故にそのパニック的衝撃はそれだけ大きかったが、その場合に注意が必要なのは、そのショックの激烈性を、決して「石油危機―世界同時不況」に還元してはならない――という点に他ならない。そうではなく、その根底に「七〇年代型・日本資本主義の構造的変化」

があることにこそ、その最大の考慮が払われるべきだと思われる。

そして最後に第三こそ（c）「長期不況」期である。そこで、最初に一つ目は（イ）その「導入プロセス」が前提となるが、まず（A）その「契機」はどうか。さて、「ゼロ成長」を記録したさすがの「マイナス成長」も七五年第Ⅰ四半期にはそのボトムに達し、そこから、ようやく不況脱出への足取りが始まる。つまりマイナス成長からの回復が一応進むが、その回復パワーは著しく微弱だというしかなく、通常の「不況脱出過程」のような、短期間で好況局面に交替していくというパターンは望むべくもなかった。むしろ逆に、明確に景気回復が検出されないままに不況が継続していく――という「長期不況」化こそが進行する。

そこで、この「異常な長期不況」化の（B）「特徴」が直ちに問題となるが、それを改めて整理すると以下の三点が目立とう。つまり、（Ⅰ）「長期的性格」――脱出局面をも含めて、七五年以降実に五年にも亙ったというその「長期持続性」、（Ⅱ）「深刻的性格」――大量の「倒産―失業」を随伴させた点に特徴的なその「影響深刻性」、（Ⅲ）「物価上昇の継続性」――膨大な「需給ギャップ」下における物価上昇というその「不況と物価上昇との併進化」、これに他ならない。したがってその意味で、詳細はともかく、この三特徴自体としては、既述の、「七一年不況―マイナス成長」局面とほぼ同質である点が明瞭だといってよい。

そうであれば、これに先立つ二局面との（C）「相互関連」が重要になるが、それに関しては差し当たり以下のように整理できる。すなわち、日本経済は七〇年代の入り口で「七〇年代型構造」への転換を遂げたのであり、まさにそれに対応した景気変動の局面展開こそ、「七一年不況↓マイナス成長↓長期不況」という、七〇年代における一連の景気プロセスに他ならなかった。したがってそうであれば、その「しんがり」をなす「長期不況」期が、先の二フェーズと同質なのは自明だし、ヨリ積極的にいえば、それこそが、それらの特徴を最も典型的に表現せざるを得なくなるのは――むしろ当然だといってよい。まさにこのような意味で、この「長期不況」こそ、他の二不況の「集大成」だとみるべきなのである。

そのうえで、二つ目に(ロ)その「進行過程」がいうまでもなく注目に値しよう。その場合、最初に何よりも(A)「減量経営」の作用が大きく、企業は、雇用拡大を図りつつ自ら生産力を高めて資本蓄積を続けるという「能力と意志」を喪失して、いわゆる「減量経営」路線をこそ導入した。しかしそれはむしろ、企業に対してごく短期間のうちに過剰在庫の抱え込みを余儀なくさせたから、その結果、結局は減産に向かうしかなかった。こうして「長期不況」が継続する。

ついで(B)「物価上昇の足かせ」がそれに加重される。具体的にみると、七五年第Ⅳ四半期以降、一つには「対米輸出増大」ともう一つには「財政金融緩和策」とによって、景気回復の兆しが現れてくるが、しかし、この「わずかな回復とともに物価が直ちに上昇に転じてしまう。そして、まさにこの「物価上昇」が「足かせ」となって、それ以上の景気政策は抑制されざるを得なくなるから、その結果として景気回復は足踏みし、結局は「景気停滞」が持続した。まさにこの帰結こそが(C)「在庫の過剰化」に他ならず、それに引き摺られて、景気は再度低迷へと落ち込む。その意味で、その「進行過程」としては、一応は動き出した生産増加が物価上昇に掣肘を受けて短期間のうちに過剰在庫を生み出し、そしてそれが原因となってこそ、企業は再び減産に追い込まれていった――のだと整理されてよい。こうして、七六―七七年を通じて「生産停滞―景気低迷」過程が持続する他なかったというその理由が、明瞭に理解可能であろう。

最後に三つ目として、(ハ)「微弱な回復と再転換」局面をフォローしつつ、七〇年代景気変動パターンの全体的集約を試みておきたい。そこでまず(A)その「契機」から入ると、長期不況以降もはかばかしい上昇は確認できないものの、それでも、部分的な回復兆候が皆無なわけでもなかった。すなわち、例えば実質GNPなどのマクロ的指標から判断するかぎりでは大きな変化はなお検出できないとはしても、ミクロ的な企業行動レベルでは、若干の上向き基調も部分的には一応みて取れる。もう一歩具体的に示せば、七八年頃から、（Ⅰ）一つには製造業において設備投資が拡大方向に移ったし、さらに（Ⅱ）二つとして、求人関係などの雇用動向に関しても幾分かの改善傾向が進み始めた。しかし総合的にみてその盛り上がりは極めて弱々しかったから、その点で、（Ⅲ）特徴的には「微弱な回復」という以外にはなかった。

そうであれば、この「微弱な回復」の（B）「特徴」が直ちに問題となるが、差し当たり、それは以下の四点に集約可能であろう。すなわち、（Ⅰ）「微弱性」――成長率が五％に止まる程の、その「景気回復力の弱体化」、（Ⅱ）「引締め政策との併存性」――第二次石油危機に制約された、物価対策としての「景気抑制策との同居化」、（Ⅲ）「超短期性」――極めて短期での内需下方転換に起因した、景気における「下降移行の迅速化」、（Ⅳ）「深刻性」――「企業倒産・完全失業者」の依然とした高水準基調に象徴される、「景気回復効果の不活発化」、まさにこれである。したがって、これらの四特徴からは、次のような構図が見事に浮かび上がってくるとみてよい。要するに、低成長期・日本資本主義が、スタグフレーションという、「物価上昇―景気刺激」のディレンマに困惑する姿が何よりも一目瞭然なのだ、と。

したがって、以上を総合化すれば、この「微弱な回復」の（C）「本質」は結局次のように整理できることになろう。つまり、この「微弱な回復」局面は、「過剰資本整理の不徹底性」・「財政危機の深刻性」・「石油危機の甚大性」という「七〇年代型・三条件」に規定されて、その回復力は弱く、しかもごく短期間で後退に転じてしまったという特性を発揮したが、したがって、そうであればその意味で、この「微弱な回復」局面こそ、『「スタグフレーション」』下における景気回復」の、まさしくその代表的な一つの「典型例」を形成したのだ――と。

Ⅱ　階級宥和策――階級編成機構の体制的変貌

［1］労資関係　次に、以上のような「基礎構造」を舞台として展開された、国家による「体制組織化作用」の現実的過程へと視角を転回させていこう。その場合、――別の機会に繰り返し確定したように――この「体制組織化」機能のまず一番目は(二)「階級宥和策」に他ならないが、最初にその第一側面としては、まず何よりも①「労資関係」[5]こそがその焦点をなすといってよい。そこで第一に(a)「全体的背景」から入っていくと、取り敢えず一つ目として(イ)「基本動向」が押さえられる必要があるが、その場合の「労資関係的枢軸」は、いうまでもなく「賃上げ抑制―減量経営」にこそあろう。すなわち、(A)その「直接的契機」が石油危機に端を発した「大幅賃上げ」にあったのは周知のことであり、七三年の「石油危機」に起因する「狂乱物価」は、三二・九%という史上最高の賃金引上げをもたらした。そしてこれが、他方での資源価格騰貴と相まって、企業収益を大きく圧迫したのは当然であったから、「減量経営」路線をバックにしてそこから企業のバックラッシュが芽を吹いていく。つまり、(B)「企業対応」が始まるのであり、この大幅賃上げに直面して、早くも翌七四年に日経連は、「大幅賃上げの行方研究委員会」を発足させつつ強力な賃金抑制へと動き出した。そしてその場合に、この賃金抑制の理論的武器となったものこそ「生産性基準原理」に他ならず、そこでは、生産性上昇の範囲に賃金上昇率を抑えることなくしては不況克服＝雇用維持は困難だ――と主張された。その点で、まさに、理論上の「労資階級闘争」の発現であろう。

そこで「資本側反抗」の(C)「結果」だが、周知の通り労働者側の敗北が余儀なくされる。つまり、日経連のこのような反撃は七五年春闘に直ちに反映し、事実、七五年春闘の要求獲得率はわずか四〇%に止まったし、しかも七五年「スト権スト全面敗北」以降には、そのダメージによって、賃上げ率は連年消費者物価上昇率さえをも下回った。まさしく実質ベースダウンだといってよい。

しかし、このような資本側の攻勢を許した背後には、二つ目として、いうまでもなく（ロ）「労働組合の変質」があった。改めて指摘するまでもなく「企業主義的協調組合運動」の主流化であるが、まさにそれが、「資本の攻勢」を実質的に支えたわけである。そこで（A）その「前史」を辿れば、前章で確認した通り、その萌芽はすでに六〇年代高度成長期にこそあった。具体的にいえば、この「協調主義的労働運動」は、六二年同盟（友愛会議）結成や六四年ＩＭＦ・ＪＣ結成においてその輪郭の一端を現し始めていたが、他方での、国労・日教組・自治労を中核とする総評・官公労運動のそれなりの活発化によって、その支配化は辛うじて抑制されていた。

そして、その抑制が外れる（B）「転機」が、七三年「第一次石油危機」と七五年「スト権ストの全面敗北」とによって画される。すなわち、最初に「石油危機」後の七四年八月における、「（賃金闘争は）経済成長に見合った実質賃金向上をめざした闘争に転換しなければならない」（鉄鋼労連・宮田委員長）という、（Ⅰ）「経済整合性論」の提起がまず全体の皮切りをなしたが、ついで、（Ⅱ）七五年「スト権スト全面敗北」によって、公労協内部の運動路線自体もその転換を余儀なくされた。つまり、労働側ナショナル・センターレベルでの力学的関係に大きな亀裂が進んだといえるが、さらにそれに決着をつけたものこそ、まさに（Ⅲ）七六年「政策推進労組会議」の設立であった。以上のようなプロセスを経て、いまや最終的には、積極的に政権党との「協調」が追求されるに至る。

こうして、「労働運動の変質」は（C）その「到達点」に帰着しよう。すなわち、七〇年代後半には、ＪＣ路線＝企業主義的協調組合路線が、労働運動上におけるその支配的基調を明確に獲得していく。まさにこの意味で、「日本的労資関係」はこの七〇年代にこそ本格的にその確立＝定着を実現するわけであり、したがってそうであれば、七〇年代こそは決定的なその転換期だったのである。

ではこのような「変貌」は、三つ目に(ハ)「企業組織―労働現場」とどのように連動していたのだろうか。そこで最初に(A)「企業組織」から入ると、減量経営という基本戦略の下に、この時期には、多面的な企業組織の再編が進展をみる。いわば「減量経営」における、その現実的展開様式だといってもよいが、具体的形態としては、以下の二方向からの再編成が目立つ。つまり、まず第一のベクトルは「企業内部」における組織リストラであって、例えば、「事業部制組織の再編」・「マトリックス組織の導入」・「分社化＝社内ベンチャー化」などがその代表例をなそう。それに加えて、第二ベクトルとして「企業外部」関係の再構築も顕著であり、周知のような、トヨタ「かんばん方式」・松下「連邦経営」などという、企業間のグループ化管理体制がこの時期に急進展していく。そして、まさにこのような「企業・内―外部」を網羅した「企業組織の再編」を通じてこそ、生産・販売・研究開発・財務経理・人事労務といった企業の全レベルにわたる、経営方針のその貫徹が強化されたわけであり、したがってそこにこそ、「日本的労資関係」定着の、まさしくその現実的機能過程が確認されてよい。

しかしそれだけではない。ついで、この「企業組織の再編」が、職務構造や労働内容の転換を仲立ちにして、次に(B)「労働者管理システムの変質」へと接続していくのはいうまでもない。そこで、その変質のまず第一は(I)「非正規従業員の登場」であり、すでに指摘してきた、「組織＝労働過程再編」と「減量経営＝人件費削減」とを動因として、例えば「派遣労働者・逆出向・下請労働者・嘱託・パート・アルバイト」などという「新型・労働者形態」の急速な普及・拡大が進んだ。ついで第二として、このような「非正規労働者」の増大が、(II)「中間労働市場」の拡大を意味した点が重要であろう。というのも、以上のような「新型・労働者形態」増加は、「労働市場タイプ」という基準で括り直せば、それは、「企業内・内部労働市場」と「企業外・外部労働市場」との「中間」を占める、いわば『中間』労働市場」とでも呼称すべきもの――に相当するからであるが、こうしてこの時期に、「企業経営戦略」と「中間労働市場」との密着度は急速に高まったのだと集約できる。したがってこのように考えると、第三に、この七〇年代における「労働者管理システム変質」の、(Ⅲ)その「到達点」としては、結局こう整理されてよいことになろう。つまり、「減量経営→人件費削減」という共通の意図から出現して、一方では「正規労働者」に対しては、その雇用量を減少させつつそれへの「締め付け」を強化するとともに、他方では「中間労働市場」を効果的に活用することを通して、何よりも「非正規労働者」の増加を顕著に拡大させつつあった――のだと。

そうであれば、七〇年代に進行した、以上のような「企業組織―労働現場の変貌」が果たした、(C)その「現実作用」はどう理解したらよいのだろうか。しかし、それはある意味ではもはや明白であって、まず何よりも(Ⅰ)「賃金コスト抑制」として働いたのは当然であろう。というより、まさにこの人件費抑制をこそ主要な眼目にして「減量経営―企業組織再編」が進められたというべきだし、事実、先に具体的な数字で論証した通り、この時期での、特に実質賃金の停滞は一見して明瞭であった。したがって、さらにヨリ立ち入った「作用」こそが重要であって、まずそれが(Ⅱ)「正規労働者の排出効果」をもった点が注目に値する。いうまでもなく、「非正規労働者の活用」を「恫喝」材料にした、正規労働者の企業内からの排出作用に他ならないが、具体的には、分社化・グループ企業化をも弾みとしながら、本社従業員の系列会社への出向・転籍などが目立った形で実施されていく。その場合、そのターゲットが、比較的高賃金の中高年者層に置かれたのは当然であったから、この作用が、結局、なお存在する年功賃金の中における、相対的な高コスト層を本社内から「排出する役割」を担った点――は、極めて見易いことではないか。そのうえで、もう一つ軽視できないのは(Ⅲ)「組合運動への影響」だといってよい。なぜなら、こうした「減量経営―企業組織再編―新型雇用拡大」現象は、企業管理機構強化と相まって、組合員と非組合員との同一職場内混在を決定的に広げる以上、そのことが、労働組合としてのその存立基盤自体を掘り崩さざるを得ないことは直ちに目にみえてこよう。その意味で、七〇年代に進行したこの「企業組織の再編」過程は、その最も根底的な「労資関係」次元においては、組合の組織率を低下させつつ、組合の、「職場規制力＝労働条件規制力」を「さなきだに」弱体化させるという、まさにそのような「現実的機能効果」を発揮したのだ――と総括されてよいように思われる。

以上を受けて次に、第二に（b）その「展開」へと立ち入っていこう。そこで最初は一つ目として、「雇用形態の多様化↓正規労働者統制強化」の特徴的手段をなす（イ）「QC＝統合策」が注目されてよいが、まずその（A）「成立背景」を押さえておきたい。さてこのQCは、別の機会にみたように、高度成長期に姿をあらわし、協調的労働運動の台頭に立脚した「労使協議制」の進行と足並みをそろえてその普及が進んだ。事実、六〇年代末には、鉄鋼・自動車などの重化学工業を中心としてその採用が活発化し、例えば、従業員五〇〇人以上の中・大企業においては約四割がその体制をスタートさせていたといわれている。このような契機を前提としつつ、その目立った定着が確認できるのが、二度の石油危機を経験した当面の七〇年代後半に他ならない。つまり、一つにはその普及範囲が、重化学工業部門における生産点・労働現場から事務・管理部門、金融・サービス分野にまで拡大したのみならず、もう一つとしてその普及割合が、従業員五〇〇人以上企業の約八割にまで達するに至った。こうしてその到達点としては、QC活動の圧倒的広がりこそが見事に検出可能だという以外にはない。

とすれば次に、（B）その「普及根拠」が直ちに興味深いが、それに関しては以下の三ポイントが指摘可能ではないか。すなわち、（Ⅰ）「企業・経営からの組織化」――それが、「品質」と「原価」に対する職務・作業改善活動として企業側から明確に「動機付け」されること、（Ⅱ）「『擬似的』な『自主性』的性格」――それは「拒否できない」実質的な強制であるにもかかわらず、「建前」としてはあくまでも「自由参加」という形を取ること、（Ⅲ）「職場の連帯責任性」――その結果としての、「成果あるいは失敗」が「班・グループ」全体の評価となって個人を束縛すること、これである。まさに「巧妙な」仕組みという以外にはなく、「個人―集団」・「強制―自発性」というモザイク模様が一目瞭然だといってよい。

以上をふまえると、では、このQCの（C）「本質」はどのように提起できるであろうか。さて、ざっと点検した通り、このQCが、管理機構・職制体制と結合した何よりも「上からの組織化」である点は否定できないが、しかし他方、それが、企業および「職場共同体」からの「一方的強制」「のみ」によって運営された――とも単純化はできまい。というのは、QC活動への実際的取り組みを媒介として、労働者が、業務改善能力や組織能力などという労働能力上の向上を習得し得る点も否定できない――からに他ならず、そこにこそ、「労働能力の向上」という「自己実現の意欲」と結び付きつつ、圧倒的多数の労働者が、QC活動へとまさしく「擬似的」かつ「積極的」に巻き込まれていった、その現実的な根拠があった。

したがって、最終的に、QCの「本質」はこう整理可能だと思われる。すなわち、それは、「労働者間競争の論理」を土台にして、経営者が、「自発性と強制性」との精妙なバランスに立脚して構築した、まさしく、現代日本型の「労働者支配管理システム」以外ではないのだ――と。

続いて二つ目に（ロ）「人事考課」の展開へと目を移そう。以上のようにして、QC活動は正規労働者に対する企業内統合のヨリ現実的な形態をなしたが、その場合、このQCが「潜めていた強制力」的機能を実効的ならしめるためには、それが、「企業からの労働者査定」＝「人事考課」とセットになることがいわば不可欠であった。そこでまず（A）その「背景」から入ると、七〇年代に定着した「減量経営」は、その基本的目論見として、「正規労働者のスリム化・総人件費削減・労働者選別の強化」などのさらなる徹底化を試行したが、まさにその有効な手段として利用されたものこそ、この「人事考課」だといってよい。具体的には、経営者サイドからの、従業員への成績評価・業績評価を基準にしながら、正規労働者内部において、例えば「賃金格差・職務格差・キャリア格差」などを形成する——そのような管理体系を意味するが、六〇—七〇年代を境として、年功賃金体系から能力給体系へと移行する過程で、労働者管理において、この「人事考課」の果たす役割は格段に高まっていく。

そこで、次に(B)その「展開内容」を追うが、まずその「内容」についてみると、その広範囲性に驚く。いまざっとその輪郭を辿ると、そこには、「成績評価」はもちろんのこと、それに加えて、一つには、「企画力・判断力・指導力・渉外力・管理能力」などの「能力評価」が含まれる他、二つには、「責任性・協調性・規律性・積極性」という「態度評価」もが組み込まれている。まさにこのような「網羅的視角」を駆使してこそ、その評価が現実的に進められたといってよい。

そのうえで、その「効果」にも目を注ぐと、何よりもその「巧妙性」こそが目立つ。というのも、この評価形式は「形式的には」極めて「公正かつ平等」だからであって、具体的には、以下のような独特な「配慮」を細かく随伴させている。つまり、「短期考課と(一〇年以上の)長期考課との結合」・「敗者復活制の導入」・「考課＝評価者の複数制」・「絶対評価と相対評価の組み合わせ」、などに他ならず、その意味で、従業員評価における「公正・平等」への「形式的目配り」は極めて周到だ——というべきであろう。

そうであれば、結局、以下のような(C)「特質」が導出可能なのは当然だといってよい。すなわち、七〇年代に浸透をみるこのような「日本型・人事考課」は、職場における「労働者の全人格的評価」という広い位置づけを構築したのであり、したがってそうであるが故に、それは——単に労働者間において直接的に差別攻撃として機能したのではなく——、「危機に直面した」七〇年代の労資関係を、まさにそれだけ有効かつ巧妙にサポートし得たのだと考えられる。

要するに最終的に三つ目として、(ハ)七〇年代・労資関係展開の「全体的意義」はこう総括されるべきではないか。つづめていえば、七〇年代の労資関係は、一方での「QC活動」と他方での「人事考課」とが極めて効果的に接合させられることを通して、職場・労働現場において、極めて緊張を孕んだ、まさに「刺激鋭敏的・競争的・個別対立的」な労資関係としてこそ構築をみたのだ——と。したがって、このような「七〇年代型・労資関係」図式を不可欠の基盤にしてこそ「減量経営」が進行し得た点にも、もはや一切の疑念はあり得まい。

以上を前提にしつつ、第三に、このような「労資関係」を外側から規制した、ヨリ大きな「国家的労資関係」枠組みとして、(c)「臨調路線」が視界に取り込まれなければならない。そこで、最初に一つ目として(イ)「路線転換」の構図把握が必要だが、体制側の(A)「課題」はまずどこにあったのか。さて、これまでにフォローしてきた通り、日本資本主義は「ドル・ショック」と二度の「石油危機」とを「減量経営—労働現場管理」によって切り抜けてきたが、八〇年代に入ると、円高進展と対外経済摩擦の激化とによって新たな困難への直面が不可避になっていく。換言すれば、一方での、国債累積による「財政危機」と、他方での、産業構造の「ソフト化・情報化」による「産業再編成」とが、体制組織化を巡る新しい規定要因として登場してくるのであり、したがって、この新局面において「体制組織化」機能を現実に担い得る、まさにその新基軸の構築こそが——八〇年代に急務とされていこう。

そこで次に、(B)その「内容—意図」にまで進むと、以上のような「八〇年代型・体制組織化の新基軸」として体制によって打ち出された路線こそ、まさに「臨調・行革」に他ならない。つまり、八一年三月に発足した臨調は、「増税なき財政再建」をスローガンとして、「活力ある福祉社会の建設」と「国際社会に対する積極的貢献」という抽象的な目標を掲げたが、いま指摘したその出発の由来からして、その現実的な任務が、「効率性と競争の最大限追求」イデオロギーに立脚した、いわば「企業主義原理の『社会化』」にこそあったのは当然であった。その意味で、臨調が背負った、その「体制危機突破的任務」は明瞭だといってよい。

そのうえで(C)その具体的「展開」へ進もう。その場合、この臨調の現実的動向は微妙な路線的なブレを発揮するが、まず（Ⅰ）「出発点」にあっては、何よりも「増税なき財政再建」そのものが正面に据えられた。具体的には、八一年七月に「財政的危機に対処するための緊急提言」が提起されて、歳出削減策を目玉とした「財政合理化案」こそが打ち出される。そして、そのためにこそ「行政改革」が必要だとされるわけであった。しかし、この基本スタンスはついで（Ⅱ）微妙に「変質」する。というのも、八二年七月「第三次答申」および八三年三月「最終答申」においては、当初の「増税なき財政再建」は後景に退いて、むしろ、「国民の自助・自立、企業の自主的努力、企業間の自由な競争、地方自治体の自立」という、「新しい社会経済関係の創出」こそが最大課題として提起されるに至る——からに他ならない。一見して、「危機突破を目指した新しい体制組織化システムの構築」が何よりも明瞭ではないか。

このように考えてくれば、（Ⅲ）その「意義」はもはや一目瞭然だといってよい。すなわち、臨調の到達点としては、「財政再建」という所期の課題は体制組織化構想全体の中に埋没させられつつ、むしろ「自主性、自立・自助、自由競争」型「経済社会への構造転換」こそがそのメーン課題に設定されたのであり、したがってまさにそのような形でこそ、「八〇年代体制危機」克服を目指して、「八〇年代型・体制組織化パターンの構築」が追求されたのだ——と。

そのうえで二つ目に、この臨調路線の実行策として（ロ）「行政改革」が位置づく。そこで、まず（A）その「役割」が問題となるが、ここまでのロジックを前提にすれば、八三年に臨調の後を受けて登場した「行革審」の任務が、臨調によって提起された、前述のような「経済社会の再編構想」を現実的に政策化していく点に設定された——のは自明であろう。まさしくこのような方向性からこそ、「民間活力論・規制緩和論」が台頭してくるわけである。いま（B）その「内容」をざっと探ると、例えば、（Ⅰ）「対外経済関係」——為替市場・金融市場の開放、（Ⅱ）「科学技術政策」——各種制度の自由化・規制緩和、（Ⅲ）「行政サービス」——自由競争秩序の枠組形成・的確な情報提供、などが取り分け目立った。その意味で、このような行政改革を通じてこそ、「市場原理の復活による経済活性化」・「その主軸としての民間活力の育成」・「それを可能にする規制緩和の必要性」、という基本理念の貫徹が強力に試行されたと判断してよいから、その点からしても、「臨調―行革」のイデオロギー的質はもはや明瞭ではないか。

したがって、最終的に、行革の（C）「帰結」が以下のように整理されざるを得ないのはもはや当然であろう。すなわち、行革論は、その到達点としては次のような三論点をこそその「骨組み」にするに至ったのであり、図式的にいえば、（Ⅰ）その「目的」――巨大企業からの利潤確保要請に円滑に対応するための体制作り、（Ⅱ）その「手段」――それの実現手段としての中央主導型・行政機構の再編、（Ⅲ）その「イデオロギー」――それを支える理念としての民活・規制緩和論、という内容をもった。要するに、臨調路線は、変質を遂げながらも根底的には行革論へと収斂していく。

最後に三つ目として、「臨調―行革」の帰着点として（ハ）「分割・民営化」に辿り着こう。そこで、最初に（A）その「背景」からフォローすると、その決定的契機となったのは、八二年七月の「臨調第三次答申」で提起された「国鉄改革」であった。つまり、「国労の狙い撃ち」を意図した、「不安定な労使関係による職場規律の乱れ」や「収入に対して異常に高い人件費比率」などという悪質なキャンペーンを盛り込みながら、その解決策としては、「分割・民営化による経営形態の効率化」以外にはない――と主張されていく。そして、この「国鉄改革」をまさに「本丸」としながら、さらに三公社全体の民営化もが始動していくわけである。

そのうえで、続いて（B）その「展開」に移ると、まず（Ⅰ）「出発」を画したのは八三年六月の「国鉄再建監理委員会」の発足だといってよい。つまり、この委員会は、先の「第三次答申」に基づきつつ中曽根内閣によって設置されるが、高木・仁杉という二代の総裁を更迭させたうえで、国鉄民営化路線を強力に推し進める役割を担った。そこで（Ⅱ）その「内容」へ進むと、同委員会は八五年七月に以下のような「最終答申」を出すに至る。具体的には、①「旅客部門六分割、貨物部門一社への分割・民営化」②「余剰人員四万一千人の再就職斡旋などによる整理」③「長期債務

三七兆三千億円の三方式区分による償却」、という図式であって、こうして、

「国鉄の分割・民営化」はその「運命」が決せられていく。その結果、翌八六年一一月、自民・公明・民社の賛成で国鉄改革法案は可決・成立をみた。

その場合、この国鉄分割・民営化の(Ⅲ)「焦点」は、何よりも「余剰人員対策」にこそ如実に表現されていよう。というのも、この分割・民営化の過程では、労働組合に対して、「労使協調・労使関係正常化・分割民営化協力」という異常なキャンペーンが繰り広げられつつ、新組織への雇用に対しては「露骨な採用差別」が実行された――からに他ならない。いうまでもなく、分割民営化に反対した国労・全動労への不当な採用差別であって、この両組合の採用率が他労組に比べて極端に低かったのは周知の事実ではないか。要するに、国鉄分割・民営化の少なくとも一つの主要な目的がこの「国労・全動労つぶし」にあった点は否定できず、したがってそれは、まさに「体制組織化」における、その一表現以外ではなかった。

以上をふまえると、この「分割・民営化」の(C)「本質」は結局次のように総括可能だと思われる。すなわち、国鉄を「本丸」としたこの「分割・民営化問題」は、――本質的には――単なる「経営改善問題」では決してなかったのであり、むしろそのエッセンスは、「臨調・行革路線の国民的定着」を目的とした、まさに「労資関係の八〇年代型再編成」にこそ求められるべきだ――と。要するに、それは、国家による「体制組織化」の見事な一環だとみるべきではないか。

[2] 労働運動　そのうえで、「階級宥和策」の第二側面として②「労働運動」[6]が重要なことはいうまでもない。そこで第一に(a)「七〇年代労働運動の現況」から始めよう。そうするとまず一つ目として、(イ)「組合組織化状況」のチェックが前提となるが、最初に(A)「組合員数」推移はどうか。そこで、いま「労働組合員数」(一〇万人)の数字を拾うと、この七〇年代がまさに「冬の時代」であることが手に取るように分かる。つまり、高度成長と対応しつつ、まず六〇

年＝七六→六五年＝一〇一へと約二五〇万人もの増大を実現したが、しかし七〇年＝一一六（一五〇万人増）となってそのテンポを著しく落とすし、その後七〇年代に入っても、さらに目立った停滞を余儀なくされる。具体的には、七二年＝一一八→七五年＝一二五→七八年＝一二三→八一年＝一二四という軌跡が描かれるから、七五年をピークとして、組合員数は七〇年代には顕著な停滞を続けるという以外にはない。その点で、これまでに検出してきた、七〇年代における、「企業管理の徹底化による、協調主義的労働運動の支配化」と「分割・民営化を通した、体制による労働運動の封じ込め化」との成果が、いわば明瞭に表出していよう。そしてそれが次に、（B）「組織率」（％）の低下に直接反映しているのはいうまでもない。すなわち、七〇年＝三五・四→七二年＝三四・三→七四年＝三三・〇→七六年＝三三・七→七八年＝三二・六→八〇年＝三〇・八という見事な減少ラインを動くから、この組織率ベクトルからも、企業管理と体制組織化による「労働運動への抑止的作用成功」がまさに曇りなく確認可能ではないか。まさしく「冬の時代」である。

そのうえで、このような「労働運動の停滞化」を（C）「路線別」にもみておこう。いうまでもなく「総評系」と「同盟系」との「力関係」以外ではないが、六〇年代において凄まじい勢いで進んだ、「総評＝凋落」対「同盟＝躍進」という典型的基調は、この七〇年代には一応は「一服化」に至る。事実、この総評・同盟両セクターの推移はそれぞれ、七〇年＝傘下人員四二八万人（比率三七％）―二〇七（一八）→七三年＝四三四（三六）―二二八（一九）→七六年＝四五八（三七）―二二二（一八）→七九年＝四五五（三七）―二一五（一七）→八二年＝四五五（三六）―二二〇（一八）という数値を刻む。その点で、総評系も減少傾向をもちろん免れてはいないが、他方、六〇年代には、民間大企業中心に、就中ＩＭＦ・ＪＣを主力にして隆盛を誇ってきた同盟も決して伸びているわけではない。総合的にいって、両者はほぼ拮抗関係を維持しているとみる他はないが、公労協「スト権スト」実施やいわゆる「少数派組合」の健闘を通して、むしろ総評系労働運動の着実な浸透こそが目に付く——とみるべきではないか。いわば「七〇年代型組合運動」の一象徴だともいえる。

そのうえで二つ目として(ロ)「労働争議」へも目を向けよう。そこでまず(A)その「推移」から入ると、先の組合員数とほぼ同様に、概ね七五年を分水嶺として増加から減少へと転じている。つまり、ざっと「総争議」(件数・百件、参加人員・万人)の数値を追えば、七〇年代前半では、七〇年＝四五(九一四)→七二年＝五八(九六三)→七四年＝一〇四(一四三二)となって着実に上昇をみるのに対して、この七五年を頂点として、それ以降は、七六年＝七九(七一八)→七八年＝五四(五三五)→八〇年＝四三(五四六)と顕著な縮小へと転じよう。一見して、七五年期がその屈折点をなしていることが明瞭であり、繰り返し指摘してきた、「協調主義的労働運動」明確化の「効果」が現出してきているが、この傾向が、さらに(B)「ストライキの退潮化」側面でも確認可能なのは当然だといってよい。事実、「半日以上の同盟罷業・作業所閉鎖」の動向を検出すると、例えば、二二(一七二)→二四(一五四)→五二(三六二)→二七(一三六)→一五(六六)→一一(五六)という経過を辿るから、このストライキの面からしても、七五年を画期とした七〇年代後半での、総体的な労働運動沈滞化基調についてはほぼ疑問の余地はあり得まい。繰り返し指摘した「労働運動・冬の時代」であろう。

しかし、そのうえでやや注意すべき点がある。すなわち、(C)「路線別」にみた場合には、労働争議展開の内容に関して一定の相違が確認できる——ということに他ならず、一方の「官公労」と他方の「同盟・JC」との間には、むしろ性格上の大きな乖離があった。というのも、六〇年代後半以降には、同盟・JCが民間大企業を制覇することによって「協調主義的路線」が進み、その結果「労働争議の沈静化」が支配的になるが、しかし他方、この時期は同時に、国労・動労などを中心とする官公労運動においては、むしろ、「組合規制力」が強化される局面に当たっていたからに他ならない。したがって、先に示した数字には、同盟・ＪＣ路線制覇の結果こそが色濃く表出されているとみるべきだが、いずれにしても、職場での組合機能を著しく弱体化させた同盟・ＪＣとはまさに対極的に、「マル生運動打倒」などを掲げて闘った、官公労の、生産点における「対抗的運動」のその明確な存在をも強く注視しておきたい。

最後に三つ目に、（ハ）その「転換」にも触れておく必要があろう。こうして、「官公労―同盟・ＪＣ」の対立を含みながらも、七〇年代・労働運動は、総合的には「協調主義的」基調のもとで停滞基調を脱し得なかったが、八〇年代に入るともう一段の「困難な転換」に直面する。つまり、すでに検討した臨調路線が、労働運動の「最後の砦」である国労・動労攻撃を強めるからであって、その一環として八二年末には、国労運動における職場規制の土台であった「現場協議制」さえもが、当局によって一方的に破棄されるに至る。いうまでもなく臨調路線への吸収であるが、しかし、このような転換に追い込まれたその契機として、周知の「スト権スト」も無視はできない。

そこで第二に、七〇年代労働運動の主戦場をなした（ｂ）「スト権スト」に目を転じていこう。最初に一つ目として、（イ）その「展開」を確認しておく必要があるが、まず（Ａ）その「経過」はどうか。さて、七五年一一月から一二月に掛けて、公労協と地方公労法関係労組一三単産は、――四八年に政令二〇一号によって奪われた――スト権の回復を目指して一九二時間のストライキに入った。ついで（Ｂ）その「背景」だが、それに関しては以下の三点が確認されてよい。すなわち、（Ⅰ）その歴史的由来からして、この「スト権回復」は官公労労働者にとってはまさに長年の悲願であったこと、（Ⅱ）七〇年代前後から職場規制力を強化してきた官公労にとってはその実現性があったこと、（Ⅲ）当時の三木内閣の性格からしてその現実的可能性が予測できたこと、という三条件これである。まさにその意味で、「スト権スト」勃発についてはその一定の必然性があった。

そのうえで、では（Ｃ）「スト権スト」の「本質」はどこに求められるのか。そう考えると、その「本質」は、（少なくとも体制・資本の側からは）「体制危機」の下で、これからの「労資関係枠組み」を決定する、まさにそのような、「体制を巡る争議」だと自覚して闘われた争議であった――という点にこそ求められる。換言すれば、体制側は、文字通り「階級間の抗争」として意識したわけであり、そこにこそ、この「スト権スト」のその枢軸があった。しかしそれに較べて、労働側にはこうした自覚的指向は相対的に弱く、その力点は「念願のスト権回復」という次元になお止まったから、そのことにも規定されて、この体制的闘争は何よりも労働側のいわば完敗に終わった。

そのうえで、もう一歩その内実に立ち入って、次に二つ目に（ロ）「敗北要因」へと目を向けよう。そこで、まず（A）その「客観条件」だが、何といっても多方面からする「スト批判」の「重さ」こそが大きい。その場合、そこには、同じ「労働者階級」としてもつべき「社会的連帯意識の欠如＝『人権感覚』の薄さ」が極端に表出しているが、結果的には、マスコミの冷淡な論調とも相まって、特に「スト権スト」の途中からは、官公労に対する、「未組織労働者」をも含む「大衆」からの批判が強まった。しかし見過ごしてはならない点は、この七五年当時といえば、民間企業では「減量経営」によって極端な締め付けが進行している局面であり、したがってその中で、いわゆる「親方日の丸」の官公労が長期ストを構えたことに対しては「即自的な反発」が沸騰した――という事情そのものではないか。まさにその意味で、この現象は、七〇年代における民間労働運動窒息化の、いわばその一つのネガ画面だともいえよう。

ついで、それとの関係で（B）官公労側の「主体条件」も大きかった。なぜなら、官公労は、以上のような「表層的＝非社会的」な「大衆的批判」に対して、それに正当な反論を加えつつ「世論」をむしろ変えていく努力をせずに、その「世論」に「迎合」する以外になかったからに他ならない。したがって、先にも指摘した、組合側における、「スト権ストの本質」に対する体系的認識の欠如とも重層して、官公労が「大衆批判」に対して無批判的に「擦り寄る」姿勢を取った点こそ、「スト権スト」が何の成果もなく敗北した、その根本的要因なのではないか。こうして、最終的に

(C)こう「集約」できよう。すなわち、七五年「スト権スト」は、六〇年「三池闘争」と比肩し得る、資本―労働関係レベルでの、日本階級闘争の一大頂点だったといえるが、その決戦場において、日本労働運動は、その適切な理論構築を怠ったが故に、その結果、「戦後史上最大の手痛い敗北を経験する」以外にはなかった――のだと。

こうして「スト権スト敗北」を決定的境目として、――すでに凋落の坂を下りつつあった同盟・JCはもちろんのこと――一定の勢力を蓄えつつあった官公労も一転して守勢に回らざるを得なくなったが、では、「対抗的な労働運動」は全滅に至ったのであろうか。しかしそうではなかった。このような崩落傾向の中でも、三つ目として、以下のような(ハ)「少数派運動」も決して無視はできないといってよいが、まず最初に(A)「民間大企業の『少数派組合』」はどうか。これらの集団は、主として、すでに支配力を確立した同盟・JC系労組内部における、いわば「資本に対する闘争的・対抗的潮流」を代表しているが、その大部分は、五〇～六〇年代での組合分裂に際して「第一組合」に止まった戦闘的労働者を主力とするものに他ならなかった。そして、その系譜は量的に一定の広がりをみせているし、さらに質的にいっても、長期に亘って持続的な展開を維持しつつ、多くの軽視し得ない成果を挙げてきた点には十分な注意が必要であろう。しかし、この「少数派組合」の何よりもの意味は、むしろ、このような「少数派」の奮闘が、「協調主義的路線」のエスタブリッシュ化という絶望的職場情況の中で、資本による労働者管理の進展と労働諸条件悪化とに対する唯一の「歯止め」になっている――という、その「労働者組織としての原型性」にこそあるのであって、まさしくその意味で、同盟・JC路線支配下における、このような「少数派」の象徴的役割は明らかに決定的に大きい。

ついで(B)「中小企業組合」の運動にも注意が必要ではないか。先にも指摘した通り、七〇年代において、組織労働者の総体は一定の凋落を余儀なくされたが、しかし、労働組合数自体としてはむしろ増加を維持していた(七五年＝三万三四〇〇→八三年＝三万四五〇〇)。その場合、この組合数増加こそ、中小企業労働者が新たに組合を組織しつつ資本に対抗している現実の反映であることはいうまでもないが、まさにこの「中小企業組合」の新展開の中でこそ、以下のような「独創的な新戦術」も効果的に提起されていく。すなわち、まず一つは「総行動」と呼ばれる、「バックで支配する独占資本に対する責任追及運動」（全造船機械玉島分会など）であり、そしてもう一つこそ、労働者による、倒産企業の自主生産という「自主管理闘争」（浜田精機・虫プロ・ペトリカメラ・グロリア・パラマウント製靴など）であったが、これらを軸にして、ユニークな取り組みが多彩に実施されたのはいわば周知のことであろう。

そこで最後に、この「少数派組合運動」の（C）「意義」を全体的に総括しておけばこういえるのではないか。すなわち、もちろん、このような「少数派組合運動」が単に量的に拡大していけば「多数派」に到達するとは決して楽観はできない。むしろ、その闘争理念がラディカルであるが故にこそ、かなり長期に亘って「少数派」の位置に止まる可能性が大きいが、しかしそこに、「労働運動の獲得すべき『可能性』」が大きく秘められていることには疑問はない。言い換えれば、「労働者が自らの意思と主体性に立脚して生産に参画する」という方向性がそこには確認できるのであり、そうであるが故に、そこには、まさしく「労働運動の可能性」が色濃く検出できよう。

以上を前提にしてこそ、第三に「労働運動」の（c）「全体的総括」が浮上してくる。そこで、まず一つ目は（イ）その「基本視点」だといってよい。すなわち、すでに検討してきた通り、七〇年代・低成長期の過程で、「危機に直面した労資関係」の展開としては、「七〇年代前半＝体制危機深化」↓「七〇年代後半＝体制側からの逆攻勢」という「政治過程動向」をも取り込んで、「臨調路線」に立脚した「労資協調主義」の支配化こそが基本的に定着をみた。そしてそこから、「労資協調型」というこのような「七〇年代型・労資関係」の、その現実運動的表現形こそ何よりも「七〇年代型・労働運動」の具体像に他ならない――という関連が帰結したのは、いわば当然であった。その意味で、「七〇年代型・労働運動」が、「七〇年代型・労資関係」の、まさにその運動論的帰結であった点こそが、くれぐれも重要だといってよい。

この「基本視点」を土台として、次に二つ目に(ロ)その「総括内容」へと進むと、以上のような性格をもつこの「七〇年代型・労働運動」は、結局、以下のような三類型に即して展開したとこそ整理できよう。すなわち、まず最初は(A)「民間大企業組合」運動であって、取り分け同盟・JC系労働運動がその決定的な典型をなす。繰り返し指摘してきたような、「個別企業組合―従業員代表制」に立脚して、「企業主義的・協調主義的」行動を展開する点にその特徴を有し、それを通して、「パイ分配要求型・経済闘争」に奔走する傾向が強い。まさに、この路線定着こそ七〇年代型・労働運動の段階的特質をなしたが、それが、「資本への対抗」という、「労働運動の本質」を喪失させて「冬の時代」を自ら招来させたのは自明ではないか。しかし、この「第一潮流」主流化が、「組合民主主義」を空洞化させつつ「組合内反対派＝少数派」を差別・排除する傾向が事実として強かったため、そこから、(B)「少数派組合運動」が派生してくるのはいわば必然であった。そしてそれは、中小企業組合とも連帯して「原則的な資本への対抗」路線を堅持して闘ったから、たとえ勢力としては決して大きくはないものの、「自主生産・自主管理闘争」などを通じて、「労働運動の希望」を高く掲げる意義をもった点は決して否定できまい。まさにそれこそ、「七〇年代型・労働運動」の、一つの「別表現」的特質であろう。

そのうえで、いうまでもなく(C)「官公労・労働運動」がその「独自の色調」を示した。しかし、その帰趨は劇的であって、すでに確認したように、この路線は、七五年「スト権スト敗北」を分水嶺として決定的な転換を遂げていく。つまり、六〇年代―七〇年代前半においては、「原則的な対抗路線」と「強力な職場規制力」とを確立したこの「官公労運動」は、それへの「基本的な階級分析」を欠落させたが故に敗北した「スト権スト」を画期として、まさに一挙に、自滅路線への墜落を余儀なくされた。こうして、資本への有力な「対抗運動」は消失する。

最終的に、三つ目として（ハ）こう「集約」が可能になろう。要するに、「七〇年代・労働運動」の帰結としては、以下の「三潮流」構成に帰着したわけであり、立入っていえば、（A）「同盟・JC路線の強化」――協調主義・企業主義的運動の支配徹底化、（B）「官公労路線の破綻」――「民同左派」運動の構造的弱体化、（C）「少数派路線の奮闘化」――残された「最後の可能性」の追求化、という三構成区分が残される。したがって、「少数派運動」を唯一の「対抗可能性」としつつも、「七〇年代型・労働運動」は、「資本・体制への対抗力」を自らほぼ基本的に喪失していく。その点で、体制側の「階級宥和策」は、この七〇年代に――高度成長期とはそのタイプを異にしながら――大きくその深化を実現していくわけである。

［3］社会保障　続いて、「階級宥和策」の第三側面こそ③「社会保障」[7]に他ならない。さて、経済の低成長化とはいわば裏腹に、この七〇年代は、いわゆる「福祉元年」期と命名されて社会保障上の大きな画期ともなっているが、では、そこではどのような政治・社会状況が現出したのであろうか。そこで第一として、まず（a）この「福祉元年の必然性」こそがその焦点をなすが、最初に一つ目に（イ）その「基本要因」はどうか。そのように視点を確定すると、「必然性」のその「基本」が、何よりも、従来の社会保障制度自体の未成熟性そのものにこそあったのは自明といってよい。すなわち、高齢化社会の入り口を迎えた七〇年代初めにおいて、従来の社会保障制度が国民生活に対応し得ない状況が明白になってきたことに他ならないが、それは、例えば以下の三点について特に顕著であった。具体的には、（A）「給付水準の低さ」――物価高状況下での各種保険給付レベルの絶対的低位性、（B）「制度のミスマッチ」――「保険金納入者層＝生産年齢人口」と「医療需要年齢層＝老年人口」とのミスマッチ化、（C）「医療財政の赤字化」――政府管掌健康保険を中心とする財政赤字問題、であるが、まさにこれらの未成熟性によって制度の新設・改正が要請されて

いく。

ついで、二つ目に（ロ）その「誘因」としては「経済的要因」が大きい。つまり、七〇年代における経済環境の変化と対応しつつ、「社会保障の充実↓消費性向上昇↓国内消費需要刺激」というロジックで、景気対策上からも社会保障の改善が指向されたといってよい。その場合、この経済条件の変質としては、対外経済摩擦の激化・環境問題の噴出・経済成長路線の歪み表面化・所得格差の顕在化・景気後退深刻化、などが特徴的だが、このような七〇年代における経済問題の累積化こそが、社会保障システム改正を不可避にしたのは当然であった。そのうえで三つ目に、社会保障充実化の（ハ）「具体的引き金」となったのはいわば「政治的要因」に他ならない。やや具体的に指摘すれば、（A）「七一年六月参院選」――自民党敗北による「保革伯仲の開始」、（B）「七二年一二月衆院選」――インフレ昂進による自民党の伸び悩みと「保革伯仲の本格化」、（C）「革新自治体の登場・拡大」――その「福祉先取り」の住民への浸透・定着化、という事態が進展したわけであり、そのような「政治的危機の深化」が、体制をして、「福祉元年」への着手を必然ならしめたのだといってよい。

以上のような、まさに「七〇年代の『固有要因』」に誘引されてこそ、「福祉元年」はその進行を始めていくが、このような「必然性」をふまえつつ、次に第二に、早速（b）「内容構造」へとその分析メスを入れていくことにしよう。そこで、最初に一つ目に（イ）「基幹改正」から点検していけば、まず第一の焦点は（A）「老人医療費支給制度の新設」であろう。いうまでもなく、この制度は医療保障の一環であり、七二年六月に成立（七三年一月施行）しているが、その内容としては、七〇歳以上の老人のうち、被雇用者医療保険の被扶養者および国民健康保険の被保険者に対して、医療保険の自己負担分を国・地方公共団体が肩代わり負担する――という点がその柱をなした。いわば「自己負担分の公費による肩代わり」に他ならないが、実態としては、むしろ「老人医療の無料化」というスローガンで受け止められた点にこそ、そのイデオロギー的効果が発揮された。ついで焦点の第二は（B）「医療保険の改正」が担った。具体的にみると、いうまでもなくこの改正のポイントは「健康保険」にこそあったが、それは、七三年九月に成立し同一〇月施行という手順が踏まれた。その際、この改正の新たな特徴は、従来からの、「医療保険の適用拡大・普及」という量的側面から、「給付水準の改善」といういわば質的側面への変遷という点——でこそ把握されてよく、取り分け、八個の医療保険分立並存の下で進行してきた、制度間における、負担・給付両面での格差を、「負担—給付の不均衡是正」を通して解決しようとした——わけである。そして、その現実的解決方策こそ「給付水準の充実」に他ならないという連関になるのであり、まさにその結果、被扶養者・給付率の五〇％から七〇％への引上げが実現されていったといってよい。

そのうえで、第三焦点こそ（C）「年金保険の改善」であるが、その中核には「厚生年金保険」があった。すなわち、七〇年代に入ると、経済成長にともなう年金水準の相対的低下と、消費者物価騰貴によるその絶対額の不十分性とが目立ってきたから、当時の政治危機状況にも触発されて、田中首相の意欲がその実現を早めた。具体的には、七三年九月成立・同一一月施行というプロセスが進み、結果的には、一つには、「五万円年金」という年金水準の引上げと、もう一つとしては、年金・実質価値の維持を目指した「物価スライド制」とが実現をみた。まさにここにも、七〇年代政治危機から発する、その大きな側圧の存在が明確であろう。

以上の三本が「福祉元年」のいわば「三本柱」だが、ついで考慮すべき点として、次に二つ目に、この「三本柱」の（ロ）「前提」としては「児童手当の新設」があった。そこで最初に（A）その「経過」を追うと、同手当はまず七一年五月に成立に至るが、ついで翌七二年一月からは三段階にわけて実施の運びとなり、最終的には、七四年四月よりの完全実施を迎えた。ついで（B）その「意義」に移ると、それは何よりも、日本における「最後の社会保障制度」であり、換言すればいわば「社会保障制度を完成させるもの」という点にこそ求められてよい。まさにこの児童手当の発足によって、日本の社会保障体系は、「社会保険・家族手当・公的扶助・社会福祉」という四大要因から構成される、一応の整備された制度体系になったのであり、その意味で、ようやく、制度体系面では、先進西欧諸国のレベルにまで漕ぎ着けたともいえる。

しかし(C)その「限界」もなお無視はできまい。すなわち、その給付水準が不十分なことに加えて、厚生省の行政機構上では、この「児童手当」は、社会福祉中の「児童福祉」の一環として従属的に位置づけられるに止まっていて、独立した社会保障構成要素とは扱われてはいない——のだと。

最後に三つ目として、この「三本柱」への(ハ)いわば「付加制度」として「雇用保険の発足」にも注意を要する。つまり、「失業保険の改正」に他ならないが、その実現は、折からの「低成長経済化」とも連関して一定の遅れを余儀なくされ、七四年一二月成立・七五年四月施行というスケジュールを刻んだ。その場合、この制度については以下の二面からの性格付けが重要であって、(A)まず一面では、高度成長の帰結として表面化した、若年労働者を中心とした「労働力不足」との関わりが大きい。しかし(B)他面、この七〇年代には経済停滞の進行もが顕著になったから、この方向からは、むしろ、中高年層における「労働力過剰」への対処という作用もが無視できなくなってくる。したがって、この「雇用保険」は、(C)総合的には、七〇年代経済の深刻な動揺を雇用面から緩和しつつその「受け皿」となる——という役割を担って登場したわけであり、その点で、その「七〇年代的性格」は極めて明瞭であった。

以上のようにして、「七〇年代・福祉元年」が進行を遂げたが、それは、八〇年代への転換期に大きく「暗転」する。そこで最後に第三に(c)「八〇年代・制度改革＝変質」へと視点を転回させねばならない。そこで、最初に一つ目に(イ)「制度変化」の構造を押さえていく必要があるが、まず(A)その「契機」はどうか。さて、これまでフォローしてきた

「福祉元年」基調は、すでに七五年段階から「福祉見直し論」を随伴させつつも、七〇年代いっぱいは、一応その路線を維持した。しかし、具体的には八〇年六月の「ダブル選挙」＝自民党圧勝を受けて、そのトレンドは大きく転換を遂げる。つまり、国庫負担の増大によるこのような社会保障の拡充は、いうまでもなく「財政における負担と給付のアンバランス」を生じさせていたが、それに対するバック・ラッシュが、まさにこの「自民党圧勝」を契機にして噴出し始めるわけであった。事実、政府のスタンスは八〇年度予算編成期に激変し、財政赤字を招来させた原因として、石油危機対策と並んで、この社会保障抑制が強く押し出されつつ、それへの取り組みとしては、「真に必要な施策について、重点的に経費の配分を図ること」という方針が前面化する。「社会保障優先政策」は、ここでまさにその逆へと転じていく。

そのうえで、このような「逆転」の（B）「背景」は何か。さて、以上のような政府の路線変更によって、社会保障に関する、「給付の重点化・適正化・公平化」などがスタートするが、その場合、それを必然化させた要因としてはおよそ以下の三つに整理できよう。すなわち、（Ⅰ）「財政再建の緊急性・国家財政能力の低下」という経済条件、（Ⅱ）「就業構造の変容・高齢化社会の到来」という社会条件、（Ⅲ）「自民党のダブル選挙勝利・国民の『生活保守主義化』」という政治条件、などに他ならず、これらが総合化して、「国民自助努力を前提とした効率的な国家運営」という、いわゆる「社会保障の『制度改革』」が始動していく。

以上を下敷きとしつつ、次に、この「制度改革」の（C）「展開」に立ち入っていこう。そこで「改革＝福祉削減」の第一は（Ⅰ）「医療保険の後退」であって、一つには「老人保健法の改悪」（八三年二月）ともう一つには「医療保険の給付率引下げ」（八四年一〇月）とが強行された。ついで第二が（Ⅱ）「公的扶助の削減」であって、そこには、「生活保護における基準額・決定方式・負担転嫁・格差拡大」（八三―八七年）と「児童手当対象範囲の縮小化」（八五年六月）と

第７表　日銀信用と国債オペレーション状況

（単位：億円）

年度＼項目	日本銀行信用	貸　出	債券売買	うち買入国債	買入手形	売出手形
1965	1,120	2,975	△1,855	－	－	－
66	6,701	930	5,624	653	－	－
67	7,790	△1,371	8,850	5,639	－	－
68	4,092	△169	4,098	2,693	－	－
69	9,800	4,269	4,526	2,447	－	－
70	11,444	4,385	8,102	7,018	－	－
71	△21,749	△17,780	△1,501	△1,000	－	△2,000
72	20,373	10,795	△135	△885	7,953	1,875
73	64,510	1,867	26,720	24,962	35,798	125
74	8,176	△2,820	16,017	15,863	△5,021	－
75	△9,601	151	5,701	5,991	△15,453	－

（注）1）買入国債額は推定。
　　　2）△は回収、あるいは売却超過を表す。
（出典）前掲『経済統計年報』昭和53年版，野村総合研究所編『公社債要覧』1976年。

が網羅された。それに加えて第三として、何よりも（Ⅲ）「年金保険の制度変更」が大きく、具体的には、「厚生年金保険制度の再編・給付水準の適正化・国庫負担の削減」などが盛り込まれたといってよい。こうして、八〇年代には、「制度改革」というスローガンの下で、「福祉元年」ではその「焦点」に置かれた、「老人医療・医療保険・年金保険」という「三本柱」が、まさにことごとく「改悪・削減・後退・見直し」に直面させられていく。

　こうみてくると、二つ目として、この「制度改革」の（ロ）「特質」がまさしく鮮やかに浮かび上がってこよう。すなわち、「財政危機と高齢化社会」に規定されて、八〇年代初頭に現実化したこの「社会保障の『制度改革』」の根底には、結局、以下のような基礎的土台が厳存していた——つまり、「八〇年代における『体制的危機の緩和』を条件としつつ、『財政危機』に促されて、『階級宥和策』に対する『国家責任の縮減』が現実的に実行された」という「基礎的土台」が——。そしてこの「国家責任の軽減」が、まさに、「国庫負担の削減」と「社会保障カバー領域の縮小」とを通じてこそ試みられたのは、もはや自明のことではないか。

したがって最後に三つ目に、八〇年代・社会保障の（ハ）いわば「本質」は以下のように総括されてよい。すなわち、「体制的危機の深化」に直面して、それへの不可欠な「階級宥和策」として拡充をみた七〇年代の「福祉元年」路線は、まさにちょうどそれとは「逆の連関」において、八〇年代の「体制危機の後退」局面では、この「階級宥和策機能の一定の緩和化」を客観条件とすることによって、むしろ、「財政再建」をこそ課題にしつつ、「制度改革＝社会保障後退」へとその転換を迫られた——のだと。まさに、これらの「両面規定」の総体から導出可能なその「本質」を通じてこそ、「社会保障＝階級宥和策の不可欠の一環」という、「現代資本主義の体制維持機能」に関するその基礎命題が、改めて論証できるように思われる。その意味で、「階級編成機構の体制的変貌」についても、なお重要な注意が必要ではないか。

Ⅲ　資本蓄積促進策——資本蓄積補完機能の弱体化

【1】金融政策　取り急ぎ、国家による「体制組織化」の第二機能を構成する（三）「資本蓄積促進策」へと移ろう。最初にその第一側面は①「金融政策」[8]だといってよいが、この金融政策の現実的効果が、何よりも、七〇年代低成長に対応した、「有効需要創出を条件とする資本蓄積への刺激付与」にこそ求められた点——には多言を要しまい。そうであればまず第一に、この金融政策に立脚した「有効需要創出」の起点は、まず（a）「日銀信用」動向においてこそ発現してこよう。そこでまず一つ目として（イ）「日銀信用総額増減」（一〇〇億円）に注目すれば、そこからは、極めて明瞭な「景気変動との連動性」こそが検出可能だといってよい。つまり、それは、七〇年＝一一四➡七一年＝△

第８表　日本銀行主要勘定

（単位　昭和20年まで100万円　昭和25年から億円）

年末	資		産			負	債
	貸出金	政府貸上金	国　債	その他債券	海外資産	発行銀行券	金融機関預金
昭和年							
10	841	118	729			1,766	112
15	817	2	3,948			4,777	228
20	37,838	11,220	7,156[2)]			55,440	4,159
25	2,690	630	1,367		…	4,220	31
30	447	12	5,536		1,848	6,738	20
35	5,002	−	5,691		3,087	12,341	356
40	16,276	−	9,300	1,571	3,713	25,638	885
45	23,534	−	23,813	4,432	11,232	55,560	2,983
		買入手形					
46	6,808	−	15,430	200	47,979	64,077	2,947
47	21,221	7,159	10,214	759	49,726	83,107	3,735
48	22,195	40,325	22,504	193	37,252	100,991	16,409
49	16,781	41,830	52,501	1,849	34,888	116,678	19,940
50	17,773	23,237	73,945	3,008	35,060	126,171	15,516
51	19,558	25,000	83,642	1,725	36,885	140,200	13,613
52	22,314	30,000	80,911	992	47,860	154,380	12,739
53	26,679	28,500	113,312	440	35,093	177,093	15,400
54	24,421	35,500	132,734	343	24,909	190,686	15,887
55	23,290	32,000	158,351	318	21,893	193,472	26,442

1）昭和 10 年以前の系列はⅠ－２表を参照。
2）債券を含む。
（出典）『日本金融年表・統計』（東洋経済新報社）197 頁。

二一七↓七二年＝二〇三↓七三年＝六四五↓七四年＝八一↓七五年＝△九六（**第７表**）という軌跡を描くから、この数字列からは以下の二つのポイントが直ちに手に入る。すなわち、まず一つは、全体としては顕著な増加基調にある点であって、日銀信用が総体としては、七〇年代・低成長を「有効需要の人為的拡張」という側面から持続的な補完を試みたこと――がまず否定できない。したがって、このベクトルからすれば、「日銀信用の資本蓄積促進」的役割は明瞭だが、しかしそれだけではない。そのうえでもう一つとして、「ドル・ショック不況」の七一年と「第一次石油危機」に当たる七五年での「回収超過」もが目に付くのであって、ここには、「企業投資停滞↓銀行与信縮小」をいわば「受動的」に受け止めつつ日銀信用拡張がスローダウンしたこと、が反映されていよう。まさにその意味で、——「信用拡張能力のスローダウン化」を含みながら——いわば増減の両方向からする、七〇年代日銀信用の、その「資本蓄積調整機能」が確認されてよい。

そのうえで二つ目に、この点を、「日銀信用」の大宗を占める(ロ)「貸出金」動向(一〇〇億円)にまで立ち入って確認すると、以下のようであった。すなわち、七〇年＝二三五→七三年＝二二一→七六年＝一九五→七九年＝二四四(**第8表**)と推移する以上、ドル・ショック期および二度の石油危機期を中心とする、七〇年代全般に亙る、ほぼ一貫した「貸出増加」こそが一目瞭然ではないか。したがって、「日銀→民間銀行→企業」へと貫徹する「有効需要創出」ルートの、七〇年代におけるその全開作用が、まさにこの「貸出金」動向においてこそ立証可能だとみるべきであり、したがって、先にチェックした一定の「スローダウン」運動は、むしろ、この「貸出」以外のルートを経由して実行されたのだと判断できよう。これこそ、何よりも、有効需要創出作用のその基軸である。

それに加えてさらに軽視できないのは、いうまでもなく三つ目に(ハ)「国債買入れ」状況(千億円)に他ならない(**第8表**)。というのも、——後に詳述する通り——七〇年代・低成長過程で赤字国債の激増が進行するが、それが、「日銀信用」に対して「国債オペレーション膨張」となって反射するのは当然だからであって、事実、それは次のような数値を刻んだ。つまり二三→二二→八三→一三二という数字が拾えるから、例えば高度成長期には六〇年＝五→六五年＝九というレベルであった点を考慮すれば、七〇年代における、「日銀の国債購入」規模の異常性には目を見張らされる以外にはない。したがって、「国債→財政」という「有効需要創出の政府ルート」に関しても、金融政策は、まさにその基本土台を提供していたわけである。

では次に、この「日銀信用」は(b)「銀行券発行」動向へどのように連関しただろうか。周知の如く、これまでに辿ってきた、日銀信用を通す「有効需要調節機能」運動は、現実的には、「日銀券発行」地点においてこそ発現すると把握できるが、この「発行銀行券」(千億円)は以下のように動いた。すなわち、五五↓一〇〇↓一四〇↓一九〇(**第8表**)という経過であって、一見してその膨張振りには驚かされる以外にはあるまい。しかも、その膨張画期が、一つには「ドル・ショック↓第一次石油危機」局面ともう一つには「第二次石油危機」局面とにある点をも勘案すれば、このような「銀行券増発」が、「不況対策」のその一環として、まさに「有効需要創出」に連関して実行された図式は——ほぼ誤りなく手に入るというべきであろう。こうして、「日銀信用↓貸出↓発券」という経路で「需要創出作用」が現実的に浸透していく。

以上のような「金融政策」が果たした、「資本蓄積促進」的な個別機能を前提としながら、最後に、「低成長期・金融政策」が「総合的」に担った、(c)その「景気調整型機能」をも集約しておこう。そこで最初に一つ目に、(イ)その「景気拡張策」的役割がいうまでもなく重要だが、その焦点はいわゆる「調整インフレ政策」にこそあった。そこでまず(A)その「意図」だが、それは、一面での「不況対策」と他面での「円切上げ回避策」とのいわば合成政策を意味した。すなわち、まず前者の側面では、通貨量の人為的拡張を通す「有効需要の創出」によって、企業サイドでの「投資拡大」と消費者レベルでの「消費拡大」とを刺激し、その結果として「景気引上げ」を目指す——という点にその目的が設定されたと考えてよい。まさに「景気対策」型発想に他ならないが、しかしそれだけではなく、後者の側面からは、さらに次のような政策意図もが追求されていく。つまり、同じ通貨量膨張が、「物価上昇」と「金利引下げ」とを同時にもたらすことを根拠にして、それが結果的に「円安」を誘導する——と見込まれつつ、その「円切上げ回避」効果こそが重視されたわけであろう。したがって、「調整インフレ政策」は他面では同時に「為替政策」でもあった。

そこで、この「景気拡張策」の第一の典型例はまず(B)「日銀券増発」に他なるまい。そして、この「発券増大」状

第9表　財政規模の推移

（単位：億円）

年度	政府財貨サービス購入	対GNP比率	政府総支出	対GNP比率
昭和40	61,773 (15.9)	18.8	78,686 (10.3)	24.0
41	70,670 (14.4)	18.4	91,347 (16.1)	23.8
42	81,885 (15.9)	18.1	106,148 (16.2)	23.4
43	92,917 (13.5)	17.4	120,874 (13.9)	22.7
44	103,648 (11.5)	16.6	136,626 (13.0)	21.9
45	122,169 (17.9)	16.7	162,772 (19.1)	22.3
46	147,981 (21.1)	18.1	193,653 (19.0)	23.7
47	179,203 (21.1)	18.9	235,325 (21.5)	24.8
48	210,058 (17.2)	18.2	279,760 (18.9)	24.2
49	270,912 (29.0)	19.9	366,528 (31.0)	26.9
50	311,131 (14.8)	20.9	436,331 (19.0)	29.3
51	350,000 (12.5)	20.8	505,400 (15.8)	30.1

（出典）経済企画庁編『経済白書』昭和51年版。

況の数量的実態についてはすでに別の箇所（**第8表**）で指摘した通りだが、例えば、七一年ドル・ショック局面や、七三年・七九年の二度の石油危機局面において、日銀券増発が顕著に進行したことはすでに周知のことであろう。そのうえで第二の典型例こそ（C）「公定歩合の引下げ」であって、例えばドル・ショック期での、七〇年一〇月（六・二五%→六・〇〇%）から七二年六月（四・七五%→四・二五%）に至る六次に亘る引下げは、その代表例として夙に著名だといってよい。まさにそれを起点として、何よりも景気拡張への点火が試行されたわけである。

しかし、「景気調整型機能」は二つ目として（ロ）「景気抑制策」機能も無視できない。すなわち金融政策は、他面で、「総需要抑制策」の一環としても作用したのであるが、まず（A）その「意図」はどうか。その場合、いうまでもなくその「意図」としては、直前に指摘した「調整インフレ政策」の「後始末」という性格が決定的だが、具体的には、「原油を中心とした資源コストの上昇」を土台としつつ、通貨量拡張の帰結としての、「インフレ昂進・過剰流動性膨張・企業投機拡大・資産価格騰貴」が無視できないレベルにまで達していた。まさにこれらの諸弊害への対応を目指して

第10表　一般会計国債の発行額と依存度の推移

（単位：億円，％）

項目 ＼ 年度		昭和40	41	42	43	44	45
公債発行額	当　初	－	7,300	8,000	6,400	4,900	4,300
	補正後	2,590	7,300	7,310	4,777	4,500	3,800
	実　績	1,972	6,656	7,094	4,621	4,126	3,472
公債依存度	当　初	－	16.9	16.2	10.9	7.2	5.4
	補正後	6.9	16.3	14.0	8.0	6.4	4.6
	実　績	5.2	14.9	13.8	7.7	5.9	4.2

項目 ＼ 年度		46	47	48	49	50	51
公債発行額	当　初	4,300	19,500	23,400	21,600	20,000	72,750 （37,500）
	補正後	12,200	23,100	18,100	21,600	54,800 （22,900）	
	実　績	11,871	19,500	17,662	21,600		
公債依存度	当　初	4.5	17.0	16.4	12.6	9.4	29.9
	補正後	12.6	19.0	11.9	11.3	26.3	
	実　績	12.4	16.3	12.0	11.3		

（出典）大蔵省『財政金融統計月報』第289号，6頁より。

こそ、「総需要抑制策」への着手が余儀なくされていく。

そうであれば、この「景気抑制策」のまず第一パターンが（B）「公定歩合引上げ」（**第1図**）であるのは当然であろう。つまり、具体的には、「七三年四月→同一二月に亘る都合五度の引上げ」・「七四年全般を通した高位水準維持」・「七九年四月→八〇年三月に及ぶ連続五度の引上げ」などが特徴的であり、その結果、景気抑制に対しても大きな効果を果たした。ついでもう一つ、（C）「預金準備率の引上げ」こそが第二パターンをなそう。その際、この預金準備率の変更はそう多くはないが、例えば七三年中の四次に亘る引上げはその典型とみてよく、一方で公定歩合上昇を補完しながら、他方では、市中短期金利やコール・レートの上昇をも誘導する効果を果たした。こうして、金融政策の「景気抑制作用」もその点から一目瞭然なわけである。

したがって三つ目に、金融政策の「景気調整作用」は総合的にこう（ハ）「総括」可能ではないか。つまり、七〇年代・金融政策は、一面では、「調整インフレ政策」という「景気拡張」機能と、他面では、「総需要抑制策」という「景気抑制」機能とを、その局面展開の特殊性に対応して、まさしく「総合的」に、その「役割作用」

として果たしたのであり、その点で、——量的には一定のスローダウン化をみせつつも——その有機的総体性においては、なお「資本蓄積促進策」の代表として機能したのだ——と。

［2］財政政策　ついで、「資本蓄積促進策」における二番目の側面を構成する②「財政政策」[9]へと視角を転回させよう。そこで、まず第一は(a)「財政支出」動向(**第9表**)が基本をなすが、最初に一つ目に(イ)「中央財政支出純計」(千億円)から押さえていくと、それは次のようであった。すなわち、七〇年＝一三七↓七三年＝二二〇↓七六年＝四〇八↓七九年＝六四五↓八二年＝八三五と推移したから、途中に「総需要抑制策」局面をも織り込みつつも、その全体的な拡張傾向には疑問はあり得ない。したがって、「第一次石油危機」への不況対策を迫られた、特に七三〜七六年期を中心とする「財政資金支出膨張基調」が読み取り可能であるから、その点で、七〇年代における、「財政資金膨張↓有効需要創出↓資本蓄積促進」という機能図式展開は明瞭であろう。まさにこの方向からして、財政政策の「資本蓄積促進策」役割が一目瞭然だが、次に二つ目として、念のため、この点を(ロ)「政府総支出の対GNP比」(%)からも確認しておこう。そうすると、その比率は、例えば七〇年＝二一・三↓七二年＝二四・八↓七四年＝二六・九↓七六年＝三〇・一という軌跡を描くから、まさに見事な単調増加トレンドが検出されてよい。こうして、このベクトルから探っても「財政ウエイトの拡大」は明確であって、七〇年代財政の、「景気対策的」な、その「有効需要創出＝資本蓄積促進作用」には、もはや一点の疑念もあるまい。

その場合、この「景気対策型・財政支出拡張」の基軸が、三つ目に(ハ)「公共事業費」にこそあるのは周知のことであろう。そこで、この「公共事業費」(百億円、%)動向を追うと、例えば、七〇年＝一四〇(増加率一六・九)↓七一年＝一六六(一八・一)↓七二年＝二一四(二九・〇)↓七三年＝二八四(三二・三)↓七四年＝二八四(〇)↓七五年＝

二九〇（二一・四）→七六年＝三五二（二一・二）という数字が拾える。一見して、「総需要抑制策」に絡む七三〜七五年の停滞を例外として、全体的には、二〇〜三〇％台にも達する、まさに顕著な増加テンポが浮上してこよう。これこそ、「公共事業費→財政支出拡張→有効需要創出→資本蓄積促進」という、七〇年代・財政政策のその基本構造に他なるまい。

しかし注意すべきは、以上のような財政機能は、第二に、あくまでも（b）「赤字国債激増」によってのみ可能になった――というその枢軸点であろう。そこで、最初に一つ目に（イ）「国債発行額」（百億円）推移が前提をなすが、その数値をフォローすると、七〇年＝三八→七一年＝一二二→七二年＝一三二一→七三年＝一八一→七四年＝二一六→七五年＝五四七→七六年＝五四八（第10表）というラインを踏む。したがって、「ドル・ショック不況→石油危機」という経済危機を経験する度に公債累積が嵩上げされていくといってよく、不況対策とのその対応関係が一見して目立っている。ついで、この点を二つ目に（ロ）「公債依存度」（％）からも検証しておくと、四・六→一二・六→一九・〇→一一・九→一一・三→二六・三→二九・九（第10表）と変化する以上、特に「第一次石油危機」以降での依存率上昇が取り分け目に付こう。まさしく、国家財政全体を挙げて「不況対策」に乗り出したわけであろう。

このようにみてよければ、最後に三つ目に、この「赤字国債」動向は結局（ハ）こう「意義」付け可能だといってよい。つまり、七〇年代における、「公債発行増加＝公債依存度上昇」の明白な出現が確認されねばならないが、その構造的土台には、「公債増大→赤字財政形成→財政支出拡張→有効需要創出→資本蓄積促進」という論理が貫徹しており、したがって、七〇年代財政政策は、その意味で、何よりも、「資本蓄積促進策」のその不可欠な一環を構成した――のだと。

以上を前提として、この七〇年代・財政政策体系を、第三に（c）「景気調整機能」という側面からも集約しておこう。

そこで、最初は一つ目として（イ）「景気拡張作用」から入ると、まず（A）その「意図」が問題となるが、それが、「調整インフレ政策」の一環たる「景気対策」的指向に立脚していたのはいうまでもない。つまり、「円切上げ阻止」を睨んだ景気引上げ策であった点は当然であって、特に「ドル・ショック不況」や「石油危機不況」の克服策としてこそ重要視されたのは周知の通りである。そうであれば、この「景気拡張作用」の第一パターンがまず（B）「公共事業費の膨張」に求められるのは自明である。というのも、この公共事業費支出が、景気拡張作用としての大きな波及効果という点で評価されたからであって、例えば、七〇年度補正予算以降は「列島改造予算」に至るまで、公共事業費水準は、一般会計規模全体を引上げつつその顕著な増額を維持し続けた。そのうえで、財政政策が発揮した、「景気拡張作用」の第二パターンは（C）「財投の増大」ではないか。というよりもむしろ、公共事業費を中心とした財政支出の拡張は、一般会計プロパーだけによっては自ずと限界があったというべきであり、したがって、「公共事業費の膨張」自体が「財投増大」によってこそ支えられていた——という連関こそが枢要といってよい。例えば、「ドル・ショック不況」や「石油危機不況」への対策に関連して、この「財投増加ルート」が、その財源的裏付けとして決定的役割を果たした点には疑問の余地はあり得まい。

しかしそれだけではない。他方二つ目に、財政政策の（ロ）「景気抑制作用」もまた無視はできず、最初に（A）その「意図」としては、繰り返し指摘した「総需要抑制策」との関わりが大きい。すなわち、「狂乱インフレ—資源制約」に直面して発動された「総需要抑制策」の主要な一環として、金融政策と合体しながら「有効需要形成の削減」が試行されたわけであり、「資本蓄積—景気」の、むしろ抑制こそが目指された。そこで、この「景気抑制作用」の第一パターンは（B）「緊縮予算の遂行」に他ならない。その場合、この範疇には「一般会計伸び率縮小・財投伸び率圧縮・公共事業費減額」などが総合的に含まれるが、まさに、この操作による財政規模トータルの全体的な切り詰めを通してこそ、

「財政ルート」を経由した「有効需要量の削減」が追求されたわけであろう。そしてそのうえで、第二の「抑制パターン」としては、特に「公共事業」に関して、(C)その「契約・執行の凍結・繰り延べ」などという「手続き調整」さえもが実行に移された。まさしく「非常時型緊縮財政・運営」こそが進行したといってよく、その中で、極めて典型的な「景気抑制作用」が発現していく。

そうであれば、最後に三つ目に、七〇年代・財政政策の「景気調整機能」は結局以下のように(ハ)「総括」可能だと思われる。すなわち、財政政策は、七〇年代・景気動向の乱高下に対応しつつ、まず一面で、特に「調整インフレ政策」体系の中では、「景気対策」の基本的一環として「景気拡張作用」を強力に発動した。しかしそれだけではなく、ついで他面では、「インフレ対策」を主要目的とした「総需要抑制政策」型役割の担い手にも位置づけられて、ここでは一転して、むしろ「景気抑制作用」をこそ発揮した。こうして、七〇年代財政政策は、——財政拡大規模の鈍化を含みつつも——まさに「景気拡張—抑制」の両作用を、全体的「景気調整機能」として現実化したと集約でき、したがってその点に、「資本蓄積促進策」としての、その性格が明瞭に現出していよう。

[3] 産業政策　最後に、「資本蓄積促進策」の三番目は③「産業政策」[10]だといってよい。といっても、高度成長期とは異なって、七〇年代・産業政策の展開例はそう多くはないが、差し当たりまず第一に(a)「為替政策」が重要であろう。そこでまず一つ目に、(イ)その「背景」だが、いうまでもなく「貿易黒字累積→国際的な円切り上げ圧力」こそが大きい。すなわち、取り分け七〇年代に入ると、日本に対する開放圧力・円切り上げ圧力は急速に高まるが、にもかかわらず、政府・日銀・産業界は、足並みを揃えて「円切り上げ絶対回避」のスタンスを固持し続けた。のみならず、七一年五月、大量の短資流入に直面して西ドイツが「暫定フロート」に移行し、いよいよ円切り上げが必至と

なっても、この「円切り上げ回避」方針はなおも堅持され、むしろ、それへ向けた「産業政策」こそが着手されるに至る。したがって二つ目として、「切り上げ回避型・産業政策」の（ロ）「展開」が問題となるが、それは「第一次円対策八項目」という形で提起された。すなわち、外国からの要求を考慮しながら、「輸出指向型経済の転換」をアピールする「産業政策」に他ならないが、そこには、以下のような「雑多な項目」がぶち込まれていた。具体的には、「輸入自由化促進・特恵関税の早期実施・関税引下げの推進・資本自由化の促進・非関税障壁の整理・経済協力の推進・輸出の正常化・財政金融の機動的運営」、などであるが、その「総花的性格」には驚きを禁じ得ない。まさに、総体的な「産業政策のプラン提示」とみるべきではないか。

そのうえで三つ目に、では（ハ）その「帰結」はどうか。以上のような日本の思惑と対応にもかかわらず、周知の七一年八月一六日の「ドル・ショック」によって円は一時的に変動相場制へ移るが、その後、日本による、何段階かの代替策提示を経て、最終的には、一二月一七日のG10でスミソニアン・レートの合意をみた。すなわち、日本は一六・八八％切上げの三〇八円レートに帰着を余儀なくされるが、しかし、日本政府はその後も「円再切上げ絶対回避」方針を掲げ続け、「拡大均衡型・経済運営スタンス」・「金融緩和措置の着手」・「為替管理の緩和措置」――という、「開放型・産業政策」への傾斜を急速に加速させていった。要するに、この「為替政策」が、七〇年代資本蓄積の制度的大枠を「円相場」の方向から組織的にサポートしたという意味で、その「産業政策」的役割を担ったことは否定できまい。

ついで、「産業政策」の第二としては（b）「石油危機対策」が指摘されてよい。そこで、まず一つ目に（イ）その「背景」から入ると、いま直前にみたドル・ショックに追い討ちをかけるように、七三年秋には「第一次石油危機」が勃発する。すなわち、七三年一〇月の第四次中東戦争を契機として、アラブ産油国は、対イスラエル報復を目的とした、「原油公示価格の大幅引上げ・原油生産削減・非友好国への輸出禁止」などを発動した。そして、このような措置が日本経済へ甚大な打撃を与えたのは当然であり、高度成長の過程で著しい「石油依存・石油多消費型」体質になり切っていた日本経済に対しては、まさに「石油危機」として波及していく以外にはなかった。緊急避難型「産業政策」が要請されたその所以である。

そこで二つ目として(ロ)その「内容」へ移ると、まず、以下のような「石油依存」の深刻な現実が問題をなす。つまり、日本の場合、例えば、「第一次エネルギー供給に占める石油の比重七八％」(七三年、以下同)、「実質GNP一単位当たり石油消費量〇・五一一」、「エネルギー消費中の産業部門比率五六％」、「石油輸入依存度九九・七％」などという数字が拾えるのであるが、これらが、欧米先進諸国と比較して顕著に高かったのは周知のことであった。そしてそれが故に、日本への衝撃はそれだけ大きく、すでに始動していたインフレに火を点けつつ、石油関連製品を筆頭にして小売物価・卸売物価の凄まじい騰貴を招くこととなる。まさに「狂乱物価」(七四年二月、卸売物価上昇率対前年比三七％)と命名される以外になかったが、それに直面して、政府は、「緊急石油対策推進本部」を設置して以下のような「産業政策」実施を余儀なくされたといってよい。例えば、「官公庁の石油・電力節約実施」、「百貨店・スーパーの営業時間短縮」、「深夜テレビの放送自粛」、「ネオン節約・エレベーター使用削減」、「マイカー自粛」、などのキャンペーンが打ち出された。いわば間接的な「産業政策」展開に他なるまい。こうして、経済隘路の総合的調整を目指した「産業政策」が作動していく。

そのうえで最後に三つ目に、このような「石油危機対処型・産業政策」の(ハ)その「意義」が興味深い。というのも、この石油危機が日本経済に与えた衝撃は、単に「循環的」なものではなくいわば「構造的」なものであり、したがって、それに対応して発動されたこの「産業政策」自体も、ある意味でその「構造的性格」を免れ得なかった――からに他ならない。つづめていえば、まず原油価格の大幅騰貴が、「価格体系とコスト構成」に関わる不可逆的な変質を引き起こしたが、ついで、だからこそそれを前提として、それに対処すべく発動された、この「石油危機型・産業政策」は、「石油依存・エネルギー多消費・素材型産業」の後退を、まさに政策的に「誘導」するという帰結をもたらした――のだと。

最後に、「産業政策」の第三として（c）「開発政策」にも簡単にふれておきたい。最初に、一つ目に（イ）その「背景」から入ると、すでに別の機会に詳述した通り、「地域開発政策」は六〇年代・高度成長期にその頂点を経験し、その後、当面の七〇年代にはほぼ一定の沈静化をみたといえた。まさにそのような経過の中にあって、七〇年代にいわば傑出して目立った展開を示した例こそ、何よりも、周知の「列島改造論」ではないか。そこで二つ目に（ロ）その「位置づけ」にまで進むと、いうまでもなく、これは七二年七月に登場した田中角栄内閣を代表する政策スローガンに他ならないが、七〇年代・低成長局面にあって、それが資本蓄積の基礎基盤に対してその総合的促進作用を及ぼしたという点で、この「改造論」は、七〇年代における「開発政策型・産業政策」の、文字通りまさしくその代表ケースをなした。それを前提として、三つ目に（ハ）その「内容」へ立ち入ると、具体的には、以下のような点にこそそのポイントが集約されてよい。すなわち、「工業再配置・新二五万都市建設・高速交通手段整備」を基本柱にしつつ、それを土台にしながら、全国的な開発構想の進展が総合的に目指された――と図式化できよう。その結果、企業の先行的な土地投機が噴出し、そこから地価と物価の急上昇が進んだのはいまや周知の事実であって、最終的には「インフレと公害の全国的蔓延」こそが帰結をみた。まさにその点でも、低成長期・資本蓄積に対してその総合的刺激作用を付与した――という方向からは、いわば一つの特有な「産業政策」として理解可能であり、したがってその意味で、低成長期・「資本蓄積促進策」における、一つの「歪んだタイプ」だと整理できよう。こうしてトータルにみて、何よりも、「資本蓄積補完機能の弱体化」が無視できないように考えられる。

第11表　マネーサプライ（暦年）

（単位：億円）

年末	M_1			M_2 + CD	マネーサプライ末残		
		現金通貨	預金通貨		M_1	M_2 + CD	M_3 + CD
昭和45	213,595	50,978	162,617	542,373	16.8	16.9 （%）	
46	276,931	59,577	217,354	673,982	29.7	24.3	
47	345,261	77,061	268,200	840,405	24.7	24.7	25.0
48	403,115	91,133	311,982	981,885	16.8	16.8	18.8
49	449,512	107,309	342,203	1,094,943	11.5	11.5	13.7
50	499,487	115,786	383,701	1,253,304	11.1	14.5	16.5
51	561,791	128,581	433,210	1,422,487	12.5	13.5	15.4
52	607,867	141,224	466,643	1,580,331	8.2	11.1	13.4
53	689,289	162,590	526,699	1,787,201	13.4	13.1	14.0
54	710,201	170,519	539,682	1,950,129	3.0	9.1	10.8
55	695,727	174,753	520,974	2,089,859	−2.0	7.2	9.5

（出典）前掲『日本金融年表・統計』173頁。

おわりに

以上のような考察を下敷きにして、最後に、「日本型・現代資本主義の『変質』」という視角から全体を総括していきたい。そこで、まず第一論点は（I）「前提的命題」に他ならず、日本資本主義は、六〇年代全般の「高度成長過程」を経て、概ね七〇年代全体を通して「低成長経済への移行」を余儀なくされた。もう一歩具体的に示せば、まず一面で（A）経済過程においては、「七一年ドル・ショック不況→七三年第一次石油危機不況→七九年第二次石油危機不況」という経過で、「不況と物価高」の同時進行に呻吟する「スタグフレーション」に直面する以外にはなかった。そしてその結果、「生産・投資・雇用・所得・消費」各側面における停滞に直面したから、まさにこの七〇年代こそ、日本経済の「低成長局面」＝「経済的危機局面」であったことには多言を要しまい。そのうえで他面で（B）政治過程においては、このような「経済的危機」とも連動して、極めて乱高下的な「体制抗争」が進展したとみてよく、基本的には、七〇年代前半の「革新自治体拡大→政治危機増大」と、その後半における「自民党ダブル選挙勝利→政治危機緩和」とが、極めて明確な対照形においてその進行をみた。したがってそうであれば、総合的には（C）七〇年代「体制組織化」全体の帰結としては、「経済的危機」を「国家の体制組織化機能」によって一応は克服しつつ、その帰結として、一定の「体制組織化の再構築」実現こそが現出していった——とこそ集約可能ではないか。

そうであれば、次に第二論点としては（B）その現実的な「展開命題」が直ちに問題となり、以上のような「体制組織化の再構築」を可能にした、「組織化機能」の現実的展開こそが明確化されねばなるまい。そう考えると、それは以下の二方向から提示可能であって、まず第一ベクトルとしては、いうまでもなく（A）「階級宥和策」の効果が絶大であった。やや具体的に示せば、①「臨調・民営化路線に体制的に裏付けされた、同盟・IMFに代表される『超・協調主義的労資関係』の完成」②「『福祉元年』に象徴される社会保障体制の一定の進展」③「『スト権・スト敗北』の帰結としての、資本対抗型・労働運動の消滅」、などがいわば容易に指摘可能ではないか。要するに、「国家—企業」連合システムに立脚した、「階級宥和策」展開がその決定的な奏効をみたという他はない。しかしそれだけではない。他方、（B）「資本蓄積促進策」がその独自な役割を有効に果たした点も明瞭であって、——低成長経済に制約されて量的には不十分だとはしても——例えば①「日銀信用の弾力的発動による発券量の拡張」②「赤字国債を財源とした財政支出の膨張」③「景気動向と敏感に連動した金融・財政作用調節に基づく『有効需要の総合的調節』」（**第11表**）、などはその代表パターンとして重要であろう。こうして、「体制組織化の七〇年代再構築」に果たした、「階級宥和策」・「資本蓄積促進策」両機能のその決定的な役割が一目瞭然だが、そうであれば、（C）その「七〇年代型特徴」にも改めて強く注意を払わないわけにはいかない。というのも、六〇年代・高度成長期と総体的に比較して、この七〇年代型・体制組織化作用にあっては、一方での、財政・金融を基軸とした「資本蓄積促進策」の——「低成長化」束縛に起因した——その一定の「弱体化」と、他方での、——その「補完」をこそ意図した——「労資関係・労働運動・社会保障」を焦点とする「階級宥和策」の、その「強力化・浸透化」とが、取り分け特徴的に目立つからに他ならない。要するにその意味で、七〇年代には、「体制組織化様式」に関する一定の「変質」が進んだわけであり、結局その点で、「日本型・現代資本主義」における新局面の登場こそが出現してくる。

したがって、最後に第三論点こそ（Ⅲ）「結論的命題」が提起可能となろう。そこで、まず最初に（A）「現代資本主義の定義」[11]を確認しておくと、——他の機会に繰り返し指摘した通り——その枢要点は、「資本主義の体制的危機における、『階級宥和策』および『資本蓄積促進策』を手段とした、資本主義延命を目指す『反革命体制』」という点にこそあるが、そうであれば、この「定義」を基準にすると、「七〇年代・日本資本主義」が、まさに「現代資本主義の一ヴァリエーション」以外ではないのは自明といってよい。しかしさらに留意すべきは、そのうえで、（B）それが「現代資本主義の如何なる『歴史段階的類型』に帰属するのか」という論点であって、もう一段具体的に発問すれば、「高度成長期＝日本型現代資本主義の『確立』[12]に対して、「七〇年代型」にはどのような「規定性」を与え得るのか——とパラフレーズされてもよい。このように考えれば、それへの「解答」もいまや明白であって、この「七〇年型」にあっては、すでに検出したように、「階級宥和策」および「資本蓄積促進策」それぞれの個別論点において、「六〇年代型」からの無視し得ない相違が明瞭である——例えば、①「協調的労資関係における『成立・開始→定着・深化』」、②「労働運動における『労資対抗→体制内化』」、③「社会保障における『未整備→充実化』」、④「財政金融政策における『健全財政立脚→赤字財政依存』」など——とともに、さらに、これら両者の「力学バランス」に関しても、——「資本蓄積促進策」の「弱体化」と「階級宥和策」の「強力化」という内容において——いまや決定的な差異が発現している以上、「七〇年代型」においては、「確立」型「規定性」を明らかに超えて、まさしくその「変質」領域に入った——と性格づけられる以外にはあるまい。要するに、「七〇年代型」におけるその「変質過程」[13]の進行である。

つづめていえば最終的には、(C)こう「結論」されるべきであろう。すなわち、この「七〇年代低成長期・日本資本主義」は、その「六〇年代・高度成長期＝確立期」を経た上で、具体的には、「階級宥和策・資本蓄積促進策の『変質化』」をこそその根拠にして、「日本型現代資本主義」における、まさにその「変質過程局面」そのものに当たっている――のだと。

(1) 拙稿「高度経済成長と日本型現代資本主義の確立」(『金沢大学経済論集』第二九巻第二号、二〇〇九年)。

(2) 七〇年代・政治過程の展開に関しては、石川真澄『戦後政治構造論』(日本評論社、一九七八年)、金原左門他『講座 現代資本主義国家』二・三(大月書店、一九八〇年)、田口富久治編著『ケインズ主義的福祉国家』(青木書店、一九八九年)、などがある。いずれも特に国家論との内的関係が興味深い。

(3) 七〇年代・低成長期の経済過程全般については、例えば、拙書『現代日本経済の景気変動』(御茶の水書房、二〇一〇年)第四章の他、森武麿他『現代日本経済史』(有斐閣、一九九三年)、中村隆英『現代経済史』(岩波書店、一九九五年)、橋本寿朗他『現代日本経済』(有斐閣、一九八九年)、をみよ。さらに拙稿「低成長経済への移行と景気変動過程」(『金沢大学経済学部論集』第二八巻第二号、二〇〇八年)において資本蓄積構造のその全体的像を検討した。

(4) この局面の景気変動についてはあまり多くの文献はないが、例えば、大内力編『現代の景気と恐慌』(有斐閣選書、一九七八年)、鈴木・公文・上山『資本主義と不況』(有斐閣選書、一九七八年)、武井・岡本・石垣編著『景気循環の理論』(時潮社、一九八三年)、などを参照のこと。

(5) 低成長期・労資関係の新展開については、熊沢誠『日本的経営の明暗』(筑摩書房、一九八九年)、上井喜彦『労働組合の職場規制』(東大出版会、一九九四年)、兵藤釗『労働の戦後史』下(東大出版会、一九九七年)、などが、分析視点のその歴史性かつ総体性において優れている。

(6) 七〇年代の労働運動に関しては、まず全体的には兵藤『現代の労働運動』(東大出版会、一九八一年)が参考になろう。また特に「スト権スト」については、清水慎三編『戦後労働組合運動史』(日本評論社、一九八二年)および労働争議史研究会『日本の労働争議』(東大出版会、一九九一年)が参照されるべきだし、さらに「少数派組合」に貴重な光を当てた優れた業績としては、何よりも河西宏祐『少数派労働組合運動論』(日本評論社、一九九〇年)が検討に値しよう。

(7)いわゆる「福祉元年」を中心とする七〇年代・社会保障の展開に関しては、以下をみられたい。社会保障研究所編『社会福祉改革論』上・下(東大出版会、一九八四年)、東大社研編『転換期の福祉国家』下(東大出版会、一九八八年)、横山・田多編著『日本社会保障の歴史』(学文社、一九九一年)など。社会保障制度に関するそのダイナミックな変動プロセスが特に目立つ。

(8)金融政策の立ち入った展開については比較的数多くの文献があるが、大島清監修『総説日本経済』二(東大出版会、一九八七年)、鈴木淑夫『日本経済と金融』(東洋経済新報社、一九八一年)、石見徹『日本経済と国際金融』(東大出版会、一九九五年)、などを差し当たり参照のこと。

(9)七〇年代局面の財政政策を検討したものとしては、中島将隆『日本の国債管理政策』(東洋経済新報社、一九七七年)、和田八束『日本財政論』(日本評論社、一九七九年)、武田・林編『現代日本の財政金融』Ⅲ(東大出版会、一九八五年)、などがその代表作として参照に値しよう。

(10)産業政策についての文献は多くはないが、例えば、鎌倉孝夫『スタグフレーション』(河出書房新社、一九八七年)、佐藤定幸『日米経済摩擦の構造』(有斐閣、一九八七年)、下平尾勲『円高と金融自由化の経済学』(新評論、一九八七年)、などが多面的な考察へ向けて一応の参考にはなる。

(11)現代資本主義の基本構造に関しては、すでに拙著『現代資本主義の史的構造』(御茶の水書房、二〇〇八年)においてその全体像を提示した。また現代資本主義においてその決定的枢軸点をなす「現代資本主義国家」については、拙著『資本主義国家の理論』(御茶の水書房、二〇〇七年)を参照されたい。国家理論体系上におけるその位置づけが重要課題をなしている。

(12)高度成長期における「体制組織化作用」の基本システムに関しては、拙稿「高度経済成長と日本型現代資本主義の確立」(『金沢大学経済論集』第二九巻第二号、二〇〇九年)においてすでに検討を終えた。それとの体系的比較の中でこそ、「七〇年代型」の特質がみえてこよう。

(13)その場合、その「変質根拠」もいまや明白であって、——繰り返し確認した通り——その基軸が、「七〇年代日本資本主義の『体制的危機』」における、その「深度とスタイル」の、「六〇年代型」からの「変容」にこそあるのは当然であろう。まさにこの関連においてこそ、「現代資本主義＝体制的危機への『反革命』的対応」という定式が改めて実証されている。

第五章　バブル経済と日本型現代資本主義の変容

はじめに

前章[1]では、一九七〇年代のいわゆる「低成長期」を対象にして、この運動局面が、日本型・現代資本主義におけるどのような歴史的位相に相当するのかを検討した。そして、その具体的考察を通して、まさにそれが、日本型・現代資本主義の「変質過程」以外ではない点を論証した。そうであれば、これまでに体系化してきたように、日本資本主義は、まず「戦後再建期」において①「日本型・現代資本主義の『再編』」を成し遂げた後、ついで「高度成長期」の中で②その「確立」を実現しつつ、そのうえで、まさにこの「低成長期」に直面して③その「変質」に立ち至った——とこそ図式化されてよいことになろう。しかし歴史の歯車はもう一回転の進行を余儀なくされる。いうまでもなく、この「低成長期」は、その後、景気浮揚策および減量経営展開をバネとしながら円高不況を乗り越えつつ、八〇年代後半からは「バブル景気」へと脱却していくからに他ならない。このことにもとづいて、分析視角のさらなる転回に迫られる。

すなわち、すでにチェックしたように、「低成長期」においては、「現代資本主義の二大基本課題」をなす「階級宥和策・資本蓄積促進策」の両方ともが、特に経済構造の「低成長化」に制約を受けて、その発動能力を大きく減退させる以外になかった。まさにそこからこそ、「現代資本主義の『変質』」が帰結したといってよかったが、とすれば、この点を立脚点にして、直ちに新たな問題に直面せざるを得まい。つまり、「バブル景気」は、景気上昇を土台として、逆に、果たして「現代資本主義の基本課題」を再び強化し得たのであろうか――という疑問、これである。しかし、後に立ち入って提示するように問題図柄はいわば全く否であって、バブル期においては、「現代資本主義の基本課題」におけるさらに一層の「空洞化」こそが進行をみる。その点で、むしろ「日本型・現代資本主義の『変容』」こそが現出していく。まさにこのような「変質→変容」過程分析こそが本章の基本目標に他ならない。

しかし本章の分析射程はそこで終わるのではない。というのも、この作業の最終課題は、それを媒介として、さらにその奥に、「バブル期＝日本型・現代資本主義の『変容』」という命題の、まさにその「歴史的本質」を解明したい――というキー・ポイントにこそ設定されるべきだからである。そして、この「歴史的本質」として、本章では、「バブル型・資本主義展開＝現代資本主義の『墓穴掘り』」という試論提起を試みるが、まさにこの「墓穴掘り」の歴史的意義を明確にすることによって、「日本型・現代資本主義」の、その「到達点」と「行方」とを提示してみたい。それこそが、その「基本目標」に立脚した、本章の現実的「課題」である。

Ⅰ　基礎構造――バブル経済の形成要因と崩壊条件

【1】政治過程　まず、考察全体の総体的枠組みとして、バブル期の（一）「基礎構造」分析が不可欠だが、最初にその前提条件をなす、①この局面の「政治過程」[2]から入っていこう。そこでまず第一に、このバブル期総体の「政治過程」を帰結させたその基本土台たる、（a）「格差社会進行」の現状を押さえておかねばならない。すなわち、最初に一つ目に、その基礎を形成する（イ）「所得格差」構造が前提をなすが、このバブル景気の過程で、高度成長期には一定の「平準

第1表　規模別賃金格差の推移

（500人以上＝100）

産業	年 規模	1981年	82	83	84	85	86	87	88
産業計	5～29人	60.1	60.0	59.1	59.3	57.9	59.7	59.6	58.3
	30～99人	72.2	71.9	70.4	70.0	69.3	70.4	71.2	68.2
	100～499人	83.8	83.1	83.1	83.4	80.1	80.9	81.8	80.9
製造業	5～29人	57.0	56.7	56.6	57.3	54.9	57.2	56.6	55.9
	30～99人	65.3	64.1	64.0	63.0	62.9	64.6	65.7	61.8
	100～499人	80.0	78.9	79.0	79.5	77.1	77.7	78.5	76.6
卸売業および小売業	5～29人	56.3	57.1	55.1	56.6	54.1	54.5	55.4	56.4
	30～99人	66.2	66.5	63.7	64.6	64.7	64.2	65.3	62.9
	100～499人	78.4	79.2	78.0	79.4	73.7	73.0	75.1	77.0

注）：産業計はサービス業を除く。
（出典）中小企業庁編『中小企業白書』（1989年版）より。
原資料は労働省『毎月勤労統計調査』。

化」が確認された「所得格差」は再び拡大傾向へと転じた。そこで、この点をいくつかの側面からチェックすると、まず（A）「規模別賃金格差」が目立ち、例えば『毎月勤労統計調査』に拠れば、従業員五〇〇人以上企業賃金＝一〇〇とした場合、一九八一年では、「五―二九人規模」賃金＝六〇・一、「三〇―九九人」＝七二・二、「一〇〇―四九九人」＝八三・八だったものが、バブル進行とともに全体として低下基調で推移し、八六年にはそれぞれ五八・三―六八・二―八〇・九（**第1表**）へと下落をみた。こうして、バブル景気の中で「規模別賃金格差」はその鎌首を持ち上げる。

しかしそれだけではない。ついで、ヨリ深刻なのはむしろ（B）「法定外福利費・規模別格差」であって、それは、例えば以下のような図式を描いた（**第2表**）。すなわち、「規模別」の基準を「五〇〇〇人以上」、「一〇〇〇―四九九九人」、「三〇〇―九九九人」、「一〇〇―二九九人」、「三〇―九九人」の五つに設定し、そのうえで、「最上位」＝一〇〇としつつ八〇年と八八年とを比較した場合、まず「法定外福利費」全体が、各分類基準で、「六四・四―四六・一―三二・四―二八・二」からそれぞれ「四六・〇―三二・六―二六・六―二五・七」へと顕著に低下して格差拡大の深化が一目瞭然だが、その中でも取り分けその程度が大きいのは「退

第２表　従業員１人当たり企業福祉費の規模別格差の推移

（単位：%，円）

企業規模	現金給与総額	法定福利費	企業福祉費			
			小計	法定外福利費	退職金等の費用	現物給与の費用
（1980年）						
5,000人以上	100.0 （250,699）	100.0 （24,462）	100.0 （36,977）	100.0 （15,697）	100.0 （17,891）	100.0 （3,389）
1,000～4,999人	92.4	95.2	69.8	64.4	75.0	68.0
300～999人	80.2	83.5	47.8	46.1	52.7	50.8
100～299人	70.2	74.0	33.2	32.4	33.6	35.0
30～99人	64.1	72.2	26.4	28.1	24.6	28.3
（1988年）						
5,000人以上	100.0 （380,171）	100.0 （37,982）	100.0 （58,571）	100.0 （22,927）	100.0 （32,425）	100.0 （3,219）
1,000～4,999人	86.9	88.2	54.0	46.0	57.7	74.2
300～999人	75.7	78.6	36.4	32.6	37.2	55.1
100～299人	69.0	72.2	29.8	26.6	31.6	35.0
30～99人	62.7	70.5	22.1	25.7	19.7	20.3

（出典）土田武史「格差の広がる企業福祉」（『週刊社会保障』1989年12月4日号）24ページより。原資料は労働省『昭和55年労働者福祉施設制度等調査』，同『昭和63年賃金労働時間制度等総合調査』。

職金等の費用」に他ならない。というのも、この「退職金」は、「七五・〇―五二・七―三三・六―二四・六」からそれぞれ「五七・七―三七・二―三一・六―一九・七」へと急降下しているからであって、従業員の老後の生活状況を根本的に規定するこの「退職金」に関して、バブル期での大幅な格差拡大が進んだ――と判断する以外にはない。まさに「格差拡大」の明瞭な進行である。

したがって、最後に(C)その「原因」だが、それはもはや自明であろう。すなわち、八〇年代からバブル期に掛けて、中小企業も大企業と同様に「減量経営化」を迫られたが、大企業のそれが、「労働者・設備・資金」の全面にわたって展開したのに比較して、後者二つに関してそれだけ削減の余地を保有しなかった中小企業の減量経営化は、もっぱら「人件費削減」に向かう他はなかった。まさにそれこそが、中小企業部門での賃金レベルにそれだけ厳しく反映することによって、規模別賃金格差をヨリ一層拡大させた――のではないか。

しかし二つ目として、(ロ)この「所得格差」の土台に、

第３表　世帯別資産保有状況

（1988年）

世帯区分		貯蓄額（千円）	うち株式（千円）	貯蓄に占める株式比率（％）	持家率（％）	参考　世帯主年齢（歳）	参考　収入区分（万円）
勤労者世帯							〈平均値・万円〉
	第Ⅰ階級	4,099	173	4.2	41.2	40.2	〈300〉 ～382
	第Ⅱ階級	5,809	290	5.0	48.9	40.3	〈446〉 382～508
	第Ⅲ階級	7,839	694	8.9	64.3	42.9	〈571〉 508～634
	第Ⅳ階級	9,700	730	7.5	75.0	46.3	〈717〉 634～824
	第Ⅴ階級	17,207	2,995	17.4	82.5	48.7	〈1,071〉 824～
	平均	8,931	976	10.9	62.4	43.7	平均 〈621〉
一般世帯							（平均）
	個人営業世帯	12,028	1,147	9.5	82.4	51.7	〈 583〉
	法人経営者	26,408	6,435	24.4	92.1	52.3	〈1,142〉
	自由業者	19,919	1,996	10.0	84.1	50.8	〈 696〉
	無職	15,841	2,762	17.4	82.7	66.8	〈 364〉
	平均	15,095	2,220	14.7	83.6	62.4	〈 584〉
全世帯平均		11,198	1,434	12.8	70.2	48.3	〈 607〉

（出典）平和経済計画会議『国民の経済白書』1989年度版，33ページより。
原資料は総務庁『貯蓄動向白書』。

まさに「資産格差」（**第３表**）が厳存することはいうまでもない。そこで、まず(A)その「背景」に目を向けると、周知の如く、このバブル景気が資産価格連動型であった点が何よりも大きい。やや具体的に指摘すれば、例えば、七〇年にはＧＮＰの四倍レベルであった金融資産は八七年にはその八倍にも膨張したし、その中でも特に株式は、八六年にはそれだけで実にＧＮＰをも上回るに至った。さらに、地価騰貴も顕著であって、八五年前後から一極集中的に上昇を開始した首都圏の地価は、その数年間で二～三倍に跳ね上がり、例えば八七年には、「土地資産の増加分」(三七六兆円)だけでＧＮＰ額を超過したとさえいわれている。まさしく「資産価格膨張型・好況」という以外にない。

そのうえで次に、その「保有状況」をまず（B）「企業サイド」から検出すれば、特に株式に関しては、「企業間・相互持合構造」がいうまでもなく濃密だといってよい。周知のような、相互に関連の深い「企業グループ」間での、いわばマトリックス保有図式に他ならないが、このような企業間・株式保有状況が、バブル期においては、全体のほぼ七〇%をも占めていた。

ついで（C）「家計サイド」からはどうか。そこで、この方向からも点検すると、当然ながら、以下の三特徴が直ちに浮上してこよう。まず一つは、「家計」の内部構成に即してみると、「法人経営者・自由業」を中軸とした「一般世帯」の方が「勤労世帯」よりも有意に保有比率が高い——点であり、前者の中にこそ、高所得世帯ウエイトが高いことが明確に実証されていよう。ついで二つとして、「勤労世帯」の内部では、当然のこととして、「低所得世帯」よりも「高所得世帯」の保有比率が高い点に他ならず、これについては説明は不要といってよい。したがって三つには、全体として、株資産が「高所得世帯」に顕著に偏って保有されていること——が改めて検出可能だが、株式が本来「ハイ・リスク—ハイ・リターン」型資産であるかぎり余裕資産こそがその保有条件であることからして、それは当然であろう。

最後に三つ目に、これら「所得—資産格差」進行の帰結として、（ハ）「中産層化・土台の動揺」が無視し得まい。つまり、この「格差進展」によって、従来まで日本社会の特質だと——少なくとも現象的には——認められてきた、「国民の中流意識」＝「中産層社会」に大きな揺らぎが進んでいる点であって、その兆候は、具体的には、以下の三側面に関して取り分け明瞭だと判断可能であろう。すなわち、最初は（A）「国民意識」ベクトルであり、例えば「国民生活に関する世論調査」（総理府、八九年一一月）によれば、「自分の生活程度を中流だと評価する」「中流意識」は、前回比一・六%下がって八七・三%に止まった。その中でも特に顕著なのは、「中の中」とする比率に他ならずそれは五二・一%となったから、八〇年に五五%を割って以降いぜんとして停滞気味を脱し得ず、この八九年には、八八年と比較してさらに〇・七％低下したことになろう。こうして、このバブル局面では、この一〇年間でのワースト二を記録した。他方、「下」と感じている人は八・八％にも上り、その結果、六四年以降では実に最も高くなっている。

こうして、「日本社会の中産層化」に大きなひび割れが進行しつつあるとみる以外にはないが、それは次に、（B）「労働分配率の低下」として表面化しよう。すなわち、「労働分配率」は——別の機会に考察した通り——特に七〇年代後半以降はほぼ一貫して低下を継続しており、まさにそのような現実こそが、「企業利潤が労働者へと適切には配分されていない」という強い労働者意識に反映しているのではないか。それが、国民の、日本社会への「帰属意識」を弱めつつ、「中産層社会・日本」というイデオロギーを大きく揺さぶっていく。

要するに最後に、このような「中産層社会の動揺」が、結局（C）「日本型・現代資本主義」の体制統合に対して、一定の危機的インパクトを行使せざるを得ないのは自明であろう。というのも、このような「中産階層＝中流意識」型・日本社会構造こそ、「日本型・現代資本主義」における「体制統合」の中軸であった以上、その「動揺」が、バブル期「日本型・現代資本主義」の支配構造に無視できない影響を与えていくのは十分に想定可能なわけである。

そのうえで第二に、以上のような「格差社会形成」を促進した、（b）「新保守主義的政策」へと視角を転じよう。そこで最初は一つ目に（イ）その「展開過程」だが、まず（A）その「背景」から入ると、以上で確認した「社会的格差拡大」の基盤には、いうまでもなく、いわゆる「新保守主義的政策」の横行があった。その源流を辿ればそう簡単には処理はできないが、この理念の当面の出発点としては一応八〇年代以降の「新保守主義＝新自由主義」にこそ求められてよく、それが、アメリカを起点として、特にイギリス・日本へと伝播を重ねた。そして、その学説史的基礎に「新古典派理論」があるのも当然であり、「市場の一面的重視＝国家の市場からの排除」が強調されつつ、それを通して、「資本活動の自由・競争障害物の除去・投資効率性の純粋追求」などが目指された。まさにそれを通してこそ、「資本競争の自由・市場機能の全面展開・資本利潤率の極大化」が可能になるとされたわけであり、その結果、「資本主義の永遠性」が声高らかに叫ばれるに至る。こうして、八〇年代には「新古典派→新自由主義→新保守主義」こそが世界を席捲し、それが国家政策へと結実したのだと集約されてよい。要するに、この「新保守主義政策」の帰結としてこそ「格差拡大」が位置付こう。

そのうえで、次に(B)その「進行」へと目を向けると、この「新保守主義」の、日本におけるその定着に関しては以下のようなステップが踏まれた。すなわち、当面の焦点は「バブル期・小泉改革」にこそ設定されてよいが、その源流の(Ⅰ)第一は——すでに前章で触れたように——七九年の「日本型福祉社会の建設」にこそある。周知のように、それは、「日本国民としての一体感」を強調しつつ、「国民・地域住民・家族の相互関連」共同性に立脚して、「自助努力・相互扶助」を進めよう——という理念に基づくものであり、その点で、まさに「日本的伝統観」に依存した、新しい「現代型・保守主義」の政策化以外ではなかった。こうして「新保守主義政策」の出発が画されるが、ついで源流の(Ⅱ)第二は、八一年の「第二臨調体制」に他ならない。というのも、この体制に即してこそ、——「財政再建」と「高齢化社会への対応」とを「錦の御旗」にして——「新保守主義政策」が現実に実行されていったからであって、具体的には、周知の、「財政支出の効率化＝福祉予算切捨て」・「市場経済化＝国鉄・電電・専売の民営化」・「労資関係再編＝国労など労働組合の弱体化追求」・「国家規制の緩和＝市場・金融の自由化」、などが実施に移されていく。そしてまさにこのような経路の到達点としてこそ、やがてその先に、(Ⅲ)第三の「小泉構造改革」が展開されていくことともなる。つまり、「行財政制度改革」・「規制緩和・労働法制緩和・福祉財政削減・企業減税促進」などという、一連の、「新保守主義政策」の「全面開花」にこそ辿り着くから、その点でここに、「新保守主義政策の完成」こそが確認可能ではないか。こうして、この八〇年代において、この後「小泉改革」の中で完成される「日本型・新保守主義の定着化」の、いわばそのスタートラインが見事にみて取れよう。

そうであれば、最後に、（C）この「日本型・新保守主義」の「理念」が最終的に以下のように集約可能なのは当然ではないか。すなわち、それは、「市場競争の自由＝資本活動の規制撤去」の反面で「労働力商品化の極限化＝社会保障の極小化」を止め処も無く徹底化させたといってよく、まさしくそれを通じてこそ、「現代資本主義組織化の貫徹」と同時に「社会的格差の蔓延化」をも不可避的にしていった——のだと。何よりもこの二面性をこそ注視したい。

次に二つ目に、この「新保守主義」の（ロ）「主体」はどのように押さえられるだろうか。換言すれば、この「新保守主義政策」の「担い手」が問題となるが、まず（A）その「現実的・担い手」が——ストレートに「資本＝財界」ではなく——何よりも（財界をバックとした）「臨調体制」であった点にくれぐれも注意を要する。すなわち、「資本＝財界」そのものではなく、一定の「公的性格」を保持しつつ、しかも、「党内調整の外部委託的機関」としての性格とともに「超権力的機関」型権力をも兼備した、このような特殊組織としての「臨調体制」こそが、まさにその牽引力であった点——が取り分け重要だと思われる。なぜなら、「行政改革・労働法制改革・社会保障改革」という、「体制課題」に関わるその「公共的任務」を、しかも一定の強力な「実施権力」を発揮しつつ、推し進めるためには、「国家権力そのもの」では不適切であるとともに、権力を保持しない「民間組織」によっても実行し得ないこと——は余りにも明白だからに他ならない。まさしくその意味で、「臨調体制」の特殊性こそが際立とう。

しかしそのうえで、次に（B）その「本質的・担い手」を探ってみた場合、それが「資本＝財界」以外にあり得ないこともまた一目瞭然ではないか。すなわち、「資本—企業」は、一方では、八五年「プラザ合意—円高—輸出停滞」に直面して採算低下に呻吟する以外になかったが、他方、財政赤字下では、その脱却路を「財政膨張—景気政策」にも依存し得ない——という「ジレンマ」状況を余儀なくされていた。というのも、「赤字公債累積→財政再建」という財政環境において、しかも七九年に「一般消費税導入」が失敗に終わっている以上、財界としては、景気対策を強く望んで財政赤字がさらに深刻化すれば、それは、「増税路線＝法人税引上げ」にも連結せざるを得ないと判断された、からに他ならない。換言すれば、国際的・国内的次元での「生き残り戦略」としてすでに過酷な合理化路線を進めてきた「資本―企業―財界」にとって、国際競争力の維持を保つためには、これ以上の「税負担＝コスト増大」は何としても回避すべき「至上課題」であったわけである。

そうであれば、「資本―企業―財界」が指向し得る、この「ジレンマ」脱出の方策が、「効率重視型・市場優位型・政府規模縮小型」の、まさしく「経済効率追求システム」の体制的構築以外になかった――のはもはや自明ではないか。そして、その現実的な「体現スタイル」こそ「臨調体制」だった点は一目瞭然であるし、またその「理念的体系＝イデオロギー」が「新保守主義＝新自由主義」に他ならなかったことについてはもやは一点の疑念もあるまい。まさしくこのような意味で、「臨調体制」のその「本質的・担い手」は、最終的には、結局「資本―財界」に求められてよい。

それに加えてもう一つ、「新保守主義」のいわば(C)「外的・主体」として「アメリカの外圧」も決して無視し得ない。いうまでもなく、日本の対米「集中豪雨」的輸出拡大に対する「貿易摩擦」圧力であって、具体的には、特に八〇年代以降、アメリカは、日本における「国内・競争制限的現状」に向けて強力な攻撃を仕掛け始める。まさにこのようなアメリカからの攻撃を真正面から受けて、例えば、八六年「コメ輸入制限問題激化」、八八年「牛肉・オレンジ輸入自由化協定」、などが日程に上がらざるを得なくなった。その他、「流通機構問題」なども争点になってくるが、このような攻撃に直面してこそ、政府は、「国際貢献＝アメリカへの配慮」を優先する形で、国内での一定の犠牲を甘受しても、「国内規制緩和＝対内・対外的競争促進」へと舵を大きく切っていく。そして、これらの政策追求が、「新保守主義政策＝臨調路線」とその本質を同じくするのはいわば自明であるから、その点で、この「アメリカの外圧」が、「新保守主義の促進要因」となったことは否定し得ない。

以上を前提として、最後に三つ目に、この「新保守主義」の（八）「性格」が集約されねばなるまい。そこで、まず（A）その「動機」が問題となるが、それが、八〇年代・日本資本主義のいわば「体制的危機」に対する、まさにその体制的対応形態であったことが重要であろう。すなわち、日本資本主義は、「七〇年代低成長化→八〇年代円高不況」という危機的状況を潜り抜けつつあり、それへの対応策として、企業サイドは、「企業合理化・ＭＥ化」追求を余儀なくされてきたが、何よりもこの「体制的合理化」過程を政策的に支持・補完する体制こそ、まさにこの「新保守主義政策＝臨調体制」であった。言い換えれば、この「体制的合理化システム」への政策的対応という点にこそ、「新保守主義」のその「動機」があろう。

とすれば、この「動機」の奥にある（Ｂ）その「本質」とは何か。しかし、以上のように論理を設定すれば、それはもはや自明であって、その要諦は以下の点にこそ還元されてよい。すなわち、「新保守主義政策」とは、これまで労働者・弱者保護のために、現代国家によって資本に対して負荷されてきた「規制・負担・コスト」に関し、「資本活動自由度拡張＝資本利益保障拡張」を目的として、一定の緩和＝軽減を実施した政策体系に他ならない――と図式化可能なのであり、まさしくその意味で、その本質基軸が、「『体制的合理化』を遂行せざるを得ない八〇年代・資本蓄積に対して、その制約条件となる『資本負担』の『体制的解除』を目指すもの」――という側面にこそある点に、いまや否定の余地はないのだと。

そこで最終的に（Ｃ）その「帰結」である。こうして、八〇年代局面にあって、「新保守主義政策」に立脚して、資本は、「不況脱出＝国際競争力促進」に強制されて「体制的合理化」を展開したが、まさにその土台的基盤こそ、「社会的格差の形成」そのものであった。したがって、八〇年代における、「合理化体制→新保守主義政策→格差社会」という論理系列が検出可能だというべきであり、まさしくこの軌跡こそが、「八〇年代・政治過程」におけるその本筋を形作る。

最後に第三として、このような「八〇年代・政治過程」の「到達点」が（c）「政治流動化現象」として発現してこよう。そこで、最初は一つ目に（イ）その「転換─対抗力学」だが、まず（A）その「契機」はどうか。これまで概観してきたように、「八〇年代政治過程」の基本潮流は、「体制側からの巻き返し」としての意味を有した、「新保守主義政策」の全面展開であり、したがってその点では、反体制側からの「対抗力学」はほぼ全滅状態というしかなかった。まさに「体制組織化作用」の圧倒性が顕著に目立ったが、しかし、このような「市場・資本・競争優位」の政治過程が全くの「全面勝利」に終始し得るはずはなく、「バブル崩壊↓九〇年代不況」に直面しつつ、「社会的格差拡大」が進行する中で、一定の「対抗勢力」を新たに必然的に生み出すことになる。具体的にいえば、余りに露骨な「新保守主義政策」の暴走に対してその「対抗力学」が生成をみるのであって、そこからこそ「政治流動化」が浮上していく。

そのまず第一側面は（B）「労働組合の新動向」に他なるまい。いうまでもなく、七〇年代・低成長期の労働運動においては、「企業協調路線」に強く立脚した「IMF・JC型」が支配力を強め、そのために、労働組合の「体制対抗力」はほぼ壊滅状態に等しかった。換言すれば、労働組合の政策交渉力は見事にその遂行能力を喪失させていたが、このバブル期には、その一定の回復力を示したといえる。すなわち、その典型例として注目されるのは、バブル期における「土地基本法案」への積極的なイニシアティヴの発揮だと考えてよい。やや具体的に指摘すれば、バブル景気に付随した地価急騰への対応策としてこの「土地基本法」策定が試みられたが、その過程で、取り分け「労資協調路線」を推進してきた「同盟」が、総評とブロックを組みながらこの法案の審議・成立へ向けて大きな組織力を行使した──点が目を引く。その場合、そのポイントは三つあり、①「経済闘争」中心で「政治闘争」には強くアレルギーを呈する同盟が、法案審議という一種の「政治闘争」へ力を注いだこと、②強い拒否反応を抱く「総評」との共闘関係に、たとえ単発案件においてではあれ取り組んだこと、③同盟と紐帯を結ぶ「企業―財界」の利益に反してでもこの「土地法案」審議に参加したこと、などが強調に値しよう。まさに「意図せざる結果」だといってよい。

こうして、「バブル弊害の表面化」・「新自由主義政策の行き過ぎ」は、たとえ萌芽的ではあれ、その「対抗力」を喚起する以外になかった。その意味で、「政治流動化」のその端緒的発現ではないか。

そのうえで、「政治流動化」の第二側面こそ(C)「政府・自民党への反作用」である。すなわち、八八―八九年に政官界を揺るがした「リクルート事件」および八九年「参院選の自民党敗北」に直面して、政府・自民党は、「新保守主義政策」に対する一定の「反省」を余儀なくされる。やや立ち入って指摘すれば、「市場・企業・競争」優位的スタンスへの「国民の反発」を受け止めながら、「体制内での微調整」に着手するといってよく、例えば「消費税見直し・生産者米価据え置き・減反面積の現状維持・社会保障財政の立て直し・民生用予算への配慮」などが日程に上がった。まさに、「新自由主義政策」への、政府・自民党自らによる「修正」に他ならず、――その内容の議論はともかく――「体制側」イニシアティヴに立脚した一定の路線変更である点は決して軽視できまい。何よりも、「体制側からの自己調整」だというべきなのである。

こうして、「バブル期」における「新保守主義政策」の「ゆり戻し」が確認されてよいが、何よりもその土台上には、「バブル期・政治過程」と、それが必然的に派生させた「政治流動化」運動とが存在していた。まさしく、「階級関係」の現実的進行過程におけるその力学的展開であろう。

そのうえで二つ目として、このような「政治流動化」の(ロ)「方向性」はどのように整理可能であろうか。言い換えれば、この八〇年代末に出現した「政治流動化」の持続可能性を問うことに等しいが、この「流動化」が安定的に持続して「新保守主義体制」が弱化・衰退・変革へ向かうとは楽観し得まい。なぜなら、いまチェックした通り、この「流動化」の基礎には、一方で、「労働戦線の再編」（八九年「新連合」の設立）や「参院選・議会闘争の新動向」などが織り込まれていて、その点では「体制への対抗力」強化がもちろん否定はできないものの、しかし他方で、それは「体制側からの鋭敏な自己調整力」の帰結でもあるかぎり、むしろ「体制側の自己保存力」強化をも意味している——からに他ならない。

したがって、この「流動化」の帰趨は、何よりも「九〇年代政治動向」にこそ依存するというしかないが、それにしても、現実の政治力学がもつその必然的作用を通して、八〇年代末の局面で、「体制組織化」作用がその一定の「政治流動化」に帰結した点だけは依然として明瞭であろう。

そこで最後に三つ目に、「バブル期・政治過程」の（ハ）「全体的意義」は結局次のように総括されてよい。すなわち、「バブル期・政治過程」は「新保守主義政策」の展開路線をこそそのメーン・ストリームとするが、それは、「資本・市場・競争」促進を強めながら、「バブル型・体制組織化」における、一つの個性的な「特殊形態」を描いた。そして、それを通して、「日本型・現代資本主義」はその「八〇年代合理化路線進行」を保障された以上、一面では、何よりも独特の「体制組織化」パターンを実現したが、しかし他面で、それが自ら生み出した「格差社会の膨張」こそが、まさに必然的に「政治流動化」をも派生させる以外にはなかった——と。「バブル期・政治過程」に固有な、このような「個性的」な「二面性」に特別な注意を払っておきたい。

［2］生産・貿易・雇用　そのうえで次に、以上のような「バブル期・政治過程」に立脚して展開した、②「生産（投資）・貿易・雇用」[3]へと視角を転じよう。そこで、最初に第一に（a）「生産・投資動向」からスタートすると、まず一つ目に（イ）「実質国民総生産」（一〇億円）が全体の焦点をなす。すなわち、低成長期を脱した後、八〇年代に入るとまず順調な

伸びに移るが、八五年「プラザ合意」を契機とする円高不況に直面して、一旦は八六年＝三五二↓八七年＝三六七と足踏みを余儀なくされる。しかし、バブル局面を迎えて直ちに再拡大に転じ、その後は、八八年＝三九〇↓八九年＝四〇九↓九〇年＝四二九という明瞭な拡大基調を辿ったといってよい。まさにその点で、生産の最も大枠的なこのGNP次元で、このバブル期が、その目立った拡張期に相当していることが自明であろう。しかしそうだからこそ、バブル崩壊後にその膨張テンポが一挙に低下せざるを得ないのもまた当然であって、事実、バブル崩壊を分水嶺として、九一年＝四四六↓九二年＝四五〇↓九三年＝四五二という停滞基調こそが刻まれていく。

こうして、「バブル形成↓崩壊」という局面展開に対応して、この総合的枠組みたるGNP動向が、「膨張↓停滞」へと見事に基調転換を遂げていること——が一目瞭然であろう。

次に二つ目に、それが（ロ）「鉱工業生産指数」（八五年＝一〇〇）へ反映していくのは自明であって、例えば以下のような軌跡を描く。すなわち、まずバブル局面においては、八七年＝一〇三・二↓八八年＝一一三・〇↓八九年四―六月＝一一九・六（**第4表**）という数字が拾えるから、まさにこの三年間で、実に一五％以上もの拡張を実現したことが分かる。しかし、バブル崩壊に直面すると今度は一転した下落こそが表面化し、具体的には、九〇年＝九九・九（二〇〇〇年＝一〇〇）↓九一年＝一〇一・六↓九二年＝九五・四↓九三年＝九一・七（**第5表**）という、「鉱工業生産」規模のまさしく「絶対的収縮」こそが進行していく。要するに、「バブル形成↓崩壊」に連動した「生産動向」の転換が注目されてよい。

これらを前提にしたうえで、さらに三つ目として、このような「生産動向」を（ハ）「投資資金」サイドからも集約しておきたい。そこで、いま「企業資金調達合計」（全産業、兆円）のフォローを試みると（**第6表**）、まず低成長期七三―七九年で二三・六兆円へと減少したが、その後八〇年代に入ると凄まじい増加へと転換し、八〇―八五年期に

第４表　業種別鉱工業生産の推移

（1985年＝100）

	1987	1988			1989			1987／1986	1988／1987	1989／1988
			7～9月	10～12	1～3	4～6	7～9	%	%	%
鉱工業	103.2	113.0	113.7	115.8	119.4	119.4	119.6	3.4	9.5	5.2
製造工業	103.2	113.1	113.9	116.0	119.6	119.6	119.8	3.4	9.6	5.2
鉄鋼	96.3	105.0	105.7	105.3	106.3	107.1	107.0	2.0	9.0	1.2
非鉄金属	107.6	114.2	115.8	116.8	120.3	121.6	122.7	7.6	6.1	6.0
金属製品	103.2	111.0	110.5	110.8	115.6	116.6	116.4	3.5	7.6	5.3
機械工業	103.8	118.2	119.1	123.6	127.5	127.9	128.4	3.7	13.9	7.8
(除, 船舶・鉄道車両)	105.1	119.6	120.6	125.0	128.8	129.3	129.4	4.7	13.8	7.3
一般機械	95.9	110.3	110.7	115.4	122.4	120.9	121.1	0.3	15.0	9.4
電気機械	113.7	132.3	133.8	138.2	140.3	143.7	141.2	9.1	16.4	5.5
輸送用機械	96.8	105.5	105.3	110.9	113.5	113.6	118.2	△1.3	9.0	12.3
(除,船舶・鉄道車両)	101.5	109.9	109.7	115.1	117.3	118.0	120.7	2.4	8.3	10.0
精密機械	105.4	114.1	116.4	118.1	124.0	115.5	118.6	0.9	8.3	1.9
窯業・土石製品	100.3	109.6	110.6	111.0	112.4	114.8	114.6	3.6	9.3	3.6
化学	111.1	120.4	121.7	123.0	129.1	128.4	125.3	7.7	8.4	3.0
（除，医薬品）	106.3	114.0	114.8	116.5	119.2	121.4	120.3	5.2	7.2	4.8
石油・石炭製品	92.9	96.7	96.2	100.6	97.5	101.1	101.5	△3.6	4.1	5.5
プラスチック製品	106.7	113.3	113.8	114.5	116.2	118.2	118.1	4.8	6.2	3.8
パルプ・紙・紙加工品	109.2	118.7	120.8	122.1	124.9	127.4	129.2	6.0	8.7	7.0
繊維	94.4	94.5	94.4	94.2	94.3	93.5	94.4	△1.6	0.1	0
食料品・たばこ	101.9	103.6	103.6	104.4	108.8	102.2	103.2	0.8	1.7	△0.4
その他工業	103.9	109.8	112.2	109.0	113.5	114.0	116.1	3.2	5.7	3.5
木材・木製品	106.0	104.4	103.5	102.7	106.7	106.0	104.0	5.6	△1.5	0.5
その他製品	102.3	118.6	132.1	111.4	129.0	124.8	136.8	△0.1	15.9	3.6
特殊分類										
投資財	103.2	115.3	114.8	118.3	124.8	124.1	125.4	4.0	11.7	9.2
資本財	102.2	116.6	116.0	121.7	128.1	127.0	128.9	3.2	14.1	11.1
（除，輸送機械）	106.5	122.0	121.7	126.3	132.5	132.9	131.6	6.2	14.6	8.1
建設財	105.5	112.0	111.9	110.2	116.2	117.4	116.7	5.7	6.2	4.3
消費財	103.2	109.1	110.4	111.3	113.8	112.2	111.6	1.1	5.7	1.1
耐久消費財	101.5	108.8	110.4	112.4	112.1	113.1	111.3	△0.8	7.2	0.8
非耐久消費財	104.5	109.4	110.4	110.4	115.2	111.6	111.9	2.6	4.7	1.4
生産財	103.1	113.9	115.2	117.1	119.1	121.1	120.9	4.5	10.5	4.9

注）：1）前年比は増減率（%），△印はマイナス。2）1989／1988は７～９月の比較。
（出典）通産省『通産統計』より。

第５表　主要経済指標

年	鉱工業生産指数（鉱工業,2000年＝100）	稼働率指数（製造工業，2000年＝100）	法人企業経常利益対前年比（%）	売上高経常利益率（全産業）（%）	民間設備投資計画・対前年変化率（全産業）（%）	労働分配率（全産業）（%）	完全失業率（%）	有効求人倍率
1990	99.9	114.1	−6.9	3.1	10.1	66.5	2.1	1.40
91	101.6	111.8	−8.8	2.7	4.3	67.9	2.1	1.40
92	95.4	102.6	−26.2	2.0	−7.1	70.2	2.2	1.08
93	91.7	97.4	−12.1	1.8	−10.3	73.2	2.5	0.76
94	92.6	97.0	11.9	1.9	−5.7	73.3	2.9	0.64
95	95.6	99.5	10.9	2.0	3.0	72.7	3.2	0.63
96	97.8	100.5	21.9	2.4	4.7	72.4	3.4	0.70
97	101.3	103.9	4.8	2.5	11.3	73.3	3.4	0.72
98	94.4	96.1	−26.4	1.9	−1.6	75.3	4.1	0.53
99	94.6	95.8	17.7	2.3	−4.5	74.4	4.7	0.48
2000	100.0	100.0	33.7	3.0	8.7	71.9	4.7	0.59
01	93.2	92.4	−15.5	2.5	0.8	73.3	5.0	0.59
02	92.0	93.5	−0.7	2.7	−6.7	72.8	5.4	0.54
03	95.0	97.3	12.6	3.0	6.3	69.9	5.3	0.64
04	100.2	102.0	27.7	3.6	6.0	68.7	4.7	0.83

（注）全国市街地価格指数は，各年３月末指数。国内銀行平均約定金利はストック分の総合の値。
（出典）内閣府『経済財政白書』。原資料は，財務省『法人企業統計』。

は三八・〇兆円にまで達する。しかもその勢いは止まらず、さらにバブル局面に相当する八六―八九年期には、実に八一・二兆円にまで膨張しているのである。したがって、この八〇年代においてすら優に二倍を超えているわけで、この資金調達増加がバブル型生産拡張を強く支えたことはいうまでもない。しかし、そのピークはここまでであって、「バブル崩壊―設備投資下落」にともなって資金調達は直ちに暗転する。事実、九〇―九七年の「資金調達額」は六三・二兆円にまで落ち込み、したがってその最大値からみて実に一八兆円もの減額になるから、バブル崩壊による「資金調達の収縮」に関しては否定の余地はない。まさに、資金調達動向における「乱高下現象」であろう。

続いて第二に（b）「貿易動向」へと視角を転じよう。まず最初に一つ目は（イ）「貿易収支」（一〇億ドル）がポイントをなすが、「内需型性格・円高・貿易摩擦」条件が複合して、その基本的停滞化が特に目立つ。すなわち、八六年＝貿易収支九二八（輸出二〇五）→八八年＝

第６表　法人企業の資金需給状況（全産業）

（単位：兆円）

	安定成長期		バブル	ポスト・バブル
	前半	後半		
	73～79	80～85	86～89	90～97年度
調達計（資金需要・運用計）	23.6	38.0	81.2［83.0］	63.2［55.4］
外部調達	7.4	14.9	34.0	10.5
増資	1.2	2.2	6.5	2.0
社債	1.0	1.3	5.2	0.9
金融機関借入	5.9	11.2	19.9	8.1
短期その他借入	0.1	0.1	3.0	0.5
内部調達	16.2	23.1	47.2	48.5
資金需要計	18.5	30.1	55.3［65.2］	61.1［53.1］
設備投資	11.5	20.9	33.3［40.2］	45.2［42.3］
土地	1.1	2.4	6.0［8.6］	8.9［7.2］
資金運用計	4.7	7.9	25.9	2.1
現預金	2.3	3.6	12.8	−5.1
株式	1.1	1.8	7.5	3.2
債券	1.1	0.8	0.3	−0.2
その他投資	0.6	1.5	3.8	4.3
（参考）				（%）
資本市場調達／金融機関借入比率	38.5	31.5	58.6	35.3
金融投資／実物投資比率	36.1	26.3	52.3	−3.9
金融＋土地投資／設備投資比率	48.7	40.5	79.9［52.7］	15.0［13.2］

（出典）財務省『法人企業統計季報』より作成。

九四八（二五九）→九〇年＝六三九（二八〇）（第7表）という経過が刻まれるから、貿易黒字は絶対額としても顕著な下落をこそ経験した。もっとも、輸出そのものはなお増加を呈している以上、輸出依存の基本体質に決定的変調が生じたわけではないが、バブル景気の、その「内需立脚型性格」が濃厚に表出している点――だけは一応明瞭ではないか。しかし、この変化は「バブル崩壊」に直面していわば「即座に」反動をみる。というのも、「国内景気沈滞」に制約された「輸入減少」に立脚して、再度「輸出激増→貿易黒字増大」が出現してくるからであって、例えば、バブル崩壊以降については、九一年＝一〇三（三〇六）→九二年＝一三二（三三〇）という数値が手に入ろう。こうして、「バブル形成→崩壊」に対応した、「貿易黒字」の「減少→増加」という、極めて対照的な図式がクリアにその姿を現す。「バブル→貿易」動向の顕著な連関性ではないか。
ついで二つ目に、（ロ）「長期資本収支」（億ドル）の基本動向が注目に値しよう。そこで、最初にバブル期の推移を追うと、資本流出の顕著な減少が目立ち、例えば以下のような数字を残す。すなわち、八六年＝△一三一五↓八八年＝△一三〇三↓九〇年＝△四三五（**第8表**）と動いたから、これまでほぼ増加の一途を辿りつつ世界のトップクラスに立っていた日本の海外投資は、このバブル期に至って、激しくブレーキが掛かることになった。そして、その原因が、このバブル期に強く表面化した、「経常黒字の減少・内需型景気拡大・内外金利差縮小」などの諸要因にあるのは自明であるから、それが、まさしく「バブル型現象」である点にも疑問の余地はない。

では、バブル崩壊によって事態は変化したのだろうか。しかし、そうとはいえないのであり、バブル崩壊後には経常黒字が再増加するにもかかわらず、「長期資本収支」は、九〇年＝△四三五の後も九一年＝三六六↓九二年＝△二八〇（**第8表**）となって引き続き停滞・縮小を継続させていく。こうして、一方で大幅な経常黒字を抱えながら、他方で、その「対外還流＝資本輸出」は明確

第７表　貿易推移

（単位：億円）

（年）	貿易 （17）輸出	貿易 （18）輸入	（19）国際収支（経常）
80	293,825	319,953	△10,746
81	334,690	314,641	4,770
82	344,325	326,563	6,850
83	349,093	300,148	20,799
84	403,253	323,211	35,003
			十億円
85	419,557	310,849	119,698
86	352,897	215,507	142,437
87	333,152	217,369	121,862
88	339,392	240,063	101,461
89	378,225	289,786	87,113
90	414,569	338,552	64,736
91	423,599	319,002	91,757
92	430,123	295,274	142,349
93	402,024	268,264	146,690
94	404,976	281,043	133,425
95	415,309	315,488	103,862
96	447,313	379,934	71,532
97	509,380	409,562	117,339
98	506,450	366,536	155,278
99	475,476	352,680	130,522
2000	516,542	409,384	128,755
01	489,792	424,155	106,523
02	521,090	422,275	141,397
03	545,484	443,620	157,668
04	611,700	492,166	186,184
05	656,565	569,494	182,591
06	752,462	673,443	198,390

（出典）前掲，三和・原『要覧』5頁。

第８表　国際収支の状況

（単位：億ドル）

	1989年	90	91	92	93（1～11月）
経常収支	570	358	726	1,176	1,313 1)
貿易収支	771	639	1,033	1,326	1,414 1)
輸出	2,696	2,802	3,066	3,308	2,892
輸入	1,925	2,163	2,033	1,982	1,743
貿易外収支	△159	△226	△182	△101	△20
長期資本収支	△879	△435	366	△280	△524
資産（本邦資本）	1,908	1,206	1,219	577	443
負債（外国資本）	1,028	772	1,585	297	△81
総合収支	△333	△72	764	716	457
外貨準備増減	△128	△78	△81	△3	273
その他	△205	△6	844	719	184

注1）：1）は通年。
（出典）日本銀行『国際収支統計月報』より作成。ただし，経常収支・貿易収支は，大蔵省資料による。

に停滞・縮小しているのであって、そこには、「バブル崩壊」にともなう金融不安定化・投資消極化がみて取れるとともに、その結果として、ヨリ一層の「過剰資本累積」の進行こそが否定できまい。いずれにしても、「バブル形成―崩壊」との内的関連が明瞭に確認できよう。

最後に三つ目として、この「資本収支」のいわばキイ・ポイントをなす（ハ）「対外直接投資」（億ドル、％）サイドから全体を集約したい（**第９表**）。そこで、バブル期から入ると、典型的な上下運動が検出可能だと判断してよく、例えば、八六年＝二二三（うち製造業構成比一七・二）→八八年＝四七〇（二九・四）→九〇年＝二七六（二七・九）という数値が拾える。したがって、バブル前半期での「製造業中心の急増」傾向が、バブル頂点に至って、製造業比率の足踏みを併存させつつ大幅減少に転じている――ことが明瞭であり、まさにその点にこそ、「円高に対応した直接投資増勢」の明確な鈍化と、それに規定された国内回帰とが端的に反映されているように思われる。

しかもこの趨勢は、バブル崩壊後には一層顕著となる。すなわち、九一年＝四一五（二九・六）→九二年＝三四一（二九・四）→九三年＝一五七（ＮＡ）という軌跡が描かれるからであって、バブル崩壊局面における、「直接投資縮小化」と、その「製造業中軸化」とはまさに一目

第９表　対外直接投資の動向

（単位：100万ドル）

	対外直接投資[1] 届出実績	うち，製造業の構成比（%）	国際収支表による対外直接投資
1989年	67,540	24.1	44,130
90	56,911	27.2	48,024
91	41,589	29.6	30,726
92	34,138	29.4	17,248
93	15700[2]	NA	10,149[3]

注）1）届出実績は年度，2）92 年度上半期，3）93 年 1 ～ 11 月。
（出典）前掲『国際収支統計月報』，大蔵省『財政金融統計月報』より作成。

第10表　雇用・失業関係諸指標

	鉱工業生産指数（1985年＝100）	常用雇用（産業計，1985年＝100）	常用雇用（製造業，1985年＝100）	有効求人倍率(倍)	完全失業者（万人）	完全失業率（%）
1982 年	85.5	95.8	95.2	0.61	136	2.4
83	88.1	96.8	95.7	0.60	156	2.6
84	96.4	98.2	97.6	0.65	161	2.7
85	100.0	100.0	100.0	0.68	156	2.6
86	99.8	101.4	101.2	0.62	167	2.8
87	103.2	102.0	99.7	0.70	173	2.8
88	113.0	103.5	100.3	1.01	155	2.5
89	119.9	106.2	102.1	1.25	142	2.3
90 年 1Q	119.8	106.6	102.2	1.30	141	2.3
2Q	123.7	109.9	105.2	1.31	136	2.1
3Q	126.0	109.7	104.7	1.51	131	2.0

（出典）日本生産性本部『活用労働統計』1991 年版。

瞭然だといってよい。何よりも、バブル崩壊に付随した、「非製造業部門の剥落」のその目立った帰結ではないか。

そのうえで、第三として（c）「雇用動向」が興味深い。そこで、最初は一つ目に(イ)「雇用者動向」が問題となるが、まずバブル期の「常用雇用」（八五年＝一〇〇）は、八六年＝一〇一・四→八七年＝一〇二・〇→八八年＝一〇三・五→八九年＝一〇六・二（**第10表**）という図式を描くから、一つは、八五年を画期としてその増加が明確なこと、そしてもう一つは、取り分けバブル最盛期をなす八八―八九年局面で急上昇すること――は明瞭だといってよい。その意味で、バブル期に常用雇用者が極めて顕著に増加した点が明白だが、この動きは「製造業」に限定してもよく分かる。

第11表　労働市場の状況

年次	新卒者求人倍率			新卒者就職率（%）			一般職業紹介		完全失業者（万人）	完全失業率（%）
	中学卒	高校卒	大学卒	中学卒	高校卒	大学卒	有効求人倍率	求人充足率（%）		
1950	0.6	…	…	45.2	44.9	63.8	…	…	…	1.2
55	1.1	0.7	…	42.0	47.6	73.9	0.2	53.4	105	2.5
60	1.9	1.5	…	38.6	61.3	83.2	0.6	29.2	75	1.7
65	3.7	3.5	…	26.5	60.4	83.4	0.6	18.6	57	1.2
70	5.8	7.1	…	16.2	58.2	78.1	1.4	10.5	59	1.1
75	6.0	3.4	…	5.9	46.6	74.3	0.6	13.0	100	1.9
80	2.8	1.9	…	3.9	42.9	75.3	0.8	10.5	114	2.0
85	1.8	1.8	…	3.7	41.1	77.2	0.7	11.2	156	2.6
90	3.0	2.6	2.8	2.8	35.2	81.0	1.4	6.2	134	2.1
95	2.4	1.9	1.2	1.5	25.6	67.1	0.6	10.3	210	3.2
2000	1.3	1.4	1.0	1.0	18.6	55.8	0.6	10.5	320	4.7
05	1.3	1.5	1.9	0.7	17.3	59.7	1.0	8.2	294	4.4

（出典）労働省・厚労省『労働統計要覧』，厚労省『労働経済白書』，文科省『文部科学統計要覧』各年版，日本統計協会『日本長期統計総覧』第１巻，リクルートワークス研究所 HP（「ワークス大学求人倍率調査」）による。
有効求人倍率および充足率は新規学卒者を除き，パートを含む一般労働者のもの。

というのも、製造業でも、一〇一・二→九九・七→一〇〇・三→一〇二・一（**第10表**）という数字が検出可能だからであって、バブル期には、サービス業だけではなく製造業をも基盤として、雇用の拡張が明確に進行したわけであろう。

そして意外なことに、この「常用雇用の拡大基調」はバブル崩壊後にも継続される。具体的にみれば、九〇年第Ⅰ四半期＝一〇六・六→第Ⅱ四半期＝一〇九・九→第Ⅲ四半期＝一〇九・七などの数値が刻まれるのであり、「バブルの慣性力」が作用して、表面的な雇用拡大はなお持続していく。しかし、もう一歩立ち入って「製造業・常用雇用」にまで限定すると、その意外感は多少和らごう。というのも、それは、バブル崩壊に直面して直ちに八九年＝一〇二・一へと墜落した後、それ以降も、一〇二・二→一〇五・二→一〇四・七（**第10表**）と低水準で呻吟する――からである。まさしく、この「製造業・非活性化」にこそ、「バブル型・過剰資本累積化」が色濃く反映されていよう。

とすれば、この雇用動向推移は、二つ目に(ロ)「労働市場」へとのように帰結していったのだろうか。そこで、「有効

第12表　賃金と労働日

（1月当り）

年次	調査産業計		鉱　業	建設業	製造業		卸・小売業	金融及保険業	運輸及通信業	電力・ガス・水　道	1月平均労働時間	
	平均	実質賃金指数				実質賃金指数					調　査産業計	製造業
	円											
1930	54.23	103.7	44.53		53.05	102.8			48.40	72.88		266.3
35	51.15	100.0	44.30		50.49	100.0			48.42	72.88		272.8
40	61.05	69.7	78.60		61.73	71.4			58.69	82.72	時間	278.0
47	1,950	34.6	2,312		1,756	31.6	1,993		2,247	2,312	185.8	183.4
50	11,076	97.5	10,735	…	10,649	95.0	12,802	14,458	11,514		194.6	195.6
55	18,343	119.4	18,488	14,609	16,717	110.2	17,963	25,132	21,811		194.8	198.0
60	24,375	143.8	26,250	21,213	22,630	135.3	23,139	32,191	28,336	36,178	202.7	207.0
65	39,360	171.9	41,650	39,439	36,106	159.7	36,464	50,486	47,164	59,627	192.9	191.8
70	75,670	253.4	79,209	71,727	71,447	242.4	68,647	85,260	84,825	106,648	187.7	187.4
75	177,213	346.9	197,301	158,045	163,729	324.7	164,958	206,979	198,669	241,039	172.0	167.8
80	263,386	373.8	281,478	251,579	244,571	351.7	239,478	324,108	281,573	337,047	175.7	178.2
85	317,091	388.3	342,339	306,244	299,531	371.6	272,692	408,124	343,923	427,171	175.8	179.7
90	370,169	420.9	379,777	401,560	352,020	405.5	309,218	490,002	413,077	516,820	171.0	176.6
95	408,864	438.2	435,201	450,679	390,600	424.1	336,175	541,200	454,488	584,198	159.1	163.9
2000	398,069	423.7	456,449	455,622	406,707	438.5	307,103	546,375	408,243	605,360	154.9	164.7
05	380,438	412.8	479,117	439,553	419,656	431.5	296,964	555,495	439,366	613,131	152.4	166.8

（出典）三和・原『近現代日本経済史要覧』（東大出版会，2007 年）15 頁。

求人倍率」推移がいうまでもなくその焦点をなすが、「バブル形成→崩壊」に対応して極めて顕著な乱高下運動が描かれる。すなわち、まずバブル形成局面では、七五年＝〇・六→八〇年＝〇・八→八五年＝〇・七→九〇年＝一・四（**第11表**）と動いて、バブル景気進行に伴う求人倍率の上昇基調がみて取れる。その点で、「バブル進行→資本蓄積拡大→労働力吸収増大→労働力不足化」現象の発現が一目瞭然であり、バブル頂点の九〇年には実に一・四倍にまで跳ね上がっているといってよい。しかも、この「労働力不足」傾向は取り分け新卒に関して濃厚であって、例えば「中卒・高卒」に区分すると、それぞれ、八五年＝一・八倍、一・八倍→九〇年＝三・〇倍、二・六倍（**第11表**）という超ハイレベルにまで達している——ことが目立とう。

　しかし、この「労働市場タイト化」はバブル崩壊を分水嶺として一挙に激変を余儀なくされる。というのも、バブル崩壊後は、九一年＝一・四〇→九二年＝一・〇八→九三年＝〇・七六→九四年＝〇・六四→九五年＝〇・六三という軌道を経由しながら、まさに坂道を転げ落ちていく――からに他ならない。そして、このダメージが新卒層に厳しく反射していったのも当然であって、具体的には、「中卒・高卒」は、それぞれ九五年＝二・四、一・九↓二〇〇〇年＝一・三、一・四↓〇五年＝一・三、一・五という図式を描いた。

こうして、「バブル形成―崩壊」は、極めて明瞭な連動関係において、「労働市場の逼迫化―緩和化」という現象を発現させたわけであり、その点で、見事なそのサイクル運動が検出可能である。

そのうえで、三つ目として（ハ）「賃金動向」はどうか。いま確認した通り、「バブル形成―崩壊」に連動して「労働市場の逼迫―緩和化」が進行したが、それとの関係で、最初に「名目賃金」（産業計、千円）推移を辿ると、まずバブル形成局面では、八〇年＝二六三↓八五年＝三一七↓九〇年＝三七〇（**第12表**）となって極めて長足の伸張が示される。その意味で、いま直前で摘出した「バブル形成期＝労働市場・逼迫化」という図式が如実に反映されているが、しかし事態は直ちに暗転していく。なぜなら、直後のバブル崩壊を契機にして、九五年＝四〇八↓二〇〇〇年＝三九四となって絶対額でも縮小に転じる――からに他なるまい。したがって総じて、まず「名目賃金」に関しては、「景気↓労働力需要↓賃金」というトリアーデ関連が明瞭であろう。

しかし、次に「実質賃金」（一九三五年＝一〇〇）へ目を転じると、ややその弾力化が浮上してくる。すなわち、その数値は、八五年＝三八八・三↓九〇年＝四二〇・九↓九五年＝四三八・二（**第12表**）となって、バブル期はいうまでもなくバブル崩壊直後でも、それなりの堅調な上昇を遂げた後、バブル崩壊後の不況期になって、ようやく二〇〇〇年＝四二三・七↓〇五年＝四一一・八（**第12表**）という下落へと移る。その点で、「物価状況の停滞化・生活水準の慣性化」という、「実質賃金」に特有な個性に規定されて、「バブル崩壊」の、「実質賃金」に対するマイナス作用は、ややその「間接化」が否定できないように思われよう。その意味で、「実質賃金」の、まさに「固着性」にも注意を払っておきたい。

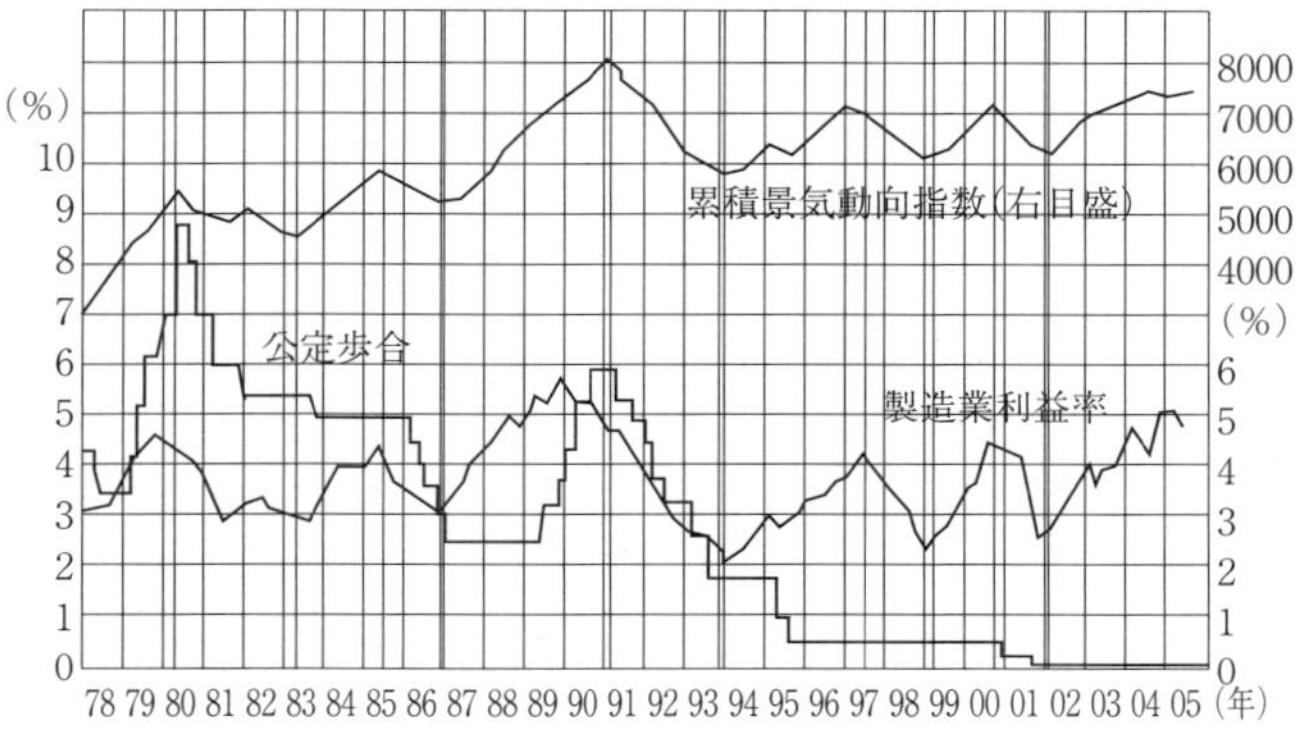

（出典）前掲，三和・原『要覧』182 頁。

第１図　景気循環指標

〔3〕景気変動　最後に、この「基礎構造」を③「景気変動」[4]過程から総合化しておきたい。そこで、第一に（a）「バブル形成局面」（八七～八八年）からスタートすると、最初に一つ目に（イ）その「基本指標」が注目されるが、まず、景気動向の絶対的水準を示すそのうちの（A）「累積景気動向指数」は、円高不況の八五―八六年局面で一旦は六〇〇〇レベルから五五〇〇水準へと低下したが、八七年から上昇に移り、そこから八八年に掛けて、五五〇〇→七〇〇〇へと一直線の上昇ラインに乗った。その結果、八七―八八年間に差し引き一五〇〇ポイントもの指数向上を実現したわけであり、バブル景気の進行が手に取るように映し出されている（**第1図**）。ついで、この動きを（B）「経済成長率」（％）方向からも確認しておくと、円高不況の煽りで八五年＝五・六→八六年＝四・七→八七年＝四・三と三年連続で低下した後、八八年から上昇に転じて、八八年には六・九％という（**第13表**）高いレベルを確保していく。したがって、「バブル形成」過程のその開始がよく分かろう。そのうえで、最後が（C）「企業利益率」（％）に他ならないが、この方向からも同型の軌跡が浮上してこよう。すなわち、まず八五―八六年・円高不況過程で四％超から三％レ

第13表　国内（国民）総支出の構成比と経済成長率

（単位：%）

年次	民間最終消費支出	政府最終消費支出	総固定資本形成			在庫品増加	財貨・サービスの純輸出		経済成長率（実質）	完全失業率
			民間		公的		輸出	（控除）輸入		
			住宅	企業設備						
1979	58.7	9.7	6.9	14.9	9.9	0.8	11.6	12.5	5.6	2.1
80	58.8	9.8	6.4	15.7	9.5	0.7	13.7	14.6	−	2.0
81	58.1	9.9	5.8	15.4	9.4	0.6	14.7	13.9	2.8	2.2
82	59.4	9.9	5.6	15.0	8.9	0.4	14.6	13.8	3.1	2.4
83	60.2	9.9	5.0	14.6	8.4	0.1	13.9	12.2	1.9	2.6
84	59.4	9.8	4.7	15.3	7.7	0.3	15.0	12.3	3.3	2.7
85	58.9	9.6	4.6	16.2	6.8	0.7	14.5	11.1	5.6	2.6
86	58.6	9.7	4.7	16.0	6.6	0.5	11.4	7.4	4.7	2.8
87	58.9	9.4	5.6	16.0	6.8	0.2	10.4	7.2	4.3	2.8
88	58.3	9.1	5.9	17.0	6.7	0.7	10.0	7.8	6.9	2.5
89	58.2	9.1	5.8	18.3	6.5	0.7	10.6	9.2	5.2	2.3
90	58.0	9.0	5.9	19.3	6.6	0.6	10.7	10.0	4.7	2.1
91	52.9	13.0	5.1	20.1	6.6	0.7	10.0	8.4	3.6	2.1
92	53.7	13.4	4.8	18.4	7.4	0.2	9.8	7.7	1.3	2.2
93	54.5	13.8	4.9	16.2	8.2	0.1	9.1	6.9	0.4	2.5
94	54.9	14.7	5.2	15.0	8.3	−0.1	9.1	7.1	1.1	2.9
95	55.0	15.1	4.9	15.0	8.1	0.5	9.2	7.8	1.9	3.2
96	55.2	15.3	5.4	14.6	8.4	0.6	9.8	9.3	2.5	3.4
97	55.2	15.3	4.7	15.4	7.6	0.6	10.9	9.8	1.2	3.4
98	56.0	15.9	4.0	14.5	7.4	0.4	10.9	9.0	−1.4	4.1
99	57.0	16.5	4.1	13.7	7.7	−0.6	10.3	8.7	−0.3	4.7
2000	56.2	16.9	4.0	14.3	6.8	0.3	11.0	9.5	2.4	4.7
01	57.1	17.5	3.8	14.3	6.6	0.1	10.6	9.9	0.8	5.0
02	57.7	18.0	3.7	13.3	6.3	−0.2	11.4	10.1	0.1	5.4
03	57.5	18.1	3.6	13.6	5.6	0.0	12.0	10.4	1.6	5.3
04	57.1	18.0	3.7	14.0	5.1	0.3	13.3	11.4	2.0	4.7
05	57.2	18.1	3.6	14.7	4.8	0.2	14.3	13.0	2.2	4.4

（出典）前掲，三和・原『要覧』32頁。

ベルへと下落したが、その後は、八六—八七年段階で反騰に移りつつ、この二年間で五%の大台へと達する。その点で、この利潤率面からしても、八七—八八年局面からの「バブル移行」が明瞭であろう**（第1図）**。

ついで二つ目に、（ロ）「国内総支出構成比」（%）を利用して、景気動向の内容を点検しておこう**（第13表）**。このように視点を設定すると、まず（A）「増加要因」としては、「民間住宅」（八六年＝四・七→八七年＝五・六）・「公的資

第14表　国内総支出の増減寄与度

暦年	国内総支出	民間最終消費支出	民間住宅	民間企業設備	政府最終消費支出	公的固定資本形成	在庫品増加	輸出	[控除]輸入	国内需要	民間需要	公的需要
1985	5.1	2.2	0.2	2.2	0.1	−0.4	0.3	0.6	−0.1	4.6	4.8	−0.2
86	3.0	1.8	0.3	0.9	0.5	0.1	−0.2	−0.6	−0.1	3.6	2.9	0.7
87	3.8	2.3	1.0	0.6	0.5	0.4	−0.3	−0.1	−0.7	4.6	3.7	0.9
88	6.8	2.7	0.7	2.6	0.5	0.3	0.5	0.4	−1.0	7.4	6.6	0.8
89	5.3	2.6	−0.1	2.6	0.4	0.0	0.1	0.7	−1.0	5.6	5.2	0.4
90	5.2	2.5	0.3	1.8	0.4	0.3	−0.2	0.6	−0.5	5.2	4.4	0.8
91	3.4	1.5	−0.3	0.8	0.5	0.2	0.2	0.3	0.1	2.9	2.2	0.7
92	1.0	1.4	−0.3	−1.4	0.3	0.9	−0.4	0.3	0.0	0.6	−0.7	1.3
93	0.2	0.7	0.1	−1.8	0.4	0.9	−0.2	0.0	0.1	0.2	−1.2	1.4
94	1.1	1.5	0.4	−0.9	0.5	0.1	−0.1	0.3	−0.5	1.3	0.7	0.6
95	1.4	0.9	−0.2	0.3	0.6	0.0	0.5	0.3	−0.9	2.0	1.5	0.5
96	2.1	1.1	0.6	0.1	0.4	0.4	0.0	0.5	−1.0	2.5	1.7	0.8
97	1.1	0.2	−0.7	0.9	0.1	−0.6	0.1	1.0	0.0	0.1	0.6	−0.5
98	−1.8	−0.5	−0.7	−0.8	0.3	−0.3	−0.2	−0.3	0.6	−2.2	−2.1	−0.1
99	−0.3	0.5	0.0	−0.7	0.7	0.4	−1.1	0.1	−0.3	−0.2	−1.2	1.1
2000	2.8	0.6	0.0	1.1	0.7	−0.8	0.8	1.2	−0.7	2.3	2.4	0.0
01	0.4	0.8	−0.2	0.2	0.5	−0.2	0.2	−0.7	−0.1	1.2	1.0	0.3
02	0.1	0.6	−0.2	−0.8	0.4	−0.3	−0.4	0.8	−0.1	−0.6	−0.7	0.1
03	2.1	0.5	0.0	0.9	0.4	−0.7	0.4	1.0	−0.5	1.5	1.7	−0.2
04	2.8	1.3	0.1	0.8	0.4	−0.4	−0.2	1.7	−0.9	2.0	2.0	−0.1
05	3.1	1.6	0.0	1.3	0.3	−0.2	0.1	0.9	−0.8	3.0	2.9	0.1

（出典）前掲，三和・原『要覧』182頁。

本形成」（六・六→六・八）・「民間消費」（五八・六→五八・九）の三つが目立つ。それに対して、むしろ（B）「停滞要因」を構成したのが「企業設備」であった。というのも、その数値は一六・〇→一六・〇という具合で明瞭な停滞に陥っているからであり、その点で、少なくともこの時期では、「設備投資」がバブル景気への「着火要因」だとは評価し得まい。

そうであれば、結局次のように（C）「図式化」が可能であろう。つまり、「公的資本形成」に支えられつつ「住宅」が需要構成の中核をまず担い、そしてそれが、「民間消費」に補完されながら拡張を実現することによって、最終的には、「輸出」（一一・四→一〇・四）の大幅減少を補償したのだ――と。まさにこのような構成で、「バブルへの着火」がそのスタートを切った。

このような基本構造を前提にしつつ、最後に三つ目に、（ハ）「成長率寄与度」（%）（**第14表**）の面からこの「バブル形成局面」を総括しておきたい。そこで、最初は（A）「先行要因」であって、具体的には、「個人消費」（八六年＝三・〇→八七年＝三・八→八八年＝六・八）・「公的資本形成」（〇・一→〇・四→〇・三）・「住宅」（〇・三→一・〇→〇・七）の三項目が目を引く。まさにここからは、「消費支出・公的資本形成」とセットとなった「住宅」こそが景気牽引車としてのその役割を果たした事情が、まず明瞭に浮かび上がってこよう。そのうえで（B）「遅滞要因」としては、何よりも「民間企業設備」（〇・九→〇・六→二・六）と「在庫品増加」（△〇・二→△〇・三→〇・五）とが顕著だといってよい。もちろん後の段階でやがて前面に登場してくるとはいえ、当面のこの「バブル形成期」フェーズにあっては、これら二つの「民間企業関連項目」は、「バブル景気」の、いわばやや「遅れた」加速・促進ファクターとしてこそ位置づけられる以外にあるまい。

そして最後が（C）「制約要因」だが、いうまでもなく「純輸出」がこれに入る。事実それは、△〇・七→△〇・八→△〇・六と三年連続でマイナスを示す以上、この「バブル形成局面」での「外需」は、輸出停滞が大きく影響して、むしろ制約条件としてこそ作用する以外にはなかった。まさしく、「バブル景気」が何よりも「内需・民需型」景気であったことの証左であろう。

続いて、取り急ぎ第二に（b）「バブル成熟局面」（八九～九〇年）へと移ろう。そこで、最初に一つ目にやや大きな（イ）「基本指標」から点検していくと、まず（A）「累積景気動向指数」はどうか。さて、バブル進行とともに八八―八九年期を経てそれは八〇〇〇レベルを超過するに至ったが、いうまでもなくこの水準は過去最大であって、バブル景気はまさにこの九〇年半ばにそのピークを迎えたと判断してよい。要するに、八九―九〇年間で一〇〇〇ポイントもの上昇を記録したわけであり**（第1図）**、その点で、「八九―九〇年局面＝バブル成熟局面」だと集約されてよい。

そのうえで、（B）「経済成長率」（％）からも確認しておくと、やや注意が必要だと思われる。というのも、成長率は八八年＝六・九を頂点として、その後は八九年＝五・二→九〇年＝四・七（第13表）という経過でむしろスローダウンが続くからであって、景気全般次元ではさらに景気上向きが持続したこの八九―九〇年局面＝「成熟局面」の裏側で、実は、成長率の緩やかな下降運動がすでに始まっていた――わけである。まさに、景気の下方転換が接近しつつあったとみてよい。

最後に（C）「企業利益率」（第1図）はどうか。そうとすれば、この利潤率ベクトルからも「景気転換の接近」は同様に予測可能だと考えてよく、具体的に指摘すれば、この局面の利潤率はいわば「二ステージ」構成を描いて進行をみた。まず「第一ステージ」としては、一つの下降を経験しつつも、ほぼ八九年いっぱいは上昇を継続させて八九年末には六％台にも接近する。しかしそれがピークであって、九〇年を迎えると一転して連続下落に入り、九〇年末にはとうとう五％をも割り込む――という「第二ステージ」に至るといってよい。したがって、この企業利益率動向からも、すでに下降転換点が顔を見せているわけであり、まさしくその意味で、この「八九―九〇年局面」が「バブル成熟局面」であった点が否定できまい。

以上を受けて、次に二つ目として（ロ）「国民総支出構成比」（％）（第13表）にまで立ち入っていこう。そこで、まず（A）「増加要因」としては何といっても「企業設備」の拡大が特筆されてよい。先に指摘した通り、この「設備投資」は「バブル形成期」にはむしろ「出遅れ」ていたが、この局面では顕著な伸びに移り、八八年＝一七・〇→八九年＝一八・三→九〇年＝一九・三という膨張基調に乗る。こうして、この「バブル成熟局面」における需要形成のリード役は、「住宅」などから「設備投資」へと明確に転換したとみてよいが、しかしこの局面ですでに「成長率・利益率」に一定の「翳り」が生じつつあった以上、この「設備投資拡大」がやがて「過剰資本化」せざるを得ないのもまた自明であった。まさに「過剰投資の進行」以外ではあるまい。

それに対して、（B）「減少要因」としては「民間最終消費」の停滞が特に目に付く。すなわち五八・三↓五八・二↓五八・〇という数値が拾えるから、その点で、――「バブル形成局面」では一つの景気支持ファクターをなした――民間消費が徐々にバブル景気を支え切れなくなっていく過程こそが目に入ってこよう。「バブル景気＝消費主軸型」という通俗的把握はいわば幻想に過ぎない。したがって、全体をこう（C）「集約」することが可能であろう。すなわち、「バブル成熟局面」には、設備投資こそが需要形成の牽引車だったわけであり、まさにその意味で、バブル膨張に果たした、この「設備投資の決定的役割」こそが軽視されてはならない――のだと。

そのうえで三つ目に、この「バブル成熟局面」をさらに実質的に理解するために、（ハ）「国内支出の増減寄与率」（％）（**第14表**）にまで立ち入ってみよう。そうすると、最初に注目されるのは、（A）「制約要因」として「民間企業設備」こそが作用する点に他ならない。なぜなら、いま直前では「需要構成」における設備投資の伸張を検出したが、にもかかわらず、「増減寄与度」で測定するとむしろその低落が顕著だからであって、具体的には、八八年を画期として著増に向かいつつ八九年＝二・六という高水準を記録した後、九〇年には一転して一・八へと大きく落ち込む――のである。まさしく、設備投資機能における、「景気刺激から景気抑制」への作用変化こそが読み込まれるべきだが、結局、量的拡大状態にある設備投資が、景気支持にはもはや寄与しなくなっているのであり、その意味では、「過剰資本形成」以外ではあり得まい。

それと比較して、逆に（B）「促進要因」を構成するのは、一つには「民間住宅」（〇・七↓△〇・一↓〇・三）であり、そしてもう一つは「公的資本形成」（〇・三↓〇・〇↓〇・三）に他ならない。その点で、一面では、『「公的資本形成』を土台とした『住宅』」という、「バブル形成局面」での景気牽引図式が再登場したとも考えられるが、また他面では、「設備投資の『過剰投資化』」の、「公的方向からの『補完』」の出現だとも整理できよう。それに加えて、「輸出」（△〇・六

↓△〇・二↓〇・一）の微増傾向も注意されてよく、このベクトルからも、資本過剰における、「従来型＝外部処理型」パターンの再発動が無視できまい。こうして、このようなプロセスにおいていくつかの新動向が進行していく。そうであれば結局、以下のような（C）「集約」が手に入ろう。すなわち、「バブル成熟局面」前半の「設備投資・牽引型」は、その末期に、「公的需要・補完型」へともう一段の変容を余儀なくされると図式化可能なのであり、したがってその意味で、まさにこの極点にこそその「崩壊」が待ち構えていた――のだと。それこそが、「バブル劇場」のその必然的終幕に他なるまい。

こうして第三に（c）「バブル崩壊局面」（九一―九三年）を迎える。そこで、最初に一つ目として（イ）「基本指標」からみていくと、まず（A）「累積景気動向指数」はどうか。さてこの指数は九〇年末に八〇〇〇を超えて頂点を印した後、今度は、そこをピークとして九三年半ばまでは一挙の墜落過程に入り、九三年＝六〇〇〇というボトムへと落ち込む。そして、この底値は、まさにバブル開始点である八七年レベルにこそ相当したから、その点で、この九〇―九三年の三年間で実に「二〇〇〇ポイント」もの指数暴落を経験したことになろう**（第1図）**。まさしくこの下落幅は空前絶後のものである以上、この「九一―九三年局面」でバブルはその「崩壊」に至った。

ついで（B）「経済成長率」（％）へ目を転じると、このベクトルからもその「崩壊」状況は明確だといってよい。つまり、すでに指摘した通り、成長率は、バブル拡張にもかかわらず、八八年＝六・九を頂点として、それ以降は八九年＝五・二↓九〇年＝四・七という下降軌跡を辿ってきたが、その下落基調は、「バブル崩壊」に直面してさらに一層大きく落ち込む。事実、その後は、九一年＝三・六↓九二年＝一・三↓九三年＝〇・四**（第13表）**となって一路ゼロ成長へと接近するから、その点で、「バブル崩壊局面」が成長率の大幅下落を招来させた関連は余りにも明白ではないか。

最後に、この「崩壊」状況を（C）「企業利益率」（％）**（第1図）**に即しても検証しておこう。この点もすでにふれた通りであるが、八九年には六％水準にも迫ってそのピークを画したが、そこを下方転換点にして、バブル末期からは、「停滞＝踊り場」を経由しながらも、明確に下降方向へと転じ始めていた。その意味では、「バブル崩壊」の直前から――「株価暴落」に一歩先んじて――企業利潤率はその低下を開始していた点が重要だが、まさにそれが、さらに「バブル崩壊」に連動してもう一段深い下落へと急降下するわけであって、九一―九三年に掛けて、五％レベルから二％水準へと墜落を余儀なくされる。その結果、九三年にそのボトムを経験していくが、こうして、「バブル崩壊」が企業利益率下落に結果したことは余りにも自明であろう。

続いて二つ目に、（ロ）「国民総支出構成比」（％）**（第13表）**サイドからも点検しておきたい。そこで、まず（A）「減少要因」が興味深いが、何よりも「企業関連」の落ち込みが顕著という他はない。すなわち、最初に中軸たる「企業設備」が九一年＝二〇・一↓九二年＝一八・四↓九三年＝一六・二となるから、まず「設備投資」の継続的減少が景気の足を大きく引っ張っている点が明瞭であるが、それだけではない。それに加えてさらに、企業関連の他の項目である「在庫品増加」（〇・七↓〇・二↓〇・一）および「輸出」（一〇・〇↓九・八↓九・一）が縮小を余儀なくされていることもそれを傍証している以上、全体として、「企業関連」が景気下落を大きく規定している事情は否めまい。要するに、「企業投資」縮小こそがまさに「バブル崩壊」の主因だったわけであろう。

それに比較して、（B）「増加要因」を構成したのが、「民間最終消費」（五二・九↓五三・七↓五四・五）・「政府最終消費」（一三・〇↓一三・四↓一三・八）・「公的資本形成」（六・六↓七・四↓八・二）の三つであった。その場合、これら三項目は、「バブル形成局面」ではむしろ「減少・停滞要因」であったから、需要構成におけるその基本図式に関しては一定の変質が進行した――とこそ把握すべきだが、まさにその意味で、従来の景気牽引車たる「民間投資」を「民間消費および政府投資」によってサポートするという、何よりも「バブル崩壊型・新図式」の定着が確認されてよい。

そうであれば、全体はこう（C）「集約」されていこう。すなわち、「バブル成熟」の牽引力が「設備投資」にこそあったことの丁度「裏返し」として、「バブル崩壊」の「主犯」がこの「設備投資・縮小」以外ではない点もまた明白である――と。まさしくこの側面こそ、「バブル崩壊＝過剰資本の強制的整理」の、その明白な一断面だというべきであろう。

そのうえで、「バブル崩壊局面」を景気変動過程としてさらに現実化するために、最後に三つ目として、（ハ）「国内総支出の増減寄与度」（％）（**第14表**）にまでメスを入れてみたい。そうすると、最初に（A）「制約要因」としては、取り分け「企業関連」の決定的な惨落振りが印象的であろう。そのうちでも特に「民間企業設備」の下落が著しく、それは、「バブル崩壊」を契機にして、例えば、九〇年＝一・八↓九一年＝〇・八↓九二年＝△一・四↓九三年＝△一・八↓九四年＝△〇・九という惨憺たる下落基調を辿った。その点で、この設備投資停滞こそが「バブル崩壊」後不況の主因に他ならないことに疑問はあり得ないが、またそれと同時に、もう一つの「企業関連」である「在庫品増加」（△〇・二↓〇・二↓△〇・四↓△〇・二↓△〇・一）の落ち込みも無視できないかぎり、総体的には、これらの「企業関連」指標の不振が景気を大きく落ち込ませた。

それと較べて、（B）「促進要因」に躍り出たのは「唯一」「公的固定資本形成」であった。つまり、この項目は、民間関連の影に隠れて、バブル膨張局面ではむしろ「日陰の存在」に止まったが、この「バブル崩壊」以降は、民間需要の顕著な下落にともなって、再度その役割の拡張が目立ってくる。具体的には、〇・三↓〇・二↓〇・九↓〇・九↓〇・一という軌跡が検出できる以上、明らかに、「バブル崩壊」が明瞭になる九二―九三年フェーズにおいてこそ、その有意な増大が確認可能だといってよい。こうして、この「寄与度」の面からも、民間需要の減退が「政府固定資本形成」によって辛うじて補完されていった構図が一目瞭然であろう。

そうであれば最後に、「バブル崩壊局面」をその「需要構造」サイドから（C）「集約」を試みると、以下のような図式が明確に浮上してくる。すなわち、全体としては、「民間需要」が四・四↓二・二↓△〇・七↓△一・二↓〇・七と推移して明瞭にその寄与度を下げているのに比較して、「公的需要」は、〇・八↓〇・七↓一・三↓一・四↓〇・六（**第14表**）という経過で著しい上昇過程を進行していく。したがってその点で、「バブル崩壊局面」では、まさしく、「民間需要低落―公的需要による補完」という構造がその色を濃くしていくわけであり、そこには、「過剰資本累積の『強制的整理』」というその本質図式が極めて明瞭に現出している――と総括可能なのではないか。

Ⅱ　階級宥和策――階級包摂機能の衰弱化

［1］労資関係　次に、以上のような「基礎構造」を土台として展開された、国家による「体制組織化作用」の現実過程へと入っていこう。その場合、この「体制的組織化」機能のまず第一は（二）「階級宥和策」に他ならないが、最初にその第一側面としては、いうまでもなく①「労資関係」[5]こそが位置付けられる。すでに前章で詳細に検討したように、七〇年代低成長期の中で、「減量経営―協調的労資関係―日本型経営システム」という体系的な労資関係の確立をみたが、バブル期に入ると、それを基本的土台にしたうえで、その新動向型再編成こそが進行を開始する。すなわち、「不規則就業」構造の展開に立脚した「新型・労資関係」構築の試み以外ではないが、それを通して、「日本的雇用関係」はもう一段の転換を余儀なくされていこう。そこで、まず第一に、このバブル前後期に支配的となった「不規則就業」関係展開の、（a）その「背景」把握が必要だといってよい。その点をふまえて最初に一つ目に、タイプ的比較のために、（イ）「従来パターン」を取りあえず確認しておくと、いうまでもなく、少なくとも低成長期までは、企業にとっては、「安定的な雇用保障」こそが、労資関係におけるその最大の遂行課題であった。というのも、景気後退や合理化によって

過剰になった労働力を欧米のように簡単にはレイオフできない以上、日本企業は、以下のような順序で対応を図ったからに他ならない。すなわち、まずボーナスなど一時金削減や賃金抑制あるいは残業時間削減を実行し、それで処理し切れない部分を次にパート労働の削減・配置転換・出向・転籍などで対処したのであり、とにかく「雇用保障」だけは維持しようとする――日本企業に特有なその「雇用調整パターン」が遂行されてきた。

しかし、「プラザ合意→円高不況→バブル」という構造転換に直面して、「日本型・雇用調整パターン」は（ロ）「変質条件」への対応を迫られる。すなわち、それは、「減量経営の進展」・「総人件費縮小」・「ME化進行」・「経済のサービス化」・「高齢者化」・「女子労働力の拡大」として集約可能だが、八〇年代に入ると、「労働市場」を巡る本格的な環境変化が一挙に芽を吹く。そして、まさにそれに連動してこそ、労働法制にも一定の新動向が検出可能だが、このような周辺条件の変化の中で、「安定的雇用保障」が大きく揺らいでいくのは当然であった。したがって、「バブル期・労資関係の背景」としては、結局、以下のように（ハ）「集約」される以外にはあるまい。つまり、従来の日本型労資関係においては、過剰労働力の雇用をあくまで守ろうとするスタンスが強く、そしてそれが、一方では、「正規従業員」に対する強い動機となって企業忠誠心を育むとともに、他方では、労働組合のまさに「協調性」をも担保してきたが、「不規則従業者の増大」＝「雇用の多様化」に直面して、それが大きく揺らぎ始めてきた――のだと。要するに、「不規則従業者」問題の決定的な表面化以外ではあるまい。

このような「背景」を押さえたうえで、次に第二に、この「不規則就業労働」の（b）「構造」にまで立ち入っていきたい。そこで、最初に一つ目は「不規則就業」の（イ）いわば「従来型」だが、まず（A）「パート労働者の拡大」が目に付く。すなわち、総務庁「労働力調査」に基づいて「週就業時間三五時間未満の非農林業短時間雇用者」でみると、八五年で四七一万人、全雇用者の一一・一％にも達している（『婦人労働の実情』八六年版）。そして、そのうち女性パートタイマー労働者は七一%、三三三万人を占めるから、この女性パート雇用こそが、女性労働力率高まりのその一端を構成している。しかし問題は、その労働条件の劣悪性であって、常用雇用者とほぼ同様の労働を行っていながら、その賃金(時給)は一般女性労働者における所定内賃金の七三%で五九五円となるから、高卒女子初任給レベルに止まっている。さらに「有給休暇」の制度化(約三割)も低いだけでなく、雇用保険・健康保険の適用率も目立って低い。要するに、ME化進展による「定型型業務・単純作業」増大に立脚して、労務コスト削減を目的としながら、女性常用雇用の抑制・削減化とそのパート労働による代替化が強力に進行をみた。

ついで、第二の「従来型」としては(B)「出向」が指摘されてよい。すなわち、この「出向」自体は決して新しい労働形態ではないが、「労働の多様化」の波の中で、いわば新しい進展をみる。そこで、まずその現状を押さえておくと、例えば『労働白書』によれば、八六年段階で、①「出向実施企業比率」=産業全体の約七割、千人超規模企業の九割、三〇〇人超規模で七割が実施、②「年齢構成」=四五歳以上が全体の三四%、③「企業分野」=出向比率が五〇%を超える産業分野は金融・電気・ガス・サービス業、④「役職別」=ホワイトカラー管理職一一・二%、非管理職六・九%、ブルーカラー現業部門六・三%を占める——という概略図が描かれる。したがって、バブル期には、特に大企業・管理職のウエイトの高さが目を引くが、こうした結果、出向該当者は総計で実に約六〇—七〇万人にも及ぶと推計されているといってよい。

そのうえで、「出向者タイプ」にまで立ち入ると、例えば、①「子・関連会社への経営・技術指導の人材援助型」約七割、②「余剰人員・人事処遇上の問題解決のための人材調整型」約三割、③「キャリア開発などの人材教育の一環である人材教育型」約三割、などという構成分布が手に入る。したがって、この平面図からは、「企業経営の多角化・活性化」に起因した「人材援助型」の比率がなお大きいが、他面、「バブル期」を巡る最近の「瞬間風速」的増加テンポとしては、

「安定的就業体制」の動揺に伴う、「再就職先の確保」・「余剰人員の発生」・「賃金コストの削減」を意図した「人材調整型」出向の質的・量的ウエイト拡大こそがむしろ重視されてよい。まさにその意味で、この「バブル局面」では、一面では、「中高年層の肥大化」という長期的な「企業の年齢構成的性格」に規定されて、そしてもう一面では、「景気変動」に連動した短期的な「雇用調整手段」という役割を担いながら、この「人材調整型出向」はその重要性を明瞭に増していく。要するに、「出向」の八〇年代型形態というべき特有なタイプではないか。

それに加えて、「従来型」に新動向が加味されて進行しつつある「新しいパターン」としては、第三に、(C)「男女雇用機会均等法」下の「女性労働」が特に指摘されてよい。そこで、まずこの「均等法」(八五年五月制定、八六年四月実施)の骨子をみておけば、周知のようにここでは、概略として、①「募集・採用・配置・昇進」における男女の均等的取扱い義務、②「教育訓練・福利厚生・定年退職・解雇」についての男女差別的処遇禁止、③「女性の時間外・休日・深夜労働規制」の、一部門での緩和・廃止——などが規定されている。したがって、「雇用管理全般にわたる男女の均等な機会と待遇の確保」こそがその主眼をなすと把握してよいが、その場合、それへの対応を迫られた企業にとって、その最大の課題は何よりも「昇進とこれに対する処遇面」での対応だとされた。というのも、女性労働者は「一般に」就労期間が短いから、いわゆる「終身雇用型・雇用管理」を採用している日本企業にとっては、「男女同一の教育・昇進・待遇」に関わるコスト負担はそのリスクが相対的に大きい——と判断され勝ちだからに他ならない。まさにここからこそ、そのリスク回避を意図して、いわゆる「複線型コース別人事管理」が導入されていったのであり、その結果、それが一定の普及をみた。

すなわち、それは、基幹社員になる「総合職」と「定型的・補助的業務」に専念する「一般職」とに区分して採用・管理・処遇するシステムであるが、その場合の、企業側主張のポイントには、このシステムが採用する「基準」は、決して「男女差」にあるのではなく、むしろ「女性労働者の意志と能力」にこそある――という「建前」が置かれている。したがって、女性労働者に対する「個別的な雇用管理」という点がこの「雇用システム」の「隠れ蓑」になっていると判断されるべきだが、それを踏まえると、このシステムの「本質」としては、以下のようにこそ把握されるべきではないか。すなわち、「均等法」に立脚した、まさにこの「複線型コース別人事管理」を通してこそ、「女性労働者における『二極化傾向』」が一層進む以外にはなく、その中で、一方における、「総合職」の「超過密・多忙労働」への「追い込み」化と、他方での、「一般職」の「不安定的・劣悪労働条件」への「囲い込み」化、とが急速に進行していく他はないのだと。まさしく、「現代型・女性労働問題」の制度的な噴出である。

続いて二つ目に、(ロ)「新型・不規則就業」パターンへと視角を転じよう。そこで最初は、何よりも(A)「派遣労働者の増大」が顕著であるが、その背景は大まかに二分できる。そのうちのまず第一段階は、石油危機を契機に増大したパターンで、その構造としては、例えば労働省「職業別労働実態調査」(七九年)によれば、以下のような図式が検出可能だといってよい。すなわち、①「情報処理関係」――「男子型」(六四・二%)かつ「若年型」(三五歳未満九四・三%)であって「常用形態」(七〇―八〇%)がその中心、②「事務処理関係」――「女子型」(女子比率九四・四%)かつ「再雇用型」(二五―三四歳六九・四%、三五―四四歳一三・九%)でしかも「登録型」(女子の常用雇用比率四・一%)が基本、③「ビルメンテナンス業」――「中高年齢層型」(男女とも四五―六四歳層中心)かつ「常用雇用型」(男女とも約八割)がその基軸、という絵柄が出現しよう。そして、その場合に注目されるのは、いうまでもなく「派遣利用の理由」以外ではないが、それが、「従業員数の抑制」や「賃金コストの抑制」という「労務コスト削減」に帰結するのは贅言を要しまい。というのも、特に「情報処理・ソフトウエア関係」では、「外部の専門性への依存」・「自社内育成の困難」・「質の高さ」などがその個別・具体的理由に挙げられているが、結局それらは、若年定年制＝「労働の希釈化」

に対応した、「自社内での社員研修・訓練費用の節約」や「女性に対する常用雇用形態の適用抑制」という企業戦略の、まさしくその一環以外ではない――からである。まさに「労賃コスト抑制」にこそ立脚していよう。

そのうえで第二段階こそ、「労働者派遣法」制定（八五年六月）以降のパターンだといってよい。周知の通り同法は、労働供給事業を禁止している「職業安定法」第四四条との齟齬を調整しつつ、使用者責任の不明確性に起因する労働者保護の不十分性を解決しようという点を狙いにしており、それを基準として、情報システム・ＯＡ機器操作など一六業種が「労働者派遣事業」として認定された。その場合、このような「派遣事業」進行において焦点をなすのは、まず一つには（取り分け）「常用雇用型・事務処理関係労働者派遣」ではないか。なぜなら、この部門こそ「派遣システムの典型的形態」であるうえに、何よりもこの「常用雇用型・情報処理関係派遣労働」においてこそ、「二重派遣・派遣期間長期化・長時間労働」などという、その労働条件の劣悪性が顕著だったから――に他ならない。その点で、この「派遣法」制定による「労働条件の改善」効果が実質的に試されていこう。そしてもう一つは、同じ「事務処理関係」でも「登録型・臨時雇用型」のタイプだが、この部門では、派遣事業の対象範囲が広がったことによって、むしろ次のような問題点の発生こそが懸念される。すなわち、ＯＡ化によって定型化した一般事務において外部労働力市場の利用が高まる結果、非常用雇用による常用雇用の代替化がいうまでもなく顕著に進むが、それを通して、さらに最終的には、全体的な「雇用不安」の拡大が著しく膨張せざるを得なくなるだろう――と。まさにこうして、「派遣事業の法制化」が「不規則就業」問題をさなきだに拡張させていく。

続いて、「新型・不規則就業」の第二パターンとしては（Ｂ）「六〇歳定年制」が指摘されてよい。いうまでもなく「高年齢者等の雇用安定等に関する法律」の制定（八六年四月）がその契機をなすが、その中で、中高年齢層の処遇解決を目指して「雇用期間の延長」こそが試行された。そしてその背景に、「労働市場の高齢化」と「新たな不規則就業形態の広がり」とがあるのは当然だが、事実、六〇歳あるいはそれ以上の定年制を採用する企業は急速に増大し、それは八〇年＝三九・七％から八五年＝五六・六％にまで拡大をみている（五〇〇〇人超企業＝八四・九％）。まさにこのような背景の下で、「高齢者層」が新しい形を伴って「不規則就業」エリアの中に「新規参入」を始めたわけであり、その結果、「不規則就業」のプールは一層その厚みを加えていった。要するに、高年齢層問題への政策的対処が、雇用不安をむしろ逆に高めつつあるというしかない。

しかもそれだけではない。このような、一方での「定年制引上げ」は、他方では、いうまでもなく、「一時出向・退職出向・役職定年制・昇給ストップ」などという、各種の「人員削減・労務コスト抑制」戦略とセットになって実施された——のはいわば自明であった。そしてそうであれば、この「六〇歳定年制」は、企業における特別な処遇措置なしに実行される実際的条件下では、むしろ、「低賃金・不安定労働条件」に規定された「不規則就業」体制を一層拡張するという作用のみを、ヨリ強く表面化させざるを得まい。まさしくこの点こそ、「六〇歳定年制＝『新型』不規則就業体制の一環」という整理が可能になる、その現実的な所以である。

そのうえで、「新型・不規則就業」の最後に、やや性格は相違するが、（C）周知の「成果主義」が位置づけられてよかろう。というのは、これまでに列挙してきた「不規則就業」の大部分が、いわば「非正規ホワイトカラー労働者」を巡る「新雇用形態」であったのに対し、この「成果主義」は、むしろ、「大企業・正社員」エリアにおける「新しい労資関係」展開と規定してよいからに他ならない。そこで、まずその「背景」が注目されるが、それは以下の二点にこそ集約されていこう。つまりまず一つは、企業が「円高不況→バブル崩壊」の過程でシビアに直面した、いうまでもなく「総人件費削減」への指向性であって、「バブル崩壊→大型不況→国際競争激化→コスト削減」という現実が、企業をして、「正規労働者」に対してまでもその人件費削減を実行せしめた。しかし、それを現実化させるためには一定の労資慣行的変質が不可欠であるが、その土台を担ったものこそ、もう一つの、グローバル化の波に乗って進行した、八〇年代以降からの、「アメリカ型雇用システム」の日本企業への導入であった。まさにこのような潮流の中でこそ、特にバブル期を分水嶺として、「正規雇用層への賃金調節方式」という意味をもつ、この「成果主義」が、大きく進展していくといってよい。

そこで、その「実態」が問題となるが、いうまでもなくその前提には、「年俸制」という給与支払方法がある。まさにこの「年俸制」を基礎としてこそ、その基盤のうえに、労働者からの、「職務遂行」に関わる「自己申告制」と、企業側からの、それに対する「業績評価＝客観的査定」とが位置づく。そして、その「評価」を基準としてこそ「賃金水準」が決定をみるから、「総人件費」を固定化したままで、結果的には、労働者個人間に、「賃金格差」をそれこそ「客観的」に導入可能になる――と判断できよう。したがって、新たな「労働者分断策」の出現そのものに他ならないが、まさにその意味で、この「成果主義」は、最終的には、何よりも「正規雇用者層」の再編へと導く。

そうであれば、この「成果主義」が以下のような問題点を惹起せざるを得ないのは余りにも明白ではないか。すなわち、まず「客観的成果判断の困難性」が直ちに明瞭であるが、それが、職場競争を激化させつつ所得格差を拡大させるから、そこから「労働意欲喪失」と「労働者連帯感の解体」をもたらしつつ、結局は、「資本による生産点組織化」作用を大きく減退させる以外にはなかろう。要するに、「成果主義」を通して、「人件費削減」の代償として、資本＝企業は、「労働者の、企業への安定的包摂」を自ら掘り崩しつつあるというしかない。まさしく、「階級宥和策」面での、いわば「墓穴掘り」が、その進行を一路速めていく。

以上のような、「不規則就業労働」の「構造」を前提にしたうえで、最後に第三に、この「不規則就業労働」のベクトルから、「バブル期・労資関係」の（c）「本質」を総括しておきたい。そうすれば、その「本質」は取りあえず以下のように集約可能だと思われる。すなわち、「バブル崩壊」の打撃克服の一環として、企業は、「不規則就業」の多面的展開を追及し、その実行を通して、確かに一面では、「人件費削減・雇用量の抑制」効果を獲得したことは否定し得ないが、しかし他面、この「不規則就業システム」は、それが、「資本による企業内組織化」を基本的には「はみ出す」ものである以上、その帰結として、資本自らがそのコントロール機能を発揮できない「労働者部分」を、それだけ広範に抱え込むことにならざるを得ない。しかもそれだけではなく、さらに、「成果主義」路線の帰結として、「正規労働者層」におけるその無視し得ない部分を、いわば「企業統制力」の外部へと放擲することにもなるかぎり、それを通じて、「資本の労働者支配」は、自らによって大きな「綻び」を作り出す結果になる他はないのだ——と。

したがってこう結論できよう。「バブル型・労資関係」の中で、「階級宥和策」がその明瞭な「空洞化」に直面するのは一目瞭然であり、したがって、まさにその意味において、「階級包摂機能」はその「衰弱化」という点で基本的な「変容」を遂げていくのだ——と。

[2] 労働運動　続いて、「階級宥和策」の第二側面としてはいうまでもなく②「労働運動」がそのポイントをなす。そこで、「バブル期・労働運動」[6]を差し当たり「バブル局面・春闘体制」の展開に即してフォローしていくことにするが、そうするとまず第一に(a)「八六春闘」が問題になってこよう。その点で最初に一つ目として、(イ)その「背景」から入ると、まさにバブル開始期に相当するこの八六年段階の、その特殊条件性が無視し得ない。すなわち、周知のような日本の継続的な貿易黒字累積が国際的に批判され、したがって、「内需主導」への政策転換を迫られていた、政府側からの「内需拡大論」があったから、それが、「春闘」への「意図せざる」援護作用を果たした。やや具体的に指摘すれば、経済審議会「一九八〇年代経済社会の展望と指針・見直し作業報告」(八五年一二月)および通産省産業構

造審議会「二一世紀産業社会の基本構想・中間報告」（八六年二月）などがそれに当るが、これらの報告を通して、政府側から、「GNPの約六割を占める個人消費の拡大を図るために」「経済発展の成果を賃金と労働時間短縮に適切に配分する」必要がある――とされたといってよい。

まさにこのような「背景」の下でこそ、「八六春闘」はその取り組みを始動させていく。そこで二つ目に、（ロ）「労働者側・闘争方針」へ移ると、直前に確認した「政府・内需拡大論」に背中を押されつつ、しかも八五年秋以降の「円高不況」脱出をも狙って、「積極的賃上げ路線」を明確に打ち出した。いうまでもなく、労働組合側は、これまでも内需拡大による経済成長を賃金交渉の理論的武器に設定してきたが、「円高不況」を好機にして、「積極的賃上げによる消費拡大＝内需拡大」論を改めて鮮明にスローガン化したといってよい。そして、まさにこのような立脚点に立ってこそ、労働四団体（総評・同盟・中立労連・新産別）と「全民労協」とによって統一的に「八六賃金闘争連絡会」が設置され、それを土台にして闘争展開が取り組まれた。しかし、その場合に注意が必要なのは、そこでの「統一的理念」の性格であって、それがまさしく「経済要求一辺倒」である点が極端に目立とう。というのも、その「中心理念」は、「我が国経済を内外需均衡した中成長へと転換させるためには八六賃金闘争によって個人消費を拡大する以外にない」とされるからであって、何よりもかかる視点からこそ、「民活頼りの政府の責任」と、「我慢の哲学」による賃金抑制を唱える財界とが批判されていく。まさにその結晶こそが、「七％以上の賃金引上げ」という「賃金統一要求基準」であったのであり、そこには、一片の「制度要求」すらもみられなかった。

では三つ目として、その（ハ）「帰結」はどうか。しかしその結果は、総合的には、労働側の敗北という以外にはなかった。というのも、円高不況による企業収益低下の状況下で、「賃上げによる景気拡大」論が浸透し得なかったのは自明であったからであり、華々しいマクロ経済論議にもかかわらず、結局、全体的な賃上げ率は四・五％に止まって「目標基準七％」には遠く及ばなかっただけでなく、むしろ「過去最低」にまで沈み込んだ。そしてその背景に、「日本型・賃金交渉スタイルの特殊性」――単産・中央組織が「マクロ観点」を強調しても、賃上げ動向は、最終的には、個別組合の企業業績に制約された「ミクロ観点」によって規定される――が厳存するのは自明だが、その土台に、「経済要求一辺倒」＝「制度要求の喪失」という、「バブル期労働運動」のまさしく「本質的限界」があるのも決して無視し得まい。

続いて第二に、（b）「八七春闘」へと進もう。さて最初は一つ目に（イ）その「方針」が注目されるが、「八七賃金闘争連絡会」は、その「基本認識」を概略として以下の三点に即して表明していく。すなわち、（A）「闘争視点」――「賃金抑制、減税拒否など内需抑制型の政策に固執」して円高不況を強めたのは政府・財界の責任であること、（B）「闘争戦略」――それに対置できる「唯一の」方向性は「経済政策の転換」以外にはなく、それを通してのみ、「積極的賃上げ↓内需拡大↓投資拡大↓雇用機会の拡大」という、「内需型の経済成長の循環の形成」が可能なこと、（C）「闘争要求」――その際の賃上げ目標値を「六％もしくはそれ以上」とすること、これであった。こうして、要求基準はやや下がってはいるものの、「賃上げ↓内需拡大↓成長」という「闘争ロジック」は、敗北した八七春闘と同様であり、したがってその点で、「経済闘争一辺倒」＝「制度要求欠落」の片肺性には何の反省もないという以外にはない。

そうであれば、次に二つ目に、（ロ）その「展開」にも基本的な限界が免れ得ないのも当然であった。なぜなら、八六年後半以降になると、構造調整産業を中心として大量の「雇用調整・削減」が本格化してくるからであって、賃上げどころかむしろ雇用確保こそが最大の課題となる単産も出てくる――からに他ならない。それをチャンスにして、資本側も、「雇用か賃金か」という二者択一の選択を組合側に迫る勢いを強めたから、「六％賃上げ目標」はあくまでも「目安に過ぎない」というスタンスが強まった。そして、実際の闘争展開としては、その賃上げ目標を単産・単組の「自主決定」に送り込む以外にはなかったのであり、その結果、「八七春闘」は、戦後最低の賃上げ率に終わることをまさに運命付けられていたといってよい。要するに、「制度要求」が伴わない「賃上げ要求」は、資本側からする、「生産性原理・経済整合論・個別企業業績・雇用との選択」攻撃に直面すると、「個別企業組合システム」という条件の下では、たちまち崩壊する他はなかったのだと集約できる。まさに、「経済闘争一辺倒」の本質的弱点が暴露されたというしかあるまい。

こうして三つ目に（ハ）「全体的帰結」がこう整理可能ではないか。すなわち、円高進行によって、ＩＭＦ・ＪＣグループ間に「企業業績格差＝要求実現格差」が大きくなった点に起因して、「ＩＭＦ・ＪＣ統一要求基準設定」が困難になったため、「ＪＣ主要単産が集中決着方式でまず春闘相場を形成し、これを他産業へ波及させる」――という伝統的な「春闘スタイル」が崩壊に瀕したのだと。換言すれば、各単産・単組における「自主的賃金交渉」の模索が始まらざるを得ないということであって、この「八七春闘」こそは、何よりもその萌芽を呈し始めたわけである。まさしく、このバブル期・労働運動は、その意味で、労働運動史上におけるその画期的転換期に該当しているのではないか。

以上を受けて、最後は第三に（ｃ）「八八春闘」に他ならないが、最初に一つ目に（イ）その「背景」から入ろう。その場合、まず全体の前提をなすのは、何よりも「連合」（全日本民間労働組合連合会）の成立であろう。すなわち、この連合は、まさにバブル最盛期である八七年一一月に発足したが、その規模は、五五単産、五三五万人組合員数、対全組織労働者・組織率四五％（含オブザーバー・友好組合）、対民間組織労働者・組織率五九％、という巨大組織であった。そして、この連合成立に歩調を合わせて、まず同盟と中立労連が直ちに解散した他、新産別も、従来からの方針を前倒しして、総評との統合、官公労組との統合路線を明確にしたから、巨大な単一ナショナルセンター設立への運動がそこから大きく前進をみせた。まさに、従来の労働運動枠組みが激変するこのような局面の中でこそ、八八春闘はそのスタートを切った。

こうした巨大組織の出現が、従来の「春闘中軸」の労働運動に対して無視できない影響を与えざるを得ないのは当然だが、それは、賃金交渉へとどのような作用を及ぼしたのだろうか。

そこで、二つ目は(ロ)その「展開」に他ならないが、その場合に、運動展開の基調を決めたのはいうまでもなく連合の「綱領」であった。つまり、そこには、「自由にして民主的な労働運動」の追求と「力と政策による労働条件・諸権利の獲得」とが盛り込まれつつ、さらにそれに立脚してこそ、「欧米なみの賃金から欧米なみの生活」実現と「総合生活の改善・向上」獲得とがその「活動課題」として設定される——という図式になっている。要するに、「賃上げ、時短、政策・制度要求」が総合的に指向されているといってよく、その意味で、「政策・制度要求」の重要化こそが、従来の路線からの一定の特質を何よりも端的に表現していよう。

そこで、この「政策・制度要求」の意味にまでもう一歩立ち入ると、その「意図」については、例えば、「八八春闘」に即して発表された「春季総合生活改善の取り組み」の中において明示されている。すなわち、そこでは、賃金要求・労働時間短縮と並んで「政策・制度要求」が取り上げられつつ、その中身としては、「内需拡大・税制改革・減税・土地政策・物価対策」などが指摘されるのであって、その方向から、「政策・制度要求」への基本的スタンスが確定をみた。その場合、さらに注意すべきは、これらの各テーマに関して、「単産の役割と連合の調整」および「連合の責任と単産の参加」が明瞭化された点に他ならず、まさにその意味で、「単産と連合との役割分担」が決定をみたといってもよい。換言すれば、連合が責任をもつ領域を「政策・制度要求」に限定しつつ、賃上げ・時短などの「労働条件改善」はあくまでも単産レベルに任せよう——という「役割分担」であり、そこには、「企業別組合の連合体としての産業組合構造」という、「日本型・賃金交渉」図式における、その「基本的継続」が明瞭にみて取れよう。取り分け、連合型「政策・制度要求」におけるその特質にこそ注意しておきたい。

そのうえで、最後に三つ目として(ハ)その「帰結」はどうか。先にみた通り、「賃金か雇用か」という究極の選択を迫られた「八七春闘」は、史上最低の賃上げ率に終わったが、「連合結成」と「政策・制度要求展開」とを新基軸とした、この「八八春闘」展開が、その点で、大いに期待されたのは当然であろう。しかし、春闘時その時点では、バブル景気の浸透がなお不確定であったこともあって、春闘に対するそのような「追い風」は十分には作用せず、その結果、要求実現はむしろ不満足なレベルに終始した。具体的には、連合「六―七%ガイドゾーン」、総評「七%以上」という要求水準にもかかわらず、賃金交渉は、結果的には四・四三%という低水準に封じ込まれていく。これは、過去三番目に低い水準であるし、さらに時短に関しても捗々しい成果がなかったから、総合的には、「八八春闘」も敗北と総括されざるを得なかった。

以上こうして、「バブル景気」の「入り口」に差し掛かったにもかかわらず、「バブル期・労働運動」は、「八六・八七・八八春闘」の三局面において連続敗北を余儀なくされた。そして、繰り返し指摘したように、その敗北要因としては、「企業のミクロ環境悪化」がもちろん無視はできないが、しかしそれは、そのような「客観条件」だけではなかった。なぜなら、連合成立を画期として「制度要求」の体制がスタートし、その意味でいわば「階級包摂機能の衰弱化」作用を発現させ始めてきたその「制度要求」と、従来からの原則的な「経済闘争」との結合がなお不十分だったかぎり、「企業の個別経済条件」や「雇用維持との選択」という局面においてはその闘争力は全く無力だった――からであり、したがって、労働運動自体の「主観条件」の比重もむしろ決定的に大きい。もっとも、連合成立に伴う「政策・制度要求」によってもなお、春闘敗北からの脱出はいぜんとして困難ではあったろうが、しかし、その脱出路が「経済闘争―政治闘争の体系的結合」以外にはない点もまた、いぜんとして自明ではないか。

要するに、「バブル期・労働運動」の位置づけはこう集約されるべきだと思われる。すなわち、一方では、「春闘における連続敗北」を余儀なくされつつも、他方では、「制度要求への着手」という点で、まさに「階級包摂衰弱化」を発現させ始めたのだ——と。

[3] 社会保障　そのうえで、「階級宥和策」の第三側面こそ③「社会保障」[7]であろう。そこで、バブル期・社会保障展開のまず第一テーマは何よりも(a)「高齢化対応政策」だといってよいが、この局面における政府の高齢化対応として目立つのは、まず一つ目に(イ)「高齢者保健福祉推進一〇ヵ年戦略(ゴールドプラン)」(八九年一二月)ではないか。最初に、(A)その「背景」に目を向けると、周知のようにこの「戦略」は、八八年に発表された「福祉ビジョン」の内容をさらに拡充したものであった。すなわち、予算的には、その総事業費は六兆円を超えて、八〇—八九年にわたる一〇年間予算の実に三倍以上になると見込まれているから、まさにその点で、予算規模面からしてもまたその包括性面からしても、この「一〇ヵ年戦略」が、「七三年福祉元年」以来の大方針提起であることはいうまでもない。そのうえで、(B)その「構成」にまで進むと、この「一〇年戦略」の骨格的構成は大まかにみて以下の七点にこそ集約可能だと思われよう。つまり、①在宅福祉推進一〇ヵ年事業②寝たきり老人ゼロ作戦③長寿社会福祉基金の設置④施設対策推進一〇ヵ年事業⑤高齢者の生きがい対策推進一〇ヵ年事業⑥長寿科学研究推進一〇ヵ年事業⑦高齢者のための総合的な福祉設備の整備、これである。こうして、極めて多面的な事業推進が掲げられているのであり、その点で、老人福祉に関する、「現場施設・財政整備・介護サービス・老人問題研究」などの諸側面からする、その諸施策の提起こそが特徴的だと思われる。まさしく、この「一〇ヵ年戦略」の多面性・総合性が何よりも顕著であろう。

したがって最後に、この「一〇ヵ年戦略」の(C)「意義」は結局こう整理できよう。すなわち、単に厚生大臣(当時)

だけではなく大蔵・自治大臣による合意にも立脚しており、したがって、「財政的裏づけ」を明瞭に保持した、そのような現実的土台に基づく、まさしく「総合的・体系的」な「高齢化対応プラン」に他ならないのだ——と。その意味で、バブル期をまたいだ、八〇—九〇年代社会保障理念を端的に体現した、その「総合的高齢者対策」だと結論できよう。

そのうえで、「高齢者対応政策」の二つ目は(ロ)「老人福祉法の改正」に他ならない。そこでまず(A)その「背景」だが、この「老人福祉法」改正(九〇年六月)の主眼は、先にふれた「一〇ヵ年戦略＝ゴールドプラン」実施のための、その基盤形成にこそあった。というのも、「ゴールドプラン」はいわばあくまでも「プラン」に過ぎず、したがって、この計画を実行するための現実的諸制度が整備されなければ、「一〇ヵ年戦略」は画餅に終わるのは当然だからに他ならない。そこで、「ゴールドプラン」実現を視野に入れてその「体制作り」が試行されたわけであり、この「老人福祉法」も、他の、「身体障害者福祉法・精神薄弱者福祉法・児童福祉法・母子及び寡婦福祉法・社会福祉事業法・老人保健法・社会福祉及び医療事業団法」などと並んで、その一環としてこそ制定に至ったのだと理解されてよい。まさにその点で、「老人福祉法」がもつ、その「高齢化対応政策」の不可欠な一部分性こそが重要であろう。

ついで、では(B)その「改正点」に関するポイントは何か。その場合、「改正点」の焦点は以下の三点に集約されると判断してよいが、まず第一は①「在宅福祉サービスにおけるその法的位置の明確化」である。まさにこれを通じて、在宅福祉サービスの積極的推進が可能になったとともに、それの、居宅生活支援事業としての法的根拠も明瞭になったと理解されてよい。そして、それに立脚してこそ、市町村に対する福祉事業推進義務の明示だけでなく、「長寿社会福祉基金」設立という、在宅福祉サービスのための「支援体制強化」もが図られることになった。ついで第二は②「老人福祉サービス提供主体の一元化」に他ならず、「在宅福祉サービス」および「施設福祉サービス」の「市町村への一元化」が図られていく。すなわち、従来は、都道府県の福祉事務所で取り扱われていた特別養護老人ホームなどへの入所決定事務が町村へと委譲されたのであり、この改正によって、老人福祉サービス提供に関わる、「都道府県」と「市町村」との役割分担が明確化されたと考えてよい。やや具体的に指摘すれば、改正を通して、都道府県の業務が、介護措置などの実施に関する「市町村間の連絡調整や情報提供」においてヨリ体系的な任務を果たし易くなったため、一面での、市町村による、地元密着型の「きめ細かさ」と、他面での、都道府県による、総合視点的調整作用とが、区分けされつつ生かされることにもなった。その意味で、明らかに一定の「新基軸」だといってもよい。

そのうえで、最後に第三として、③「市町村の計画策定義務化」が目に付く。すなわち、以上のような権限拡大・整備に対応して、その一種の義務という形で、地方公共団体には、「福祉と保健が一体となった計画」＝「老人保健福祉計画」の策定が義務付けられた。そして、それに対して国は必要な援助を与えなければならない――とされたのであって、「老人福祉サービス」提供主体としての地方公共団体における、その積極的役割と、それを支援すべき国の位置関係とが、いわば体系的に整理されるに至ったと考えてよいように思われる。

そうであれば、最終的に(C)その「意義」はこう集約可能ではないか。すなわち、この「老人福祉法」は、「ゴールドプラン」の実質的実行基盤整備という役割をもちつつ、「福祉サービス提供」に関して、地方公共団体の自主性明確化と国の支援義務明確化とを明示するものだと整理されてよい――のだと。したがって、まさにその点で、それは、バブル期・社会保障展開における、「高齢化対応政策」のその重要な一環を構成したと判断されてよかろう。

続いて、「高齢者対応政策」の三つ目としては(ハ)「老人保健法の改正」が位置付けられてよい。そこで、(A)その「背景」から入ると、最も基本的には、この「老人保健法」も、先の「ゴールドプラン」展開のその基盤整備であることはいうまでもない。まさにそのような意図からしてこそ、この「老人保健法」が「老人福祉法」と同時にその改正に着手されたわけだが、その直接的前提にあったのは、八九年の老人保健制度改正であった。すなわち、そこでは「加入者按分比率」の引上げが規定され、具体的には、九〇年度までには段階的に一〇〇％にまで高めるとされたが、しかし同時に、その到達点までに「拠出金の算定方式」を検討・確定する――という「付則」もが加えられていた。まさにこの「付則」に沿ってこそ、八八年一〇月以降「老人保険審議会」の検討が始まったのであって、その結果、いくつかの紆余曲折を経ながら、ようやく九〇年一二月になって同審議会は成案を得るに至り、それを、「老人保険制度の見直しに関する意見」として厚生大臣に具申したといってよい。そして、厚生省は、この意見具申を受けて老人保健法の改正作業を進め、そのうえで、最終的には九一年二月時点で、「老人保健法の一部を改正する法律案」として一二〇回通常国会への提案へと漕ぎ着ける。その結果、一部修正を受けた後、九月末に両院可決＝成立をみた。

それをふまえて、次に（B）その「改正点」にまで目を向けると、概略として、以下の三論点には大きな注意が払われるべきであろう。つまり第一点は①「一部負担金の引上げ」に他ならず、今回の改正でその大幅なアップが実行された。周知のように、この「一部負担金」は数次の上昇に見舞われてきており、この「老人保健法」制度の発足時点でまず従来の「老人医療費の無料化」が廃止されたが、それを嚆矢として、その後は数回の引上げが進む。その結果、外来が月八〇〇円、入院一日四〇〇円だった一部負担金は、この九二年改正によって、外来＝九二年度中は月九〇〇円、入院＝一日六〇〇円に引上げられることとなった。しかもそれだけではない。それに加えて、いわゆる「スライド制」が導入されることによって、一部負担金は、消費者物価の変動率に合わせて改定されることになったとみてよい。こうしてまず一方で、「一部負担金引上げ」という点で制度の「改悪」が目論まれる。

ついで第二点は、他方で②「公費負担割合の引上げ」が見落とせない。すなわち、老人保健に関する公費負担は従来三割であったが、今回の改正によって、特に介護に関わる費用については五割負担へと引上げられた。その場合、その動因については以下の二点が重要とみてよいが、まずその一つとして、すでに五割となっている「社会福祉」との均衡性が否定し得まい。まさに、それとの「横並び」指向こそが今回の新措置への弾みとなったように思われるが、しかしそれだけではない。そのうえでもう一つとして、進行しつつある「高齢化社会」における「介護の重要性」がもちろん無視はできないから、それがいうまでもなく今次改正の底流となっていった。そしてこの新方式は、九二年一月から老人保健施設療養費などに即して実施に移された他、さらに九二年四月からは、老人訪問看護療養費などについても同様に適用されることになっている。要するに、「一部負担金」とともに「公費負担」もが引上げをみたわけであって、老人保険制度におけるその緊急性が取り分け目に付く。

そのうえで、第三点こそ③「老人訪問看護制度の新設」である。いうまでもなく、これこそ今回改正の目玉であったのであり、その土台には、在宅福祉サービスをさらに拡充させるというその基本理念があった。具体的にいえば、訪問看護ステーションを新設し、医師の指示に従いつつ、ここから、家庭の寝たきりなどに対して医療スタッフが訪問に赴く――というシステムに他ならず、まさにそれを通じて、介護に重点を置いた看護サービスを実施するというのがその狙いといえる。そして、このサービスを受けた場合、サービス利用者が、利用料として費用の一部を負担するとともに、老人保険制度からは訪問看護療養費が訪問看護ステーションへと支払われることになろう。ここにこそ、その内実的な軸点がみて取れる。

こうフォローしてくると、その(C)「焦点」は結局以下の点にこそ求められてよい。すなわち、「老人介護」問題の重要性が大きく強調されたうえで、まず一面では、老人の「一部負担」が顕著に引上げられた。しかしそれだけではなく、施設に関する老人介護費用などへの「公費負担」が増額された点も軽視はできず、したがってその意味で、いわば「公私両面」からの負担増が進行した側面こそが、この局面におけるその「焦点」を形成した――のだと。

次に、バブル期・社会保障の第二テーマとしては(b)「年金改革」が指摘されてよい。そこで、その一つ目こそ(イ)

「年金統合化」であるが、まず（A）その「背景」はどうか。さて周知のように、日本の年金保険制度は、厚生年金・国民年金・共済年金などを中心としていくつかの制度分立的構造が採用されており、その点から、絶えずその問題性が指摘されてきたが、特に八〇年代に入って年金財政の困難化が強まるに及んで、年金制度統合化の要請が取り分け重大な課題となっていく。すなわち、七〇年代後半からの国庫負担増の重圧に直面して、従来の分立型年金制度が明らかに維持し得なくなり、それを契機として、「一元的年金保険制度への転換」を目指した、その抜本的な年金制度の改革が日程に上ってきたわけである。

この点を確認しつつ、次に（B）「進展」へと進むが、この「統合化」の中軸を担ったものこそ、周知の「四共済組合の統合化」であった。もう一歩具体的に指摘すると、その「出発点」は「国鉄共済組合の救済」であって、例えば、モータリゼーションの進展・国鉄の経営悪化・従業員の高齢化などの環境変化により、国鉄共済組合・年金財政は八五年段階を迎えてすでに破綻直前状態にあった。したがって、いまや国庫負担増でこれに対処することはできず、その危機は、国鉄共済制度自体の組織改革で乗り切る以外にはないという声が高まっていく。まさにその「対処策」として緊急に浮上したのが、次のような、他の共済組合制度との統合であった。つまり、その沿革が国鉄共済と類似している「国家公務員共済・電電公社共済・専売公社共済」との「四共済組合統合化」に他ならず、まさにこの「統合化」を基盤にしてこそ、その財政調整を図ろうとした——わけである。明らかな「政治的処置」以外ではないが、この「四共済組合統合」が年金改革におけるその突破口になっていく。

こうして、その（C）「帰結」に到達する。すなわち、八三年一一月にこれら「四共済組合統合案」が成立をみたから、それを根拠にして、「四制度間の財政調整」と「国鉄共済の保険料引上げ」とを条件としつつ、以下のような具体的「改正」が実現をみた。具体的にいえば、①「四共済組合間の負担の公平化」②「国鉄共済組合給付水準における、他の三つ並レベルへの引下げ」③「支給開始年齢の五五歳から六〇歳への引上げ」、などであって、何よりも、四共済組合間の制度的均衡化が目指されたと考えてよい。まさに「年金統合化」におけるその嚆矢であった。

そのうえで、「年金改革」の二つ目としては、（ロ）「基礎年金制度の導入」が指摘されてよかろう。そこでまず（A）その「背景」から入ると、この場合の焦点は、いうまでもなく「国民年金制度」の動向にこそある。というのも、国民年金制度もある意味で前出の国鉄共済年金と同質の限界を抱えていたため、その抜本的改革はもはや避けられない運命にあった——からに他ならない。つまり、人口の高齢化という一般的環境の中において、産業構造の高度化を反映しつつ、特に農業の衰退・自営業者の減少という特殊要因に起因して、国民年金制度に関わる、「受給者と被保険者とのバランス」にはその決定的な崩壊が進行していく。したがって、国民年金財政の悪化と国庫負担の増加とが不可避となるが、まさにそれへの対処策として提起されたものこそ、この「基礎年金制度の導入」であった。その意味で、事態は緊急性を免れ得なかった。

そこで次に（B）その「内容」にまで立ち入ると、そのポイントは、国庫負担の増額に代わって年金保険制度全体で国民年金を支えつつ、特に年金給付額については、その膨張を抑制しながら給付水準の全体的な調整を試みる——という仕組みにこそ設定されている。すなわち、他の全ての年金保険・被保険者も同じく国民年金に加入し、その点で等しく「基礎年金」的範疇に網羅されたうえで、四〇年間保険料を納めることを前提に六五歳からその「基礎年金」の受給を受ける、という形式が取られた。まさにその点で、全ての国民が、夫婦単位ではなくいわば「個人単位」で国民年金に加入することになったから、その結果、サラリーマン妻の任意加入制度が廃止されつつ、「婦人の年金権」も結果的には確立をみたといってもよい。

そして、この「基礎年金」スキームを土台にしてこそ、この「一階部分」の上に、個別の年金制度に対応して、いわば

「二階部分」がさらに重ねられていく。例えば、厚生年金の場合には「報酬比例の厚生年金」が、また共済年金の場合には「所得比例の共済年金」(および「職域年金」)が、それぞれ「二階部分」として付加されて支給されるわけであって、「基礎年金」を基本にした、いわばこのような「二階建て年金システム」にこそ、この「基礎年金制度導入」における、そのエッセンスが求められてよい。まさに、「分立制年金制度難点の一定の修正」と「最低基準年金額保証」、さらに「年金財政逼迫化軽減」、という「三要因」から考案された、「年金改革」における、いわば「苦肉の策」だというべきではないか。

したがって、ここからは次のような(C)「帰結」こそが導出されることになろう。すなわち、トータルに把握した場合には、何よりも年金給付水準における明らかな低下が否定はできまい。まず第一に「厚生年金」については、従来の標準年金が現役労働者所得の八三%だったのに対して、この新制度では、四〇年間加入で六九%に低下すると計算されていて、そのレベル下落は免れない。また第二に「共済年金」に関しても、給付額の算定基準を被保険者・全期間の平均へと変更することによって、給付額の厚生年金基準並みへの引下げを図った。さらに第三に「支給開始年齢」にも改悪が進み、厚生年金の場合には五五歳から六〇歳へと引上げられたし、また共済年金についても段階的に六〇歳への先送りが明示されたといってよい。その意味で、実質的な内容悪化を伴いながらも一定の「制度統一化」が一応は実現をみた。

最後に三つ目として、(ハ)「新年金保険制度の見直し」にもふれておきたい。そこで最初は(A)その「背景」が興味深いが、その契機としては、何よりも八三年改正の不徹底性にこそあるのは当然であろう。先に指摘した通り、例の「二階建て年金制度」はいわば「苦肉の策」であって、あくまでも諸問題を抱えた「弥縫の策」以外ではなかった。まさにその不完全性こそが「制度見直し」を直ちに要請したわけであり、八八年一一月に、厚生大臣諮問機関である「年金審議会」は、「国民年金・厚生年金保険制度改正に関する意見」を提出するに至る。その意味で、先の制度改革で積み残された課題への対処が早急に求められたのであろう。

このような視点から、（B）その「論点」をざっと指摘しておくと、例えば以下の点がそのポイントをなそう。すなわち、①「給付水準」――現行労働者平均賃金の六八％（三二年加入）の維持、②「支給開始年齢」――その引上げの九八年からの実施、③「被用者年金の一元化」――「第二基礎年金」ともいうべき「新たな単一の被用者年金」の創設、④「国民年金基金制度の創設」――「二階部分」をもたない国民年金における「二階部分」相当の創設、などこれである。明らかに、「八三年改正」におけるその未完了部分の補充だという色彩が強く、九五年度「完了目標年次」を控えた、「改正新年金保険制度」の大幅見直しが進んでいく。

では最後に、（C）その「帰結」はどうか。しかし、このような方向への「改正」に対する労働側からの反対は極めて強い。というのも、雇用情勢悪化という基本問題が未解決なままで、年金支給開始年齢だけを繰り上げる点にその根本的な反対論が大きいから――に他ならず、他の「リクルート問題」・「消費税導入問題」とも重奏して、この「新年金保険制度見直し」問題が、「九〇年代・階級闘争」におけるその重要部分を担っていくのは当然だと思われる。

最後に、「バブル期・社会保障」に関するその第三テーマとして（c）「少子化対策」が見逃せまい。そこで最初に一つ目に、（イ）その「背景」が押さえられる必要があるが、その基本に「少子化」進行があるのは当然であろう。つまり、九〇年六月に発表された「人口動態統計」概況が衝撃的であって、それによって、「合計特殊出生率」が過去最低であることが明確にされた。つまり、これまでの最低であった丙午の六六年をも下回ってとうとう「一・五七人」を記録した（「一・五七ショック」）うえ、しかも、翌九一年にはさらに下がって一・五三人にまで落ち込んだから、そのさらなる衝撃度は一層大きかったわけである。こうして、この「少産化」が深刻な社会問題と意識されざるを得なくなったといってよく、それへの何らかの対応が不可避になっていく。まさにその代表例こそ「児童手当・育児休業制度」の改正であった。

そこで二つ目として、(ロ)まず「児童手当法の改正」から入ると、(A)その「背景」には、この「児童手当」制度に対する「強い風当たり」状況があった。周知のように、この「児童手当制度」は、七二年に遅まきながらようやく創設された「難産」の制度であるが、成立後も、女性間における、「既婚―未婚」・「子持ち―子無し」・「有業―無業」などに関する均衡化を巡って、絶えずその「廃止論」に直面してきていた。そのような「宿命」を抱えていた以上、八〇年代に入って社会保障制度改革が脚光を浴び始めるや否や、「児童手当」制度が直ちに見直しの俎上に上げられていくのは当然であった。こうして、以上のような背景を受けつつ、まず八〇年代の「入り口」において、以下のようないくつかの制度変更が進行していく。そこで、(B)その「経過」をざっと追うと、まず「支給要件」としての所得制限が強化されたことを皮切りに、その後も、八二年――「行革関連特例法」施行に伴う「所得制限のさらなる引下げ」、八五年――「支給対象の、第三子以降から第二子以降への拡大」・「支給額＝第二子二五〇〇円、第三子以降五〇〇〇円」・「支給期間の、義務教育終了時から就学前への短縮」、などという一連の変更が続いた。みられる通り、ここまでの範囲では、「改善―改悪」がいわば「まだら模様」という以外にはなく、総合的には、むしろ制度の「整理」という色彩が否定はできなかった。しかし、事態はそれを許さない程に切迫をみる。いうまでもなく「少子化の衝撃」である。

まさにこの延長線上にこそ、(C)今回の「児童手当法改正」が位置づいていく。すなわち、八九年七月に中央児童福祉審議会が「児童手当制度基本問題研究会」を設置してその「報告書」を発表したが、そこでは、いわゆる「一・五七ショック」をすでに踏まえていたこともあって、出生率低下との関係で「児童手当制度」が検討されざるを得なかった。このような新動向に立脚してこそ、九一年四月に「児童手当法改正案」が提案されて成立をみる(九二年一月施行)。

その場合、その中心観点としては、「児童手当を子どもが健やかに生まれ育つ環境づくりの重要な柱として位置づける」点が強調されたが、その「改正点」は、大まかにみて以下の点にこそ求められてよい。すなわち、①「支給対象」――従来の第二子以降から第一子以降への拡大、②「支給期間」――義務教育就学前から「三歳未満」への短縮、③「支給額」――新設の第一子＝五千円・第二子＝二五〇〇円から五千円への引き上げ・第三子＝五千円から一万円への引上げ、などであって、ここには、いくつかの改善が検出可能であろう。

こうして、従来「悪者扱い」が目立った「児童手当制度」は、「一・五七ショック」という、「産業界―体制」にまで波及するいわば「体制的新動向」に強制されて、ようやく一定の改善方向へとその針路が取られた――と集約されてもよい。まさに、「退っ引きならない」「体制的問題」だからであろう。

それに加えて、「少産化対策」の最後に、三つ目として(ハ)「育児休業制度の創設」についても簡単に一瞥しておきたい。さて、いま概観した「児童手当制度」についてはいわば「少産化対策」がそのメーン・テーマであるのに対して、「少子化」という共通の事態から発生する「労働力不足」というテーマに対応する施策としてこそ、他方では「育児休業制度」が日程に上ってくる。すなわち、「一・五七ショック」に関わる、「労働力不足懸念」方向からの対処策としてこそ、九二年四月にはこの「育児休業法」の成立をみる。そして九二年四月から直ちに施行に移ったが、同法の骨子は、「一歳未満の子どもを養育するために、労働者が期間を定めて休業を申し出れば、男性でも女性でも休業できる」という点にあり、しかも重要なことには、それを、事業主は「拒むことはできない」ともされた。もっとも、常用雇用三〇人以下の事業所には三年間の猶予期間が認められたし、しかも、事業主に対する罰則規定がないだけでなく休業中の所得保障もない――などの点には、なお重大な限界も否定はできまい。

それにしても、「育児休業制度」が曲がりなりにも進行し始めた点は、それでもやはり重要なことだといわざるを

第15表　日銀および全国銀行主要勘定

（単位：億円）

年末	日本銀行勘定					全国銀行勘定			
	発行銀行券	貸出金	買入手形	国債	外国為替	実質預金	借用金	日銀借入金	貸出金
1955	6,738	446	12	5,536	1,848	32,940	859	297	31,958
60	12,341	5,001	–	5,691	3,087	78,991	6,108	4,542	81,826
65	25,638	16,276	–	9,300	3,713	183,754	16,405	11,904	192,179
70	55,560	23,533	–	23,813	11,232	380,095	28,157	22,296	394,793
75	126,171	17,772	23,237	73,945	35,060	855,129	20,060	16,076	887,672
80	193,472	23,289	32,000	158,351	21,893	1,418,840	24,793	18,462	1,364,746
85	254,743	44,567	52,932	172,786	34,280	2,174,055	43,494	35,366	2,371,700
90	397,978	63,032	69,056	315,421	29,960	4,681,751	98,575	56,290	4,433,042
95	462,440	23,904	104,338	375,358	25,309	4,700,223	176,106	10,652	4,863,560
2000	633,972	8,274	75,836	562,943	36,856	4,821,756	166,220	3,665	4,639,163
05	792,705	0	440,899	989,175	47,278	5,264,102	112,457	0	4,085,480

（出典）日本銀行『経済統計年報』，日銀 HP「時系列データ」により作成。
日本銀行勘定の貸出金は，貸付金･割引手形の合計で，2000 年には預金保険機構貸付金を含む。
全国銀行勘定は，全国（国内）銀行の銀行勘定で信託勘定は含まない。実質預金は預金から資産項目の小切手・手形を控除した金額。

得ない。しかし注意すべきは、この「育児休業制度」が、「労働力不足」という「資本にとっての死活問題」に絡んでいた点であって、まさにそうであるからこそ、この制度が否応なく現実化したのだと考えられる。そう整理すると、この「育児休業法」成立の背後に、「労働力不足への政策的対応」という、「資本―体制」の利害的思惑も濃厚に「透けている」という以外にはなく、その意味で、この制度が抱える、何よりもその「重層性」に注目せざるを得まい。

こうして、バブル期・社会保障に関しては、全体として、諸問題の激発にもかかわらず、国家の社会保障支出を削減＝「安上がり化」させつつ、制度面のみでの形式的な「改革」だけが進行していく。まさにその意味で、「階級包摂機能の衰弱化」が実質的に進んだとこそいうべきではないか。こうして、社会保障における「階級宥和策」のその「変容」を「目の当たり」にすることになろう。

Ⅲ　資本蓄積促進策――投資調整作用の力能低下

第16表　公定歩合推移

（%）

改定年月日	公定歩合	改定年月日	公定歩合
65.4.3	5.84	81.3.18	6.25
6.26	5.48	12.11	5.50
67.9.1	5.84	83.10.22	5.00
68.1.6	6.21	86.1.30	4.50
8.7	5.84	3.10	4.00
69.9.91	6.25	4.21	3.50
70.10.28	6.00	11.1	3.00
71.1.20	5.75	87.2.23	2.50
5.8	5.50	89.5.31	3.25
7.28	5.25	10.11	3.75
12.29	4.75	12.25	4.25
72.6.24	4.25	90.3.20	5.25
73.4.2	5.00	8.30	6.00
5.30	5.50	91.7.1	5.50
7.2	6.00	11.14	5.00
8.29	7.00	12.30	4.50
12.22	9.00	92.4.1	3.75
75.4.16	8.50	7.27	3.25
6.7	8.00	93.2.4	2.50
8.13	7.50	9.21	1.75
10.24	6.50	95.4.14	1.00
77.3.12	6.00	9.8	0.50
4.19	5.00	2001.1.4	0.50
9.5	4.25	2.13	0.35
78.3.16	3.50	3.1	0.25
79.4.17	4.25	9.19	0.10
7.24	5.25	2006.7.14	0.40
11.2	6.25	07.2.21	0.75
80.2.19	7.25		
3.19	9.00		
8.20	8.25		
11.6	7.25		

（出典）前掲，三和・原『要覧』23頁。

［1］**金融政策**　取り急ぎ、国家による「体制組織化」作用の第二機能をなす（三）「資本蓄積促進策」へと視角を切り替えよう。そこで、まずその第一側面こそ①「金融政策」[8]であるが、その際の検討ポイントは、いうまでもなく「資本蓄積動向に対する有効需要創出作用」にこそ設定されてよい。そうするとまず第一に、金融政策発動を経由した有効需要創出のルートは、何よりも（a）「日銀信用」側面においてこそ発現してくるが、最初に一つ目として（イ）「発行銀行券」（千億円）推移が注目される。いまざっとその数字を拾っていくと、例えば、八五年＝二五四→九〇年＝三九七→九五年＝四六二（**第15表**）という図式になるから、その点で、「バブル形成→崩壊」の全プロセスを貫いた、発券量拡大を通した「日銀信用」の積極的発動についてはまず疑問の余地はない。したがって、バブル全体を貫徹した「日銀信用の有効需要拡大作用」が検出されてよいが、しかし、そのうえで「発券増加程度」にまで視点を狭めれば、そこから、「バブル崩壊的指標」が現れ出てくるのも当然であろう。なぜなら、その「発券増額」は、まず「八〇—八五年」＝六一千億円ついで「八五—九〇年」＝一四三千億円だったのに比較して、バブル崩壊期に相当する

第17表　金利推移

暦年	マネーサプライ		金利	
	M_1	M_2／M_2 + CD	プライムレート（短期）	貸出約定平均金利（国内銀行）
	(1)	(2)	(3)	(4)
	十億円	十億円	%	%
1986	98,214	343,887	3.750	5.626
87	102,972	380,867	3.375	5.048
88	111,844	419,732	3.375	5.035
89	114,473	470,020	5.750	5.828
90	119,628	504,972	8.250	7.664
91	131,044	516,346	6.625	6.984
92	136,138	515,484	4.500	5.648
93	145,614	526,839	3.000	4.553
94	151,665	541,419	3.000	4.193
95	171,544	558,804	1.625	2.982
96	188,146	575,298	1.625	2.717
97	204,283	597,493	1.625	2.527
98	214,403	621,493	1.500	2.388
99	239,538	638,010	1.375	2.244
2000	247,859	649,863	1.500	2.221
01	281,800	671,263	1.375	1.998
02	347,977	683,594	1.375	1.919
03	363,493	694,709	1.375	1.860
04	377,979	704,553	1.375	1.792
05	399,200	721,787	1.375	1.684
06	398,635	728,327	1.625	1.827

（出典）前掲，三和・原『要覧』35頁。

「九〇―九五年」には六五千億円に戻っている――からに他ならない。こうして、「バブル期全体」を通して「日銀信用の有効需要創出作用」は持続的な増加を遂げつつも、その内部区分としては、「バブル形成期＝需要形成促進」→「バブル崩壊期＝需要形成抑制」という図式で、やや段階的運動を展開したことが一目瞭然ではないか。

そのうえで二つ目に、「資産内訳」内部の（ロ）「国債」にまで進むと、この「国債」が日銀資産構成の最大部分をなす。つまり、一七二→三一五→三七五（**第15表**）と動く以上、「バブル形成―崩壊」の局面全体を通じた、その顕著な拡張が直ちに目に飛び込んでくるから、その点で、この局面全般にわたる、「国債」ルートを経由した「日銀信用発動＝有効需要形成」がもちろん軽視はできないが、そこに「バブル崩壊」の影がないわけではない。なぜなら、「国債」の増大テンポにまで目を凝らすと、「バブル形成期」と較べて、「崩壊期」での伸び具合は極端に落ちているからであり、したがって、バブル収束とともに、「国債買上げルート」を媒介した、日銀による「有効需要創出機能」にも一定の限界が画された——のだといえよう。

それを前提にして、三つ目に(ハ)「貸出金」はどうか。いうまでもなく、この「貸出金」には、「日銀貸出→民間銀行貸出→企業投資」というオーソドックスな経路を通した、資本蓄積運動の波動が反射していると理解してよいが、それは、バブルの過程で四四→六三→二三(第15表)という典型的な軌跡を描いた。すなわち、「バブル形成局面」において顕著に膨張した後、その「崩壊局面」には一転して極端な縮小へと転じたわけであり、まさにその点で、この「日銀・貸出ルート」を通じた「有効需要創出作用」に関しては、「バブル形成局面」=資本蓄積膨張への「アクセル作用」に対する、「バブル崩壊局面」=資本蓄積抑制への「ブレーキ作用」、という対比的図式こそが余りにも明瞭ではないか。要するに、「有効需要創出」作用におけるその変動過程が目立つ。

続いて第二に、以上のような日銀信用の下で進行した(b)「金利動向」へと目を転じよう。そこで、最初に一つ目として(イ)「公定歩合」から入ると、すでに周知のように、「バブル形成—崩壊」を挟んで、公定歩合運動における極めて「見事な上下進行」が目に付く(第16表)。すなわち、まず一面では、八六—八七年間における「下落プロセス」が進行し、八七年二月にはとうとう二・五%という記録的な超低水準にまで到達して、いうまでもなく、「バブル形成」を「超低金利=資金供給膨張」という方向から政策的に支えた。しかし、ついで八七年から九〇年に向けて一転した上昇基調に移り、短期間における数次の連続的引上げを経て、ついに九〇年八月には、六・〇〇%という最高値にまで上り詰める。こうして、公定歩合は、バブル期の中で極端な乱高下を示して、「有効需要の発動と制限」とを現実

第18表　物価指数

（2000年＝100）

年	卸売物価指数				消費者物価指数	市街地価格指数（6大都市）3月末
	総平均	生産財	資本財	消費財	総合	
1985	114.0	112.9	121.5	93.7	86.1	92.9
86	108.6	107.6	119.9	92.1	86.7	106.2
87	105.2	104.5	114.9	91.2	86.7	133.7
88	104.7	104.1	114.4	93.8	87.3	171.0
89	106.7	106.4	116.7	97.1	89.3	212.8
90	108.3	108.0	118.2	98.7	92.1	276.4
91	109.4	109.2	118.1	103.1	95.1	285.3
92	108.4	108.2	117.3	106.8	96.7	241.0
93	106.7	106.5	115.4	106.4	98.0	197.7
94	104.9	104.6	114.5	112.3	98.6	174.9
95	104.1	103.8	105.6	115.1	98.5	151.4
96	102.4	102.1	106.1	110.4	98.6	134.5
97	103.0	102.7	105.3	110.3	100.4	124.4
98	101.5	101.3	101.4	108.3	101.0	117.9
99	100.0	99.9	102.7	103.4	100.7	109.2
2000	100.0	100.0	100.0	100.0	100.0	100.0
01	97.7	97.7	98.7	97.6	99.3	91.7
02	95.7	95.6	96.7	95.8	98.4	84.1

（出典）前掲，三和・原『要覧』36頁。

化させたとみてよい。

そのうえで、二つ目こそ（ロ）「市中金利」（％）に他ならないが、その代表例たる「短期プライムレート」はどう推移しただろうか。そこでその推移を追うと、例えば、八七年＝三・三→八八年＝三・三→八九年＝五・七→九〇年＝八・二→九一年＝六・六（**第17表**）という数値が刻まれるから、そこからは、「バブル後半期」には安定した水準を保ちつつ、その後「八九―九〇年」という「バブル崩壊局面」に入ると一転した顕著な上昇に移る――という軌跡が明瞭に読み取られてよい。したがって、その到達点としては、「バブル崩壊」が帰結させた、企業サイドにおける「資金調達の手元不自由性」こそが色濃く反映されていると判断できる以上、結果的には、公定歩合の特徴的動向が、この「市中金利」へもまさに如実に浸透しているとみるべきであろう。

このように理解してよければ、最後に三つ目と

第19表　財政規模

（単位：十億円）

年度	中央財政一般会計歳出（1）	中央財政特別会計歳出（2）	財政投融資運用実績（3）	政府関係機関支出（4）	国債発行額（5）	地方財政普通会計歳出純計（6）	地方債発行額（7）	中央地方一般会計歳出純計（8）	公債依存度 (9)=(5)／(1) %	一般会計歳出／国内総生産（10）
1985	53,005	111,775	20,858	13,952	12,308	56,235	4,499	88,905	23.2	16.5
86	53,640	129,789	22,155	13,568	11,255	58,641	5,263	92,174	21.0	16.0
87	57,731	145,205	27,081	5,008	9,418	63,154	5,966	99,013	16.3	16.5
88	61,471	147,492	29,614	5,062	7,152	66,333	5,626	104,263	11.6	16.4
89	65,859	152,802	32,271	5,042	6,639	72,655	5,615	111,916	10.1	16.5
90	69,269	168,584	34,572	5,165	7,312	78,386	6,258	120,107	10.6	16.1
91	70,547	177,879	36,806	5,790	6,730	83,730	7,259	126,274	9.5	15.4
92	70,497	188,798	40,802	6,379	9,536	89,500	10,200	132,718	13.5	15.0
93	75,102	202,241	45,771	6,778	16,174	92,989	13,370	140,394	21.5	15.8
94	73,614	214,245	47,858	7,192	16,490	93,756	14,295	141,472	22.4	15.1
95	75,939	232,466	48,190	7,536	21,247	98,850	16,978	147,398	28.0	15.4
96	78,848	245,210	49,125	7,385	21,748	98,956	15,615	149,358	27.6	15.6
97	78,470	247,036	51,357	7,256	18,458	97,674	14,079	145,931	23.5	15.2
98	84,392	272,579	49,959	7,215	34,000	100,198	15,136	154,422	40.3	16.7
99	89,037	279,369	52,899	6,920	37,514	101,629	13,073	160,891	42.1	17.9
2000	89,321	305,776	43,676	6,988	33,004	97,616	11,116	157,118	36.9	17.8
01	84,811	363,337	32,547	6,628	30,000	97,432	11,816	150,390	35.4	17.0
02	83,674	373,898	26,792	5,997	34,968	94,839	13,319	148,802	41.8	17.0
03	82,416	357,691	23,412	5,206	35,345	92,581	13,789	144,395	42.9	16.8
04	84,897	376,033	20,489	4,563	35,490	91,248	12,375	147,110	41.8	17.0
05	85,520	401,184	17,152	4,103	31,269			137,587	36.6	17.1
06	85,368	460,458	15,005	4,284	29,973			136,743	35.1	16.3

（出典）前掲，三和・原『要覧』34 頁。

して、「金利動向」の（ハ）「意義」は、最終的に以下のように把握されてよいのではないか。すなわち、「利子率体系」は、「バブル形成—崩壊局面」の中で、「公定歩合—市中金利」とが歩調を合わせながら、「低下・安定→上昇・騰貴」という変動をみたのであり、そして、まさにそのような「金利運動」を通じてこそ、日銀信用を出発点とした「有効需要発動レベル」が全体として調整されていったのだ——と。

そのうえで第三に、この「金利動向」と連動して変化する（c）「通貨量」をもその視野に収めておきたい。その場合、全体の土台をなす「発行銀行券」についてはすでにチェックし終えたから、ここでは早速一つ目に（イ）「マネーサプライ・M_1」（兆円）からスター

第20表　財政の規模と対前年度比伸び率

（単位：億円，％）

	一般会計当初予算		財政投融資		地方財政計画	
	予算額	伸び率	計画額	伸び率	計画額	伸び率
1980年度	425,888	10.3（　5.1）	181,799	8.0	416,426	7.3
81	467,881	9.9（　4.3）	194,897	7.2	445,509	7.0
82	496,808	6.2（　1.8）	202,888	4.1	470,542	5.6
83	503,796	1.4（△0.0）	202,029	2.0	474,860	0.9
84	506,272	0.5（△0.1）	211,066	1.9	482,892	1.7
85	524,996	3.7（△0.0）	208,580	△1.2	505,271	4.6
86	540,886	3.0（△0.0）	221,551	6.2	528,458	4.6
87	541,010	0.0（△0.0）	270,813	22.2	543,796	2.9
88	566,997	4.8（　1.2）	296,140	9.4	578,198	6.3
89	604,142	6.6（　3.3）	322,705	9.0	627,727	8.6
90	662,736	9.7（　3.9）	345,724	7.1	671,402	7.0
91	703,474	6.2（　4.7）	368,056	6.5	708,848	5.6
92	722,180	2.7（　4.5）	408,022	10.9	743,651	4.9
93	723,548	0.2（　3.1）	457,706	12.2	764,152	2.8
94	730,817	1.0（　2.3）	478,582	4.6	約809,200	約5.9

注）当初予算の伸び率の（　）内は一般歳出の伸び率。
（出典）大蔵省『財政統計』各年度版および『国の予算』各年度版より作成。94年度の数値は『日本経済新聞』1994年2月11，16日付より。

トすれば、それは、例えば、八六年＝九八↓八八年＝一一一↓九〇年＝一一九↓九二年＝一三五（**第17表**）と推移するから、総体的には、「バブル形成—崩壊」局面を通した、その一貫した増加基調はもちろん否定し難い。したがって、バブル期を貫徹した、「通貨量＝有効需要量」持続的増加に関する、その役割への軽視は許されないが、しかし、その増加率にまで目を向けると、「バブル崩壊局面」におけるその増加テンポ減退も、やはり見落とせまい。その点で、「有効需要発動停滞」と連動した、「発券量・M_1」に関する、バブル崩壊期におけるその「不活発性＝消極性」こそが目立ってくるように思われる。

しかし、ついで、次に二つ目として（ロ）「M_2＋CD」に移るとやや違った素顔こそが映し出される。事実、それは三四三↓四一九↓五〇四↓五一五（**第17表**）という軌跡を描く以上、ここからは、「発券量・M_1」の経過と較べて、その明らかに高い水準での拡張が検出されざるを得ない。そして、それはいわば当然であって、この「M_2＋CD」にはその定義上、「預金関係」を媒介にして

第21表　一般会計歳出（決算）の目的別構成比

（単位：%，実数は十億円）

年度	国家機関費	地方財政費	防衛関係費	対外処理費	国土保全及開発費	産業経済費	教育文化費	社会保障関係費	恩給費	国債費	その他	合計（実数）
80	5.0	18.1	5.2	0.0	13.8	9.2	10.7	21.3	3.8	12.7	0.2	43,405
85	4.8	18.4	6.0	–	11.0	6.7	9.3	21.0	3.5	19.2	0.1	53,005
90	6.8	23.0	6.2	–	8.5	5.9	7.8	18.4	2.6	20.7	0.1	69,269
95	5.5	16.2	6.2	–	14.4	6.7	8.7	22.3	2.2	16.9	0.9	75,939
2000	5.4	17.7	5.5	–	11.5	4.6	7.5	22.0	1.6	24.0	0.1	89,321
05	6.2	20.4	5.7	–	11.1	2.6	6.7	24.1	1.3	21.9	–	85,520

（出典）総理府『日本統計年鑑』，大蔵省・財務省『財政統計』より作成。

民間銀行の信用操作が広く加味されるため、したがってその拡大テンポがはるかに大きいのはむしろ明瞭だから——に他なるまい。おそらくそこには、各種「新型・自由金利預金」の活況が反射していると予測可能だが、しかしいずれにしても、バブル崩壊期にあってすら、「発券量・M_1」レベルからはるかに増幅された信用量が発動・展開可能になった点については、「有効需要増幅」との関連で、特に重要な注意が必要ではないか。

最後に三つ目に、この「通貨量」効果との関連で、(ハ)「物価動向」(二〇〇〇年＝一〇〇)も一瞥しておきたい。そこで、バブル期・物価水準のフォローを試みると、以下のような数字が刻まれる。すなわち、八五年＝卸売物価(総平均)一一四・〇—消費者物価(総合)八六・一→八七年＝一〇五・二—八六・七→八九年＝一〇六・七—八九・三→九一年＝一〇九・四—九五・一→九三年＝一〇六・七—九八・〇という動向であって、両指数に関する一定の「乖離」こそが強く目を引こう(**第18表**)。すなわち、卸売物価における「停滞・下落傾向」と、それとはむしろ対比的な、消費者物価の「安定・上昇性」——に他ならず、前者が、結果的には、「バブル形成→過剰資本累積→過剰生産進行→バブル崩壊→生産財価格下落」というロジックを鮮明に反映しているのに対して、後者では、「バブルと物価との希薄な内在性」が目立ち、むしろ、その独自な変動のみが顕著だ——とこそ集約できよう。まさに、「バブル形成—崩壊」運動は「金融政策→通貨量→

第22表　国一般会計主要経費の対前年度増加率

（単位：%）

年　度	1985	86	87	88	89	90	91
社会保障関係費	2.7	2.7	2.6	2.9	4.9	6.6	5.1
文教及び科学振興費	0.2	0.1	0.1	0.2	1.6	3.6	5.5
国債費	11.7	10.7	0.1	1.6	1.3	22.5	10.8
恩給関係費	−1.2	−0.7	2.5	−0.8	−1.3	−1.0	−1.6
地方財政関係費	6.8	5.1	−0.0	7.1	22.6	14.3	4.6
防衛関係費	6.9	6.58	5.2	5.2	5.9	6.1	5.5
公共事業関係費	−2.3	−2.3	−2.3	0.0	1.9	0.3	6.0
経済協力費	7.8	6.3	4.2	5.1	6.7	6.9	7.8
中小企業対策費	−5.7	−5.1	−3.8	−1.1	−0.5	0.1	0.3
エネルギー対策費	4.2	0.1	−21.4	−6.8	14.3	3.8	8.1
食糧管理費	−14.5	−14.3	−9.3	−17.1	−6.7	−5.5	−5.6
社会資本整備事業				−	0.0	0.0	0.0
その他の事項経費	−1.0	−5.6	−4.1	0.6	3.0	2.7	4.6
給与改善予備費							−
予備費	0.0	3.0	0.6	0.0	0.0	0.0	0.0
合計	3.7	3.0	0.0	4.8	6.6	9.7	6.2

（出典）大蔵省『財政統計』各年度版および『日本経済新聞』1990年12月30日付より作成。

物価動向」という連関においては、何よりも「卸売物価」によってこそ明瞭に受け止められた。

以上、金融政策が、バブル期において「有効需要創出」という点で「資本蓄積促進策」として機能したことにまず疑問の余地はあり得まい。しかし、その「バブル局面的特質」はまさにその先こそあるというべきであり、このバブル形成―崩壊の過程で、金融政策は、その「資本蓄積促進策」としての安定的作用役割をもはや不可能にするに至った。いうまでもなく、「バブル形成―崩壊」という「乱高下」を余儀なくさせたからに他ならず、まさにその意味で、そこには、「投資調整作用の力能低下」こそが色濃く発現している――というべきではないか。

[2] 財政政策　ついで、「資本蓄積促進策」の二番目の側面をなす②「財政政策」[9]へと転換していこう。そうすると、まず第一に最も前提的には（a）「財政資金」動向がその焦点をなすが、最初に、その点を一つ目に（イ）「中央財政歳出総額」（千億円）を使って追うと、例えば、八六年＝五三六→八八

第23表　租税及印紙収入（一般会計）の推移

（単位：億円,%）

	当初予算額	増減額	伸び率	補正額	決算剰余額
1980年度	264,110	49,240	22.9	7,340	△2,763
81	322,840	58,730	22.2	△4,524	△28,795
82	366,240	43,400	13.4	△61,460	331
83	323,150	△43,090	△11.8	△4,130	4,563
84	345,960	22,810	7.1	2,390	734
85	385,500	39,540	11.4	△4,050	538
86	405,600	20,100	5.2	△11,200	24,368
87	411,940	6,340	1.6	18,930	37,109
88	450,900	38,960	9.5	30,160	27,205
89	510,100	59,200	13.1	32,170	6,948
90	580,040	69,940	13.7	11,270	9,749
91	617,720	37,680	6.5	△27,820	8,304
92	625,040	7,320	1.2	△48,730	
93	613,030	△12,010	△1.9	△56,230	
94	536,650	△76,380	△12.5		

注）増減額と伸び率は対前年度当初予算比。
（出典）大蔵省『財政金融統計月報』第492号より作成。93, 94年度の数値は『日本経済新聞』各号より。

年＝六一四↓九〇年＝六九二↓九二年＝七〇四（**第19表**）という経過が辿られる。したがってその意味で、「バブル形成↓崩壊」の全過程を通して、決して小さくない拡張基調に乗ってはいるが、もちろん、「バブル崩壊」を契機にしたスピード低下も否めない。したがって、経費総額は、全体的な「バブル局面」の過程で、経済状況悪化を直接に反映して、その「有効需要発動機能」をむしろ低下させつつある——と判断してよい。その場合、このような動向は十分に想定内だが、では、もう一歩突っ込んで二つ目として、（ロ）その「増加率」にまで立ち入るとどうか。そこで、「一般会計当初予算」の「伸び率」（％）に着目すると、「バブル形成局面」で、八八年＝四・八↓八九年＝六・六↓九〇年＝九・七と顕著な拡張を示すが、「バブル崩壊」とともに直ちに暗転へと向かい、その後は、九一年＝六・二↓九二年＝二・七↓九三年＝〇・二（**第20表**）という極端な減少過程に落ち込む。まさにその点で、「バブル崩壊」を契機とした、「経費増加率」の急激な低下については一切の疑問はあり得まい。したがって、経費絶対額におけるその停滞動向はここでも明瞭に追認できる。

そのうえで最後に、このような一般基調を（ハ）「一般会計／GNP」（％）側面からも確認しておきたい。そこで、この比率の検出を試みれば、例えば、八八年＝一六・四↓九〇年＝一六・一↓九二年＝一五・〇↓九四年＝一五・一（**第19表**）という図式が浮上してくる。したがって、必ずしも明確な傾向とはいえないものの、それでもやはり、バブル期を頂点とした、その後の「バブル崩壊」過程における、そのなだらかな下降運動はどうしても打ち消し難い。まさにその点で、「バブル崩壊局面」での、「経費支出」を通した「有効需要発動機能」の、その低下現象はもはや自明であろう。

そのうえで、ついで第二は、（b）「公共事業費動向」が興味深いが、最初は一つ目に（イ）その「構成比」はどうか。そこで、取り敢えず「国土保全開発費」に代表させてその一般会計比（％）を辿ると、八五年＝一一・〇↓九〇年＝八・五↓九五年＝一四・四（**第21表**）という数字が検出可能だから、「バブル形成↓崩壊期」にかけての、極めて理解し易い行動が浮上してこよう。というのも、まず「バブル好景気」における「公共事業・必要性低下」と、ついで、その後「バブル崩壊期」での「景気対策型公共事業・不可避性再燃」との、その著しい対照性が印象的だから——であって、そここにこそ、「公共事業の有効需要発動関連性」が明瞭に示唆されているというべきであろう。それを前提として、二つ目に（ロ）その「増加率」（％）にまで進むと、今度は、例えば以下のような姿をみせる。すなわち、バブル進展とともに、まず八七年＝△二・三↓八八年＝〇・〇と一旦は後退を続けるが、その後「バブル崩壊」を契機にして増加に転じ、その後は、八九年＝一・九↓九〇年＝〇・三↓九一年＝六・〇（**第22表**）という顕著な増加ラインを上っていく。その結果、九一年には実に六・〇％増をも記録しているのであるが、このレベルは近年では観察できない高水準であって、まさにこの点にこそ、景気低落に対する、「過剰資本処理＝有効需要創出」を目指した、「経費面からの体系的」役割がいわば明確に表現されていよう。

そうであれば、最後に三つ目として、「バブル期・公共事業費」の機能は結局次のように（ハ）「集約」可能ではないか。つまり、「バブル期」において、まず総合的に判断して、「公共事業費」は——景気動向に対する「反循環的スタンス」に立脚して——極めて明確な「有効需要発動機能」を果たしたと結論できる。その場合、その「反循環性」はいうまでもなく「二面」から構成されており、まず一面で「バブル活況局面」では、「公共事業費」をむしろ「抑制」することを通して、景気の「行き過ぎチェック」が試みられた。それに対して、次に他面で「バブル崩壊局面」においては、「公共事業費」の一転した拡張が進行することを通して、逆に「景気刺激＝有効需要積極的創出」こそが現実化する。こうして要するに、「バブル形成局面―崩壊局面」に連動しつつ、まさに「反循環的方向」から、「有効需要の抑制と拡張」とが発現したことになろう。何よりも、——たとえその「量的レベル」では停滞傾向が否定できないとはいえ——基本的には「経費支出」のその「有効需要創出機能」ではないか。

そして、以上のような財政機能の現実的土台を形成したものこそ、第三に（c）「赤字国債」の動向以外ではなかった。そこで、まず一つ目に、赤字国債発行の基礎前提をなす（イ）「決算剰余額」（百億円）動向が問題となるが、それは、「バブル形成→崩壊」過程の中で以下のような軌跡を描いた。すなわち、八七年＝三七一→八八年＝二七二→八九年＝六九→九〇年＝九七→九一年＝八三（第23表）と経過するから、この「剰余金」は、バブル期をピークとしつつ、その後は、「バブル崩壊」に直面して一挙に下り坂を転げ落ちる。したがって、「バブル崩壊」の中で「税収減少」に見舞われて「剰余金減少」が進み、そこから、「赤字国債」増加への基本原因が派生したと考えてよい。したがってそうであれば、この「財政余裕の低下」が、二つ目に（ロ）「国債発行額」（千億円）拡張へ連結せざるを得ないことは当然であって、それは以下のように推移した。つまり、八七年＝九四→八九年＝六六→九一年＝六七

↓九二年＝九五↓九三年＝一六一↓九五年＝二一二という軌道を進行したから、その動向推移の基本性格には何の疑念もあり得なく、「バブル局面」での「絶対的減少」と、その後の「バブル崩壊局面」におけるその「顕著な増加」こそが――容易に検出可能だと思われる。したがって、「バブル崩壊」期における、まさにこの「赤字国債膨張」こそが、「バブル崩壊」に伴って必要となる「有効需要創出」のその基盤を形成した点は疑い得なく、その点に、――一定の能力低下がすでに織り込まれた――「赤字国債↓財政スペンディング」という基本連関が明らかにみて取れよう。

以上のような状況を、最終的に三つ目として、(ハ)「公債依存度」(国債発行額／中央財政一般会計歳出、％)のサイドからも集約しておきたい。そう考えると、極めて明瞭な推移過程が浮上するのであって、具体的には、八五年＝二三・二↓八七年＝一六・三↓八九年＝一〇・一↓九一年＝九・五↓九三年＝二一・五↓九五年＝二八・〇(第19表)という数値が刻まれる。一見して、「バブル形成↓崩壊」プロセスと連動した、極めて分かり易い運動が進行すると判断してよく、「バブル形成期」における「依存度の縮小過程」と、「バブル崩壊期」での「依存度の上昇過程」とが――一点の曇りもなく一目瞭然ではないか。要するに、バブル期・国債発行動向におけるその帰着点以外ではないが、まさしくその意味で、ここにも、「バブル期・財政政策」を巡る、「投資調整作用の力能力低下」が垣間みられるように思われる。

［3］産業政策　最後に、「資本蓄積促進策」の三番目は③「産業政策」[10]に他ならないが、この「産業政策」の展開を、最初に第一に(a)「対外経済政策」の面からみていこう。すなわち、特に八〇年代以降に激化する「貿易摩擦問題」に対する対処策だといってよいが、まず一つ目に(イ)その「背景」を押さえておきたい。そこで、早速(A)その「契機」

から入ると、「減量経営—臨調・行革路線」に立脚して国内体制の再編を進めた日本経済が、対外関係において、取り分け八〇年代に直面したのは周知の「貿易摩擦」型の対日批判であった。まさにこの「対日批判の大合唱」への対応としてこそ、「対外経済指向」的産業政策が不可欠になるのであって、ここを起点にして、対外経済政策の周辺整備が始動するといってよい。そこでその前提として、(B)「貿易摩擦の進展」を一瞥しておくと、それは時系列的にいって次のような経過を経験した。つまり、まず六〇年代末における「繊維」を出発点にしつつ、その後は七〇年代にかけて「鉄鋼・自動車・デジタル関連」と続いたが、ついで八〇年代に入ると、対日批判の激しさはもう一段の新段階へと突入をみせる。しかし、それには客観的根拠が濃厚だといってよく、いうまでもなくその背後には、この八〇年代からの、日本の貿易黒字額激増こそがあった。しかもその黒字の大部分が対米・対欧からのものであったから、政府としても、この対日批判を無視することは不可能だったといってよい。事実、特に八四・八五年両年の黒字額は著しく、それぞれ四四〇億ドルおよび五六〇億ドルにも達した程であるが、この合計一〇〇〇億ドルというレベルは、日本が戦後ここまでの三五年間に獲得した、その黒字合計分にも相当していた。まさしく、対日批判を巻き起こすその所以であろう。

したがって、このバブル期直前までの(C)その「到達点」は結局こう整理できよう。すなわち、以上のような結果、八五年の日本の対外純資産は実に一二九八億ドルにまで到達し、まさしく世界最大の債権国にまで躍り出た。そしてその裏面で、米国は、経常収支赤字を累積した帰結として一挙に一〇〇〇億ドルもの純債務国へと転落したから、そのミラー現象の出現は一目瞭然であった。しかもこの傾向は、八〇年代—バブル期を迎えても一層拡大を持続させた(八八年、日本の対外純資産額=三〇〇〇億ドル、米国の対外純債務額=五〇〇〇億ドル)以上、この対外不均衡拡大が、政府の焦眉の解決課題をなしていったのはいうまでもなかった。

そのうえで、次に二つ目として（ロ）その「現状」にまで進むと、何よりも目に付くのは「八〇年代型」の新動向ではないか。つまり、「八〇年代型」の問題性は、七〇年代までのものとその基本性格を異にしていることに他ならないが、その主要な（A）「ポイント」は以下の二点に集約し得る。そこで、まず第一は「貿易黒字の対米・対欧への集中」であって、これら先進地域への「集中豪雨的輸出拡大」こそが、米国・ヨーロッパからの対日批判をことさら激化させた——という事情があろう。いうまでもなく、「重化学工業製品中軸」の日本輸出激増がその背後にあるのは余りにも自明だといってよい。そしてそのうえで、第二が「対中東赤字の顕著な縮小」だと考えてよく、石油危機脱出を契機として、八〇年代以降は、これら産油国からの輸入が大幅な低下に至る。その場合、その原因が、「原油価格の低下・円高による支払負担減少・石油需要の低迷」などにあるのはいわば明瞭だが、その結果、日本の対中東赤字はおおむね約六割にまで縮小したとされている。

しかし、問題はさらにその奥にこそ伏在していた。というのも、続いて（B）その「構造」にまでメスを入れると、対日批判の以上のような激しさの根因は、単にこの貿易黒字の大きさだけにあるのではないという点が浮かび上がってくる——からである。そうではなく、むしろこの黒字激増の背後にある、「日本経済における産業構造上の問題点」こそが批判の俎上に乗せられつつあったのであり、まさにここから、「日

第24表　為替相場の推移

年	対米ドル（円）
1971	348.03
72	303.11
73	271.22
74	291.51
75	296.79
76	296.55
77	268.51
78	210.44
79	219.14
80	226.74
81	220.54
82	249.08
83	237.51
84	237.52
85	238.54
86	168.52
87	144.64
88	128.15
89	137.96
90	144.79

（出典）対 IMF 報告の年平均相場。
日本銀行『外国経済統計年報』，
OECD Economic Outlook.

本経済の封鎖性」などが批判されつつ、例えば「日米経済構造協議」などという、いわゆる「構造問題」が出現してくるのは周知の事実ではないか。

したがって、(C)その「全体的意味」はこう集約できよう。要するに、以上のような「対日批判」の枢軸には、結局、「重化学工業製品」を巡る、先進国同士としての「日・米・欧」三極間における、いわば「水平的分業関係」抗争型構造が明白に厳存したのだ――と。

そうであれば最終的に三つ目に、(ハ)その「政策課題＝対応」がこう提起されてこざるを得まい。すなわち、ここまでで確認してきた「対外不均衡拡大」の基礎基盤には、日本の重化学工業――なかでも自動車などの加工組立産業――の国際競争力拡大があった点はもはやいうまでもなかった。そしてその場合、その要因としては、七〇年代以降の、「減量経営」の徹底化とそれによる「労働生産性上昇―コスト低下」とが決定的に重要であって、まさにこれこそが、「労働生産性の停滞―コスト割高性」を強めたアメリカを追い詰めていったわけであろう。しかし、このような経過が、今度は日本自身に逆反射し、その「返り血」が日本を袋小路へと追い込んでいかざるを得ない。ここからこそ、日本の「政策的苦闘」が始まっていくのであり、具体的には、「為替政策」と「内需転換政策」という、本格的な「産業政策」として火を噴いていく。その意味で、ここまででフォローしてきた「対外経済政策」は、ここから発現する「産業政策」の、いわばその助走路だったというべきではないか。

続いて、取り急ぎ第二に(b)「為替政策」へと視角を転じよう。そこで、最初は一つ目に(イ)その「背景」が重要だが、いうまでもなく、アメリカの「双子の赤字」こそがその焦点をなそう。すなわち、レーガン政権による「強いアメリカ＝ドル高」路線は、「輸出減少」と「財政赤字」とのダブル・パンチを招来させて、いわゆる「双子の赤字」を帰結させる以外になかったが、その結果、米国は、年間二〇〇〇億ドルの財政赤字と同一〇〇〇億ドルの国際収支赤字に呻吟することとなった。しかも、米国はこの局面で戦後初の「純債務国」への転落をも余儀なくされていたから、不況と高失業率の進行にも苛まれつつ、政府・議会とも、急速に「保護主義路線」への台頭を避け得なくなっていく。こうして、ドル高・高金利のレーガン政権は八五年に至ってその終焉を迎えるが、その象徴こそ、まさしく「プラザ合意」であった。

そこで、二つ目こそ周知の（ロ）「プラザ合意」（八五年九月）に他なるまい。まず最初に（A）その「内容」から入っていくと、その合意内容は、大まかにいって以下の三点にこそ集約可能だと思われる。すなわち、①「為替レートの機能」――為替レートこそが対外アンバランスに対して基本的な役割を発揮すべきこと、②「為替レート基準」――為替レートは各国の「基礎的経済条件」を適切に反映した水準で決定されるべきこと、③「レート調整方式」――レート調整は「非ドル主要通貨」（円・マルク）における「一層の秩序ある上昇」によってなされるべきこと、これである。これに加えてさらに、「レート水準・介入方法・介入総額・介入通貨・責任分担」なども、会議では、非公表のままで一定の合意が形成されたが、要するに、「円高化―ドル安化」がまさに「国際的合意」の下でこそ強制をみた。

そして、ついでその（B）「進行」だが、その為替レート上の「効果」は顕著であった（**第24表**）。すなわち、この合意を契機として、これまでの「ドル高・円安」は明瞭に転換をみせ、今度は逆に、急激なテンポで「円高・マルク高」こそが驀進していく。具体的には、プラザ合意直前の九月二〇日には一ドル＝二四二円だったものが、まず九月二七日には二二〇円へと上昇したのを皮切りに、その後は、一一月二七日＝二〇〇円→八六年二月一七日＝一八〇円→七月四日＝一六〇円という「うなぎ上り」の円高が続いた。一年にも満たない間に実に八〇円もの上昇をみたわけである。こうして、確かに「為替面での調整」は劇的ではあったが、その「内実」はどうか。

そこで、その（C）「結末」を確認すると、こうした急激なレート調整の進行にもかかわらず、その現実的効果は決して捗々しくはなかった。つまり、まず一面で米国サイドからすると、国際不均衡はむしろ拡大して、「双子の赤字」解消の兆しは一層遠退いていく。また他面、日本側からしても、予想を超えた円高が特に輸出業界中心に大きなダメージを与えつつ、その結果、円高不況の深刻度を明らかに加えたといってよい。こうして、日米両方から、この「プラザ合意」の現実的な不適合性が浮上してきた以上、それに対する「妥協的修正」が直ちに表面化せざるを得なく、それは、八七年二月の「ルーブル合意」として結実することとなった。すなわち、米国の為替安定努力と日本の内需拡大努力とが妥協をみていくわけであり、むしろ、これ以上のドル安阻止こそが世界的な経済安定の基盤になる――とされた。

このような経過を受けて、最後に三つ目に、(ハ)「為替政策の帰結」を整理しておく必要があろう。以上でフォローした通り、日本政府は、「貿易黒字累積―経済摩擦激化」の荒波の中で、「国内景気維持」と「国際協調」とのディレンマに挟撃されながら、それを打破すべき対処策として、対外関係的な「産業政策」を模索してきた。まさにそれこそ、「貿易摩擦対策―為替対策」という、「八〇年代型・産業政策」に相当する一連の政策体系以外ではなかったが、それについては結局、「為替政策の破綻＝円高転換の受諾」という「産業政策の破綻」に帰着する他に――その選択肢はなかったといってよい。まさにその点で、「円高強制という国際的要請」への妥協として発現した、この「為替政策の挫折的帰結」においてこそ、「八〇年代型・産業政策」のその実像が極めて端的に映し出されているように思われる。そしてそうであれば、この産業政策においても、バブル期・「資本蓄積促進策」に関する、その一定の「力能低下」＝「投資調整作用の弱体化」が進行した点はなお否定できないであろう。

そう考えれば、「八〇年代型・産業政策」における、その残された最後のヴァリエーションとしては、第三に、もはや(c)「内需拡大政策」以外にはあり得まい。いうまでもなく、周知の「前川レポート」だといってよいが、では最初に一つ目に（イ）その「背景」はどうか。さて、ここまでで概観してきた通り、「円切り上げ回避」を主眼とした「産業政策」は、「貿易摩擦問題―為替問題」を中軸として、日本側のいわばほぼ「敗北」に終始したが、これを受けて、一つには、これ以上の「対日批判―円高要求」を避けることを目指して、そしてもう一つには、「産業構造変質への対応―新たな景気対策の模索」を指向して、いまや、「内需拡大・立脚型」の「産業政策」が本格的に要請されていく。まさしくそれこそ、八六年四月の「国際協調のための経済構造調整研究会」報告（通称「前川レポート」）および翌八七年四月の「新前川レポート」に他ならず、この二つの「レポート」こそが、「バブル期・産業政策」のその中核を担った。

そのうえで、二つ目に（ロ）その「内容」にまで立ち入ると、それによって、まず基本的には、「内需主導に立脚した国際協調型経済構造への転換」を推進しつつ、それを通して、「日本企業の海外直接投資および途上国への経済援助」を促進する――方向が強調されているのはいうまでもない。そして、まさにそれを通じて、最終的には、日本の体制全体が直面している、その内的・外的な「危機的状況」からの脱却が試みられた――わけである。

そこで、それを前提として、この「前川レポート」の「骨子」をフォローすれば、それはおおよそ以下の五点にこそ集約可能なように思われる。すなわち、①「基礎素材産業の早期構造転換」②「石炭産業の縮減」③「直接投資の推進」④「農業の自由化・効率化」⑤「市場開放の促進」、などが直ちに指摘可能であり、つづめていえば、国内の「低生産性部門」を国外へ「押し出す」ことによって、国内における「産業構造調整」を加速させようというのが、その基本的姿勢だと判断してよかろう。まさにその方向性を媒介にしてこそ「内需拡大」を喚起し、そしてそこから、「対日批判」の緩和が意図されたのではないか。

しかし、このような「現実的狙い」を一応確認したうえで、この「前川レポート型産業政策」がもつ、もう一歩内的な、その「狙い」をも見落としてはなるまい。つまり、最後に三つ目は（ハ）その「本質」だといってよいが、それは以下の点にこそ求められるべきであろう。すなわち、この「前川レポート」の背後には、「農業・石炭・構造的不況業種」などの、単に「低生産性部門」の国外排出だけではなく、「直接投資促進」とセットになった、「基軸的産業部門・高収益部門」の「一部」の意識的な国外移転もが、明らかに伏在しているのだ——と。まさしくそれを通じて、先進国間における「水平分業関係の形成」こそが展望されているといってよく、さらにそこから、「減量経営—産業構造調整」の一体的進行もが課題に設定されているように思われる。まさにこのような針路にこそ、「バブル期・産業政策」が獲得すべき、何よりもその目標が置かれているのではないか。その点で、まさしく「九〇年代型・産業政策」の始動だと思われるが、しかしそれと同時に決して無視できないのは、「産業政策」のこのような動向は、換言すれば、「産業政策」が資本蓄積に対する能動的機能を従来のようにはもはや発揮できなくなったことを如実に示している——という点であって、そこにも、「投資調整作用の力能低下」が明瞭になっていると判断すべきなように思われる。

おわりに

以上のような考察を下敷きにして、最後に、「日本型・現代資本主義の『変容』」という視角から全体的総括を提起しておきたい。そこで、まず第一論点は（I）「前提的命題」だといってよいが、八〇年代・日本資本主義は、繰り返し述べたように、類まれなる劇的なプロセスを辿った[11]。すなわち、最初に（A）「基礎構造」面から概観すれば、「円高不況」を克服した後、八六—八七年段階から「バブル形成局面」に入り、まず八八—八九年にかけて「異常なバブル景気」を経験するが、その異常性が長続きするはずはなく、その後、公定歩合上昇と土地取引総量規制とを契機として、八九—九〇年をピークにしつつ一挙に「バブル崩壊」へと墜落した。まさに「バブル形成—崩壊」過程が、この八〇年代に折り重なるように急展開を遂げた。そこで次に、この基礎土台の上で進行した、「現代資本主義の二つの『体制組織化作用』」に焦点を合わせると、まず一つ目の（B）「階級宥和策レベル」では、①「労資関係」――協調的労資関係の完成と「非正規従業者の膨張」、②「労働運動」――経済闘争への「のめり込み」（春闘敗北）と「制度要求」の噴出、③「社会保障」――「高齢化対策・諸制度の一元化」と政府・社会保障費支出における実質的な「安上がり化」、という「変容」が進行をみる。そのうえで、二つ目こそ（C）「資本蓄積促進策レベル」に他ならないが、ここでは、①「金融政策」――日銀信用を通す「有効需要創出機能」の基本的な維持と、国債処理に制約されたその発動水準の停滞、②「財政政策」――赤字国債に立脚した「財政スペンディング＝有効需要創出機能」の継続化と、財政赤字に制限された「公共事業」作用の「伸び悩み」、③「産業政策」――「為替政策・貿易摩擦問題の処理不成功」と「内需拡大指向路線」への限定化、という「変容」型図式こそが描かれた。したがって、これら両レベルにおいて、まさしくその「変容」は明瞭であろう。

次にこれを前提にして、第二論点としては（Ⅱ）現実的な「展開命題」が位置づく。そこで最初に、一つ目に（A）「階級宥和策サイドの新動向」だが、この「バブル期」で進行したその新動向が、いわば「階級宥和策の『空洞化』」を意味しているのはいうまでもない。というのも、すでに（Ⅰ）で具体的にみたように、その基本が、「労資関係＝非正規労働者膨張」・「労働運動＝制度要求噴出」・「社会保障＝実質政府負担の削減」という骨格をなしていた以上、これらはいずれも、「国家による階級宥和策展開の『衰弱化』」を端的に表現するもの以外ではない――からである。まさしく、「階級包摂機能の衰弱化」という意味で、「階級宥和策」におけるその弱体化というしかあるまい。しかしそれだけではない。ついで二つ目に（B）「資本蓄積促進策サイドの新動向」に移っても、この「バブル期」の新動向は、「資本蓄積促進策の『力能低下』」こそをいわば明瞭に示唆していよう。つまり、先に確認した通り、「金融政策・財政政策」とも、不況・財政赤字に掣肘されて、「有効需要創出」に関するその「発現能力」を明らかに減退させていたかぎり、ここからは、

「国家による資本蓄積促進策展開の停滞化」を結論する以外にはなかろう。そうであれば、三つ目に(C)「総合的評価」としては、以下のような帰結に帰着していかざるを得ない。すなわち、ここまでで検出し終えた如く、「バブル期全体」の過程で、一面で「階級宥和策の『衰弱化』」が進むと「同時に」、他方では「資本蓄積促進策の『力能低下』」もが無視できないとすれば、それは結局、次のような事態をこそ表示することになるのではないか。すなわち、「バブル期・日本資本主義」は、かかる意味において、まさしく「日本型・現代資本主義の『変容』」形態であるのだ——と。しかも、その場合に重要なのは、それが、——七〇年代に出現した——「変質」次元をさらに超えた「変容」とこそネーミングされるべきだという点であって、その「変質」レベルは、ヨリ一層深くて大きいことに注意しておきたい。

こうして、最終的に、第三論点として(Ⅲ)「結論的命題」へと辿り着く。すなわち、まず一つ目に(A)その「意義」を総合的に提示すると、このような「日本型・現代資本主義の『変容』」は、「日本資本主義自らによる『墓穴掘り』」をこそ意味していよう。まさに、「現代日本資本主義」は、「自らの存立基盤」を「自らの手で」「掘り崩している」——のに等しい。では何故そういえるのか。そこで二つ目に、(B)その「理由」だが、それは、別の箇所で繰り返し指摘してきた通り、「現代資本主義の基本的定義」[12]が以下のように公式化できることに立脚している。つまり、「現代資本主義の枢要点」が、「資本主義の体制的危機における、『階級宥和策』および『資本蓄積促進策』を手段とした、資本主義延命を目指した『反革命体制』」という点に求められるかぎり、「日本・資本主義国家」が、「バブル景気」の下で、一方で「根拠のない安心感」に踊らされつつ、しかも他方で「財政金融的制約条件」を甘受して、いわば「自発的に」、その「二手段」の「衰弱化・力能低下」を許容しているとすれば、それは、自ら、まさしく「墓穴掘り」に狂奔している——といわざるを得まい。この点こそ、「バブル期・日本型現代資本主義＝『墓穴掘り』体制」以外ではないという、何よりもその所以である。

要するに最終的には、三つ目に（C）こう「結論」されるべきであろう。すなわち、この「バブル期・日本資本主義」は、その「再編期→変質期」[13]を経た上で、現実的には、「階級宥和策・資本蓄積促進策の『自発的放棄』」をこそその根拠にすることによって、「日本型・現代資本主義」の、まさにその「変容局面」そのものに該当している——のだと。そこに、「日本型・現代資本主義」の、バブル期に固有なその「歴史的位相」がみて取れるが、これこそが本章のいわば「最終論理環」に他なるまい。

（1）拙稿「低成長経済と日本型現代資本主義の変質」（『金沢大学経済論集』第三〇巻第一号、二〇〇九年）。

（2）バブル期・政治過程の概略については、例えば、現代日本経済研究会編『日本経済の現状』一九九〇年版（学文社、一九九〇年）、坂本和一『二一世紀システム』（東洋経済新報社、一九九一年）、石川紀夫編『日本の所得と富の分配』（東大出版会、一九九四年）、などを参照のこと。

（3）この局面の経済過程の基本構造に関しては、宇沢弘文編『日本企業のダイナミズム』（東大出版会、一九九一年）、橋本寿朗『日本経済論』（ミネルヴァ書房、一九九一年）、などをみよ。

（4）景気循環について詳しくは、西村・三輪編『日本の株価・地価』（東大出版会、一九九〇年）、野口悠紀雄『バブルの経済』（日本経済新聞社、一九九二年）、宮崎義一『複合不況』（中公新書、一九九二年）、保坂直達『バブル経済の構造分析』（日本評論社、一九九四年）、をみよ。

（5）労資関係の基本動向については、前掲『日本経済の現状』一九八七年版（学文社、一九八七年）、小池和男『仕事の経済学』（東洋経済新報社、一九九一年）、戸塚・兵藤編『労使関係の転換と選択』（日本評論社、一九九一年）、川人博『過労自殺』（岩波書店、一九九八年）、などが詳しい。

（6）バブル期・労働運動に関しては、熊沢誠『職場史の修羅を生きて』（筑摩書房、一九八六年）、前掲『日本経済の現状』一九八七年版、野原・藤田編『自動車産業と労働者』（法律文化社、一九八八年）、草野厚『国鉄改革』（中公新書、一九八九年）、立山学『JRの光と影』（岩波新書、一九八九年）、などが特に優れている。その鮮明な「闘いの実相」が印象的だといってよい。

(7)この段階における社会保障展開の詳述は、東大社研編『転換期の福祉国家』下(東大出版会、一九八八年)、前掲『日本経済の現状』一九九二年版(学文社、一九九二年)、川人博『過労死社会と日本』(花伝社、一九九二年)、西谷敏『ゆとり社会の条件』(労働旬報社、一九九二年)、を参照のこと。

(8)バブル期・金融政策に関して詳しくは、宮崎義一『ドルと円』(岩波新書、一九九八年)、植田和男『国際収支不均衡下の金融政策』(東洋経済新報社、一九九二年)、などが参照されてよい。

(9)財政政策展開の基本的方向については、財政政策研究会『これからの財政と国債発行』(大蔵財務協会、一九八六年)、館龍一郎『日本の経済』(東大出版会、一九九一年)、吉川洋『日本経済とマクロ経済学』(日本経済新聞社、一九九二年)、などが、その独自の展開をみせている。

(10)広く「産業政策」として捉えた場合には、以下の作品が興味深い。例えば、伊藤元重他編『産業政策の経済分析』(東大出版会、一九八八年)、船橋洋一『通貨烈烈』(朝日新聞社、一九八八年)、今井賢一他編『日本の企業』(東大出版会、一九八九年)、が白熱の議論をみせる。

(11)八〇年代・日本資本主義の総合的展開については、著者とはその基本的視角を異にするが、高内俊一他編『八〇年代日本の危機の構造』上・下(法律文化社、一九八八年)などがある。さらに、ヨリ批判的な立場からは、宇沢弘文『現代日本経済批判』(岩波書店、一九八七)が興味深い。

(12)現代資本主義の諸問題については、拙著『現代資本主義の史的構造』(御茶の水書房、二〇〇八年)において多面的な考察をすでに加えた。また、現代資本主義の基軸をなす「現代国家」の体系的展開に関しては、拙著『資本主義国家の理論』(御茶の水書房、二〇〇七年)をみよ。

(13)これらの二つの段階については、拙稿「戦後再建と日本型現代資本主義の再編」(『金沢大学経済論集』第二九巻第一号、二〇〇八年)および「高度経済成長と日本型現代資本主義の確立」(『経済論集』第二九巻第二号、二〇〇九年)においてすでに検討を終えているので参照されたい。さらに、拙著『現代日本経済の景気変動』(御茶の水書房、二〇一〇年)もみられたい。したがってこのような考察をふまえると、結局、「日本型現代資本主義」は、戦前期一九三〇年代に「成立」し、その後、戦後において「再建→確立→変質」という過程を辿りつつ、最終的に、この「バブル期」においてその「変容」にこそ至った——と図式化可能である。まさしくその意味で、「バブル期」はその「到達点」に他ならないというべきであろう。

終章　日本型現代資本主義の構造と展開

はじめに

前章までで、日本型現代資本主義[1]における、その歴史的位置および歴史的展開の具体的内容の考察を完了し終えた。すなわち、一九三〇年代高橋財政期を日本型現代資本主義のまず「成立期」として設定するとともに、次に戦時統制期をその「空洞化」局面とみなしつつ、そのうえで、戦後体制過程を、日本型現代資本主義における、戦後再建期＝その「再編期」→高度成長期＝「確立期」→低成長期＝「変質期」→バブル期＝「変容期」、という一連の運動展開プロセスとして解明してきた[2]——といってよい。まさにこのような作業を通してこそ、「日本型現代資本主義の展開」に関する、その総合的体系化への基礎土台が一応手に入ったことになろう。

そう考えてよければ、それをふまえて、この終章の課題が以下の点に置かれざるを得ないのはいわば自明である。すなわち、①まず第一は、これまで具体的に追跡・確定してきた、日本型現代資本主義のその現実的な運動過程を、それを前提として、さらに、首尾一貫した視角の下に「再構成化」することに他ならない。換言すれば、日本型現代資本主義の歴史的展開プロセスを、一定の体系的基準に立脚して、その「成立」→「空洞化」→「再編」→「確立」→「変質」→「変容」運動として総括する作業であって、まさにそれを通して、「日本型現代資本主義の全体像」がその姿を現そう。そしてそれをふまえてこそ、②次に第二として、日本型現代資本主義における、その「構造的特質」が理解可能になるといってよい。というのも、このような「成立→空洞化→再編→確立→変質→変容」という変遷プロセスにこそ、日本型現代資本主義に固有な、その歴史的・構造的特質がまさしく如実に発現してくる——からであって、そのアングルからの特質究明が、何よりも重要になってくる。

そのうえで、以上のような作業の延長線上にこそ、③最後に第三に、日本型現代資本主義の、その「本質」が始めて解明可能になるのはいわば自明ではないか。つまり、特に「バブル後＝日本型現代資本主義の『変容局面』」という理解を下敷きにすれば、そこから、日本型現代資本主義の歴史展開過程における、その「現局面的特殊性」が鮮明に把握できる以上、それは、「日本型現代資本主義の歴史的『運命』」に対する、その一定の実践的指針提起にも繋がっていく。まさしく、日本型現代資本主義の「本質分析」に相当すると理解すべきだが、この地点にこそ、「現状分析論＝日本型現代資本主義分析」としての、何よりもその基軸がある。

要するに、この終章の課題は、日本型現代資本主義分析における最終的総括解明にこそある——といってよく、それこそが、この章を、「日本型現代資本主義の構造と展開」と銘打つその所以である。

Ⅰ　日本型現代資本主義の前提条件

［1］理論的前提　まず出発点として、(一)「日本型現代資本主義の前提」を設定しておく必要があるが、最初に第一に、①「現代資本主義の理論概念＝理論的前提」[3]について若干の準備的考察を加えておかねばなるまい。そこで、まず一つ目として(a)その「成立背景＝課題」だが、それは、何よりも「世界恐慌＝体制的危機」が重要だといってよい。周知のように、二九年アメリカ大恐慌を出発点として世界中を席捲した世界恐慌は、世界資本主義に対して以下のよ

うな二つの帰結を惹起させた。すなわち、まず一面で政治的側面では、労働運動・農民運動展開を軸点にして階級闘争＝反体制運動の激化をもたらしたから、それが、「資本主義の政治的危機」を醸成したのは当然であった。そして次に他面では、それに「資本主義の経済的危機」もが重奏されていくのであり、この世界恐慌を契機として大型不況が深化した結果、経済的側面では、世界資本主義は利潤・投資・生産・雇用を巡るデフレ・スパイラルに呻吟していく。

まさに、このような、政治・経済両面からする「資本主義の体制的危機」への体制的対処必然性こそ、現代資本主義的転換の「成立背景」をなすが、そうであれば、このような成立必然性の特質からして、最後に、その「課題」が以下の二点に集約されてよいのは自明ではないか。つまり、まず一方で「政治的危機」への対応策としては、資本主義の政治的安定化を追求する「階級宥和策」がその根幹を形成するといってよく、具体的には、「労資同権化・社会保障・完全雇用」などという政治的諸方策の展開が発現をみる。ついで、「経済的危機」への対処も他方において重要であって、資本主義の経済的安定化を目指す「資本蓄積促進策」こそが不可欠となろう。やや具体的にいえば「公共事業・補助金・景気対策」などに他ならず、それを通して、企業投資活動刺激策が打ち出されていくのは自明ではないか。

要するに、「資本主義の体制的危機克服体制」にこそ、現代資本主義のその成立基軸があろう。

そのうえで、次に二つ目には、現代資本主義の（b）その「成立条件」が問題となる。換言すれば、いま確認した「課題」を遂行するためにはその機構的条件として「何が必要か」――という論点だが、それは、何よりも「管理通貨制の体制的成立」にこそ還元可能だというべきであろう。いうまでもなく、「管理通貨制」は、世界恐慌の激動の中で解体した「金本位制」に代わって三〇年代世界資本主義において成立をみるが、そのエッセンスが、「金兌換停止→発券量の裁量的調節→財政・金融政策の拡張的発動→有効需要の体制的コントロール」という、一連の操作可能性範囲の拡大にこそ設定されてよい――のは自明である。

そしてそうであれば、このような特質をもつ管理通貨制こそが、現代資本主義の決定的条件をなす点についてはもはや何の異論もあり得まい。なぜなら、以上のような、「有効需要の人為的創出作用」に対する絶大な遂行能力をもった「管理通貨制」を基盤にして始めて、「有効需要の政策的創出」に立脚した、「現代資本主義が目指す『二つの課題』」が遂行可能であり、したがって、管理通貨制なくしては現代資本主義は存立し得ない――という以外にないからである。まさしく、「管理通貨制＝現代資本主義の基軸」だというべきであろう。

こう考えてよければ、最後に三つ目として、(c)現代資本主義の「本質」は以下のように整理可能なように思われる。要するに、現代資本主義とは、世界恐慌を契機とする「資本主義の体制的危機」において出現した、管理通貨制に基づく「階級宥和策および資本蓄積促進策」を手段とするところの、資本主義体制維持を目的とする、まさしく「資本主義の現代的パターン」に他ならない――以上、結局、その「本質」は、最終的に次の点にこそ絞られていこう。すなわち、国家を体制的組織化の主体とした「反革命体制」という点にこそ、その「本質」が還元可能なわけであり、したがって、そこにこそ、現代資本主義に関する、そのエッセンスがある――のだと。

〔2〕歴史的前提　続いて第二に、「日本型現代資本主義」の②「歴史的前提」へ進もう。そこで、最初に一つ目に(a)「明治維新の歴史的意義」[4]が重要だが、この論点に関しては、何よりも「明治維新＝ブルジョア革命」という枢軸が揺らいではなるまい。言い換えれば、明治期以降の、近代資本制としての特質が明確化される必要があるが、その決定的判断点は差し当たり以下の三点に整理可能だと思われる。すなわち、(イ)「寄生地主制」理解――「高率現物小作料」や「土地取り上げ」は、小作地収得競争を巡る経済的メカニズムや小作料未納に関わる財産権的自由権に立脚するものである以上、それは決して「経済外強制」とは規定できないこと、(ロ)「変革主体」把握――欧米型モデル

においても明確な通り、ブルジョア革命の歴史的性格はその「変革主体」からは規定できない限り、「下級武士」がその主体であったにしても、明治維新のそのブルジョア性を否定する根拠にはなり得ないこと、（ハ）「権力構成」認識——明治天皇制権力がその「機構」上どんなに「専制的」外観を発現させたにしても、それが現実的に遂行した「機能」はあくまでもブルジョア的生産関係の促進であった以上、明治天皇制権力の「本質」はその「ブルジョア的性格」以外ではないこと——これである。要するに、「講座派型＝絶対王政再編説」の錯誤性は明白であろう。

したがって、「明治維新＝資本主義成立」という基本命題がまず確定されねばなるまい。

ついで「歴史的前提」の二つ目こそ、（b）「日本資本主義の確立」[5]に他ならない。いうまでもなく、日本における産業資本確立の指標確定がその軸点をなすが、その枢要点は以下のような三側面構成となろう。すなわち、（イ）「産業革命」の位置——イギリスの場合とも共通に、「農業—工業の分離＝労働力の商品化」を焦点とする資本主義の自立化を根拠にして、「日本型・産業革命」は、綿工業確立をメルクマールにしつつ日清戦争後・期にその定着をみること、（ロ）「経済過程の拡大進行」——それを土台にして一八九〇年代から日本資本主義の飛躍的発展が実現し、「紡績業発展＝綿糸輸出国化」・「資本制的企業の急勃興」・「金本位制確立＝銀行システム定着」が進展するとともに、その到達点として、「資本の絶対的過剰生産」の表現たる「景気循環プロセス発現＝一八九〇年恐慌の勃発」を経験したこと、（ハ）「ブルジョア国家体制の枠組み形成」——帝国憲法（八九年）・帝国議会（九〇年）設立を通して、資本制生産体制を運営していくブルジョア権力機構が創出された他、財政面からする、綿工業を軸とした産業資本確立を支える個別的政策体系の構築が進行したこと、これであろう。

こうして、日本資本主義は「だいたい……一八九七年（明治三〇年）前後に産業資本の確立をなしとげた」とみてよく、この局面においてこそ、「日本資本主義の確立」が総体的に結論されてよい。

そのうえで三つ目には、（c）「帝国主義段階への移行」[6]こそが表面化してくる。周知の通り、日本資本主義は日露戦争勝利を踏み台にして、早くも一九一〇年代に入ると帝国主義段階への推転を開始する。そこで、この帝国主義化の段階指標が直ちに問題となるが、それは、概ね以下の五点に即してこそ確認されてよい。つまり、（イ）「基礎構造の変質」――一九一〇年代には近代的産業部門で「資本の集中・集積＝独占化」が進行し、その結果、大企業体制・カルテル組織に立脚して、「財閥―綿工業」という「二類型型金融資本」の成立をみたこと、（ロ）「景気循環の形態変化」――独占化・金融資本化を土台として一〇年代以降に慢性的不況が明確となり、恐慌後の早期的かつ明確な景気立直りがみられないままむしろ不況が継続的に持続するという、いわゆる「景気循環パターンの変容」が発現したこと、（ハ）「農業恐慌＝農業問題の発生」――一方で、〇七年恐慌を契機に農業が長期的な不況に陥って「農業恐慌＝農業問題」が本格的に発生したとともに、他方で、農業恐慌深化と過剰人口累積とを根拠にして、農民層分解における「中農標準化」傾向が定着したこと、（ニ）「資本輸出の活発化」――後発帝国主義として海外列強に対抗していくために、国内における十分な過剰資本形成を待つ余裕がないまま、興銀・横浜正金などを通して資本輸出を展開しながら朝鮮・中国・満州への政治的・軍事的進出を活発化させたこと、（ホ）「財政の構造変化」――帝国主義型国家機能の積極化に起因した「経費膨張の傾向」を土台として、それに対処するための「累進制所得税の主流化」＝「租税負担の増大」が進行しつつも、なお不足する財源を補完するための「公債の本格的累積化」にも直面したこと、これである。

以上のような指標に立脚しつつ、日本資本主義は、一九一〇年代を画期にして帝国主義段階への移行を明確に実現していく。まさしくこの地点こそ、日本型現代資本主義における「歴史的前提」の、何よりもその到達点であろう。

［3］現代国家規定　そのうえで第三として、日本型現代資本主義分析に対しては、③「現代国家の規定性」[7]もがその

前提に置かれねばならない。そこで、最初に一つ目に（a）「現代国家の位置」から入ると、まず最も基本的に考えて、すでに設定した「現代資本主義の定義」の中に「現代国家の特性」が表出している。すなわち、「現代資本主義＝体制的危機における『反革命追求型』資本主義システム」とした場合、そうとすれば、この「反革命型組織化」の「主体」が直ちに問われるが、一九三〇年代・資本主義の政治経済的危機の局面で、金融資本がその組織化能力・資格をすでに喪失しているのはいうまでもない。逆からいえば、だからこそ、金融資本がその統合主体をなす帝国主義体制自体が存立のピンチに瀕しているのであるが、そうであれば、金融資本に代わって体制組織化の主体となり得るのがもはや「国家」以外にはない――のもいわば当然であろう。まず何よりも、この点の確認が重要だといってよい。

まさにこのような歴史的背景からこそ、「現代資本主義における国家規定」のその枢要性が理解可能だが、具体的には、このような現代国家の存立位置から発するその機能体系こそ、すでに指摘した、現代資本主義の「二課題」たる「階級宥和策および資本蓄積促進策」だという関連になろう。しかし、「現代国家の規定性」に関わる、その一層根底的な意義はさらにその奥にこそある。

そこで、続いて二つ目として（b）「現代国家の機能」にまで立ち入ろう。まず最初に（イ）その「基盤」だが、その基本軸は、何よりも、この「二課題」の土台を構成する「労資同権化」にこそ求められてよい。なぜなら、この「二課題」充足が可能になるためには、国家によって、労働者階級と資本家階級との間の、本来和解し得ない基本的対立関係を、「階級闘争激化―体制変革」へと帰結させずに圧力団体間の多元的利害関係へと誘導することが不可欠だから――に他ならない。まさしくそれこそ、現代国家が遂行する、その「労資同権化」機能だとみるべきであろう。

それだけではない。さらに注意すべきは、このような「労資同権化」の土台には、（ロ）「現代国家の体制統合化作用」が貫徹していることであって、そのポイントは以下の点にこそ集約できる。すなわち、現代国家は、すでにみた通り、資本主義における階級対立を各種の多元的利害対立関係へとまず溶解させたうえで、ついで、それの、議会レベルでの政策樹立・修正およびそれを巡る政権獲得レースへの組み込み化を図る。まさにそれは、図式的にいい直せば、労働者と資本家という、同一の基準には本来解消し得ない対立要因を、政治的主体・市民としては同一のものとみなしつつ、その利害対立を、議会という、同一基準平面における数量的把握に立脚して処理しようとするものに他ならない。その点で、現代国家機能の基軸たる「労資同権化」の基礎基盤には、ヨリ本質的にみて、「階級関係の議会政治レベルへの融解化」という、何よりも「体制統合の新展開」こそが厳存するというべきであろう。

そして、このような「現代型統合化」を可能にするためには、他面で、（ハ）労働者階級に対する、体制からの一定の「譲歩」もまた不可欠だといってよい。すなわち、このような「労資同権化＝体制統合」実現のためには、労働者階級に対する、基本的には資本家階級と同じ資格の権利付与が必要なのであって、まさにそのような「現代型基本権」の具体例としてこそ、例えば社会権・労働基本権・労資協議制などが指摘できるのはすでに明白ではないか。

このように考えてよければ、最後に三つ目に、（c）「現代国家の意義」が以下のように整理可能になるのは当然だと思われる。すなわち、現代国家は、国家権力という「高権」を根拠にして、労資の同権化を図りつつ、資本主義の対立矛盾を、階級対立の激化＝体制変革という形ではなく、議会レベルでの、同一の権利をもつ「市民」同士の利害対立と調整という形で処理し、それを通して、最終的には、資本主義の安定化＝延命化を目指しているのだ――と。

まさにかかる意味において、現代資本主義においては、国家こそが「体制組織化・統合化」のその「主体」に他ならず、したがって、何よりもそういう機能をもつものとして、「現代国家」は、「現代資本主義＝反革命体制」[8]における、その「主体」になり得ているのだと考えられよう。

Ⅱ　日本型現代資本主義の展開過程

［1］成立・再編段階　以上までで確認した、日本型現代資本主義に対する、「理論・歴史・国家規定」三面からする「前提的規定」をふまえつつ、早速(二)その「現実的展開過程」へと進もう。そこで、まず第一は①「成立・再編段階」だが、最初に一つ目に（a）「成立局面」（高橋財政期）[9]から出発しよう。いま差し当たり（イ）「運動過程」をその入り口として設定すると、この一九三〇年代高橋財政期においては、日本資本主義における以下のような構造転換が進んだ。つまり、いうまでもなくまず（A）「昭和恐慌」の打撃が大きく、輸出激減を引き金としつつ、一方では、「価格低下―企業収益悪化―倒産増加―株価暴落」という資本蓄積面における資本過剰化と、「賃金低下―失業増大―生活困難」という労働市場面での困難化とが結合して、何よりも「産業恐慌」に落ち込む。しかもそれに追い討ちを掛けて、他方では、「生糸輸出減―生糸価格暴落―米価暴落―農家経済悪化」という形で「農業恐慌」も加重されたから、その結果、この「産業恐慌」と「農業恐慌」との結合化は、――他面での「五・一五事件→軍部の反乱」などもが加わって――日本資本主義に対して極めて大きな体制的危機を惹起させることになった。まさにこのような危機脱却を目指してこそ、ついで、（B）「管理通貨制への移行」が追求されるといってよい。つまり、高橋是清は蔵相就任と同時に直ちに金輸出再禁止（三一年一二月）に踏み切って金兌換を停止するが、それとともに、日銀制度の改革（三二年五月）にも着手して「金本位制停止＝管理通貨制移行」の基本枠組みを整えていく。

そして、このような条件を土台にしてこそ（C）「高橋財政の展開」をみる。すなわちそれは、①公定歩合引下げによる画期的低金利体制の定着と日銀・民間銀行信用の膨張②赤字公債の日銀引受け制度と売オペとの結合を通した財政資金調達ルートの確立③赤字財政に立脚した軍事費中軸の財政スペンディング機能の進行――から構成される、まさしく総合的な「現代型国家機能体系」だといえた。その点で、投資・物価・雇用・信用・金利をコントロールしながら、有効需要の人為的創出を通して体制維持を図るという、新しい全体的機構は、まさにこの高橋財政期において成立する。

そのうえで、高橋財政期の(ロ)「政策体系」[10]へ移ろう。そこでまず(A)「資本蓄積促進策」だが、それは、高橋財政における財政・金融政策において明瞭に実施された。すなわち、「金輸出再禁止→管理通貨制→通貨量調節→公債の日銀引受→財政・金融スペンディング→有効需要の人為的創出→資本蓄積促進」という機能が展開された以上、まず「資本蓄積促進策」の発動については疑問の余地はあるまい。それに対して(B)「階級宥和策」の展開は、周知の通りやや程度が低い。というのも、この側面において実施されたのは、例えば失業対策＝雇用政策が、農村救済としての農村土木事業展開として目立つぐらいであったし、また特に社会保障関係については、「失業手当法」不成立(三〇年)などの下で、「救護法」(二九年)・「労働災害扶助法」(三一年)・「労働災害保険法」(三一年)の成立に止まった――からに他ならない。したがって、アメリカ・ニューディールなどに比較すると、日本における「階級宥和策」展開の、その不十分性は明らかに否めないが、しかし以下の点にはなお特に注意を要しよう。

すなわち、このように、アメリカ型と比べるとその弱体性が無視できないにしても、日本資本主義におけるその「相対的画期性」を基準にすれば、その新基軸性も決して軽視はできまい。例えば、高橋財政期において、失業救済対策や農村の負債整理・時局匡救対策が財政・金融スペンディングの一環として進められた点も新たな動向だし、さらに「米穀統制法」(三三年)成立の他、不成立に終わったとはいえ、三一年に「労組法・小作法案衆議院通過」が実現した動きもなお重要だと思われる。その意味で、「一定のおくれ」を内包させた、まさに「日本型・階級宥和策」だともいえよう。

したがって（C）「総合的政策体系」は結局こう整理できる。まず「資本蓄積促進策」面としては、金輸出再禁止に立脚した、高橋財政下の財政・金融スペンディングによる景気上昇策がそれに相当するが、それは、その「機構・効果」の基準からして、アメリカ型にも劣らない、極めて典型に近い代表例だともいえた。また「階級宥和策」はやや弱く典型からは距離があるが、しかし、日本における「革命運動程度の低位性」にも規定されつつ、それが、日本型性格をもちながらそれでも一定の進行を遂げた点は確認されてよい。何よりも、取り分けこれらの「片肺性」こそが目立つ。

そこで、最後に（ハ）高橋財政期の「性格規定」はどうか。その場合、その判定基準は、いうまでもなくすでに確定した「理論的前提」にこそあるが、それに照らし合わせると、最終的には、以下のような「性格規定」が導出可能だといってよい。すなわち、その「理論的前提」からすると、「現代資本主義」とは、資本主義の体制的危機の下で、国家が、「資本蓄積促進策・階級宥和策」を通じて体制の安定化＝「反革命体制」の構築を図る、まさに資本主義の現代的システムに他ならない――と定式化できたが、ここまでで具体的にみてきた如く、まさに「高橋財政期・日本資本主義」こそは、その「日本型タイプ」だと判断してよいのではないか。その点で、「高橋財政期＝日本型現代資本主義の『成立』」こそが論証できよう。

続いて、二つ目に（b）「戦時再編局面＝再編Ｉ」[11]へと進もう。そこで、最初に（イ）その「運動過程」[12]から入ると、何よりもまず（A）「戦争経済の深化」こそが全体の基盤をなす。すなわち、日本資本主義は、すでに確認した三一―三二年高橋財政期の後、三七年日華事変➡四一年太平洋戦争といういくつかの画期を経て準戦時経済➡戦時経済へと進行し、最終的には、戦時統制経済へと帰着する以外になかった。そしてその過程で、一方における、財政ルートを通した「軍事費支出膨張」による有効需要拡大と、他方における、金融ルートを通じた発券量拡張に立脚した有効需要拡大とが結合し、それが、「軍需生産」取引を媒介として企業投資活動＝利潤確保を補完可能にした。したがって、対企業向け国家サポート機能の拡張が進行したとみてよく、まさにそこにこそ、「戦時統制経済システム」の定着が確認可能ではないか。

ついで、労資関係面では（B）「産業報国会体制」[13]が決定的な意味をもった。いうまでもなく、この産報体制の特質は、「従業者―事業者」という「職分関係」によって結ばれた「企業＝有機体」把握に立脚しつつ、そこで形成される「事業一家・家族親和」精神を紐帯にして、「労資一体化」を極限にまで徹底化すること――にこそ還元され得る。まさに、国家体制レベルに即した「体制維持システム」の浸透化に他ならないが、それは、最終的には、（C）「新型・労資関係の構築」にこそ到達しよう。というのも、このような産報体制の体制的深化が、「労資協調主義」をもう一段超えた、「労資間階級対立の否定」という新次元へと帰着せざるを得ないのは自明だからであって、この産報体制の極限点に、労働者階級の全面的「体制内包摂化」を通した、何よりも、「反革命体制」のいわば「完成体」が位置づくのはいうまでもない。

そのうえで、次にこの「戦時局面」の（ロ）「政策体系」はどうか。そこで、最初に（A）「資本蓄積促進策」から入ると、「軍事費増大・発券量膨張」に立脚しつつ、「軍需生産」取引によって国家が資本の投資・収益を支えていく――という「戦時統制経済システム」は、まさに、「資本蓄積促進策」の全面展開以外ではあり得まい。換言すれば、高橋財政期に定着をみた「資本蓄積促進策」は、この戦時期には、戦争経済と結合することによって、その原型をさらに超越させつつまさに「全面展開」を遂げたとさえいえよう。それに対して、（B）「階級宥和策」については問題がやや複雑である。すなわち、「労資対立関係の体制内包摂完成」という側面では、高橋財政期＝「原型」からの連続性はもちろん否定はできないが、しかし戦時期においては、それを、――個別労働組合の存立否定に基づく――「事業一家的職分論」に立脚した「産報体制」を通じてしか実現し得なかった以上、そこには、「階級宥和策」展開における、まさしく「日本型」

あるいは「戦時型」から帰結する、その固有性の影響度が極めて強い。

　したがって、(C)「総合的政策体系」としてはこう集約可能であろう。すなわち、この戦時期においては、「資本蓄積促進策」および「階級宥和策」展開について、「現代資本主義の課題」追求という点でその任務遂行を基本的には果たしながらも、前者が極めて明瞭な徹底化をみた半面、後者に即しては、「課題遂行方式の特殊性」という面で無視できない特殊性を残したのだ——と。

　そうであれば、最後に(ハ)「性格規定」が以下のように導出できよう。すなわち、「戦時統制経済体制」=「産報・統制会体制」は、まず一面では、「三〇年代高橋財政体制」=「現代資本主義の基本構造成立期」図式の、その「基本的貫徹形態」であるとともに、他面では、その「基本課題」を強力な「国家統制方式」においてのみ現実化し得た、極めて「特殊な類型」だった——とこそ総括できたが、そうであれば、その「性格規定」は結局こう定式化されてよい。要するに、その「基本課題」を基本的には貫きつつも、それをあくまでも「特異な方式」で実現したという意味で、まさしく、「日本型現代資本主義の『空洞化』」形態なのだと。

　さらに三つ目として(c)「戦後再建局面=再編Ⅱ」へと視角を転じたい。最初に(イ)その「運動過程」が前提となるが、まず出発点を形成するのは、いうまでもなく(A)「戦後改革」[14]に他なるまい。周知のように、この「戦後改革」は、「非軍事化・民主化」をスローガンにしつつ本質的には日本資本主義の「現代資本主義への適合化」を促進した変革体系であったが、まさにそれを通して、三〇年代に「成立」した日本型現代資本主義は、——戦時期「統制経済」としての「逸脱」を解消させつつ——特に(「労働改革」による)「階級宥和策の確立」を決定的な跳躍台にして、その「本格的展開体系」へと誘導されていったといえる。まさにこの点にこそ、「戦前→戦後期」を接続する、「戦後改革」のその歴史的意義があろう。

そのうえで、この「戦後改革」を足場にして、（B）「日本資本主義の再建・復興」[15]が進む。つまり、朝鮮戦争を画期として一九五〇年代初めに「日本資本主義の再建完了」に到達するといってよく、まず経済面においては、「生産・投資・蓄積」の本格的回復がポイントをなすし、また政治面では、戦後初期における「階級闘争激化の収束」がその定着指標として重要だと思われる。まさに、政治・経済両面からする「体制安定化の実現」に他ならないが、それは最終的には、（C）「日本経済の自立化＝景気循環機構の回復」としてこそ現実化していく。すなわち、「朝鮮戦争特需の消滅」に起因した「五四年不況」の発現機構の中に、「正常な景気循環形態」への転換が内包化されていた点に他ならず、したがってそうであれば、この「五四年不況」こそ、その脱却の先に、高度成長期にまで連結する、日本資本主義の「新たな段階」を本格的に準備する、まさにその「過渡的な不況過程」だった――と考えられる。こうして、「戦後日本資本主義の再建過程」が進行していく。

そのうえで（ロ）「政策体系」はどうか。そこで、まず（A）「階級宥和策」からみると、いうまでもなく、「戦後労働改革」がもたらした「労資関係の現代化」が何よりも重要であろう。すなわち、それは一面では、ワイマール体制やニューディール体制における労資関係とも同質な、いわゆる「階級宥和策」としての「本質」をもっていたし、他面では、戦前期日本資本主義におけるその欠落部分を遅まきながら補充するものだともいえた。それに加えて、戦後日本資本主義が惹起させた「失業・低賃金・労働災害・生活困窮」に対して、「生活保護・社会保険・公的扶助・社会福祉」の制度枠組形成[16]（四六年「生活保護法」・四七年「児童福祉法」・四九年「身体障害者福祉法」）が進められ、それが、「生産管理闘争・大衆的街頭闘争・内閣打倒政治闘争」の沈静化に大きな作用を果たしていく。まさにその意味で、戦後再建局面において、「階級宥和策」がいわば始めて実現された点が決定的に重要であろう。換言すれば、「現代的階級関係の再構築」に他ならない。

続いて（B）「資本蓄積促進策」へ目を移すと、以下の二方向からの政策発現が重要であるが、まず一つは、いうまでもなく、「財政・金融ルートを通す資本蓄積促進機能」の全面展開に他ならない。すなわち、「管理通貨制に立脚した日銀機能」によって通貨量の調節＝増加が可能になったわけであり、それを前提にしてこそ、「管理通貨制→日銀の債券引受→通貨量拡張→有効需要創出」という、「再建期・財政金融政策」発動が現実化し得た。その点で、まさしく、「資本蓄積促進策」として作用する「現代的財政金融システムの有機的展開」[17]が確認できるが、それだけではない。それに加えて、この「再建期」には、その土台上で、——具体的にはドッジ・ラインによって——「超均衡財政への強制化」を通した、「インフレと国家資金による資本蓄積方式」から「正常な資本自身による資本蓄積方式」への政策的転換もが試行された。まさに「国際競争力確保＝世界経済への再編入」促進に他ならず、したがってそこからは、「現代的資本蓄積構造の再編成」、が可能にされたと理解してよい。

そうであれば、（C）「総合的政策体系」としてはこう集約されてよかろう。すなわち、この再建期において日本資本主義は、一方で、特に戦後改革によって——戦前期には不徹底であった——「階級宥和策」を前進させつつ、また他方で、取り分けドッジ・ラインを通した「自立的資本蓄積体制構築」の可能化に立脚して、本格的な「資本蓄積促進策」展開への途を整備した。要するに、これら二面からする、何よりも「現代資本主義再編」こそが進展していく。

こうフォローしてくると、最後に「再建期」の（ハ）「性格規定」は以下のように整理されてよい。すなわち、日本資本主義がこの戦後再建期に「現代資本主義」として復興をみたのは当然だが、その場合、すでに検討してきた通り、「高橋財政期＝成立期」→「統制経済期＝空洞期」を経験している以上、日本型現代資本主義の、この再建期における「再出発」は、むしろその「再編過程」としてこそ位置づけ可能であろう。要するに、三〇年代に「成立」し高度成長期に「確立」する、日本型現代資本主義の、まさにその「再編」にこそ他なるまい。

〔2〕**確立段階**　そのうえで第二に②「確立段階」へと先を急ごう。そこで、まず一つ目として、その第一ステージとしての（a）「第一次高度成長局面」[18]から入るが、最初に（イ）「運動過程」[19]はどうか。その場合、顕著なのはまず何よりも（A）「民間設備投資の主軸性」であって、具体的には、「機械・鉄鋼・化学・自動車・家電」などの「重化学工業」および「新産業」部門での「設備投資急増」が、この成長過程を主導的にリードした。その点で、この「民間設備投資」の拡大こそが、「技術革新」的な「近代化投資」を通した「産業構造高度化＝重化学工業化」を基盤として、年率一〇%を超える実質GNPの膨張を実現させたのはいうまでもない。そのうえで、この第一次成長期における（B）「投資内部連関サイクル」もが注目されてよく、そこでは、以下のような二つの好循環連関がみて取れる。すなわち、まず第一は「資本内部での相互連関」であって、例えば、「重化学工業拡大↓石油・電力などエネルギー産業拡大↓鉄鋼・造船という基礎部門拡大↓建設・機械・金属・電機を中心とする関連部門拡大↓重化学工業の一層の拡大」、という図式が描かれよう。まさに、「投資が投資を呼ぶ」という「相互波及連鎖」プロセスだが、しかしそれだけではない。ついで第二に、それが「所得―投資」連関の下に進行した点が重要であって、具体的には、「設備投資拡大↓生産拡大↓国民所得増加↓消費需要拡張↓消費財部門拡大↓設備投資拡大」という、もう一つの「相互波及連鎖」もが連動的に形成をみた。まさしく、「高度経済成長の運動メカニズム」における、その全面開花ではないか。

そして、第一次成長期のこのような特徴的運動過程は、最終的には、（C）「『金本位制型』景気変動パターン」の出現としてこそ集約されてよい。すなわち、「成長継続↓投資拡大↓原材料輸入増大↓国際収支悪化↓引締め政策発動↓景気下落↓投資縮小↓国際収支改善↓引締め解除↓景気回復」、という「見事な」景気変動パターンであって、あえて名付ければ、「民間設備投資主導」に立脚した、いわば「金本位制型・自動調節作用」だとも理解し得る。

そのうえで、この第一次成長期の（ロ）「政策体系」はどうか。そこで、最初は（A）「資本蓄積促進策」が重要だが、まず一方で、「人為的低金利政策―オーバーローン支持体制―新金融調節方式」というルートを経由して、「日銀↓民間銀行↓企業」を媒介とした、「通貨量＝有効需要創出↓成長促進」機能が進展したとともに、他方では、「高成長↓国民所得増加↓税の自然増収↓新規財源化・減税化↓財政支出増大・投資刺激↓高成長の持続・拡大」という、「財政―成長」における、その相互促進図式の貫徹もが進行した。それに加えて、さらに「大型設備投資・企業集積促進型産業政策」の展開も実施に移されたから、総合的にいって、第一次成長期に、かなり強力な「資本蓄積促進策」の発動をみた点――には一切の疑念はあり得まい。したがってその点で、「高度成長型蓄積運動の加速」が実現されたことは当然であろう。

それをふまえて、次に（B）「階級宥和策」へ目を向けると、この局面では、枢軸的には、「労働基本権の空洞化・企業別協調組合への立脚・企業内型協調的労資関係」を内容とする、いわゆる、「日本的労資関係の形成」[20]が進む。しかし、その場合の特徴は、日本にあっては、このような「労働者統合」の主体性を企業に「移譲」しつつ、国家は、企業内部での「資本による労働者統合」をむしろ「是認」しながらそれに依存してこそ、「国家による労働者統合」を「間接的」に実現する――という点にこそ求められてよい。そして、このような「間接型・労働者統合」を支えると同時に「所得保障↓消費向上↓成長維持」を図るためにもこそ、他方では、「国民皆保険・階年金」[21]制度の創出が不可欠だったのであり、したがって、不十分ではあれ、第一次成長期には社会保障体制の一応の定着が進んだ。まさに「階級宥和策」の発動以外ではなく、ここを基盤として、「現代的階級組織化作用の展開」が明瞭となっていく。

そう考えてよければ、（C）「総合的政策体系」アングルからは以下のように集約されるべきではないか。すなわち、まず一面では、景気刺激・維持指向型の財政・金融政策に立脚して、「自律的な景気循環型『自己調節機能』過程」（「資本蓄積促進策」発動）が進行したとともに、次に他面では、社会保障体制の一定の整備を条件とする、生活安定・老後安定のアピール化によって、社会運動と階級闘争との体制内化（「階級宥和策」発動）が定着をみた。要するに、第一次高成長期には、まさに、これら二面からする「体制組織化」の進展が確認可能であって、その意味で、一定の高い水準における、「現代資本主義の安定的体制統合」が現実化していく。

したがって、最後に、この延長線上にこそ、「第一次高成長期」の（ハ）「性格規定」が以下のように提示されるべきであろう。すなわち、この第一次高成長期・日本資本主義は、戦後再編期を前提にした、高度経済成長の基盤形成局面に当たっており、まさにそれを準備するものとして、「階級宥和策・資本蓄積促進策の『全面展開』」が進行した以上、総合的には、それは、――次の「第二次期」に補完される必然性を内包するというニュアンスをも含みつつ――「日本型現代資本主義」の、まさに、その「確立『前半フェーズ』」だとこそ位置づけられよう。

ついで、「確立段階」における第二ステージとして、二つ目に（b）「転型期」がクローズアップされてよい。そこでまず（イ）「運動過程」から入ると、最初に（A）「局面展開」[22]としては、「六二年不況→オリンピック景気→六五年不況」という三局面から構成され、最終的には、「企業収益の急落」・「負債―倒産激増」・「設備投資純減」を特徴とした、「戦後最大の不況」と呼ばれる「六五年不況」として発現をみた。そしてこの過程で（B）「景気変動パターンの変調」が濃厚になるといってよく、例えば、以下の点が特にそのポイントをなそう。すなわち、「民間設備投資の寄与度低下」・「投資拡大主導部門における投資額の停滞」・「企業売上高増大と乖離した『利益率回復の不調性』」に他ならず、全体として「好況感なき企業経営」が持続する。要するに、日本型現代資本主義の「基調変化」だとみるべきであろう。

したがって、「転型期」の（C）「意義」は最終的にこう集約されてよい。すなわち、この「転型期」は、「民間設備投資主導型」の「第一次成長」が自らの限界を暴露させて発現させた、まさしく、「景気変動における一つの『調整過程』」

以外ではなかった――のだと。

そのうえで「転型期」の(ロ)「政策体系」へと目を転じよう。そうすると、この局面における政策発動として何よりも目立つのは、いうまでもなく「不況対策の重要性」以外ではない。そしてそれは三段階構成をもつが、まずその一つは(A)「景気引締め作用」として現実化する。例えば具体的には、「神武―岩戸景気」による景気過熱抑制策として採用された、「六二年不況」期での、「経常収支赤字転落→金融引締め→公定歩合・預金準備率引上げ」や、「オリンピック景気」破綻時における、「国際収支悪化→金融引締め→市中貸出増加抑制」措置などが、これに該当しよう。その点で、政策体系のまず第一類型としては、「景気過熱の抑制」を目的とした、「引締め型・景気政策」の発動が明らかに確認されてよい。しかし、次にもう一つとしては(B)「景気刺激作用」がもちろん否定はできず、その代表例としては以下の二例が注目に値する。すなわち、「六二年不況脱出」を目指して展開された、「輸出増大→国際収支好転」を条件とする、「金融緩和→公定歩合の連続的引下げ」という政策進行と、「貿易収支黒字化→預金準備率引下げ→公定歩合引下げ」という経過を踏んだ、「オリンピック景気破綻」を支えた「景気調整策」とに他ならず、こうして、「景気下落の歯止め」を指向した「刺激型・景気政策」の実施もが、政策体系におけるその第二類型として明白であろう。

要するに、「転型期」の(C)「総合的政策体系」はこう総括されてよい。つまり、政府は、景気進行に対して、「過熱―下落」を「上限―下限」にしながら景気政策を発動させつつ、それを媒介にすることによって、高成長の安定的持続・継続化を目指したのであり、まさにそのようなジグザグ過程を通してこそ、「階級宥和策・資本蓄積促進策」の貫徹を試みたのだ――と。

そこで最後は(ハ)「性格規定」だが、それについては結局以下の点が重要だと思われる。すなわち、「六五年不況」を帰着点とするこの「転型期」は、「労働力不足」という制約に対応しつつ「高度成長の再現」を目的にした、いわば過渡期であり、したがって、その結果、「高成長・第一フェーズ」から「高成長・第二フェーズ」への、その「踊り場」たる役割を果たした。

そのうえで、引き続き三つ目に、「確立段階」の第三ステージをなす（c）「第二次成長期」[23]へと進もう。そこで、最初に（イ）「運動過程」から入ると、まず何よりも（A）「高成長の再現」＝「いざなぎ景気」の進展こそが注目されてよい。すなわち、「転型期―六五年不況」という短期の足踏みを挟んで、日本資本主義は再び生産・投資の著しい拡大路線に乗ったといってよく、その結果、GNPの伸びは連年一〇％を大きく超過するに至った。こうして、「転型期」を克服して「第二次高度成長」が出現をみるが、その典型的な景気過程こそ、いわゆる「いざなぎ景気」であったことはいうまでもない。しかし、この第二次高成長期が第一次期の単なる再現では済まなかった点も自明であって、そこに、（B）「成長主導力の変化」が孕まれていたことには注意を要する。すなわち、第一次期における「民間設備投資・主導性」に翳りが生じ、それに代わって、一方での、「赤字国債膨張→公共事業・財投拡張」に立脚した「財政役割拡大＝政府支出寄与度上昇」と、他方での、「輸出激増＝貿易黒字増大」に条件付けられた「輸出依存度上昇」とが明確となった。したがって、まさに「財政・輸出」に牽引されてこそ「いざなぎ景気」は出現をみたというべきであり、その点からいって、景気主導力は、「第一次期＝民間設備投資」から「第二次期＝財政・輸出」へと転換を遂げる。

そして、このような転換は、最終的には（C）「景気循環パターンの変容」としてこそ発現していく。というのも、この第二次期における貿易黒字増大は、従来の、「景気拡大→国際収支悪化」という不可避性を大いに緩和させた以上、第一次成長期には明確であった、「投資過熱→国際収支悪化→財政・金融引締め→景気下落」という「国際収支の天井論」は基本的にその妥当性を消失させていく――からに他ならない。まさしく「景気パターンの変容」というべきであるが、その土台に、「輸出拡大→貿易黒字激増」があるのは自明ではないか。

そのうえで、では（ロ）「政策体系」はどうか。そこで最初は（A）「資本蓄積促進策」だが、この方向からは、「赤字国債」に立脚した景気政策の発動が一つの特徴をなす。その場合、それは以下の二面からなるといってよく、まず一面で財政政策では、六五年不況からの脱出を目指して、六六年一月には戦後再建期以来初の赤字国債二五〇〇億円の発行が決定をみた。もっとも、この後の景気V字型回復によってその発行は直ちに縮小に至るが、それにしても、「いざなぎ景気」のスタートが何よりも赤字国債発行に支えられていた点は決して無視はできまい。まさにそれを土台としてこそ、次に他面で金融政策[24]としては、国債などの債券を対象とする、「公開市場操作」に立脚した「新金融調節方式」の採用が重要だといってよく、それをルートにして、「オーバー・ローン解消」を睨んだ、「成長通貨供給＝日銀信用」の継続・確保が進められた。まさしく、「第二次成長」を実現した、何よりも「資本蓄積促進策」であろう。

ついで（B）「階級宥和策」に目を向けると、このアングルからは、取り分け「労資関係の再編強化」こそが目立つ。すなわち、第二次成長期における、企業による労働者包摂深化の必然性拡大こそがそのポイントをなすが、その起点には、労働力不足進展の下で経済成長を持続させていくためには生産過程＝職場における不断の合理化推進が不可欠になる——という事情があった。したがって、このような第二次成長期の特殊性を基盤にしつつ、さらに、「春闘体制定着＝『パイの論理』支配化」および「能力主義管理」によって補完されながら、最終的には、企業論理による「職場世界」の包摂＝統合化が進んだから、まさにそれを土台としてこそ、第二次成長期における「階級宥和策」がその体制を確立したと考えてよい。要するに、階級闘争の、「パイの配分を巡る『経済取引関係』たる経済闘争」[25]への誘導・融解に他ならず、その意味でそこに、「階級宥和策の『成功モデル』」が発現していよう。したがって、ここにも、「現代的階級組織化作用の展開」がみて取れる。

そこで、「第二次成長期」の（C）「総合的政策体系」だが、以上のことからこう集約できる。すなわち、この第二次成長期には、「転型期」を経験することによって第一次成長期の「歪み」を認識しつつ、そのため、それが必然的に派生させた「体制的ネック」の除去・緩和こそが目指された——のだといってよい。換言すれば、第一次成長が帰結させた諸矛盾を軽減することによって成長持続をさらに図る点にこそ、その「政策体系」の主眼が置かれたわけであろう。

最後に、このようなロジックの集約として、「第二次成長期」の（ハ）「性格規定」は以下のように整理されていこう。すなわち、この第二次高成長期・日本資本主義は、すでに確認した「第一次成長期→転型期」と同様に、大きく把握すれば、戦後再編期を前提とした、「日本型現代資本主義」におけるその「確立段階」[26]にもちろん帰属しているが、しかし、その「確立ニュアンス」には一定の段差がなお否定できない。というのも、それは、「第一次期への『補完』」という意味合いを含有した「確立」以外ではないからであり、したがって、その点に力点を置けば、結局、「日本型現代資本主義」の、まさにその「確立『後半フェーズ』」とこそいうべきではないか。

［3］変質・変容段階　続いて第三に、③「変質・変容段階」へと目を転じていこう。そこで、まず一つ目に（a）「低成長局面」[27]がくるが、最初に（イ）「運動過程」[28]から始めたい。そうすると何よりも顕著なのは、いうまでもなく（A）「低成長経済への移行」以外ではあり得まい。つまり、第一次石油危機のダメージを受けて七四年には一時「マイナス成長」へ落ち込んだ他、その後は一定の高い成長率に回復はするものの、その増加テンポに即して計量すると、例えば、「GNP」・「鉱工業生産指数」・「設備投資」・「雇用」などの主要指標をとっても、七〇年代は、六〇年代と比較してその増加率は明らかに低くなる。したがって、七〇年代の中で、「高度経済成長」から「低成長経済」への転換が進行したといわざるを得ず、七〇年代の総体的な「低成長性」はいずれにしても打ち消し難い。そして、この「低成長」を惹起させた一つの主たる要因が（B）「資源制約」にあった点もいわば自明であって、それはいうまでもなく、二度の石油

危機として発現した。それは、まず一面で、企業の便乗値上げを刺激しつつ物価全体を強力に引上げてインフレを招来させたが、それだけではない。しかも他面で、「産油国への所得移転→企業・家計の所得削減→国内有効需要収縮」をもたらしたから、全体的には、「不況と物価上昇との併存」こそが帰結する以外になかった。

そしてその結果、まさしく(C)「スタグフレーションの深化」が表面化しよう。つまり、企業は「過剰流動性」を商品・証券・土地投機などへ投機的に振り向けたが、それは「生産的投資―資本蓄積の実体的拡張」には連結しない以上、「物価上昇の加速化」を徒に激化するだけで、むしろ、景気停滞こそが派生する以外になかった。「スタグフレーション」[29]という所以であるが、このような過程の中で、何よりも「低成長経済への構造的転換」が進んだ。

そのうえで、(ロ)「政策体系」へと目を転じよう。そこで最初は(A)「資本蓄積促進策」[30]だが、その基本前提としては、「赤字国債」の発行増大と公債依存度の急上昇とが決定的である。いうまでもなく、一方での、政府サイドにおける「不況対策」経費の調達と、他方での、日銀サイドにおける「国債オペレーション膨張」との、二つの基盤形成に他ならないが、それを媒介として、現実的には、以下の二方向での機能展開が図られていく。すなわち、まず一つのベクトルとしては、七〇年代低成長路線支配下の中で、「景気刺激策」の出動がもちろん試みられた。例えば、「金融政策」面での、「調整インフレ政策」・「円安誘導策」だけではなく、「財政政策」面での、「公共事業拡張策」・「財投増大策」などがこれに相当しよう。そのうえで、第二ベクトルとして「景気抑制策」の試行もまた特徴的であって、財政・金融一体となって推進された、「狂乱インフレ抑制」を目的とした大規模な「総需要抑制策体系」こそはその代表例であろう。こうして、七〇年代には、「調整インフレ政策＝景気拡張策」と「総需要抑制政策＝景気抑制策」とが両面的に追求された点が目立ち、したがって、まさにその「有機的総体性」にこそ、「低成長期・資本蓄積促進策」における、その固有性が求められてよい。換言すれば、体系的一貫性を欠いた「場当たり主義的対応」を余儀なくされ始めたという意味で、いわば「資本蓄積補完機能の弱体化」こそがその顔を覗かせているというべきではないか。

それに加えて、(B)「階級宥和策」へも目を向けると、この七〇年代はいわゆる「福祉元年」[31]の画期に当たる。つまり、「対外経済摩擦・環境問題噴出・経済成長路線の歪み表面化・所得格差の顕在化・景気後退深刻化」などという「七〇年代型体制的危機」に直面して、その緩和策としてこそ、社会保障体制の一定の改革が進んだのであり、具体的には、「老人医療費支給制度の新設」(七二年六月)・「医療保険の改正」(七三年九月)・「年金保険の改善」(七三年九月)・「児童手当の新設」(七四年四月)などが一挙に進捗をみた。その結果、「社会保険・家族手当・公的扶助・社会福祉」という四領域での整備が進み、その意味で、制度体系面では、先進西欧諸国レベルにまでようやく漕ぎ着けたともいえる。まさしく「階級宥和策」のその進展であろう。その意味では、「階級編成機構の体制的変貌」こそが目立ったといってもよい。

したがって(C)「総合的政策体系」としてはこういえる。すなわち、七〇年代日本資本主義は、「低成長路線への移行」・「対外摩擦関係深刻化」・「革新自治体拡大」などによって「体制的危機」に直面したが、その危機は、「七〇年代型」の「資本蓄積促進策・階級宥和策」展開によって辛うじてその爆発が回避された。そして、このような――その色彩を変えつつある――「国家の体制組織化機能」によってこそ危機は克服され、その帰結として、「体制組織化の再構築」が現出していく。

こう考えてよければ、最後に(ハ)「低成長期」の「性格規定」はどう整理できるだろうか。すでに確認した通り、「高度成長期」にあっては、「資本蓄積促進策・階級宥和策」の全面展開が進行した点を根拠として、そこでは、「日本型現代資本主義の『確立』」という性格規定が可能であったが、この「低成長期」に際会して、事態は一定の転回を余儀なくされよう。というのも、まず一面で、「協調的労資関係における『成立・開始→定着・深化』」や「労働運動における『労資対抗→体制内化』」さらには「社会保障における『未整備→充実化』」という、「階級宥和策」面での「強力化・浸透化」が目立つと同時に、次に他面では、「財政金融政策における『健全財政立脚→赤字財政依存』」という、「資本蓄積促進策」面での「弱体化・余裕度低下」が顕著化した──からに他なるまい。その意味で、まさしくその「変質」領域に入ったわけであり、したがって、「低成長期＝日本型現代資本主義の変質過程」[32]とこそ整理できよう。

それを前提としつつ、続いて二つ目として（b）「バブル局面」[33]へと進もう。そこで、最初に（イ）「運動過程」から開始すると、いうまでもなくまず（A）「バブル形成」フェーズが爆発をみる。すなわち、周知の如く景気局面は、設備投資膨張を軸としつつ八八─八九年を分水嶺としてバブル成熟フェーズへと突入し、八七年以来上り詰めてきた景気はその頂点に至る。しかし、その内実には微妙な「陰り」が確認されてよく、一路膨張を遂げてきた「成長率」・「企業利潤率」などは、八九年局面＝「成熟フェーズ」において、実際はすでに「穏やかな下降運動」へと方向を転じていた。まさにその点で、「バブル形成＝過剰資本の形成過程」とこそ位置づけ可能だが、ついで、そのバブル現象は九〇─九一年を画期として（B）「バブル崩壊」として墜落する。つまり、「成長率」・「企業利潤率」の大幅下落を余儀なくされるが、他方での株価・地価暴落とも相乗して、日本資本主義は深刻な経済縮小へと落ち込む。その場合、いうまでもなく「資産価格下落」も著しいが、注意すべきは、「バブル崩壊」の「主犯」が「設備投資・縮小」以外ではなかった──という点であって、「バブル形成・成熟の牽引車＝設備投資膨張」の丁度「裏返し」として、「バブル崩壊の主犯＝設備投資縮小」という図式こそが明白に確認されてよい。まさに「バブル崩壊＝過剰資本の強制的整理」以外ではあるまい。

そうであれば、（C）「バブルの本質」はこう提起されるべきであろう。つまり、「バブル形成→崩壊」は、「下降しつつある企業利潤率」と「騰貴しつつある公定歩合・利子率」との「衝突」を契機にして勃発した、何よりも「古典型類似の景気循環」だったのであり、したがって、その土台には、「バブル期・過剰資本形成」の特有な形態が伏在していた——のだと。

それを踏まえて、次に（ロ）「政策体系」へと転じよう。最初にまず（A）「資本蓄積促進策」だが、何よりも「異常な低金利政策」が突出しているといってよく、これが、一方で、「プラザ合意→円高不況」対策[34]という面で特有な資本蓄積促進策効果を発揮したのは当然だが、他方で、「バブル形成」のその政策基盤を結果的に整備していった点も否定はできない。しかしそれだけではなく、バブルの頂点では一転して「急激な金利高騰」が出現し、今度はそれが、「バブル崩壊」を招来させて「過剰資本整理強制」をもたらしたから、この方向からは、むしろ「資本の過剰蓄積チェック」という意味において「特有な資本蓄積促進策」として機能した。したがって、「バブル期・資本蓄積促進策」の総体としては、「過剰蓄積促進→強制的抑止」という形態において、その極めて個性的かつアンバランスな過程こそが経過をみていく。まさしくその点で、「投資調整作用の力能低下」が進行をみたという以外にない。

そのうえで（B）「階級宥和策」はどうか。その場合の構造は三段階からなるといってよく、労資関係＝協調的労資関係の完成と「非正規従業者の膨張」、労働運動＝経済闘争への「のめり込み」と「制度要求」の噴出、社会保障＝「高齢化対策・諸制度の一元化」と社会保障支出の「安上がり化」、とがそれぞれ現実化した。いうまでもなく、統一的一体性を欠落させた「階級包摂機能の衰弱化」という、バブル型「階級宥和策」の発現である。

したがって、（C）「総合的政策体系」は以下のようにまとめられてよい。すなわち、この「バブル形成期」において、「資本蓄積促進策・階級宥和策」は独自なその一定の展開をみたが、しかし、その「現出形態」は極めて「個性的」であって、単なる従来型からはその距離が大きかった。換言すれば、この二つの体系の中に、「両面等価性」的特質が不可分離的に混合されているのであって、「現代資本主義的政策体系」における、明らかなその「分断性」がもはや無視し得まい。

そうであれば、最後に「バブル期」の（ハ）「性格規定」はこう総括される以外にはない。つまり、総体的にいって、この「バブル期」には、「現代資本主義」としての空洞化がその体内を侵食しつつあるといってよいが、まず一面で「階級宥和策」側面では、「労資関係＝非正規労働者膨張・労働運動＝制度要求噴出・社会保障＝実質政府負担削減」[35]が深まった以上、それが、「国家による階級宥和策展開の『衰弱化』」を意味している点には贅言を要しまい。しかも、それにさらに加重されて、他面で「資本蓄積促進策」においても、不況・財政赤字に掣肘を受けて、「財政・金融政策面からの有効需要創出機能」に関する「発現能力」に、その明らかな減退が否定できなかった。まさにこれこそ、「資本蓄積促進」に関する明瞭な「力能低下」以外ではないかぎり、それが、「国家による資本蓄積促進策の『停滞化』」をこそ示唆しているのは自明であろう。その点で、この「バブル期」は、「日本型現代資本主義」の――「変質」をもう一段超えた――まさしく「変容局面」[36]とこそ位置づけ可能なのではないか。

以上の極点に、最後は三つ目として（c）「九〇年代停滞局面」[37]がくる。そこで、最初は（イ）「運動過程」だが、いうまでもなく（A）「長期停滞の持続」が何よりも目に付こう。といっても、九〇年代の一〇年間が単色の停滞過程であったわけではなく、九三年をボトムとし九七年と二〇〇〇年とを相対的な頂点とする、一定の景気プロセスを辿ったが、この九〇年代総体としては、「景気動向指数・成長率・企業利益率」などの点で押しなべて停滞基調で推移したことは否めない。そして、このような景気推移の基軸的動因としては、何よりも（B）「企業設備投資の牽引性」こそが大きかった。つまり、財政危機に起因した「公的資本形成の低調性」の下では、もっぱらこの「設備投資の増減」が景気騰落の主たる要因になる他はなかった――ということだが、そうであれば、最終的には、以下のような定式が明瞭になるのは自明であろう。

すなわち、（C）「九〇年代不況」の「本質規定」であって、いま指摘した「設備投資増減」の基礎土台に、「過剰資本整理の『進捗―遅滞化』[38]動向が存在したのも明らかである以上、結局、「九〇年代停滞」の本質はこう整理可能であろう。要するに、「九〇年代不況」を総体的に規定したその枢軸は、まさしく「過剰資本整理の『進捗状況』」にこそあった――のだと。

そのうえで（ロ）「政策体系」へと進もう。最初に（A）「資本蓄積促進策」から入ると、まず財政政策ベクトルでは、「九〇年代不況→税収減→財政赤字→国債発行膨張→国債依存度上昇」というラインで、「有効需要創出の必要性維持」とその「拡張能力・条件」の狭隘化との間で、一種の「せめぎ合い」が続く。それに対して、金融政策ベクトルではもう一歩明瞭な「資本蓄積促進」意図が確認できる。事実、「国債買上げルート」を媒介にした日銀信用供給が拡張をみるからであって、まさに「不況対応型・資本蓄積促進策」が発現していく。

次に、（B）「階級宥和策」に移るが、この方向からは、九〇年代以降に典型化する、「非正規労働者膨張―『派遣切り』」などを焦点として、「階級宥和策の『決定的空洞化』」こそが止め処もなく進展する。すなわち、九〇年代不況の渦中で、解雇弾力化・人件費削減を意図して、「パート・出向・派遣・嘱託」などの「不規則雇用」[39]の拡大が進行するが、それに対して、国家は――その濫用を規制するどころか逆に――以下のような法律の制定・拡張を通して、むしろ、この「不規則就業労働」定着への基盤づくりにこそ向かった。例えば、「男女雇用機会均等法」（八五年五月）・「労働者派遣法」（八五年六月）・「定年法」（八六年四月）などは、少なくともその結果としては、「不規則就業労働」進行のための、その政策的枠組みを形成したと考えられてよい。まさにその点で、労働者を資本の利潤拡張動機へと差し向けていく意義をもったわけであり、何よりも、「階級宥和策」の逆転以外ではあり得まい。「階級宥和策」における、その「決定的空洞化」だという所以である。

こうフォローしてくると、結局（C）「総合的政策体系」としては以下のように集約されてよい。すなわち、全体として、現代資本主義の「二大課題」たる「資本蓄積促進策・階級宥和策」両方の、いわば、その末期症状こそが白日の下に曝されている。というのも、まず一面で「資本蓄積促進策」は、辛うじて「不況対策」が一定程度は発動を確保しているとはいうものの、赤字財政に掣肘を受けて、その円滑進行に対する不断の抑止圧力が掛かり続けているし、さらに深刻なのは「階級宥和策」であって、そこでは、抑制どころか「逆転」をさえ遂げて、むしろ「労働者への桎梏」と化している――からに他ならない。要するに、「現代資本主義の二課題」ともが、九〇年代・長期不況の下で、まさしく、「瀕死の一歩手前」にまで到達しているのだ。

最後に、「九〇年代停滞」の(ハ)その「性格規定」が焦点をなすが、ここまで論理を追ってくれば、それが、「墓穴掘り」体制とこそ結論されるべき点に関してはもはや何の疑点もあり得まい。つまり、現代・日本資本主義国家が、一面で、「バブル景気」の下で、「根拠のない安心感」に踊らされて、いわば「自発的に」、この「二課題」の「衰弱化・力能低下」を「許容」しているとともに、他面で、「九〇年代不況」の下で、財政赤字・国際環境悪化に制限を受けて、いわば「外圧的に」、この「二課題」遂行への意志・余裕を「喪失」させているとすれば、それは結局、「日本資本主義自らによる『墓穴掘り』」[40]をこそ意味していよう。まさにここから、「九〇年代・日本型現代資本主義＝『墓穴掘り』体制」という定式こそが、いわば明瞭に導出可能なように思われる。

Ⅲ　日本型現代資本主義の史的構造

[1] 段階区分　以上までで、日本型現代資本主義の現実的展開過程を追跡してきたが、それを前提として、最後に、それに対して、いくつかの枢軸点からその総合的総括を与えていこう。そこでまず第一論点として、(一)「日本型現

代資本主義の段階区分」を定置しておかねばなるまい。最初に「到達点」の第一としては、①その「区分構造」が確定される必要があろう。すなわち、まず一つ目に（a）「成立・再編段階」としては、（イ）「三〇年代・成立局面」→（ロ）「戦時期・統制経済局面」→（ハ）「戦後期・再建局面」という三つの「助走フェーズ」が辿られた。言い換えれば、「日本型現代資本主義」の「準備段階」だとみてよいが、それは続いて二つ目に、（b）「確立段階」へと引き継がれる。すなわち、（イ）「第一次高度成長局面」→（ロ）「転型期局面」→（ハ）「第二次高度成長局面」であって、「日本型現代資本主義」における、いわばその「黄金期」を形成しよう。しかし、その動揺＝落日は直ちに到来をみせ、その後、ついで三つ目として（c）「変質・変容段階」へと墜落していく。いうまでもなく、（イ）「低成長局面」→（ロ）「バブル局面」→（ハ）「九〇年代停滞局面」以外ではないが、その結果、「日本型現代資本主義」は、「成立→再編→確立→変質→変容」というそのサイクルを回転し終える。要するに、ほぼ体系的な「段階区分図式」ではないか。

そこで、もう一歩焦点を狭めて、第二に②「資本蓄積促進策」に即してその「段階性」をフォローしていくと、概略として、次のように図式化できよう。すなわち、「a—イ」＝「『金輸出再禁止』による管理通貨制成立を条件とする、赤字公債の日銀引受に立脚した財政・金融スペンディングを通す『有効需要の人為的創出』」→「a—ロ」＝「軍事費増大・発券量膨張に基づく軍需取引を媒介にした『国家による資本投資・収益の保障』」→「a—ハ」＝「財政・金融ルートを通す通貨量＝有効需要膨張と、それに支えられた、『インフレと国家資金による資本蓄積方式』から『正常な資本自身による資本蓄積方式』への政策的誘導」→「b—イ」＝「人為的低金利政策＝オーバー・ローン支持体制を土台とした『潤沢な資金供給ルート整備型金融政策』と、税の自然増収・減税システム・予算拡張に立脚した『投資刺激型財政政策』」→「b—ロ」＝「『引き締め型』景気政策と『刺激型』景気政策との混合パターン指向を通した『高成長の安定的持続・継続化』追求」→「b—ハ」＝「赤字国債発行と新金融調節方式に補完された『成長通貨供給＝日銀信用の継続・確保』」→「c―イ」＝「物価上昇抑制を睨んだ『総需要抑制策』と景気刺激を目指した『調整インフレ政策』との『両面的追求』」→「c―ロ」＝「『異常な低金利政策』を通した『過剰蓄積・バブル形成の促進』と、『急激な金利高騰』による『過剰投資整理・バブル崩壊の強制』という『両極端型』政策発動」→「c―ハ」＝「財政赤字・国債累積方向からする『景気政策・節約要請』と不況脱出不可欠方向からする『景気政策・拡張要請』との『せめぎ合い』」、に起因した『政策発動の行き詰まり化』」、これである。したがって、結果的な、その「力能低下」は明らかに否めまい。

そのうえで第三として、③「階級宥和策」に即した段階区分に目を転じると以下のような図式が描かれよう。すなわち、――いまみた「資本蓄積促進策」と同じ区分に即して――「a―イ」＝「失業対策＝雇用政策が農村救済としての農村土木事業において目立つ程度での、社会保障・労働権レベルを欠落させた低水準」→「a―ロ」＝「『事業一家的職分論』に立脚した、『産報体制』を通じた『労資対立関係の体制内包摂完成』」→「a―ハ」＝「戦後労働改革による『労資関係の現代化』と社会保障の制度的枠組創出開始を通した、戦後政治危機の克服」→「b―イ」＝「『国民皆保険・皆年金』制度に支えられた、『日本的労資関係』による『資本による労働者統合』の進展」→「b―ロ」＝「成長路線維持を体制的課題とした、ハード・ソフト両面からする『労働者統合化のジグザグ型進行』」→「b―ハ」＝「春闘体制定着＝『パイの論理』支配化と『能力主義管理』とに立脚した、階級闘争の『パイ配分を巡る経済取引関係』への誘導・溶解」→「c―イ」＝「『福祉元年』体制による、『低成長型・七〇年代型体制的危機』への対処とその爆発回避成功」→「c―ロ」＝「労資関係＝非正規労働者増加・労働運動＝制度要求噴出・社会保障＝実質政府負担削減の深化に起因した、国家による階級宥和策展開の『衰弱化』」→「c―ハ」＝「『不規則就業労働』に対する積極的促進枠組みの形成に表現される、『階級宥和策の逆転＝決定的空洞化』」、これである。いまやこうして、「階級宥和策」は、最終的に、その「瀕死の一歩手前」にまで到達していよう。

［2］特質　以上のような展開過程を踏まえると、そこから直ちに第二論点として、（二）「日本型現代資本主義の特質」が以下の三ポイントに即して析出可能となってくる。つまり、まず第一は、①「資本蓄積促進策」の「典型性＝徹底性」に他ならないが、最初に一つ目として（a）その「実状」から入ると、具体的には「景気刺激策のメカニズム構築性」が際立つ。つまり、その現実的過程を通してすでに確定してきた通りだが、まず一面では、「管理通貨制↓政府↓日銀↓民間銀行↓企業」を通す、「通貨量↓金利↓有効需要」という「景気政策の貫徹ルート」が極めて機構的に整備されているとともに、ついで他面で、その機構を土台としつつ、「赤字国債膨張・オーバーローン・通貨量拡張」という形で、「大型予算・財投拡大・日銀信用増大」などが極めて高水準で進行をみた。その点で、日本型現代資本主義における、「国家による有効需要の人為的創出」を通す「資本蓄積促進策」発動の、その「典型性＝徹底性」については異論はあるまい。そこで二つ目に（b）その「原因」だが、それは、「日本型現代資本主義」の歴史構造に起因する、以下の三点にこそ帰着させ得よう。すなわち、（イ）「発展後進性」――日本資本主義におけるその「後進性」に規定されつつ、明治期以来バブル期までを貫徹して、政府が、「国家・資本蓄積促進活動」を「拡張・介入型スタンス」において一貫させてきたこと、（ロ）「発展急激性」――「後進性」克服にともなう資本主義発展の「急激性」から由来する、その「構造的脆弱性」が、資本をして、「国家・資本蓄積促進活動」を不可避的に要請せしめたこと、（ハ）「財政・金融規律の欠如」――「議会の行政チェック機能」未成熟に制約された、「金本位制・健全財政・国債限度」などに関する「政治的歯止め作用」の弱さが、「国家・資本蓄積促進活動」を「野放し状態」に放置したこと、これである。こうして、これら三点に起因して、「資本蓄積促進策」におけるその徹底性こそが確保されていった。

そうであれば、三つ目として、（c）その「意義」はこう整理されてよい。すなわち、「日本型現代資本主義」においては、その一側面を構成する「資本蓄積促進策」体系は、日本資本主義のその歴史的・経済的・政治的固有性に規定されて、現代資本主義としての「典型的発現」をみた——のだと。

ついで第二は、②「階級宥和策」の「未成熟性」こそが強調されてよい。すなわち、まず一つ目は(a)その「実状」だが、繰り返し指摘してきた通り、「社会保障・労働基本権・労資関係」の各サイドにおける、その「遅れ・レベル低位性」については疑問の余地はなかった。例えば、労働基本権については「戦後改革」まで、また「年金・医療保険」に関しては一九六〇—七〇年代に至るまで、それぞれ実現しなかったし、さらに労資関係としても、ほぼ一貫して「協調的労資関係」が継続する以外になかった。その意味で、「社会保障・労働基本権・労資関係」を土台とした「階級宥和策」の、日本型現代資本主義における、その「未成熟性」はいわば明白ではないか。そうであれば、二つ目として(b)その「原因」が問題となるが、例えば以下の三点は直ちに指摘可能なように思われる。つまり、(イ)「体制的危機の不発性」——高度成長期・バブル期はもちろんのこと昭和恐慌・戦後直後期においてさえ、体制変革を予測させるような「政治的危機」が勃発しなかったため、その収束を目的とする、「階級宥和策」の本格的「必要度」はそもそも小さかったこと、(ロ)「労資協調型労資関係の主流化」——戦前→戦後まで一貫して「労資協調路線」が支配的であったため、反体制側の体制変革スタンスが弱く、したがって、国家による「階級宥和策」発動という、譲歩=妥協のその「必要度」が低かったこと、(ハ)「経済闘争主義の蔓延化」——労働運動・反体制運動路線における「経済闘争主義偏重」のため、「社会保障・労働基本権」の、「経済的獲得要求」による「代償」化が進みつつ、その結果、「階級宥和策」の「実現性」を自ら狭めたこと、これである。このような、日本資本主義を巡るまさに「政治状況」に起因してこそ、「階級宥和策の空洞化」が必然的に帰結した。

まさしくここからこそ、三つ目に(c)その「意義」が、最終的には、例えば以下のように確定をみよう。つまり、「日本型現代資本主義」の第二側面たる「階級宥和策」においては、日本資本主義が内包させた、まさにその「階級闘争＝政治闘争」の構造的特殊性に制約を受けて、極めて「微弱性＝空洞化的」に止まるという特質をもつ以外にはなかった――のだと。

以上を受けて、最後に第三に、③「国家・体制的組織化の、『企業組織化への依存』性」が取り分け目立とう。そこで、最初に一つ目に（a）その「実状」だが、その焦点は、何よりも以下の点にこそある。すなわち、本来は国家の任務である「体制組織化」作用が、いま確定した「国家・階級宥和策の空洞化」に制約されて、日本型・体制組織化においては、その徹底的な展開に「小さくない穴」が生じていくが、日本の場合には、その「間隙」は「企業による労働者統合」によってこそ「補完」された――という点に還元されてよい。換言すれば、「『企業依存』型体制組織化」の体制的強化が進行していくという以外にはあるまい。

そのうえで、二つ目は（b）その「原因」だが、特に以下の三点には注意を払っておきたい。つまり、（イ）「戦時統制経済システム」――労働組合・労働運動圧殺の下で、企業レベルでの、「事業一家的職分論」に立脚した「企業内労働者統合」を土台にしつつ、それと結合した全体的システムにおいてこそ、「国家による体制組織化」が実現したこと、（ロ）「日本的経営方式」――高度成長レジームの中で「労働基本権の空洞化」を基盤として確立をみた、「年功序列賃金・終身雇用制・企業内組合」という、企業次元での「日本的経営方式」に補完されてこそ、特異な形で、「国家による体制組織化」が進行したこと、（ハ）「協調的労働運動」――協調主義的労働運動を前提として、「パイ分配闘争＝経済闘争」という、企業レベルでの「体制内的・労資関係」が定着することによって、それと「協働」する形で、「国家による体制組織化」が安定性を得たこと、これである。まさにその意味で、「企業―国家」二者間の「見事な」「補完関係」ではないか。

したがって、最後に三つ目として、（c）その「意義」はこう総括されてよい。すなわち、日本型現代資本主義における「階級宥和策の空洞化」という「空隙」は、まさに「企業による労働者統合」作用によって「補完」される以外にはなかったのだ――ということ、これである。逆からいえば、「国家の体制組織化」作用は、「企業による労働者統合」を「前提」としそれに「依存」して始めて可能になったということ――に他ならず、何よりも、「『企業依存』型体制組織化」の全面化こそが明白だと思われる。これこそ、「日本型現代資本主義」における、その最終的特質であろう。

［3］到達点＝本質　こうして、いまや考察のその終着点に辿り着く。すなわち、第三論点として㈢「日本型現代資本主義の本質」が総括されねばならない。そこで、まず第一に①その「本質」が定式化される必要があるが、以上の考察から明瞭なように、「日本型現代資本主義の本質」は、何よりも、「『企業による労働者統合作用』に依存・補完された『国家の体制組織化』」という基軸――にこそ還元され得る。それは、「資本蓄積促進策」重視の「片肺システム」ともパラフレーズ可能だが、まさにこの命題に即してこそ、その歴史的・政治的固有性に裏打ちされた、「欧米型」とは区別される、「日本型現代資本主義システム」におけるその突出した特質が確定できよう。

そのうえで、次に第二に②その「到達点」に移ると、いま確認した通り、そもそも、「階級宥和策」の空洞化によってその「脆弱性」が顕著なうえに、さらに、「財政赤字・経済停滞・国際関係悪化」などにも掣肘を受けて、バブル以降においては、一定の体系的機能をこれまでは発揮してきた「資本蓄積促進策」さえも、ここへきて、その「行き詰まり」に直面している。まさにそこからこそ、「日本型現代資本主義における『墓穴掘り』化」が進行しているわけだが、とすれば、日本型現代資本主義が、「資本蓄積促進策―階級宥和策」という「現代資本主義の二つの課題」を、その両方ともに実行遂行困難にしている以上、その点からは、「日本型現代資本主義」がいまや「決定的な袋小路」に入った

――という規定が導出される以外にはない。要するに、「日本型現代資本主義の体制的危機」という結論こそが、余りにも明瞭に、白日の下に露出してきているのだ。

そこで、最後に第三として③その「展望」である。しかし、ある体制が「危機」に瀕しているとはしても、その体制が「自動崩壊」することは本来あり得ない。そうではなく、「反体制勢力による変革」による以外には「体制の終了」は現出し得まい。その場合、現代日本の民主党政権は、この「日本型現代資本主義の崩壊」を回避しようとする、体制側からの、いわば「最後の試み」だとも思われるが、このような現実の中で、体制からのそのような反抗に対峙し得る、まさに「体制変革・戦略構築」こそが何よりも不可欠なのではないか。それこそが、崩壊の危機に瀕したこの「日本型現代資本主義」を、その「変革」へと連結させ得る、まさしくその緊急の課題なように思われる。

（1）日本型現代資本主義の基本構造については、拙著『日本における現代資本主義の成立』（世界書院、一九九九年）を参照のこと。そこでは、その成立契機・背景・条件・特質が焦点となった。

（2）拙稿「戦後再建と日本型現代資本主義の再編」（『金沢大学経済論集』第二九巻第一号、二〇〇八年）、「高度経済成長と日本型現代資本主義の確立」（同第二九巻第二号、二〇〇九年）、「低成長経済と日本型現代資本主義の変質」（同第三〇巻第一号、二〇〇九年）、「バブル経済と日本型現代資本主義の変容」（同第三〇巻第二号、二〇一〇年）、においてすでにその体系的考察を完了した。

（3）現代資本主義の「成立背景・機能・条件・課題・本質」については、拙著『現代資本主義の史的構造』（御茶の水書房、二〇〇八年）においてすでに立ち入った理論的考察を加えた。

（4）いわゆる「日本資本主義論争」の基軸的論点であり文献も多いが、その論理の緻密さの点で、何よりも大内力『日本経済論』上（東大出版会、一九六二年）が参照されるべきであろう。

（5）楫西・加藤・大島・大内『日本資本主義の発展』Ⅰ（東大出版会、一九六七年）を参照のこと。

（6）例えば大内力『大内力経済学体系』第七巻（東大出版会、二〇〇〇年）第四章などを参照のこと。
（7）この点に関しては、拙著『資本主義国家の理論』（御茶の水書房、二〇〇七年）後編をみよ。また国家論の諸問題については、拙著『国家論の系譜』（世界書院、一九八七年）をも参照されたい。
（8）この理解は、加藤栄一『ワイマル体制の経済構造』（東大出版会、一九七三年）から継承した。
（9）前掲、拙著『日本における現代資本主義の成立』、宇野弘蔵監修『帝国主義の研究』六（青木書店、一九七三年）、橋本寿朗『大恐慌期の日本資本主義』（東大出版会、一九八四年）、などをみよ。
（10）詳細については、三和良一『戦間期日本の経済政策史研究』（東大出版会、二〇〇三年）をみよ。
（11）戦時統制経済に関しては、拙稿「日本における戦時統制経済の展開」上・中・下（『金沢大学教育学部紀要』第四三・四四・四五号、一九九四・九五・九六年）においてすでに具体的に検討した。
（12）戦時経済について詳しくは、原朗編『日本の戦時経済』（東大出版会、一九九五年）をみよ。
（13）詳しくは、佐口和郎『日本における産業民主主義の前提』（東大出版会、一九九一年）をみよ。
（14）戦後改革に関しては、東大社研編『戦後改革』全八巻（東大出版会、一九七四年）を参照のこと。
（15）再建過程の詳細は、大島清・榎本正敏『戦後日本の経済過程』（東大出版会、一九六八年）をみよ。
（16）戦後直後期社会保障に関しては、東大社研編『福祉国家』五（東大出版会、一九八五年）を参照せよ。
（17）拙稿「戦後再建と景気変動過程」（『金沢大学経済学部論集』第二八巻第一号、二〇〇七年）をみよ。
（18）拙稿「第一次高度成長と景気変動過程」（『論集』第二八巻第二号、二〇〇八年）を参照のこと。
（19）運動過程の詳細については、大内力編著『現代日本経済論』（東大出版会、一九七一年）をみよ。
（20）日本的労資関係について詳しくは、川上・粕谷・佐藤『現代日本帝国主義』（現代評論社、一九七九年）、森・浅井・西成田・春日・伊藤『現代日本経済史』（有斐閣、二〇〇二年）、をみよ。
（21）詳細については、横山・田多編著『日本社会保障の歴史』（学文社、一九九一年）などを参照せよ。
（22）局面展開の立ち入った考察については、例えば、鈴木・公文・上山『資本主義と不況』（有斐閣選書、一九八二年）、武井・岡本・石垣編著『景気循環の理論』（時潮社、一九八三年）、がある。
（23）拙稿「第二次高度成長と景気変動過程」（『論集』第二八巻第二号、二〇〇八年）を参照のこと。

(24)金融政策の詳細は、大島清監修『総説日本経済』二(東大出版会、一九七八年)などを参照せよ。
(25)この点に関しては、前掲、森他『現代日本経済史』第四章などで優れた説明が展開されている。
(26)「第二次高度成長」と「日本型現代資本主義」との内的関係については、すでに拙稿「高度経済成長と日本型現代資本主義の確立」(『論集』第二九巻第二号、二〇〇九年)で検討した。
(27)低成長期の全般的動向は、中村隆英『現代経済史』(岩波書店、一九九五年)が詳しい。
(28)拙稿「低成長経済への移行と景気変動過程」(『論集』第二八巻第二号、二〇〇八年)をみよ。
(29)例えば鎌倉孝夫『スタグフレーション』(河出書房新社、一九八七年)で詳細に検討されている。
(30)この点に関しては、武田・林編『現代日本の財政金融』Ⅲ(東大出版会、一九八五年)を参照せよ。
(31)「福祉元年」については、東大社研編『転換期の福祉国家』下(東大出版会、一九八八年)をみよ。
(32)「低成長移行」と「日本型現代資本主義」との相互関連に関しては、拙稿「低成長経済と日本型現代資本主義の変質」(『論集』第三〇巻第一号、二〇〇九年)ですでに検討した。
(33)バブル期に関しては、拙稿「バブル経済の形成と景気変動過程」(『論集』第二九巻第一号、二〇〇八年)、「バブル経済の崩壊と景気変動過程」(『論集』第二九巻第二号、二〇〇九年)、をみよ。
(34)この詳細については文献が多いが、宮崎義一『複合不況』(中公新書、一九九二年)をみよ。
(35)戸塚・兵藤編『労使関係の転換と選択』(日本評論社、一九九一年)、熊沢誠『職場史の修羅を生きて』(筑摩書房、一九八六年)、川人博『過労死社会と日本』(花伝社、一九九二年)、をみよ。
(36)拙稿「バブル経済と日本型現代資本主義の変容」(『論集』第三〇巻第二号、二〇一〇年)。
(37)拙稿「九〇年代長期停滞と景気変動過程」(『論集』第三〇巻第一号、二〇〇九年)ですでに検討を終えた。それに加えて、田中隆之『現代日本経済』(日本評論社、二〇〇二年)、橋本・長谷川・宮島『現代日本経済』(有斐閣、二〇〇六年)、前掲、森他『現代日本経済史』、拙書『現代日本経済の景気変動』(御茶の水書房、二〇一〇年)、なども参照のこと。
(38)「過剰資本整理」に関する原理的本質に関しては、拙著『景気循環論の構成』(御茶の水書房、二〇〇二年)において立ち入った検討を加えた。まさにその現実的発現だと位置づけられる。
(39)熊沢誠『能力主義と企業社会』(岩波書店、一九九七年)、樋口美雄『雇用と失業の経済学』(日本経済新聞社、二〇〇一年)、仁

田道夫『変化の中の雇用システム』（東大出版会、二〇〇三年）、などを参照せよ。

（40）この「墓穴掘り」については、前掲、拙稿「バブル経済と日本型現代資本主義の変容」一五〇頁をみよ。さらに拙著『現代資本主義の史的構造』（御茶の水書房、二〇〇八年）四六八―四七四頁においても立ち入った考察を加えた。

補章　現代資本主義の体制的危機――「墓穴掘り」化への道

Ⅰ　現代世界資本主義の危機的構造

［1］現代世界資本主義の歴史的位相　まず第一課題として「現代世界資本主義の危機的構造」分析から入るが、最初に、その土台をなす（一）「現代世界資本主義の歴史的位相」はどうか。その場合、この現代世界資本主義は、大まかにみて①「第一期＝成立期」②「第二期＝展開期」③「第三期＝変質期」に三区分可能だが、この順に分析を進めていこう。

まず①第一期だが、最初に（a）「時期」的には、この局面は、一九三〇年代から戦時統制経済期を含みつつ第二次大戦期までをカバーする。そして、この局面においてこそ、アメリカ＝ニューディール・ドイツ＝ナチス経済・日本＝高橋財政というヴァリエーションに立脚して「現代資本主義の原型」が成立をみるが、まさにそれを通して、「資本主義の体制的危機の下で、管理通貨制を条件としつつ『階級宥和策』と『資本蓄積促進策』とを課題とした『反革命体制』」というその本質に帰着した――のはいうまでもない。そのうえで、この第一期の（b）「政治的性格」にふれると、この局面では、何よりも「対内重視型」政治体制という色彩が際立とう。というのも、いま確認した、「管理通貨制に立脚した体制組織化」というその本質からして、この「成立期・現代資本主義」は、「国内・政治経済安定化」追求を目的とした「対内重視型」体制以外ではあり得ないからであって、まさしくこの点を根拠としてこそ、第一期＝「『自己中心』型現代資本主義」という命題も導出可能なのではないか。

そうであれば、この第一期の（c）「国際的ヘゲモニー関係」が、圧倒的ヘゲモニー主体の不在下における、「米英共存」体制としてこそ理解されるのも当然であろう。何よりも、帝国主義列強が自国内対応に忙殺されていた以上、意思的にも能力的にも、「『圧倒的な』指導国」の立場を担える国は不在というしかなかったからであるが、まさにその結果として、この局面での、現代資本主義に与えられた『敵』イメージ」も、やはり、「主敵＝ファシズム」であり「社会主義」はなおその「二番手」に止まった——点にも予め注意しておきたい。

ついで、②第二期＝展開期へ進むと、まず（a）「時期」的には、第二次大戦終了後から一九八〇年代といういわゆる「黄金期」に当たろう。すなわち、まず一方で、管理通貨制に立脚した政府の財政・金融政策を通した「資本蓄積促進策」によって、投資拡大・生産性上昇・収益向上が進むとともに、それが、他方での、労資同権化進展・社会保障向上・完全雇用進捗などとして現実化した「階級宥和策」を通じた、雇用拡大・消費拡張・労資協調によって受け止められつつ、全体的には、体制的な高成長型経済サイクルとして機構化された。その点で、「現代資本主義型経済メカニズム」に媒介された、「成長誘導回路」の好循環が定着をみよう。

ついで、この「本格的展開期」における（b）「政治的性格」に進むと、何よりも特筆されてよいのは、国連・IMF・GATTなどの国際機関の設立と、ブレトンウッズ協定やNATOに代表される国際協定の発効とであろう。換言すれば、このような国際機関・協定を前提にして国際的な協調スタンスを取りつつ、国内的には、その枠組みの範囲で「高成長型＝ケインズ主義型」路線が最大限に追求されたわけである。まさしくその意味で、第一期の「自己中心型・対内重視型」に対して、この第二期は、「『国際機関依存』型＝『対内・対外調和』重視型」性格をもった、いわば「ケインズ主義型・現代資本主義」とこそネーミング可能ではないか。

そうであれば、このことから、この局面における（c）「国際的ヘゲモニー関係」の特徴が直ちに導出されてよい。すなわち、ブレトンウッズ体制の成立背景・構造からして、この第二期では、「唯一の覇権国＝アメリカ」という図式がいうまでもなく確立するが、その場合に興味を引くのは、次のような、「アメリカ指導性」の中身に他なるまい。というのも、この局面においては、「国際機関依存」に立脚して「対内・対外調和」を無視し得ないかぎり、アメリカによるヘゲモニー発動も、（もちろん軍事的優位をバックにしながら）「国際機関・協定」遵守に立脚しつつ、アメリカの政治的・外交的利害を協調的・多角的に浸透させていくという、いわば「リーダーシップ体制」こそが目立つから――に他ならない。そして、まさにこの「リーダー＝アメリカ」の下で、「現代資本主義の『敵』」が何よりも「社会主義」に純粋イデオロギー化されることによって、いわゆる冷戦構造が現出したのは周知のことではないか。

そのうえで、最後に③「第三期＝変質期」がくる。そこで最初は（a）「時期」的にみると、一九八〇年代以降と考えてよく、流行の言い方を借りれば、「アメリカの抱える『双子の赤字』処理＝アメリカ財政・金融危機の救済」を目的にした、「国際的金融ネットワーク・投資・決済・移動の『グローバル化』」という相貌をもつ、「いわゆるグローバル資本主義」の局面にこそ相当しよう。その点では、戦後・現代資本主義の「鬼子」とはいい得てもその「突然変異種」とは決してみなせないが、いずれにしても、「現代資本主義の『変質』期」である点に間違いはない。

とすれば、「グローバル資本主義」に規定されて、（b）その「政治的性格」も独特の色彩をもつ。つまり、一定の複合的色調が軽視できないといってよく、この「グローバル化」に突き動かされて、この局面の現代資本主義は、まず一面で、「グローバル・スタンダード遵守」という方向のかぎりでは「対外重視」ではあるものの、同時に他面では、「『グローバル・大競争』支援」という方向では明らかに「ネオ『自己中心』」型以外ではない――と。換言すれば、「世界基準」遵守に立脚した「国内権力の極限化」であって、その点で、その性格付けはなお一筋縄にはいくまい。

こうみてよければ、この第三期の（c）「国際的ヘゲモニー関係」としては、以下の三点が直ちに浮上してくる。すなわち、まず一つは「世界的な勢力配置」であって、支配的な「グローバル基準」が「アメリカ経済・起死回生」に適合したルール以外ではないかぎり、この局面での「勢力地図」は、「アメリカ一国」対「他全部」という歪んだものにならざるを得ない。ついで二つとして、そうであれば、政治・外交・軍事面においても「アメリカ一極化」が止め処もなく進み、その結果、第二期の「国際機関依存」型が影を潜めて、いまや「単独行動主義」が横行を開始していく。まさしく、「軍事力発動＝ヘゲモニー独占型」ではないか。そして三つ目に、その延長線上に第三期型「敵イメージ」が表面化しよう。つまり、社会主義の脅威消失の下で、それに代わって、アメリカによるこの「グローバル型・単独行動主義」の副産物ともいえる、「全世界を舞台としてグローバル規模に噴出する『テロリズム・ゲリラ』」こそが、いまや燎原の火の如くに燃え上がる。まさしく、新たなヨリ「厄介な敵」を抱え込むのだ。

［2］現代世界資本主義の到達点　以上のような史的構造の帰結として、現代世界資本主義は、いまや、以下のような(二)「到達点」へと立ち至ったとみる以外にはない。つまり、有り体にいってしまえば、「現代資本主義は自ら『墓穴を掘っている』」とでも表現する以外にはない——有り様であるが、その「墓穴掘り」のエッセンスは以下の二点に絞られる。

つまり、まず一つは、いま確認した「第三期・現代資本主義」という地点において、現代資本主義が、一定の犠牲・譲歩と試行錯誤の果てに辛うじて手に入れた、その「体制的課題」としての「体制組織化作用」を自ら「放棄」しつつある——点に関わる。具体的にいえば、まず一面で、世界資本主義の「グローバル化」にともなう、「規制緩和・国家介入排除・市場化＝自由化・福祉削減・自己責任化」の徹底化を通して、「労資同権化・労資協調・雇用確保・景気調整・

需要補完」などを枢要点とする、「『国内的』体制組織化」を後退させているとともに、他面で、「単独行動主義・国際機関無視・軍事発動拡散」の横行を通じて、「『対外的』体制組織化」の基軸点をなす、「国際的リーダーシップ・国際機関立脚・国際協調」などが、ものの見事に衰弱化している――からに他ならない。まさに「墓穴掘り」の進行だ。

それだけではない。それに加重されて、次に二つとして、現代世界資本主義の「敵」としての、「ゲリラ・テロリズム」の台頭化作用も決定的に大きい。すなわち、第二期までは、「社会主義という敵」に対しては、反体制運動の「暴力型変革意志・エネルギー」を「議会内『政権獲得レース』」へと拡散させつつ「議会システムへの封じ込め」を図ること――によって成功裏に処理できた。それに対して、第三期における、この「敵＝テロリズム」という事態の中では、この図式は一挙に崩壊しよう。いうまでもなく、この「テロリズム」の闘争形態が、「選挙・政党・議会・政権レース」という「体制的政治ルート」からは見事に逸脱しているからであって、それに対しては、現代資本主義はその一切の対抗手段を喪失している。そして、地球上に「非人間的悲劇」がなくならない限り、この「テロリズム」闘争は決して消失しない以上、現代資本主義は、まさに半永久的に、この「テロリズム」と対面し続ける恐怖からは解放され得まい。この「敵＝テロリズム」問題が現代資本主義にとって「絶望的＝墓穴掘り」であることの、まさしくその所以であろう。

［3］現代世界資本主義の危機的構造　最後に、以上を前提として、第三期時点に準拠して、(三)現代世界資本主義の「危機的構造」を三つの点に即してざっと総括しておきたい。

①その「客観的危機」――まず第一に「政治・経済的」には、その「二重の墓穴掘り」に掣肘されて、現代世界資本主義は明らかにその「行き詰まり」に立ち至っていること。

②その「主観的危機」――ついで第二に「価値判断」に立つと、その世界的規模での、「商品化・ビジネス化・物化」

徹底化＝「人間の分断化・孤立化・非社会化」深化の結果、現代世界資本主義が、人間を決して幸福にも自由にもしないという、その「さだめ」が暴露されたこと。

③その「歴史的危機」――以上の点より判断して、第三に「総合的」には、「第三期」にまで到達した現代世界資本主義は、もはや、「一つの『人間社会体制』」としてのその「限界」を免れ得なく、したがって、「新たな次の人間社会体制」への変革を早急に迫られていること。

Ⅱ　現代日本資本主義の危機的構造

［1］現代日本資本主義の歴史的位相　ついで、第二課題をなす「現代日本資本主義の危機的構造」へと目を移そう。そこで、その展開基盤をなす（一）「現代日本資本主義の歴史的位相」から入ると、その展開過程は、概ね①「戦後再建期」②「高度成長期」③「低成長期」④「バブル期・九〇年代期」という経路を辿るが、最初は①「戦後再建期」に他ならない。

まず始めに（a）「時期」的にみると、朝鮮戦争を画期として、一九五〇年代初めに「日本資本主義の再建完了」が確認でき、何よりも一面で経済面では、「生産・投資・蓄積」の本格的回復がポイントをなすし、また他面で政治面では、戦後初期における「階級闘争激化の収束」がその指標となった。こうして、政治・経済両面からする「体制安定化の実現」が進行したといってよく、それを通して、「日本経済の自立化＝景気循環機構の回復」が可能になる。

そのうえで、（b）「階級宥和策」に立ち入ると、戦後改革による「現代的労資関係」の形成を土台にしつつ、その基盤上でこそ、「憲法体制構築・民主化政策推進・社会保障法制整備」などが現実化した。それと同時に、経済再建・

資本蓄積加速・企業体制補強を最重点目標とした、「財政政策・金融政策・産業政策」の膨張型発動が実行された以上、他方で（c）「資本蓄積促進策」のインフレ的拡張も軽視し得まい。まさしく「現代資本主義の再編」ではないか。

ついで②「高成長期」がくるが、まず（a）「時期」的には、一九五〇年代半ばから七〇年代冒頭までが含まれ、総合的には、「投資─生産─消費」相互の「好循環」プロセスを土台とする、「自己調節機構を内在化させた、自律的景気循環機構の発現」が展開した──とみてよい。そして、それを条件としてこそ、政治的には「反体制運動の体制内化」が表面化していく。その意味で、この局面こそ、「現代日本資本主義の確立局面」だと命名されてもよい。

そこで、（b）「階級宥和策」だが、この高成長を土台にして、一方では、「日本的労資関係に基づく労資協調主義化＝階級闘争の体制内化」が帰結するとともに、他方で、「国民皆保険・皆年金を基軸とした社会保障整備」も一定の進捗をみる。それに加えて、（c）「資本蓄積促進策」にも目を向けると、日銀信用・財政投融資・国債発行こそが手段とされ、それを通して、まさに「有効需要創出・管理型」財政・金融・産業政策の拡張型発動が進んだ。要するに、高度成長基盤の「維持・安定・促進」を目標にした体系的機能こそがみて取れよう。

しかし、高成長はやがて③「低成長期」へと暗転する。そこで、最初に（a）「時期」的には、まず一方で経済的には、七一年ドル・ショック↓七三年第一次石油危機↓七九年第二次石油危機という経過で、「不況と物価高」の同時進行に呻吟するスタグフレーションに直面するとともに、次に、他方で政治的には、七〇年代前半の「革新自治体拡大↓政治的危機増大」と、その後半における「自民党ダブル選挙勝利↓政治的危機緩和」という軌跡が描かれる。その点から概括すると、この局面で、「日本型現代資本主義」におけるその「変質過程」が検出されてよい。

それを踏まえて（b）「階級宥和策」へ入ると、トータルには、「国家─企業」連合システムに立脚した、「新型・協調体制」が構築をみる。例えば、「臨調・民営化路線」、「同盟とＩＭＦ・ＪＣに代表される超・協調主義労資関係」、

「スト権スト敗北」、「『福祉元年』型社会保障体制」、などが指摘可能であって、一定の質的弱体化を内包しつつも、「体制組織化の再構築」こそが進展した。それを前提として、さらに（c）「資本蓄積促進策」はどうか。その場合、何よりも顕著なのは、「赤字国債激増」を土台とした、「日銀信用＝発券量の拡張」・「公共投資中心の財政支出膨張」が発動をみた点にある——のは、もちろんまず否定はできない。しかし、その深刻性はさらにその先にこそあり、低成長路線＝財政危機に束縛されて、その発動効果は大きく減殺に落ち込む。

そして最後に④「バブル・九〇年代期」を迎える。すなわち、まず（a）「時期」的にフォローすれば、円高不況克服後、八六—八七年段階から「バブル形成期」に入り、まず八八—八九年にかけて「異常なバブル景気」を経験するものの、その異常性が長続きするはずはなく、その後八九—九〇年をピークとして、一挙に「バブル崩壊」へと墜落した。そして、この異常な過程でこそ現代日本資本主義の「墓穴掘り」に到達する以上、その意味で、この局面が、まさにその「変容局面」に相当していること——には、もはや疑問がないように思われる。

そこで、最初は（b）「階級宥和策」だが、この側面では、例えば「労資関係＝非正規労働者膨張」・「労働運動＝制度要求噴出」・「社会保障＝実質政府負担の削減」などが表面化せざるを得ない。まさしくその点で、このバブル期に至って、「国家による階級宥和策展開の『衰弱化』」こそが止め処もなく進行し始めるのだ。ついで（c）「資本蓄積促進策」が注目されるが、ここからは、特に「バブル崩壊→九〇年代不況」に掛けて、何よりも「資本蓄積促進機能の『力能低下』」こそが示唆されざるを得まい。というのも、大型の不況・財政赤字に掣肘されて、「金融・財政政策」共に、「有効需要創出→景気刺激→資本蓄積誘導」に関する、その「発現能力」を明らかに減退させている——からに他ならず、全体的に、その機能不全が著しい。

［2］現代日本資本主義の到達点　そうであれば、以上のような歴史構造の帰結として、現代日本資本主義は、いまや次のような「到達点」に辿り着いたといえる。すなわち、まず一つとして「階級宥和策」方向からすると、バブル期において顕著となった、「非正規労働者激増」・「派遣切り」・「就職超氷河期」・「自殺者三万人越え」・「無縁社会蔓延」などの中で、日本・資本主義国家による「体制統合化」は、まさにその「崖っぷち」に至っていよう。こうして、「現代日本資本主義」は、まず「階級宥和策の衰弱化」を露呈させている。しかもそれに加えて、二つとして「資本蓄積促進策」側面でも、その決定的な「力能低下」が著しい。具体的には、「雇用・賃金向上→消費拡大→生活安定」という経路を欠落させたまま、「輸出拡大→企業収益確保→設備投資維持→生産増加→輸出依存→円高昂進」という「悪循環連鎖」を、いわば無為に「放置」しているに過ぎない。まさしく、「資本蓄積促進策の力能低下」ではないか。

要するに、現代日本資本主義が、バブル形成・崩壊の渦中で、「根拠のない愉悦感と絶望感」に苛まれて、「現代資本主義の二課題」に関する、その「衰弱化・力能低下」を無為に許容しているとすれば、それは、——東北大震災・原発地獄のはるか以前にすでに——何よりも、その「墓穴掘り」に狂奔していることを意味せざるを得まい。

［3］現代日本資本主義の危機的構造　以上をふまえて最後に、バブル期に準拠しつつ、㈢「現代日本資本主義の危機的構造」を以下の三つの点から概括的に総括しておこう。

①その「客観的危機」——まず第一に「政治・経済的」に考えると、「階級宥和策の衰弱化」と「資本蓄積促進策の力能低下」とに掣肘を受けて、現代日本資本主義は、その「墓穴掘り」過程を続ける以外にはあるまい。まさに、「自らを食い潰す」という、その構造的な「危機」なのだ。

②その「主観的危機」——ついで第二として「価値判断的」にみれば、現代日本資本主義は、「雇用・賃金・消費・生活」

維持の遂行能力を喪失させつつ、「自殺者増加・無縁社会拡大」に対して、まさしく茫然自失の状態を呈している。その点で、人間の幸福・自由の確保からは、いまや決定的に遠い。

③その「歴史的危機」――結局、第三として「歴史的危機」としては、こう判断する以外にはあるまい。すなわち、現代日本資本主義は、「一つの『社会体制』」として人間社会を組織する能力と資格とをすでに喪失しているのであり、したがって、その変革への道が早急に拓かれるべきなのだ――と。

Ⅲ　現代資本主義の体制的危機――その変革へ向けて

もう与えられたスペースは尽きる。全体の最後に、特に三点だけを手短に問題提起しておきたい。

[Ⅰ]現代資本主義の「体制的危機」は、長期不況・金融危機・中東動乱などという、いわば「政治・経済的危機」に切り詰められてはならない。それを含めつつ、「階級宥和策・資本蓄積促進策」視点にまで範囲を広げることによって「価値判断・歴史視点」をも盛り込んだうえで、何よりも、現代資本主義が「一つの社会体制」としてすでにその「資格・能力」を喪失している点――こそがその基軸をなす。

[Ⅱ]他面、現代資本主義がその意味ですでに「危機」に遭遇しているのは確実だとはしても、しかし、それだけで、現代資本主義が「自壊」するわけではもちろんない。あくまでも、人民が立ち上がり連帯して意思的に変革しなければ、この現代資本主義は、悪臭を放ちつつもその延命を続けるであろう。

[Ⅲ]したがって、我々は、最大の「意思と情熱」を傾注して「社会主義への変革」を志す以外にはない。このような展望に立てばこそ、いまだ「変革主体の形成」はなお遠いとはしても、それでも、決して絶望する必要はな

いのだ――と思われてならない。

参考文献

村上和光・半田正樹・平本厚編著『転換する資本主義』（御茶の水書房、二〇〇五年）
村上和光『現代資本主義の史的構造』（御茶の水書房、二〇〇八年）
村上和光『現代日本経済の景気変動』（御茶の水書房、二〇一〇年）

著者紹介

村上和光（むらかみ　かずみつ）

1947年　札幌に生まれる。

1970年　早稲田大学政治経済学部政治学科卒業。

1975年　東北大学大学院経済学研究科博士課程修了。

現　在　金沢大学経済学部教授。経済学博士。

主著書　『国家論の系譜』（世界書院、1987年）

『価値法則論体系の研究』（多賀出版、1991年）

『信用創造の理論』（金沢大学経済学部研究叢書9、1997年）

『日本における現代資本主義の成立』（世界書院、1999年）

『景気循環論の構成』（御茶の水書房、2002年）

『転換する資本主義：現状と構想』（編著、御茶の水書房、2005年）

『資本主義国家の理論』（御茶の水書房、2007年）

『現代資本主義の史的構造』（御茶の水書房、2008年）

『現代日本経済の景気変動』（御茶の水書房、2010年）

日本《にほん》型《がた》現代《げんだい》資本《しほん》主義《しゅぎ》の史的《してき》構造《こうぞう》

2012年6月20日　第1版第1刷発行

著　者　村上和光

発行者　橋本盛作

発行所　株式会社　御茶の水書房

〒113-0033　東京都文京区本郷5-30-20

電話　03-5684-0751

Printed in Japan

印刷・製本　㈱タスプ

ISBN978-4-275-00984-5　C3033

SGCIME編　マルクス経済学の現代的課題　全九巻・一〇冊

各巻定価（本体三二〇〇円＋税）

第Ⅰ集　グローバル資本主義

第一巻　グローバル資本主義と世界編成・国民国家システム

Ⅰ　世界経済の構造と動態

Ⅱ　国民国家システムの再編

第二巻　情報技術革命の射程

第三巻　グローバル資本主義と企業システムの変容

第四巻　グローバル資本主義と景気循環

第五巻　金融システムの変容と危機

第六巻　模索する社会の諸相

第Ⅱ集　現代資本主義の変容と経済学

第一巻　資本主義の原理像の再構築

第二巻　現代資本主義の歴史的位相と段階論（近刊）

第三巻　現代マルクス経済学のフロンティア

御茶の水書房